Beiträge zur Psychodiagnostik des Kindes, 1
(Herausgegeben von Marta Kos und Gerd Biermann)

Marta Kos und Gerd Biermann

Die verzauberte Familie

Ein tiefenpsychologischer Zeichentest

Unter Mitarbeit von Günter Haub

Mit 127 Abbildungen

Ernst Reinhardt Verlag München Basel

Die Deutsche Bibliothek – CIP-Einheitsaufnahme

Kos, Marta:
Die verzauberte Familie : ein tiefenpsychologischer Zeichentest
/ Marta Kos u. Gerd Biermann. Unter Mitarb. von Günter
Haub. – 4. Aufl. – München ; Basel : E. Reinhardt, 1995
  (Beiträge zur Psychodiagnostik des Kindes ; 1)
  ISBN 3–497–01201–7
NE: Biermann, Gerd:; GT

ISSN 0340–123

Printed in Germany

Inhaltsverzeichnis

Vorwort zur dritten Auflage

Daß binnen relativ kurzer Zeit eine dritte Auflage des Buches erforderlich wurde, spricht für den Wert dieses Zeichentests.

Die spontane Zeichnung ist schon auf früher Entwicklungsstufe eine der elementarsten schöpferischen Äußerungen eines Kindes, mit denen es seine inneren Erlebnisse und Bedürfnisse kundtut, wenn wir uns ihm aufmerksam zuwenden. Mit den verschiedenen Formen von Familiendarstellungen erhalten wir zudem wichtige Hinweise, wie ein Kind die frühesten sozialen Beziehungen zur Umwelt erlebt und diese auch schon zu gestalten sucht. So wie das Spiel des Kindes für den Psychotherapeuten eine via regia zu dessen Unbewußtem darstellt, gilt dies in ähnlichem Maße für die Zeichnung eines Kindes. Indem wir das psychodiagnostische Rüstzeug zur »Verzauberten Familie« erweiterten, ergaben sich dem Kind ungeahnte Möglichkeiten einer ungehemmten Projektion seiner Phantasiewelt, nicht nur seiner Hoffnungen und Wünsche, sondern auch, in kathartischer Funktion, seiner Ängste und Aggressionen. Das erklärt, daß dieser Test inzwischen zu einem der beliebtesten Zeichentests geworden ist, indem wir Kindern und Jugendlichen zu Aussagen verhelfen, die uns ihre inneren Konflikte deuten lassen, wenn sie in Verhaltensstörungen und psychosomatischen Reaktionen einen Niederschlag gefunden haben. Wir haben den Anwendungsbereich dieses Tests in einer Simultandiagnostik von Kind und Eltern ausgeweitet, so daß sich plötzlich das Gesamtgefüge einer neurotischen Familienstörung offenbaren kann. Die »Verzauberte Familie« ist damit zu einem unentbehrlichen Bestandteil der Psychodiagnostik seelischer Störungen von Kindern und Jugendlichen geworden, bis in die Bereiche von Gutachterverfahren, z. B. als Entscheidungshilfe für Familiengerichte, wenn es um die Schicksale von Kindern aus geschiedenen Ehen geht.

Wissenschaftliche Arbeiten des In- und Auslandes, eine Übersetzung des Buches ins Französische (La famille enchantée) haben zur weiteren Verbreitung dieses Tests beigetragen. Die Anwendung des Tests hat eine wichtige Ergänzung erfahren, indem der Begriff der »Zeichentest-Batterie«, in Kombination der Zeichnungen von Baum und Mensch mit der »Verzauberten Familie« angewandt wurde. Ein Ergänzungsband über die »Zeichentest-Batterie« von Baum, Mensch und »Verzauberter Familie« ist in Vorbereitung. Es wird damit nach den Vorstellungen der Individualpsychologie die *Ich-*, *Du-* und *Wir*-Struktur menschlicher Daseinsformen angesprochen. Die Bedeutung dieser psychodiagnostischen Trias erwies sich inzwischen an weit über 5000 Kinderzeichnungen, die in ähnlicher Weise tiefenpsychologisch ausgewertet wurden. Der »Verzauberten Familie« kommt dabei in einer Zusammenfassung der Ergebnisse eine zentrale Bedeutung zu.

Brixen, Oktober 1989   *Gerd Biermann*

Vorwort

Die Familie ist in unmittelbare Not geraten. Davon zeugen die vielfältigen prophylaktischen und therapeutischen Bestrebungen, die sich gestörter Familien annehmen.

Grundsätzlich wird die Frage erhoben, ob in unserer Industriegesellschaft, die eine Umwertung aller Werte in einem bis dahin ungekannten Ausmaß erfährt, überlieferte familiäre Bindungen noch von tieferer Bedeutung sind. Hier finden Versuche eine Erklärung, mit Wohngemeinschaften und verwandten Einrichtungen neue Formen menschlichen Zusammenlebens zu erproben.

Der starke Drang zu »menschlichen« Berufen wie in der Pädagogik, Soziologie u. a. spricht für die Bereitschaft zur Neuorientierung einer Jugend, die sich ihrer gesellschaftlichen Verantwortung bewußter wird.

Wie aber sieht das Kind sich selbst und seine Familie?

Die Frage ist mit all unseren psychohygienischen Bemühungen gestellt, wenn wir als Erzieher das Kind ernst nehmen, in Berücksichtigung seiner Phantasien, im Wollen und Wünschen, aber auch in seinen ständig erfahrenen Erniedrigungen und Beleidigungen.

Schon immer hat die Selbstdarstellung des Kindes in seinen Mann- bzw. Mensch-Zeichnungen, mehr noch seinen Familienbildern, fasziniert, mit denen es den Erwachsenen zugleich einen Spiegel vorhält. Die Dramatik seiner zeichnerischen Darstellungen wird höchstens noch vom Psychodrama kindlichen Puppenspiels übertroffen.

Soll man die vorhandene Fülle diagnostischer Hilfsmittel auf dem Sektor der Familienforschung durch einen weiteren Test vermehren? Wir möchten das zunächst offen lassen, aber doch auf Grund einer mehr als zehnjährigen Erfahrung darauf hinweisen, daß der Zeichentest »Die verzauberte Familie« bislang unbekannte Inhalte kindlichen Daseins, insbesondere dessen magische Erlebniswelt projektiv gestaltet und dadurch unser Wissen vom Kinde wesentlich bereichert.

Erstmals wurde versucht, einen Zeichentest der gründlichen statistischen Analyse mittels Computerauswertung zu unterwerfen. Der erfahrene Leser wird selber sehen und erkennen, wo in dieser Richtung die Grenzen verbindlicher Aussagen sind.

Wir meinen, daß bei einem projektiven Test die tiefenpsychologische Deutung vorrangig bleiben sollte. So wurden auch die biographischen Analysen des Familienlebens in ihrer Korrelation zum Testgeschehen bevorzugt abgehandelt. Dabei beeindruckte immer wieder das Symbolgeschehen menschlichen Daseins inner- und außerhalb der Familie. Gerade der Zeichentest »Die verzauberte Familie« liefert hier ein wichtiges Rüstzeug.

Die statistische Auswertung zeigt aber auch die Grenzen einer analytischen Betrachtungsweise, wie es sich uns an anderer Stelle mit Arbeiten über »Das Formale im Scenotest« bestätigte.

Der Umfang des Buches wurde mit durch die Tatsache bestimmt, daß – nach Erfahrungen mit verwandten Zeichentests – »Die verzauberte Familie« sehr bald über den engeren Rahmen der Erziehungsberatung und Kinderpsychotherapie hinaus in angrenzenden pädagogischen und klinischen Bereichen angewandt wurde, so daß eine umfassende Information unerläßlich ist.

Diese Aufgabe war ohne einen größeren Kreis von Mitarbeitern nicht zu bewältigen.

Unser Dank gilt zu allererst den Kollegen, die in unserem täglichen Arbeitsbereich, der Kinderpsychiatrischen Abteilung der Psychiatrischen Universität Wien, der Psychosomatischen Beratungsstelle für Kinder bei der Universitäts-Kinderpoliklinik München sowie dem Institut für Psychohygiene des Kreises Köln, mit Rat und Tat in all den Jahren zum Gelingen des Unternehmens beigetragen haben. Hierzu rechnen auch die Kinderärzte der Münchner und Kölner Balintgruppe.

Ohne die Zusammenarbeit mit unserem Freund Günter Haub, der mit seiner reichen Erfahrung die statistische Auswertung übernommen hat, wäre das Buch in seiner jetzigen Form nicht zustande gekommen. Ihm gilt daher unser besonderer Dank, in den wir auch seine Mitarbeiter bei der Auswertung am Rechenzentrum der Universität Wien einschließen möchten.

Zu unseren Helfern gehörte aber auch ein großer Kreis engagierter Lehrer – aus Wien, München, dem Raum von Köln sowie der Schweiz –, welche von ihren Kindern die unerläßlichen »normalen« Testbilder anfertigen ließen. Sie haben uns die Möglichkeiten, aber auch Grenzen der Anwendung dieses Tests im Schulbereich erkennen lassen.

Dem Kindersanatorium Wangen/Allgäu möchten wir an dieser Stelle ebenso herzlich für die Mitarbeit danken.

Eine freundschaftliche, verläßliche Zusammenarbeit mit dem Verlag, die sich über viele Jahre mit der Herausgabe der »Beiträge zur Kinderpsychotherapie« festigte, schaffte die Grundlage des Vertrauens, welches erst ein so umfangreiches Unternehmen auch verlegerisch ermöglicht.

Wir fanden diese Mitarbeit, Freundschaft und Unterstützung in Herrn Jungck vom Ernst Reinhardt Verlag und möchten ihm hierfür ganz besonders unseren gemeinsamen Dank sagen.

Marta Kos, Wien   *Gerd Biermann*, Brühl (Köln)

Einleitung

Der Mensch ist ein soziales Wesen. Seine Reifung und Entwicklung ist weitgehend davon abhängig, wie er in der Gemeinschaft empfangen und angenommen wird. Seine nächste Umwelt repräsentiert die Familie, in deren Binnenraum sich zwei Erlebniswelten widerspiegeln: Das individuelle Lebensschicksal der Eltern, sodann sein Kollektivschicksal, d. h. die Auswirkungen gesellschaftlicher Erwartungen und Forderungen an das Kind. Unter diesem Blickpunkt werden die vielfältigen Bestrebungen und Spannungen sichtbar, welche den binnenfamiliären Raum beherrschen, in dessen Mitte das meist noch hilflose Kind steht. Oft erkennen wir als Ursache einer kindlichen Verhaltensstörung das nicht bewältigte Lebensschicksal seiner Eltern.

Diese sind bisweilen durch ihr eigenes elterliches Leitbild so stark geprägt, daß sie es im Wiederholungszwang im Lebensplan der Kinder nachvollziehen oder schuldbewußt versuchen, es an ihren Kindern kompensierend zu korrigieren. Neurotische Störungen können die Folge sein.

Der Gedanke, Familienzeichnungen von Kindern anfertigen zu lassen, ist nicht neu. Bedenkt man die Bedeutung der Familie für die Entwicklung des Kindes, wie die Entstehung kindlicher Verhaltensstörungen, so erscheint neben dem Puppenspiel (wie z. B. dem Scenotest) die Familienzeichnung als jener projektive Test, der die Hintergründe kindlicher Störungen am deutlichsten widerspiegelt, weil er direkt auf die Familie bezogen ist.

Er besitzt zudem in der vorliegenden Fassung jenes Maß an Strukturiertheit, das für die Projektion der Persönlichkeit des Kindes notwendig ist. Gleichzeitig hindert dies nicht, die Ergebnisse der Zeichnungen verschiedener Kinder miteinander zu vergleichen.

Durch eigene jahrzehntelange praktische Erfahrungen mit Kinderzeichnungen ermutigt und durch Arbeiten von *Françoise Minkowska* angeregt, haben wir 1956 begonnen, den Test der »Verzauberten Familie« (VF) zu entwickeln.

Der projektive Zeichentest der VF dient dazu, kindliche Neurosen, Verhaltensstörungen und psychosomatische Krankheiten zu diagnostizieren. Auch in der Beurteilung psychiatrischer Krankheitsbilder hat er wichtige Ergebnisse gebracht. Er kann zu diagnostischen Zwecken mehrmals hintereinander und auch zur Kontrolle während der Psychotherapie benutzt werden.

Es wurden mit der VF 4000 Kinder und Jugendliche beiderlei Geschlechts untersucht (1225 Kinder und Jugendliche waren Patienten der Kinderpsychiatrischen Abteilung der Wiener Psychiatr. Univ. Klinik, der Psychosomatischen Beratungsstelle bei der Münchner Universitäts-Kinderpoliklinik, sowie des Institutes für Psychohygiene des Kreises Köln. (625 Kinder und Jugendliche wurden mit dem Zeichentest allein, weitere 600 mit Zeichentest und Geschichte untersucht). Ferner standen für die Auswertung 49 Zeichnungen chronisch kranker Kinder aus einem Sanatorium zur Verfügung.

2438 Schulkinder stammen als Kontrollfälle aus Wien, München, Köln und der Schweiz. Es liegen mithin Untersuchungsergebnisse aus einem relativ geschlossenen deutschsprachigen Kulturraum vor, in welchem die Familien strukturell in bestimmten überlieferten Formen seit Jahrhunderten geprägt sind. Der Trend einer Entwicklung von der Großfamilie zur Klein- bzw. Kernfamilie der modernen Industriegesellschaft ist in all diesen Ländern anzutreffen. Bei der zunehmenden Industrialisierung ländlicher Wohngebiete fällt auch der Gegensatz Stadt – Land nicht mehr ins Gewicht. Die Schweizer Kontrolluntersuchung erfaßte eine der Hauptstadt des Landes unmittelbar benachbarte, z. T. schon von Hochhauskomplexen durchsetzte, ehemals dörfliche Siedlung.

Nach Abschluß der statistischen Auswertung wurden noch 288 Zeichnungen mit Geschichten verhaltensgestörter Kinder, deren Testergebnisse besonders wichtig und illustrativ waren, in das Untersuchungsmaterial mitaufgenommen. Die Kinder und Jugendlichen aller Gruppen waren fünf bis 18 Jahre alt.

Die 1225 verhaltensgestörten* Kinder und Jugendliche wurden zusätzlich mit einer »Testbatterie« (*Zulliger*) untersucht. Diese wurde aus folgenden Tests zusammengestellt:

Intelligenztest (HAWIK bzw. HAWIE, *Binet-Terman, Kramer*)
Rorschach-Formdeutversuch (*Zulliger (Z)-Test*)
TAT bzw. CAT, Family Attitude Test
Düss-Fabeltest, Thomas-Erzähltest Satzergänzungstest (*Hift, Ungricht*)
Wartegg-Zeichentest
Baumzeichentest (*Koch*), Menschzeichentest (*Machover, Goodenough*)
Scenotest (*v. Staabs*), Bestiarium (*Zazzo*)

Die Zusammenstellung (Auswahl) der jeweiligen Testbatterie erfolgte individuell im Hinblick auf Alter, Struktur und Problematik des Kindes. Alle verhaltensgestörten Kinder und Jugendliche wurden eingehend psychiatrisch begutachtet. Von allen diesen Kindern lagen biographische Anamnesen vor.

Die Vergleichsgruppen der Schulkinder hatten lediglich gezeichnet. Alle Zeichnungen beider Gruppen wurden mit Computer ausgewertet. Der Test der VF bildet einen Teil der Testbatterie. Es ist auch bei diesem Test eindringlich davor zu warnen, ihn – bei aller Fascination einer überzeugenden, individuellen Aussage – in Form der »Blind-Diagnose« isoliert zu bewerten. Er ist stets im Gesamt der Psychodiagnostik des Kindes, innerhalb der Testbatterie, in Übereinstimmung mit Verhalten und Exploration des Kindes, sowie der mit den Eltern erhobenen biographischen Anamnese in seinen Inhalten zu deuten.

---

* Wir haben uns bewußt zur Formulierung »verhaltensgestörte Kinder« entschlossen, weil sie uns nicht abwertend wie »erziehungsschwieriges« Kind oder gar »schwererziehbares Kind« erscheint, und auch die Frage, ob primär elterlich-umweltbedingte oder ursächlich kindliche Störung offenläßt. In dieser Gruppe der verhaltensgestörten Kinder finden sich also auch neurotische, psychosomatisch und psychiatrisch erkrankte Kinder.

I. Geschichte der Familientests

Eine tiefenpsychologische Erforschung der Familiensituation gibt es seit etwa vierzig Jahren.

Von der gezielten Exploration ausgehend ging man allmählich zu indirekten Methoden über, welche das Unbewußte des Kindes ansprechen, so daß tief Verborgenes an das Licht des Bewußtseins gelangt. Einstellungen, die dem Probanden (Pb) unbewußt geblieben sind, die er verdrängt, geheim hält oder sich selbst nicht zugibt, die aber doch eine bedeutende Rolle in seinen Familienbeziehungen spielen, konnten so erfaßt werden. Damit wurde oft der Kern des neurotischen Geschehens sichtbar und konnte nunmehr therapeutisch besser angegangen und beseitigt werden.

Diese indirekten Methoden nutzen die kindliche Fähigkeit, Konflikte im Spiel auszuagieren. Das kann verbal, malend und zeichnend, oder aber spielerisch, z. B. als Psychodrama geschehen.

Madeleine Rambert führte die Methode des projektiven Puppenspiels (Guignol, Kasperle) in die Kinderpsychotherapie ein; es dient sowohl diagnostischen wie therapeutischen Zwecken. *Anastasi, Aureille, Baumgarten, Cotte, Löwnau, Morgenstern, Naumburg, Porot, Schachter, E. Stern* u. a. bedienten sich der freien Zeichnungen, zu diagnostischen, einige unter ihnen – wie besonders *Löwnau, Morgenstern und E. Stern* – auch therapeutischen Zwecken.

In den USA entstanden diagnostische Bilderserien, so der TAT (*Murray*) und CAT, für deren Einführung und vertiefte Kenntnis in Europa besonders *Revers und E. Stern* sich Verdienste erworben haben. In Anlehnung an eine 1951 veröffentlichte Bilderserie *Blum's* »Blacky Pictures«, mit der Kinder angeregt werden, ihre Familieneinstellungen auf eine Hundegeschichte zu projizieren, entstand zehn Jahre später in Frankreich die Schweinegeschichte »Patte noire« von *Corman*. 1950 führt *Lydia Jackson* in England eine neue Bilderserie ein, die sie den »Family Attitude Test« nannte.

Bereits in den dreißiger Jahren hat man unvollendete Familiengeschichten entwickelt und den Pb ermuntert, sie zu ergänzen, um auf diese Weise seine Familieneinstellung kennenzulernen. Als Beispiel sind die Fabeln der *Louisa Duss*, die Geschichten der *Madeleine Thomas* und diejenigen der *Louise Despert* zu nennen.

Familienzeichnungen hat man ebenfalls in den dreißiger Jahren als Tests zu entwickeln begonnen. Diese Arbeiten lassen sich je nach gegebener Aufforderung in drei Gruppen einteilen:

1. Zeichne deine (eigene) Familie.
2. Zeichne (irgend) eine Familie.
3. Zeichne eine verwandelte Familie.

In der erstgenannten Gruppe finden sich französische, amerikanische und Schweizer Autoren.

Minkowska ließ ihre Pb »Meine Familie, ich, mein Haus« zeichnen. *Porot* forderte das Kind auf, die eigene Familie darzustellen. Das gleiche taten auch die Amerikaner *Hulse* und *Reznikoff*, sowie die Franzosen *Cain* und *Gomila*.

Formale Kriterien der Zeichnung, wie Raumordnung, Größenverhältnisse, Reihenfolge, Auslassungen und Hinzufügen, graphische Auf- und Abwertungen erschließen den Zugang zu den verborgenen projektiven Aspekten der kindlichen Zeichnung.

Die Schweizer *M. Flury* und *Nelly Stahel* lassen ihre Pb ebenfalls die eigene Familie, jedoch farbig darstellen. Außer den angeführten formalen Kriterien widmen diese Autoren ihre Aufmerksamkeit auch der Verwendung von Farbe.

Louis Corman untersucht die Familieneinstellungen seiner Pb mit Hilfe der Zeichnung einer fremden Familie. Auch er gebraucht die formalen Kriterien zum Verständnis der Produktionen. Er ist im übrigen der erste, der diese auch tiefenpsychologisch deutet.

Zuerst die eigene und nachher eine fremde Familie läßt *Borelli-Vincent* seine Pb zeichnen. Beide Zeichnungen werden miteinander verglichen und nach formalen Kriterien ausgewertet.

In die dritte Gruppe des Familientests gehört die 1957 entwickelte Untersuchung der Münchnerin *Luitgard Brem-Gräser* »Familie in Tieren« und schließlich die vorliegende Arbeit. *Brem-Gräser* läßt die eigene Familie als Tiere darstellen, wobei sie ihre Aufmerksamkeit den formalen, besonders den graphologischen, gleichzeitig aber auch den symbolischen Aspekten der Zeichnungen widmet.

Im Vergleich zu den mitgeteilten früheren Fassungen von Familienzeichentests zeigt die Verzauberte Familie einige wesentliche Unterschiede.

Das Kind soll nicht seine, d. h. die eigene Familie, sondern eine Familie zeichnen. Die Zensureinwirkung ist durch diese neutrale Testanordnung schwächer. Deshalb ist der Test in dieser Form auch bei Jugendlichen anwendbar. Die Verkleidung in die Form eines Zaubermärchens erweitert und differenziert Projektionsmöglichkeiten und Symbolwahl. Die Geschichte, die erklärend zur Zeichnung erzählt wird, ergänzt und kontrolliert diese.

Den Kriterien unserer Vorgänger – der Raumordnung, Reihenfolge, usw., fügen wir damit neue Kriterien hinzu: Die zeichnerische Symbolwahl, welche in das Spannungsfeld des Märchens, zwischen Widersacher – Zauberer und Familie – eingebettet ist, sowie die verbale Symbolwahl. Alle diese Kriterien wurden statistisch überprüft und notfalls sachlich ergänzt.

II. Testanweisung und Testdurchführung

Das Kind wird zunächst im zwanglosen Gespräch in eine zutrauliche Stimmung versetzt, wobei man seine Phantasie anzuregen sucht. Wir legen ihm ein weißes DIN-A4-Blatt im Querformat, mit einem weichen Bleistift (Nr. 2) ohne Radiergummi vor und sagen etwa:
»Wir wollen jetzt miteinander ein wenig dichten. Du kennst doch Märchen? Wir werden nun ein eigenes Märchen machen . . . Stell Dir vor, es kommt ein Zauberer und verzaubert eine Familie, und zwar alle Menschen dieser Familie, Große und Kleine . . . Da hast Du ein Blatt Papier und einen Bleistift, und nun zeichne, was da geschehen ist!«

Wir beobachten den Pb beim Zeichnen: Jedes Zögern, Durchstreichen und Neubeginnen ist bedeutungsvoll. Das gilt auch für Gesichtsausdruck und Körperhaltung, Mimik und Gestik des Pb.

Wenn das Kind mit der Zeichnung fertig ist, fragen wir es, wie die dargestellten Geschwister heißen, um auf diese Weise ihr Geschlecht zu erfahren, und erkundigen uns nach ihrem Alter. Dies gibt uns wichtige Rückschlüsse, ob das Kind seine eigene Familie dargestellt hat. Alle Daten, auch die Reihenfolge der gezeichneten Objekte und deren Deutung, werden auf der Rückseite des Blattes vermerkt.

Danach sagen wir zu dem Kind: »Und jetzt erzähle mir, was da geschehen ist. Erzähle mir die Geschichte der Verzauberung!«

Bei jüngeren Kindern schreiben wir die Geschichte wörtlich mit. Auch hier sind ein Zögern, Tempowechsel, Korrekturen zu vermerken. Ältere Pb fordern wir auf, die Geschichte zur Zeichnung selber aufzuschreiben.

Ermutigungen, ohne suggestiven Einfluß sind bei gehemmten Kindern notwendig. Unsere Haltung soll aber grundsätzlich nicht anders sein, als es *Rorschach* für die Durchführung seines Formdeutversuches empfohlen hat.

Abschließend wird mit dem Kind der *Pigemtest* durchgeführt. Es wird gefragt, in welches Tier es am liebsten verwandelt wäre (und warum) und in welches Tier es auf gar keinen Fall verwandelt sein möchte (und warum nicht).

Die Testdurchführung gliedert sich also in drei Abschnitte:

1. Zeichentest: »Die verzauberte Familie«,
2. Märchenerzählung zur »verzauberten Familie«,
3. Pigemtest

Nur selten — wesentlich seltener als beim Scenotestspiel — wird der Test der VF vom Probanden abgelehnt.

Wie bei anderen projektiven Gestaltungstests werden sodann die Produktionen der Pb nach zwei Kriterien beurteilt:
dem formalen Kriterium
dem inhaltlichen Kriterium.

Beide Kriterien sind gleich wichtig und ergänzen einander. Beide helfen uns, den Test VF zu verstehen.

Beispiel

So schrieb ein 14 jähriges Mädchen mit Asthma bronchiale, nachdem es zuvor bei durchschnittlicher zeichnerischer Begabung den Menschtest und Baumtest schnell gezeichnet hatte, lediglich auf das Blatt: »Es passiert nichts, weil der Zauberer die Familie nicht verzaubern kann.« Es fügte erklärend hinzu: »Es gibt doch keine Zauberer!«

Dieses, wie man es deutet, realitätsangepaßte Verhalten Jugendlicher kann in Pubertät und Adoleszenz einem Abwehrmechanismus, in Form der Intellektualisierung, entsprechen. Das Mädchen wußte auch über keinen einzigen Traum zu berichten. Dabei zeigte ein ständiges Fingernesteln während des Gespräches seine innere Beunruhigung.

III. Diagnostik

Obwohl seit Jahrzehnten in zahlreichen Erziehungsberatungsstellen (EB-Stellen) und Kliniken Kinder und Jugendliche mit neurotischen und einfachen Verhaltensstörungen vorgestellt und mit den differenzierten Methoden der klinischen Medizin wie der Psychodiagnostik beurteilt werden, fehlt es immer noch an einem einheitlichen, von Psychiatern *und* Psychotherapeuten anerkannten Diagnosenschema; Symptomenkataloge sind bislang nur ein oft unzureichender Ersatz. Das erschwert eine nachfolgende katamnestische Beurteilung des Behandlungsergebnisses neurotischer Störungen im Kindes- und Jugendalter.

Divergierende Anschauungen der Schulpsychiatrie wie der analytisch orientierten Psychotherapie über die Genese kindlicher Verhaltensstörungen wie allgemein der Neurosen hinderten bislang ein übereinstimmendes Verständnis.

Hinzu kommt, daß die Struktur einer Haltung bzw. Fehlhaltung, im Verlauf der Kinderentwicklung nur in der Minderzahl schon so eindeutig zu erkennen ist, daß sie sich in bestimmte Schemata einteilen läßt. Die Entwicklung zu den relativ klar gegliederten Charakterneurosen des Erwachsenen ist beim Kinde oft erst in unbestimmten, flüchtigen Ansätzen zu erkennen; es sei nur an die Varianz kindlicher Angsterlebnisse erinnert!

Doch bleiben die großen Lebensabschnitte und -krisen von Kind und Jugendlichem durch die Gesetze bestimmt, welche *S. Freud* und die Psychoanalyse mit ihrem Entwurf der Libidoentwicklung aufgezeigt haben, der durch das *Erikson*'sche Modell fruchtbar erweitert wurde. *Anna Freud* hat in einem metapsychologischen Entwicklungsbild die Trieb- und Ich(Über-Ich)-Entwicklung von Kind und Jugendlichem auf dem Boden der Phasenlehre dargestellt. Es hat sich über seine Aufgabe als Denkmodell auch in der praktischen Arbeit des Erziehungsberaters und Kindertherapeuten bewährt.

Wir haben deshalb auch beide – Phasenlehre und Entwicklungsbild – bei der Auswertung unserer Untersuchungen, zum Aufbau eines Diagnosenschemas, verwandt, indem wir den Ablauf der normalen Entwicklung des Kindes von der oralen, analen und phallischen (ödipalen) Phase bis zur Latenzzeit und Pubertät (bzw. Adoleszenz) verfolgten und jeweils psychische Störungen unserer Patienten diesen zu korrelieren suchten. Sie lassen gerade bei psychosomatischen Reaktionen und Erkrankungen des Kindes typische phasenspezifische Abhängigkeiten erkennen.

Diagnose-Schema

I. *Orale Phase*
Orale Fixierung / Orale Aggression
Mutter-Kind-Symbiose / Trennungsängste / Infantile Regression
Intentionale Störung / Frühverwahrlosung / Verwöhnungs-Verwahrlosung /
(anaklitische) Depression / Autismus / Deprivation
Schlafstörungen / Jactatio / Rocking / Onanie

Eß-Störungen / Erbrechen / Nabelkoliken / Ulcus / Fettsucht
Ekzem

II. *Anale Phase*
Hemmungen / Sprachstörungen / Mutismus / Kontaktstörungen
Tic / psychomotorische Unruhe / Zwänge
Enuresis / Enkopresis / Obstipation / Colitis
Asthma bronchiale

III. *Phallische Phase*
Ödipus-Konflikt (Kastrationsangst, Penisneid)
Hysterie / Aggressivität / Eifersucht
Angstneurose / Tierphobie
Affektstörungen / acetonämisches Erbrechen / Pavor nocturnus /
Somnambulismus

IV. *Latenzphase*
Lernstörungen / Legasthenie / Schulphobie / Schulstören / Schulschwänzen
Angstneurose / vegetative Dystonie
Syndrom der Bindungslosigkeit (Lügen, Stehlen, Streunen)

V. *Pubertät*
Identitätskrise / Suchtverhalten / Suizidversuch / Psychose
Pubertätsmagersucht
Perversionen
Acceleration / vegetative Dystonie (Herzneurose, nerv. Atmungssyndrom)
Verwahrlosung / Kriminalität

VI. *Primär organische Schäden*
Cerebrale Unreife (Entwicklungsrückstand, Debilität)
Cerebralschaden (prae-, peri-, postnatal)
Cerebraler Prozess (Encephalitis, Hirntumor, Epilepsie)
Endokrine Störungen (Zwergwuchs, Riesenwuchs, Hermaphroditismus u. a.)
Mißbildungen
chronische Krankheiten

VII. *Soziale Neurosen*
Trinkerfamilien, broken home
Schizophrene Familien / Kindsmißhandlungsmilieu
Scheidungsmilieu / Flüchtlingsmilieu / Ausländerfamilien
Zwillingsmilieu
Aktualtraumen (Unfall, Krankenhaus, Sexualtrauma)

    So sehr man bestrebt ist, die Anfänge einer derartigen Störung bis zu sogen.
psychosomatischen Reaktionsmustern (*Hoff und Ringel*) in frühester Kindheit
zurückzuverfolgen, gelingt dieses bei lediglich diagnostischen Bemühungen –
mit der Erhebung der biographischen Anamnese wie psychologischen Testun-
tersuchungen – nur in der Minderzahl. Es sollte daher die Einordnung diagnostischer Kriterien einer neurotischen bzw. psychosomatischen Störung möglichst in dem Phasenabschnitt erfolgen, in welchem die Fehlreaktion offenkun-
dig wurde und in organspezifischer Korrelation Krankheitswert erhielt. Somit

werden die Obstipation, wie die Enkopresis der analen Phase zugeordnet, auch wenn vielleicht bei diesen Kindern schon in der oralen Phase Störungen des Mutter-Kind-Verhältnisses nachzuweisen sind. Das gilt ebenso für die in Kloakenfunktion gleicherweise mit der Enkopresis auftretende Enuresis – als nicht bewältigter sozialer Krise des Kindes in der analen Phase.

1. Orale Phase

Zum gestörten Antriebserleben der oralen Phase gehören die unmittelbar an die Erfahrungserlebnisse der Mundwelt, der »Urhöhle« *(René Spitz)* gebundenen Empfindungsqualitäten der oralen Fixierung (des Saugens, Daumenlutschens u. a.), wie im späteren Säuglingsalter der oralen Aggression (primär des mit dem Zahngewinn verbundenen Kauens und Beißens).

Dominierend bleibt in diesem Reifungsabschnitt die enge, lebenserhaltende Dyade von Kind und Mutter, mit der nachfolgenden neurotischen Störung einer Mutter-Kind-Symbiose und Trennungsängsten einerseits, sowie bei fehlender bzw. versagender Mutter intentionale Störungen, Frühverwahrlosung, anaklitische Depression andererseits.

Bei einer engen psychosomatischen Verflechtung in der sogen. »coenaesthetischen Organisation« *(René Spitz)* des jungen Säuglings können schon in dieser Frühphase lebensbedrohliche psychosomatische Krisen, der Tod im vegetativen Kollaps (sogen. *Ribble*'sches Koma) bzw. eines schweren Brechdurchfalles eintreten.

Im Bereich oraler Abhängigkeiten des Verdauungstraktes dominieren entsprechende Störungen, von der Anorexie bzw. dem Säuglingserbrechen über die Nabelkoliken (im Bild der Dreimonatskolik) bis zum Ulcus, dessen Erstmanifestierung immer häufiger ins Kindesalter vorverlegt wird.

Aber auch bei bestimmten Stoffwechselstörungen bestehen wichtige frühe orale Fixierungen. So hat *Hilde Bruch* das Fehlverhalten von Müttern adipöser Kinder geschildert, die schon im frühen Säuglingsalter ihre Kinder, bei deren unterschiedlichsten Bedürfnissen jeweils nur mit dem einen Mechanismus, nämlich der Nahrungszufuhr, stillten, d. h. ruhigstellten.

Kontaktstörungen, bis zum Extrem des frühkindlichen Autismus, finden ihr psychosomatisches Korrelat im Säuglingekzem. Stets läßt sich hier ein gestörter Zärtlichkeitsaustausch zwischen Mutter und Kind nachweisen (*René Spitz*, 210).

2. Anale Phase

Die Phase der Analität führt nach Lösung früher symbiotischen Beziehungen über die soziale Krise der Sauberkeitsgewöhnung zur ersten Auseinandersetzung des Kindes mit der Autorität.

Das gestörte Antriebserleben der analen Phase löst allgemein Hemmungen wie speziell Sprachstörungen (Stottern, Stammeln), weitere Störungen der Motorik, wie Tics und Zwänge, als Abwehrmechanismen aus. Ihr Korrelat im psychosomatischen Bereich sind – neben der Enuresis – die Enkopresis, Obstipation und Colitis (ulcerosa bzw. mucosa). Hierhin rechnet auch das Asthma bronchiale, welches zu diesem Zeitpunkt oft ein erstes Mal manifest wird. Auf den Zusammenhang eines Asthmas mit der mißlungenen Sauberkeitsgewöhnung wurde wiederholt hingewiesen (5). Ein erstes Trotzverhalten der Kinder wird nunmehr deutlich.

3. Phallische Phase

Die phallische Phase stellt einen ersten Höhepunkt der kindlichen Sexualentwicklung dar. Sie ist gleichzeitig durch die ödipalen Beziehungen zu den Eltern geprägt. Kastrationsangst und Penisneid stehen häufig im Hintergrund kindlicher Verhaltensstörungen auf dieser Entwicklungsstufe. Doch lassen sich Angstneurosen, auch auf noch ungelöste symbiotische Mutter-Kind-Beziehungen, in Form von Trennungsängsten zurückführen. Das gilt besonders für die Krankenhauseinweisung eines Kleinkindes.

Auf der Basis unbewältigter ödipaler Konflikte werden nunmehr hysterische Verhaltensstörungen fixiert.

Andere Kinder setzen sich aggressiv, im Trotzverhalten gegenüber elterlicher Autorität, zur Wehr. Bewußter werden nun auch Eifersuchtskonflikte gegenüber dem Nächstgeborenen vom Kleinkind erlebt. Diese Abwehrmechanismen finden ein psychosomatisches Korrelat in den sogen. Affektkrämpfen. Dem acetonämischen Erbrechen liegt meist eine enge Mutter-Kind-Beziehung zu Grunde. Ähnliches gilt für die Schlafstörung des Pavor nocturnus eines Kindes, welches auf diesem Wege die Mutter herbeiruft. Im Somnambulismus zum Bett der Mutter strebend, sucht das Kind die verlorene symbiotische Einheit mit ihr wiederherzustellen.

4. Latenzphase

Die Latenzphase steht mit der Ausbildung des Werksinnes (*Erikson*) unter den Gesetzen von Forderung und Leistung: Der Übergang vom Lust- zum Realitätsprinzip wird damit endgültig vollzogen; das Realitätsverhalten des Schulkindes bestätigt seine Schulreife. Lernschwierigkeiten, die sich nunmehr bei der an alle Kinder erstmals gemeinsam gestellten sozialen Forderung einstellen, weisen in vielfältiger Genese auf eine allgemein, wie speziell mangelnde Reifung des geistig retardierten bzw. emotional regredierenden Kindes hin.

Die Legasthenie ist, bei jeweiliger Anlagebedingtheit, ein Prüfstein, wieweit das Milieu des Kindes – Familie und Schule – sein gestörtes Leistungsverhalten ertragen kann oder zur Sekundärneurotisierung des intellektuell oft begabten Kindes beiträgt. Der reifende Organismus, der nunmehr, auch in erkennbarer Wachstumsbeschleunigung (Akzeleration) endgültigen Formen zustrebt, reagiert neben allgemeinen Ängsten mit vegetativen Störungen, speziell des Herz-Kreislauf-Systems, die unter dem Bilde der sogen. vegetativen Dystonie auch schon beim Kinde in dieser Phase auftreten. In Überforderungssituationen schulbezogen, sind sie den Schulphobien zuzurechnen und erfordern eine entsprechende gezielte psychotherapeutische Behandlung.

In der Latenzphase treten bei neurotischen Verwahrlosungstendenzen milieugeschädigter Kinder erste manifeste Verwahrlosungserscheinungen auf. Sie werden mit Lügen, Stehlen, Schulschwänzen und Streunen im »Syndrom der Bindungslosigkeit« zusammengefaßt (*Destunis*).

5. Pubertät

Der nächste Abschnitt kindlich-jugendlicher Entwicklung umfaßt Pubertät und Adoleszenz. Beide sind nicht immer streng voneinander zu trennen. Das gilt auch für den Verlauf der Vorpubertät, besonders bei einer durch die Akzeleration vorverlegten Entwicklung.

Die Identitätskrise ist jene Phase menschlicher Entwicklung, in der alles im jungen Menschen in einer Neuordnung der Persönlichkeitsbildung seiner Ich-Identität zustrebt.

Die von *Anna Freud* beschriebene Pubertätsaskese (81) ist ein Versuch der Wirklichkeitsverleugnung, speziell im leiblichen-geschlechtlichen Bereich, wenn zu starke Triebforderungen nicht bewältigt werden. Ist eine Intellektualisierung ihr geistiger Ausdruck, so die Anorexia nervosa (Pubertätsmagersucht) eine psychosomatische Fehllösung. In ihrer totalen Verleugnung aller Lebensvorgänge entspricht sie einem unbewußten protrahierten Selbstmordversuch.

Im Zusammenhang mit der körperlichen Reifungskrise, übersteigert im Vorgang der Akzeleration mit ihrer Entwicklungsdisharmonie, treten beim Jugendlichen vegetative Störungen mehr in Erscheinung. Herzneurosen und nervöses Atmungssyndrom sind dabei stärker neurotisch determiniert.

Die Identitätsfindung ist ein Prozeß, den die meisten als eine kritische Phase, in der Auseinandersetzung mit der Elterngeneration, in Wiederauflage der ödipalen Problematik erleben. Identitätsdiffusionen bei mißglückter Identitätsbildung können Jugendliche bis in Psychosennähe bringen (76).

Hier ist das Suchtverhalten des Jugendlichen in jedweder Form einzuordnen. Ein Schlußpunkt ist der Suizid (-versuch) des Jugendlichen, der seinen Lebensentwurf als gescheitert ansieht.

Sexuelle Perversionen sind ein Teilaspekt dieser Lebenskrise, als Ausdruck einer, bei versagenden Leitbildern, früh angelegten sexuellen Fehlentwicklung.

Eine negative Identität wird in der Bandenbildung verwahrloster krimineller Jugendlicher erlebt.

Die beiden nachfolgenden Diagnosengruppen werden gesondert behandelt. Sie umfassen Auswirkungen organischer Fehlentwicklungen bzw. chronischer Krankheiten, aber auch Störungen im sozialen Umfeld des Kindes. Beide wirken sich auch unabhängig von den Entwicklungsphasen des Kindes und Jugendlichen auf diese aus.

6. Primär organische Schäden

Ein Entwicklungsrückstand des Kindes, der durch eine cerebrale Unreife bzw. Debilität bedingt ist, bestimmt weitgehend sein gestörtes Verhalten in der Familie. Wir sprechen von der Pfropfneurose als eine Form der Sekundärneurotisierung dieser Kinder (234). Sie stellen dem Psychotherapeuten entsprechende Aufgaben, die sowohl die zugrundeliegende organische Störung, wie deren neurotische Auswirkungen, bis ins gestörte Familienmilieu berücksichtigen müssen. Primär-organische Schäden und Krankheiten erschweren den psychotherapeutischen Ansatz. Er obliegt der Zusammenarbeit von Heilpädagogen und Kindertherapeuten.

Chronisch kranke Kinder bedürfen der gleichen Hilfe, zumal bei langfristigen Spitalaufenthalten. Hier liegen die Aufgaben der klinischen Psychologen, Heilpädagogen und Beschäftigungstherapeuten (*Emma Plank*).

An Mißbildungen leidende Kinder sind auf psychotherapeutische Maßnahmen zur Überwindung ihrer Minderwertigkeitsgefühle und -komplexe angewiesen.

7. Soziale Neurosen

Kinder, die in einem chronisch geschädigtem Familienmilieu aufwachsen, entwickeln oft nicht aus eigener Kraft genug Abwehrmechanismen, um ihr noch schwaches Ich gegenüber den schädlichen Umwelteinwirkungen zu behaupten.

Das gilt für Trinkerfamilien ebenso wie die Einflüsse im Familienmilieu Schizophrener (28, 131).

Scheidungskinder, die zwischen ihren Eltern hin- und hergerissen werden, haben ihre besondere Problematik (93).

Flüchtlinge, die es in unserer ruhelosen Welt immer wieder geben wird, brauchen meist Jahre, um im neuen Lebensraum zu wurzeln. Bis dahin sind die heimatlos heranwachsenden Kinder und Jugendlichen, zumal im Lagerleben, vielfältig schädigenden Einflüssen ausgesetzt (128). Das Kindesmißhandlungsmilieu schafft im sadomasochistischen Strafvollzug besondere Abhängigkeiten (33). In ihren Zeichnungen lassen diese Kinder ein defektes Körperschema erkennen.

Zu den Aktualtraumen der Kindheit gehören der Unfall, die Krankenhausaufnahme und das Sexualtrauma (Sexualdelikt eines Erwachsenen). In allen Fällen ist die Überwindung des Traumas weitgehend davon abhängig, wieweit das Kind vorher, in infantilen Bindungen verharrend, neurotisch geschädigt war.

Ein besonderes Daseinsmilieu entsteht durch das Zusammenleben von Zwillingen. Untrennbar miteinander verbunden, haben viele es nicht gelernt, eine Eigenpersönlichkeit zu entwickeln.

Manche Zwillinge stehen zeitlebens im Schatten des anderen.

IV. Kind und Familie

Die Aufforderung »Es kommt ein Zauberer und verzaubert eine Familie« ermöglicht es dem Kind, sich identifizierend und auch projizierend mit den Problemen der eigenen Familie auseinanderzusetzen.

Die mit Vorbedacht gewählte Formulierung »und verzaubert *eine* Familie« fixiert das Kind von vornherein bewußt nicht an die eigene Familie. Wie stark dennoch eine Identifizierungsbereitschaft zur Darstellung der eigenen Familie vorhanden ist, zeigt die Tatsache, daß 18 % aller Kinder (n = 600) bewußt die eigene Familie wählten, entweder mit dem direkten Begleitkommentar »Ich zeichne unsere Familie«, »das sind wir« oder mit Nennung der Vornamen von Geschwistern.

In einer weiteren Gruppe (22%) fanden noch unbewußte Identifizierungen mit der eigenen Familie statt, die sich mit der Zahl und Anordnung der Zeichenobjekte, wie dem nachträglich erfragten Alter der verzauberten Kinder bestätigten. So zeichneten 40% der Kinder – bewußt und unbewußt – bei neutraler Testaufforderung die eigene Familie.

Im Laufe der vergangenen Jahrzehnte – nicht zuletzt verstärkt durch die Realitäten des zweiten Weltkrieges, in welchem zahllose Mütter unfreiwillig, infolge der Abwesenheit des Vaters und Ernährers zur Berufstätigkeit gezwungen, sich zu emanzipieren begannen – ist es zur fortschreitenden »Desintegration der Familie« (*René König*) gekommen. Dieser Trend von der Großfamilie zur Klein- bzw. Kernfamilie, mit entsprechenden Auflösungserscheinungen, ist charakteristisch für die familiäre Situation in unserer Zeit. Er löst zwangsläufig in manchen Familien neurotische Störungen, bei Eltern wie bei Kindern, aus.

Bei den Familien, die unseren Erhebungen, wie ähnlichen Untersuchungen früherer Autoren mit einem Familienzeichentest zugrunde gelegt wurden (*Minkoswka, Flury, Brem-Gräser, Corman*), handelt es sich um in ihren Erziehungsmaximen seit Jahrhunderten noch relativ festgefügte patriarchale Familienstrukturen, bei allerdings kontinuierlichem Abbau ursprünglicher Großfamilien. Es ist die bürgerliche Familie, in der sich die Entwicklungen und Krisen abspielen, die schon vor einem halben Jahrhundert die Psychoanalytiker zu ihrem Konzept der Neuroseentwicklung anregten. Insbesondere *Alfred Adler* und die Individualpsychologie haben von Anbeginn auf den Stellenwert des Familiengeschehens und seiner Störungen für die Neurose des einzelnen, im Sinne eines sozialen Auftrages des Individuums hingewiesen (11). Aber auch *S. Freud* und *C. G. Jung* haben stets die Bedeutung der innerfamiliären Verflechtungen für die Entstehung und Fixierung von Neurosen betont und mit zahlreichen Krankengeschichten belegt.

Trotz ständiger Desintegrationsprozesse ist noch in vielen Familien eine patriarchale Grundeinstellung, zumindest im Erleben der Kinder, vorhanden. Zwangsläufig muß daher die Vater-, Mutter- und Geschwisterproblematik eines Kindes in seinen projektiven Testergebnissen zum Ausdruck kommen; das gilt für Spiel-, Zeichen- und Erzähltests gleichermaßen. In ersteren liegt das

Angebot schon in den Spielelementen selber, z. B. den Familienpuppen des Scenotests und des Welttests, in den Erzähltests in den Darstellungen familiärer
Szenen (TAT, CAT, PN) bzw. entsprechenden Formulierungen zu ergänzender
Geschichten (*Düss, Thomas* u. a.). Auch in projektiven Tests wie dem *Rorschach*-Formdeutverfahren und verwandten Tests wird unbewußt eine Vater-
bzw. Mutter-Problematik angesprochen. Wenn nun ein Kind in der psychodiagnostischen Untersuchung mit dem Reizwort »Familie« konfrontiert wird,
kann es sich diesem Auftrag kaum entziehen, zumal bei der Verlockung zum
spielerisch erlebten Zeichnen und Malen.

In der patriarchalen Familie dominiert der Vater. Nach außen sichtbar vertritt er als Leitbild den Auftrag der Familie gegenüber der Gesellschaft. Trotz
weitgehenden Abbaus seiner Autorität, im Sinne der von *René König* geschilderten »Desintegration«, erfüllt er als »unsichtbarer Vater« (*Mitscherlich*) bzw.
»unerreichbarer Vater« (*Kos*) formal, auch noch in seiner Abwesenheit, patriarchale Funktionen. Oft sind es allerdings lediglich deren negative Auswirkungen, die im Verhalten der Mutter auf eine unterhöhlte, patriarchale Autorität
der Familie hinweisen (25, 29).

In unserem Untersuchungsgut (n = 600) fanden sich 88 patriarchal dominierende Väter, denen wohl die 32 Familien mit einer Aufstiegsproblematik hinzu-
gezählt werden können. Auch unter den 100 als harmonisch geschilderten
Familien dürften sich manche patriarchalisch geleitete finden, sowie im Negativen im Streitmilieu (59) und Spannungsmilieu (102) gestörter Familien. Allein
diese Zusammenstellung deutet die Problematik an, Auswirkungen und Atmosphäre eines Familienklimas im allgemeinen, wie speziell für die Statistik, zu
erfassen.

So zeichnen die meisten der Kinder, welche die Stufe der Ödipusentwicklung
erreicht haben bzw. nicht regressiv auf Vorstufen derselben verharren, die
Familie in patriarchaler Abfolge, d. h. den Vater voran, an erster Stelle, auch
wenn er schon längst nicht mehr in dieser Form, führend und sichernd in
Erscheinung tritt. Seine Machtposition wird noch verstärkt durch die Größe,
evtl. auch Druckstärke seiner Zeichnung bzw. phallisch-männlich-aggressive
Zutaten, wie Hut, Stock, Zigarre, Wehr und Waffen.

Fall 1

Der 14 jährige Hartmut, Sohn eines Ingenieurs, wurde wegen Oberschulversagens und
wiederholter Diebstähle in die EB-Stelle gebracht. Er hatte Mutter und Großmutter Geld
weggenommen, sich dafür Süßigkeiten gekauft und diese an seine Schulkameraden verteilt. Der in seinen Erziehungsmaßnahmen autoritär eingestellte Vater hatte ihn verprü-
gelt, was aber nichts nutzte.

Der Vater Hartmuts hatte sich aus einfachen Verhältnissen einer Arbeiterfamilie, bei
frühem Tod seines Vaters strebsam emporgearbeitet und war in Schule und Beruf stets
unter den Besten. Selber streng und unter Entbehrungen erzogen, verlangte er ein Gleiches von seinem ältesten Sohn. Er war um so mehr über dessen Pubertätsprotest enttäuscht. Die Mutter, die aus wohlhabenden Verhältnissen stammte, blieb an ihren Jungen
verwöhnend gebunden und versuchte, zwischen ihm und dem Vater zu vermitteln. Zu seiner etwas jüngeren, vom Vater vorgezogenen Schwester stand Hartmut in eifersüchtiger
Rivalität. Als er wegen zunehmender Schulschwierigkeiten beim Übergang auf die Ober-

Abb. 1

schule in ein auswärtiges Internat gebracht wurde, empfand er dieses als Verstoßung aus der Familie und reagierte depressiv.

In der verzauberten Familie steht der Vater in kriegerischem Schmuck an erster Stelle. Es folgt als ein Phantasietier hochaufgerichtet, zentral die Schwester. Dann kommt die Mutter als Schwein, mit dem Säugen ihrer beiden Jungen beschäftigt.

Patriarchal-autoritär führt der Vater die Familie an, im Schmuck männlich-kriegerischer Potenz, mit einem Lendenschurz und phallusähnlichem Gebilde, Speer und Pickelhaube. Neben ihm, zu gleicher Höhe aufgerichtet, die von ihm vorgezogene Tochter, die vom Bruder während der Zeichnung abschätzig als das »Biest« bezeichnet wird. Die Mutter folgt an letzter Stelle, sie ist von beiden abgewandt, ganz dem Stillen ihrer beiden kleinen Kinder, der Brüder Hartmuts hingegeben. Ich-schwach und depressiv hat sich der Junge selber nicht dargestellt.

Auch die Tierwahl kann auf eine väterliche Machtstellung hinweisen, so der Löwe, als König der Tiere oder der Adler, als Herrscher der Lüfte (siehe Fall 31, 41, 74).

Die patriarchale Abfolge kann noch dadurch unterstrichen werden, daß alle Familienmitglieder auf einer Linie – Boden- oder Mittellinie – nacheinander gereiht sind.

Die Allmacht des Vaters in der patriarchalen Familie ist auch in seiner Identifizierung mit einem mächtigen Zauberer zu erkennen.

Schon aus der gezeichneten Familiensituation ist bisweilen die Abhängigkeit der Mutter zu erkennen, die mit ihrer Berufstätigkeit oft lediglich wirtschaftlich unterstützend zur Festigung des Patriarchates beiträgt; sie erfährt dieses am Arbeitsplatz, mit beruflicher und menschlicher Abwertung. Von der großen Zahl berufstätiger Mütter haben nur wenige ein Stadium der Emanzipation erreicht, d. h. diese echt verwirklicht. Das Kind spürt das im täglichen Dasein, besonders den Auswirkungen der nur unvollkommen von der Mutter erfüllten Rolle und bringt es im Test zum Ausdruck. Der Mutter kommt noch immer im Erleben der Kinder eine behütende Funktion zu. Dieses zeigt sich in der VF in der bevorzugten Wahl verschiedener Muttertiere (Fall 1, 51, 75), aber auch mütterlicher Symbole in Wunsch oder Realität für das Kind. Die Selbstunsicherheit einer Mutter, ihr Versagen in der Familie, läßt sie nicht selten an letzter Stelle gezeichnet werden, evtl. auch abgewertet im Dargestellten, z. B. einer winzigen Maus, oder als Haushaltsgegenstände, wie Besen und Eimer.

Abb. 2

Fall 2

Der 9;8 Jahre alte Franz war noch nie bettrein. Sein introvertierter Vater und seine depressive Mutter haben sich in diese Situation gefügt, zumal das Kind sonst wenig Schwierigkeiten macht, gut lernt, still und ruhig ist. Franz ist ein schlechter Esser. Für jedes Kilo, das er zunimmt, bekommt er ein Buch. Die väterliche Großmutter hat sich vor 3 Jahren im Schub einer paranoiden Schizophrenie erhängt, die Mutter ist wegen ihren Depressionen in ständiger psychischer Betreuung. Beide Eltern sind gebildete Menschen, sie fürchten die Auswirkungen einer Vererbung. Der Vater zieht sich meist in seine Introversion zurück, die Mutter ist zeitweise wegen ihrer Depression für die Familie nicht richtig da. Franz wird verwöhnt. Da er intellektuell sehr gut begabt und ehrgeizig ist, ist er ein sehr guter Schüler. Der Vater ist beruflich oft abwesend. Zwischen der Mutter und dem Kind besteht noch immer eine enge symbiotische Beziehung.

In der VF zeichnet Franz den Vater als ein Bild an der Wand. Die Mutter wird als ein stark geschwärzter, anthropomorphisierter Besen mit zwei Wassereimern zentral an 2. Stelle gezeichnet. Das Kind wird als ein Sessel des Zauberers gezeichnet, der Großvater wird zum Tisch und die Großmutter zu einer Vase am Tisch. Zuletzt zeichnet Franz den Zauberer am Sessel beim Tisch sitzend.

26

Die Problematik des Knaben kommt in der VF deutlich zum Ausdruck. Dem als Bild in seiner Bedeutung erhöhten, aber narzißtisch von dem Familiengeschehen abgewandten Vater kommt wohl patriarchal die erste Stelle zu, der Konflikt aber spielt sich »am Tisch« ab; er reicht, wie die Eßstörung des Kindes zeigt, in die Phase der Oralität zurück, was bei der Symptomatik der Mutter nicht zu verwundern ist. In der Geschichte fragt der Zauberer die Mutter aus, ob sie kochen kann und quittiert die bejahende Antwort zufrieden. Die depressive Mutter versagte nicht nur in der oralen, sondern auch in der darauffolgenden analen Phase des Buben; er wurde nie bettrein.

Die Mutter ist die zentrale Figur im neurotischen Schicksal des Knaben und auch in seiner Zeichnung der VF. Als Zauberer würde sich Franzi gerne an der Familie, besonders aber an der Mutter magisch rächen. Dazu fehlt ihm aber der Mut – er degradiert sich zu einem leblosen Sessel. So macht er die Mutter wenigstens symbolisch für seine Symptomatik verantwortlich, indem er das Schmutzige und Nasse auf sie verschiebt. Das Konflikt-Element wird durch die Schwärzung des Besens unterstrichen.

Symbiotische Mütter (30) lassen ihre enge Beziehung zum Kinde an einer räumlichen wie symbolischen Zuordnung, auch der gleichen Objektwahl, oft in Distanz von der übrigen Familie erkennen. Diese Kinder zeichnen auf einem präidentifikatorischem Stadium die Mütter oft an erster Stelle.

Abb. 3

Fall 3

Der 17 jährige Alois ist Nachkömmling eines Diplomatenpaares, Bruder und Schwester sind bereits erwachsen. Derzeit lebt Alois in der Familie des Bruders, der ihn unter dem Verdacht einer Legasthenie zum Psychologen schickte.

Alois war von seiner Familie keineswegs freudig erwartet. Um so mehr wurde er dann, besonders von seiner Mutter verwöhnt. Er blieb bis heute der »Kleine«. Die Mutter gibt zu, daß noch eine symbiotische Beziehung zwischen ihnen besteht. Bis jetzt besuchte

Alois sechs verschiedene Schulen in sechs verschiedenen Ländern. Er ist entsprechend schulisch verwahrlost, leidet an Prüfungsängsten und fürchtet die Zukunft.

In der VF zeichnet er in der Mitte des Blattes eine Familienszene, wobei die übergroße Mutterfigur zuerst mit viel Sorgfalt dargestellt wird. Der Vater folgt kniend an zweiter Stelle, der kleine Sohn, ebenfalls kniend dicht neben der Mutter. Er ähnelt in Haltung und Gesichtsausdruck der Mutter, beider Blick ist nach vorn gerichtet, während der Vater zur Mutter aufschaut. Es folgt zuletzt, abseits vom Vater, der Familienhund. Vor ihnen brennt ein Feuer, dessen magische Kraft durch Sternchen angedeutet wird.

In seiner Geschichte zum Bild beschreibt der Proband die drei Familienmitglieder als erstarrte Statuen.

Die neurotische Stagnation, die Fixierung des Jugendlichen in der Mutter-Kind-Symbiose, kam im Test der VF deutlich zum Vorschein.

(Fall 4, 41, 52, 53, 59, 65, 68, 71, 75, 77, 87, 92, 97, 99, 100, 102, 104, 109.)

Die Forderung nach einer »Anpassung der Familie an das Kind«, d. h. an dessen elementare Trieb- und andere Bedürfnisse ist oft nur unvollkommen verwirklicht. Mangelerscheinungen in außerfamiliären Erziehungseinrichtungen wie Kindergarten und Schule werden gerade im deutschsprachigen Raum immer wieder aufgezeigt (223, 222). Der in den zwanziger Jahren geprägte Ausdruck »Kinderfehler« für kindliche Verhaltensstörungen wird im Grunde noch heute angewandt, wenn in patriarchaler Familienerziehung das Kind nicht die Forderungen der Erwachsenen erfüllt bzw. sich dagegen auflehnt. Erst allmählich erkannte man, daß retrospektiv nicht selten elterliches Fehlverhalten als Ursache sogen. Kinderfehler anzuschuldigen war. *Richters* Veröffentlichungen weisen auf die Bedeutung elterlicher Projektionen im Rollengeschehen der Familie hin. Sie sind meist vom eigenen gelebten bzw. nicht verwirklichten Schicksal der Eltern, in deren Kindheit und Jugend abhängig. Diese Zusammenhänge, die sich in einer Verhaltensstörung oder psychosomatischen Reaktion beim Kind, im Sinne einer »Symptomtradition« auswirken können, werden bisweilen hellsichtig vom Kinde gespürt und in der VF zur Darstellung gebracht. Sie sind für Arzt und Psychotherapeut wichtige Hinweise bezügl. der Zielsetzung geplanter psychotherapeutischer Maßnahmen.

Zu den von Eltern übermittelten Erziehungsaufträgen nehmen die Kinder, auch in ihren projektiven Testäußerungen, Stellung. Identifizierungen erleichtern es dem Kinde, Erziehungsforderungen, »den Eltern zuliebe«, zu erfüllen. Als Überforderungen sind sie mit Angsterlebnissen verbunden, wie z. B. in gestörten Familien von Trinkern oder Schizophrenen. Manche dieser Kinder versuchen, auf dem Wege einer »Identifizierung mit dem Angreifer« (*Anna Freud*), mit einer Flucht nach vorn, Angst durch Aggression, abzubauen. Der Abwehrmechanismus einer »Angstbewältigung vermittelst Schundphantasie« (*Zulliger*, 244) läßt sich auch in der Zeichnung, insbesondere aber einer dramatischen Geschichte, zur VF auslegen.

Im Schutze der Familie wächst das Kind zu einem Sozialwesen heran.

Während das Tierkind schon unmittelbar nach seiner Geburt auf eigenen Beinen steht, um von der Mutter fortzustreben, aber stets auch wieder zu ihr zurückzukehren, bleibt das »zu früh geborene Menschenkind« (*Portmann*) mit Beginn seines extra-uterinen Lebens und noch über lange Zeit in einem Zustand der absoluten Hilflosigkeit; es ist das »verwaisetste Kind der Natur«, wie es schon vor 200 Jahren *Herder* bezeichnet hat (171).

Instinktregulationen bei Mutter und Kind sichern sein Überleben. Hierzu gehört die Entwicklung der »primären Mütterlichkeit« (*Winnicott*) in der zweiten Hälfte der Schwangerschaft, die selbst bei einer anfänglichen Ablehnung des Kindes z. B. unerwünschter Schwangerschaft alles Sinnen und Trachten der Mutter daraufhin abstellt, das Kind möglichst unbeschädigt zur Welt zu bringen und es ein Nest vorfinden zu lassen, in dem es geborgen vor negativen Umwelteinflüssen heranreifen kann.

In ihren Aufgaben der Pflege und Aufzucht des Kindes steht der Mutter ein mächtiger Bundesgenosse zur Seite: Es ist die Familie, die in allen Kulturen den Schutz von Mutter und Kind, in der empfindlichsten Phase des Säuglings- und Kleinkindalters, als eine ihrer zentralen Aufgaben erkannt und übernommen hat.

Die Familie ist potentiell für jedes Menschenkind ein Hort der Geborgenheit. In ihr erfährt es seine wichtigsten Anregungen und Prägungen. Eltern und weitere Erzieher sind seine Identifikationsvorbilder.

Die Geschichte seines Lebens beginnt aber weit vor der Stunde seiner Geburt. Schon während der Partnerwahl der Eltern werden bisweilen Wunsch- und Erwartungsvorstellungen auf ein zukünftiges Kind projiziert; sie nehmen mit der Schwangerschaft erste reale Gestalt an. Ob ein Kind abgelehnt wird, so daß man sich seiner mittels Abtreibung zu entledigen versucht, ob eine Mutter sich ihrem unerwünschten Kinde später voller Schuldgefühle in überprotektiver Verwöhnung zuwendet, wirkt sich auf die Entwicklung emotionaler Beziehungen im ersten Lebensjahr des Kindes aus. Auf die Bedeutung der frühen Mutter-Kind-Bindung für die gesamte weitere Entwicklung des Menschen ist immer wieder von Kinderärzten und Psychologen hingewiesen worden.

Im Zentrum der Familie steht die Mutter-Kind-Bindung. Erst wenn das Kind diese erlebt hat, ist es in der Lage, weitere Beziehungen zu seiner näheren und weiteren Umwelt, auch außerhalb der Familie, aufzunehmen. So bringt der Wechsel vom Foetalleben zum extrauterinen Dasein grundlegende, völlig neue Existenzbedingungen für Kind, Mutter und Familie mit sich.

Über die »primäre Mütterlichkeit« hinaus ist der Anblick absoluter Hilflosigkeit des Neugeborenen und jungen Säuglings ein mächtiger Appell an die Mutter, sich ihrem Kinde in vermehrtem Maße zuzuwenden. Es entwickelt sich nunmehr, im Laufe der nächsten Monate der Aufzucht und Pflege ein Wechselspiel reifender Zuwendungen und Abhängigkeiten zwischen Mutter und Kind, was zum Aufbau wachsender Objektbeziehung des Neugeborenen und Säuglings, seiner ersten Liebesbindung, beiträgt. Ihre Verläßlichkeit ist ein Vorbild für alle späteren Liebesbeziehungen, die der Mensch im nachfolgenden Leben eingeht.

Es ist das »Urvertrauen«, das nach *Erikson* am Beginn der extra-uterinen seelischen Entwicklung stehen muß. Dieses kann nur im ungestörten personalen Erfahrungsaustausch zwischen der Mutter (bzw. deren Ersatzperson) und ihrem Kinde reifen und sich entwickeln. Erst auf dem Boden einer gesicherten ersten

Objekt-, d. h. Liebesbeziehung ist das Kind in der Lage, weitere soziale Beziehungen zu entwickeln. Doch bleibt diese erste Beziehung noch über lange Zeit labil. Nachdem das Kind mit drei Monaten im ersten Lächeln dem Antlitz der Mutter antwortet, folgt um den achten Monat jene frühe soziale Krise, in der nun schon zwischen Mutter und Kind eine verläßliche Beziehung aufgebaut ist, aber jede kurze Abwesenheit der Mutter bzw. das Auftauchen eines fremden Gesichtes in der nächsten Umwelt Existenzängste des enttäuschten, sich verlassen fühlenden Kindes auslöst. Wie lange diese Unsicherheiten anhalten können, zeigen die Trennungsängste von Kleinkindern, z. B. bei einer Aufnahme ins Krankenhaus.

Alle diese Ängste lassen sich auf das Trauma der Geburt zurückführen, das *Rank* direkt mit dem psychophysischen Katastrophenschock des Kindes, beim Passieren des engen Geburtskanals in Zusammenhang brachte. *S. Freud* definierte es umfassender als erste Trennungsängste, indem das Kind seine totale leibseelische embryonale Geborgenheit aufgibt und der Unwirtlichkeit eines noch unbekannten neuen Daseinsraumes voller drohender Gefahren ausgeliefert ist (90).

Jeder Reizeinfluß von der Außenwelt, welcher im Ablauf des ersten Lebensjahres die Ausbildung des »Urvertrauens« stört, kann Reifungs- und Entwicklungskrisen auslösen, die den Boden für neurotische Fehlentwicklungen bereiten.

Alle Einflüsse aus der Umwelt des Menschen wirken sich über die Familie auf das Kind aus; diese kann sie verstärken oder mildern. In seinem Identifizierungs-, aber auch Schutzbedürfnis paßt sich das Kind weitgehend den Forderungen seiner Leitbilder, vornehmlich den Eltern, an. Es übernimmt deren Haltungen und Einstellungen im Einüben erster Sozialpraktiken: So steht hinter geklagten Anpassungs- und Verhaltensstörungen des Kindes immer die Frage, wieweit die Eltern dieselben ausgelöst, als negatives Leitbild die Kinder dazu ermuntert haben.

Die Summation der Reize einer industrialisierten Welt dringt mit Fernsehen u. a. bis in die Intimsphäre der Familie. Schlafstörungen von Kleinkindern zeigen, wie äußere Milieueinwirkungen und Störungen der innerfamiliären Intimbeziehungen ineinander übergehen.

In dieser wichtigen Frühphase bleibt die Mutter ein Schutz vor schädlichen Umwelteinflüssen. Das haben die Untersuchungen von *Anna Freud und Dorothy Burlingham* an Kriegskindern gezeigt (84). Doch ist anzunehmen, daß seither, im Laufe einer Generation, eine weitere Auflösung familiärer Schutzräume erfolgt ist, bei gleichzeitig zunehmender Instinktunsicherheit junger Mütter.

Der Test der VF vermittelt für jede Alters- und Entwicklungsstufe des Kindes Hinweise auf sein Sozialverhalten, sowie die Störeinflüsse, denen Kind und Familie in wechselnden Abhängigkeiten ausgesetzt sind.

a) Entwicklung des Kindes in seinen Phasen und deren Störungen

1. Orale Phase

Geborgenheit im Urvertrauen, im Erlebnis der »Urhöhle« (*René Spitz*) beim Stillvorgang, das ist die Anfangssituation im Aufbau einer natürlichen Mutter-Kind-Beziehung. Sie vermittelt dem Kinde das unentbehrliche Heimatgefühl (167), als Ausgangspunkt für alle weiteren Abenteuer seines Lebens. Indem die Mutter mehrmals täglich eine Stunde beim Stillen bzw. beim Füttern und Windeln ihres Kindes mit diesem zubringt, kommt es zu einem zärtlichen Gefühlsaustausch zwischen beiden, der mit wachsender Intensität der Zweierbeziehung zwischen Mutter und Kind dessen erste Objektbeziehung – zum Liebesobjekt Mutter – aufbaut.

Das erste Lächeln des Kindes, auf dessen Bedeutungsinhalt früher Menschwerdung *René Spitz* mit dem Begriff des »Ersten Organisators« der kindlichen Psyche hingewiesen hat, ist ein wichtiger Meilenstein seiner Entwicklung (210). Beispiele von früher Kollektiverziehung, z. B. in den Kinderhäusern der israelischen Kibbuzimsiedlungen (*Liegle*) bestätigen die Einmaligkeit der Mutter-Kind-Beziehung, auch unter extrem andersartigen Aufzuchtbedingungen, als einer traditionell geprägten Familie; sie bleibt unersetzlich. Kinder lächeln anders zu ihrer Mutter bzw. deren beständiger Ersatzperson, im Vergleich zu den Erzieherinnen. Alle späteren elementaren Lernvorgänge des Säuglings und Kleinkindes bauen sich auf dem Urvertrauen auf, welches dem Kind in der emotionalen Wechselbeziehung der Mutter-Kind-Dyade gelehrt und gelernt wurde.

Dieses erlebt seine Bewährung in der ersten sozialen Krise, der in unserer Zivilisation um das erste Lebensjahr beginnenden Sauberkeitsgewöhnung. Bis dahin prägen die Erfahrungen im Bereich der Oralität die frühe Erlebniswelt des Kindes, auch in allen späteren Auswirkungen: Im Kaptativen wie im schon über die Mundwelt hinausreichenden Intentionalen, welches das Kontakt- und Besitzstreben des Menschen vorformt.

Versagungen, aber auch Verwöhnungen führen zu ersten Fehlerlebnissen der Gefühlswelt des Kindes, auf denen sich spätere neurotische Fehlentwicklungen aufbauen können. Fettsucht und Magersucht nehmen hier ebenso einen Ausgang wie Depressionen und neurotische Frühverwahrlosungen (*Kemper*).

Für das Kind bleibt in dieser ersten Lebenszeit die Mutter die Schlüsselfigur. Sie wird daher auch in seiner Zeichnung an die erste Stelle gesetzt, wenn das Kind noch in der präidentifikatorischen Phase verharrt. Das gilt für das infantile Verhalten jüngerer Kinder wie für Retardierungen und neurotische Regressionen älterer, z. B. symbiotischer Kinder. Das Hüten und Nähren der Mutter läßt sie in der Verzauberung entsprechenden weiblichen Tieren zuteilen. In der Einheit Katze und Maus für die Mutter und ihr Kind klingt schon die Abhängigkeit, aber auf Ambivalenz eines symbiotischen Verhältnisses an, daß man nämlich jemanden »zum Fressen gern haben« kann (siehe S. 219). Das Bild der bösen, verschlingenden Mutter regt zur Darstellung als Hexe an.

Auch in der Größe des Zeichenobjekts, wie seiner Zuordnung im Raum, lassen sich Beziehungen und Abhängigkeiten erkennen. Das Gefühl der Regression, nämlich »am liebsten wieder in den Bauch der Mutter zurückzukehren« – wie es symbiotische Kinder, besonders mit dem bedeutungsvollen Symptom der Nabelkoliken äußern (22), ist bisweilen direkt in einem zeichnerischen Ineinander abzulesen.

Abb. 4

Fall 4

Der siebenjährige Bertram war einziges uneheliches Kind einer Arbeiterin, der es schwerfiel, sich von ihrem Kind zu trennen, als sie es notwendig im Heim unterbringen mußte. Sie blieb weiter in engem Kontakt mit ihm und nahm ihn in den Ferien stets zu sich. Bertram war ängstlich-unsicher, ein kränkliches Kind, welches noch Jahre an den Folgen frühkindlicher Schäden – schwere Rachitis, Ernährungsstörung u. a. – zu leiden hatte.

Er war im Heim brav angepaßt und zeigte eine starke Anhänglichkeit an die Betreuerinnen – männliche Bezugspersonen fehlten im Heim.

Dieses kam auch im Familienzeichentest zum Ausdruck, in dem er – ohne Verzauberung – die Realsituation darstellte. Er fragte – im Zwiespalt mangelnder eigener Erfahrung: »Wieviel Kinder haben Familien eigentlich?« und entschloß sich dann, vier zu zeichnen, darunter »ein größeres Mädchen«. Alle sind groß und breit dem unteren Rande aufgesetzt – in unsicherer Strichführung und infantiler Darstellung. Er gibt ein Abbild der Heimsituation, in der Kinder von älteren Mädchen und Frauen betreut werden. Der Junge links ist symbiotisch mit der einen Frau verbunden – in sie hineingezeichnet – wie es der Situation von jüngeren Heimkindern entspricht. Bei seinen Ängsten hatte die Gruppenleiterin ihn wiederholt tröstend abends zu sich ins Bett genommen. (Fall 71.)

Ist die Dyade bzw. Symbiose im ersten Lebensjahr des Kindes noch ein psychisches Normverhalten, so erfolgt gegen Ende desselben, mit Zunahme der Beherrschung körperlicher, besonders motorischer Funktionen, Schritt für Schritt die Ablösung des Kindes aus der engen Mutter-Kind-Beziehung, und zwar um so natürlicher, als die Mutter bereit ist, es loszulassen, im Glück und Stolz über die Reifungsfortschritte ihres Kindes.

Dieser Prozeß der Verselbständigung wird Einzelkindern, besonders Nachkömmlingen, erschwert, zumal wenn ihr Schicksal durch Verlusterlebnisse der Mutter – Abwesenheit oder Tod des Vaters bzw. eines Geschwisters – belastet ist und Kinder dadurch als Substitut in eine Ersatzrolle gedrängt werden. Nahezu reflektorisch nehmen Mütter in dieser Krise ihr jüngstes Kind, meist den Sohn, in das verwaiste Ehebett.

Achtmonatsängste, die in der normalen Entwicklung die natürliche Liebesbeziehung einer Mutter zum Kleinkind bezeugen und als Trennungsängste in den nachfolgenden Jahren erst allmählich überwunden sind, werden von symbiotischen Kindern und deren Müttern noch über Jahre beibehalten. Sie sind in den Ängsten und Anklammerungstendenzen schulphobischer Kinder und Jugendlicher, wie bei Herzneurosen Erwachsener zu erkennen. Es entstehen neurotische Zweisamkeiten bzw. Schneckenhausgemeinschaften, die oft erst durch eine Simultantherapie von Mutter und Kind zu lösen sind. Symbiotische Kinder haben die ödipale Krise nicht überwunden, sie verharren noch präidentifikatorisch in der Kleinkindbeziehung zur Mutter. Ihre früheste Symptomatik sind Schlafstörungen. Die Bettsituation dieser Kinder verkörpert symbolisch die Untrennbarkeit von der Mutter. Sie erzwingen sich in einem allabendlichen Ritual des Schlafengehens den Platz bei der Mutter, gelegentlich unter Ausquartierung des Vaters, bei dessen passivem Protest. Der Platz des Kindes im Ehebett der Eltern weist gleichzeitig auf die eheliche Problematik symbiotischer Mütter hin, die auch von diesen nicht endgültig vollzogene Reifung (30). In der München-Kölner Klientel unserer Patienten (n = 200) waren 48 sich symbiotisch verhaltende Kinder. Von diesen waren 32 Einzelkinder, und unter ihnen 25 Buben. 14 waren jüngste Kinder, davon neun Nachkömmlinge. Bei acht Kindern trug eine psychosomatische Krankheit, die wie das Asthma (5) oder die Colitis ulcerosa (3) symbiotische Tendenzen verstärkt, zur gestörten Mutter-Kind-Beziehung bei. Das ist mit der bedrohlichen Krankheitssituation zwanglos zu erklären. Auf groteske Ausmaße dieser Mutter-Kind-Bindungen hat *Melitta Sperling* mit dem Begriff der »Klosett-Symbiose« (207) sowie dem »Asthmaband« zwischen Mutter und Kind (208) hingewiesen. Lediglich bei zwei Kindern handelte es sich um älteste Kinder. Zwei von ihnen litten an einer Colitis und hatten die Manifestation der Krankheit, nach langer Einzelkindsituation bei Ankunft der Geschwister erfahren. Ein Bub litt an hypophysärem Zwergwuchs. Er wurde bald in allem von seinem jüngeren Bruder überholt und blieb zeitlebens »der Kleine« (siehe Fall 31, S. 74, ferner S. 293 Tab. III).

In einem Fall von Vater-Kind-Symbiose wurde mit dem plötzlichen Tod des alternden Vaters der Nachkömmling in eine Mutter-Kind-Symbiose übernommen; gleichzeitig manifestierte sich ein Asthma bronchiale.

Abb. 5

Fall 5

Der achtjährige Achim erkrankte vor 2 Jahren, im Zusammenhang mit dem plötzlichen Tod seines Vaters, an einem Asthma bronchiale. Eine familiäre Belastung mit Asthma bzw. anderen allergischen Erkrankungen liegt nicht vor. Der Bub war bis dahin völlig gesund gewesen. In Nachkömmlingssituation, nach einer 8 Jahre älteren Schwester geboren, entwickelte er ein inniges symbiotisches Verhältnis zum Vater, von Beruf Graphiker. Er verbrachte die Abendstunden, bis in die Nacht hinein, eng umschlungen, mit diesem am Fernsehschirm oder bei gemeinsamen Arbeiten, für die der Vater ihm eigens ein kleines Reißbrett angefertigt hatte.

Um so schmerzlicher mußte den Bub der überraschende Herztod des Vaters treffen, den er als erster der Familie unmittelbar miterlebte. Während der Trauertage gab die Mutter das Kind zu Bekannten, um Achim nach seiner Rückkehr sofort zu sich ins Schlafzimmer, ins gemeinsame Ehebett, an Vaters Stelle zu legen. In dieser Nacht kam es zum ersten Asthmaanfall des Kindes, dem weitere folgten, die an Intensität mehr und mehr zunahmen. Achim wurde bald medikamentenabhängig. Die Mutter bewältigte den Trauer um ihren Mann nur unvollkommen. Über ein Jahr lang ging sie täglich mit dem kleinen Buben zum Friedhof und ließ ihn bei Wind und Wetter mit seinen Spielsachen am Grabe des Vaters spielen. Mit dem Tod des Mannes hatte sie eine frühere Berufstätigkeit wieder aufgenommen, wodurch sie gezwungen war, den Jungen nachmittags nach der Schule in einen Hort zu geben. Zu Hause hatte die Mutter in ihrem Verhältnis zum Kinde die väterliche Symbiose abgelöst. Die Großeltern vs. wurden zu geheimen Miterziehern des Kindes, was die geplanten psychotherapeutischen Maßnahmen zusätzlich erschwerte. Erst allmählich trat eine Besserung im Befinden des Kindes ein.

In der VF zeichnete der Bub, auf die ganze Fläche verteilt, verschiedene Objekte. Im Mittelpunkt stand ein schwarzer Zylinderhut, der die Trauer um den Vater verkörperte. Zuerst aber hatte er ein Brot gezeichnet, womit er auf seine primären ungestillten oralen Bedürfnisse hinwies. Lediglich Baum und Wurzeln, welche die Mutter verkörperten, wiesen auf einen Halt des Kindes hin, er war auch als einziges in Farben dargestellt. Außerdem stand noch eine Hummel für ein Baby sowie ein Taschentuch für die Schwester.

Die dissoziierte Darstellung des Ganzen wies auf die Identitätsdiffusion des gestörten Kindes hin, für das mit dem Tod des Vaters eine ganze Welt auseinandergebrochen ist.

Der chronische Brechdurchfall des Säuglings weist auf die »coenaesthetische Organisation« (*René Spitz*) des jungen Kindes hin, in der noch jede emotionale Störung in psychosomatischer Einheit erlebt wird (210). Die starke mütterliche Abhängigkeit des Kindes in der oralen Phase zeigten Untersuchungen *Benedettis* an chronisch ernährungsgestörten Säuglingen, die auch bei optimaler klinischer Behandlung nicht gediehen. Sie überwanden ihre Krise erst, als die Mutter durch eine psychotherapeutische Behandlung eine neue Lebenseinstellung zum Kinde gewann.

Kinder, denen in der Frühphase die lebensnotwendige »Liebes-Anlehnung« an die Mutter verwehrt blieb, entwickelten eine »anaklitische Depression« (210).

Ein frühverwahrloster Jugendlicher, der zahllose negative Heimerfahrungen von Anbeginn erlebt hatte, trug bei einem neuerlichen Weglaufen lediglich einen Schnuller in der Hosentasche! Wie die ganze Welt des Frühverwahrlosten oral vergiftet ist, zeigt folgender Fall eines jugendlichen Diebes:

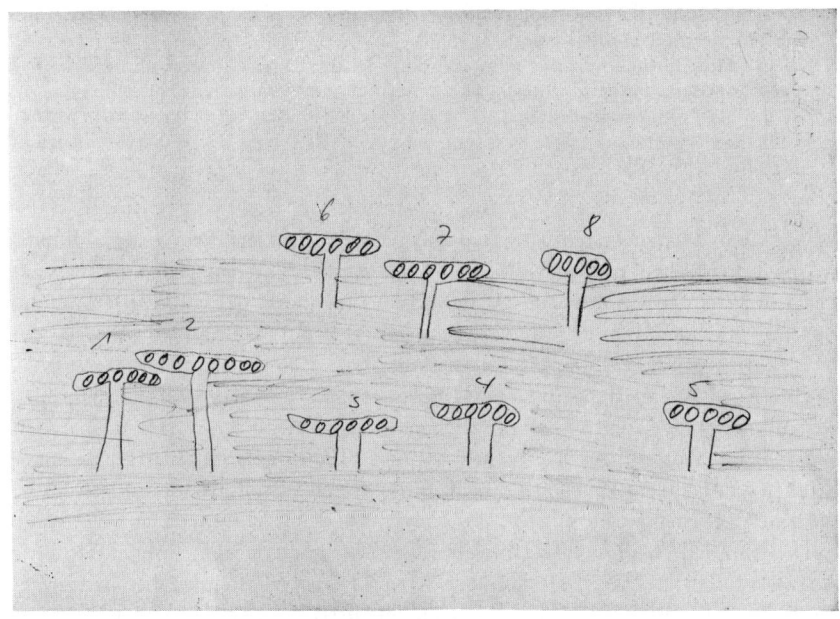

Abb. 6

Fall 6

Der 14jährige Junge wurde vom Jugendamt wegen Verwahrlosungserscheinungen — Diebstähle und Schulschwänzen – überwiesen. Er soll deshalb vorzeitig ausgeschult werden.

Harald ist ein uneheliches Kind. Er wird von seiner Mutter, derem jüngeren Bruder und der verwöhnenden Großmutter erzogen. Er war ständig an verschiedenen Orten und entbehrte eines echten Zuhauses. Seine spätere Verwahrlosung ist die Folge dieser emotionalen Frühverwahrlosung. Als seine Mutter später heiratete, kam er vierjährig in die Familie. Die Eingewöhnung fiel ihm schwer. Auch als er später noch Geschwister bekam, zwei Schwestern und einen kleinen Bruder – fühlte er sich weiter alleine. Schwierigkeiten traten erst im vierten Volksschuljahr auf. Er blieb noch zweimal sitzen und besucht jetzt die sechste Volksschulklasse.

Unter dem Einfluß eines 16jährigen Freundes, der unter Bewährungshilfe steht, verübte er 12 Ladendiebstähle und 20 Wohnungseinbrüche. (Wohnungs-, Keller- und Schuleinbrüche.) Gleichzeitig schwänzte er öfter die Schule. Er steht völlig unter der Abhängigkeit des älteren Freundes. Sein Verhältnis zum streng-autoritären Stiefvater war von Anfang an gespannt.

Bei der psychologischen Untersuchung des körperlich altersgemäß entwickelten großen, schlanken Buben zeigten sich Kontaktstörungen. Die projektiven Tests ergaben neurotische Affekthemmungen und starke Ängste. Insbesondere Strafängste und Schuldgefühle. Seine Stellung zur Umwelt ist oppositionell. Seine Intelligenz knapp durchschnittlich.

Er läßt die Familie alle in Fliegenpilze verzaubern, die Eltern, drei Buben und drei Mädchen.

Zuerst in einer unteren Reihe die Eltern und drei Buben, die Mutter an erster Stelle, etwas überragt vom größeren Vater. Zuletzt folgen in der oberen Reihe die drei jüngeren Mädchen. Alle Kinder sind jünger angegeben als er selber ist.

Sie wurden verzaubert, weil der Vater die Miete nicht zahlen konnte.

Er zeichnet die Stiefvaterfamilie und verdoppelt die Zahl der Stiefgeschwister, die Mädchen in der Reihenfolge abwertend.

Indem er nur Fliegenpilze darstellt, empfindet er die Familie insgesamt als böse, wie ihn überhaupt seine gesamte Umwelt, von der er sich, nicht dargestellt, ausschließt.

Für ihn als Frühverwahrlosten ist die ganze Welt der Oralität vergiftet. Die Mutter steht für ihn noch links an erster Stelle, sie wird aber schon vom Vater überragt. Auch in seiner Giftigkeit für ihn.

Nachdem in den ersten Monaten die passive Liebeserfahrung, das Hineinströmen der Nahrung beim Stillvorgang wie bei der Flaschenernährung im Vordergrund steht, zeigt die Oralität des Kindes im Laufe der folgenden Monate, mit beginnender Zahnung und zunehmender Beherrschung der Motorik ein mehr aktiv-aggressives, kaptatives Streben.

Das Kind richtet sich auf seine Umgebung aus. Es »erfaßt« und »begreift« Zusammenhänge, auch seiner dinglichen Objektwelt, die nun schon über den Bereich der Mutter (-brust, -antlitz und -gestalt) hinausreichen. Intentionales Streben weitet sich aus und beherrscht die späteren Abschnitte der oralen Phase im ersten Lebensjahr.

Die nunmehr beginnende Umwelteroberung läßt erste Persönlichkeitskerne – Ich-Anteile – des Kindes erkennen, die im Trotzverhalten stärker hervortreten. Ich-schwache, noch weniger persönlichkeitsstrukturierte Kinder stellen sich auch in den gezeichneten Konturen schwächer dar.

2. Anale Phase

Mit gefestigter erster Objektbeziehung, die im wesentlichen im Bereich der Mundwelt aufgebaut wurde, aber gegen Ende der oralen Phase, im Intentionalen schon weitere Umweltbereiche anstrebt, tritt das Kind in die anale Phase ein. Diese steht – zum mindesten in unseren Kulturbereichen – ganz unter den Gesetzen der Sauberkeitsgewöhnung, dem Toilettraining des Kindes. Es ist die erste soziale Krise des Kindes in unserer Gesellschaft. Allzufrüh gefordert wird sie zur Überforderung. Sie gelingt nur, wenn die funktionell-anatomischen Voraussetzungen dafür gegeben sind, d. h. die Markscheidenreifung des Zentralnervensystems bei dem »zu früh geborenen Kinde« nachvollzogen und damit ein Funktionieren des Reflexmechanismus der Schließmuskel von Blase und Mastdarm gewährleistet ist. Bei der Sauberkeitsgewöhnung spielt das Lerntraining eine wichtige Rolle. Es läßt sich schadlos nur in einer ausgeglichenen, liebevollen Mutter-Kind-Beziehung vollziehen.

Die kontrollierte Beherrschung der Ausscheidungsfunktionen geht für das Kind mit Frustrationen einher. Bevor durch Erziehung und Vorbild Scham- und Ekelschranken gesetzt sind, erlebt das Kind den Vorgang der Blasen- und Mastdarmentleerung – im Bereich der »erogenen Zonen« (*S. Freud*, 86) – mit uneingeschränkter Lustbefriedigung. Das gilt für das warme Verströmen des Urins in die Windel, wie für das Schmieren mit eigenem Kot.

Christoffel hat auf das passive (regressive) wie aktive (aggressive) Lusterlebnis des Kindes beim Einnässen und Einkoten, mit den Begriffen der Uro- und Koprophilie, sowie der Uro- und Kopropolemie hingewiesen. Zur letzteren gehört das Werfen mit Kotteilen bzw. das An- und Wetturinieren »im hohen Bogen«.

Die von der Mutter an das Kind gestellte Sauberkeitsforderung ist ein bedeutender Schritt vom Lust- zum Realitätsprinzip. Ordnung, Sauberkeit und Pünktlichkeit, Maxime der Leistungsgesellschaft werden hiermit früh auf die Kinderstube übertragen. Ihr reibungsloser Vollzug wird zum Statussymbol einer tüchtigen Familie.

Die von Anthropologen zitierten Beispiele der Kindererziehung in sogen. primitiven Kulturen zeigen, daß frühe Sauberkeitsdressur mit Ordnungszwängen und aggressiver Gehemmtheit verbunden ist, während freiere, die kindliche Reifung berücksichtigende Sauberkeitserziehung die Bildung toleranter Charaktere fördert. Die Realität des Zusammenlebens in Großstädten läßt allerdings an einer grundsätzlichen Übertragbarkeit derartiger Erziehungsmodelle auf den Daseinsraum des modernen Menschen zweifeln. Das ermöglicht eine nur begrenzte Verwirklichung utopischer Erziehungsideale in Bereichen sogen. antiautoritärer Erziehung. Sauberkeitsgewöhnung ist stets ein komplexes Geschehen, in Abhängigkeit vom Reifungs- und Entwicklungsstand des Kindes, aber auch der Einstellung der Familie zu den Erziehungtraditionen der Gemeinschaft. Körperlicher Entwicklungsrückstand, geistige Schwachbegabung, wie ein emotionaler Infantilismus erfordern eine nachsichtige Sauberkeitsgewöhnung, zumal diese generell in unseren Kulturkreisen zu früh durchgeführt wird.

Einnässen ist ein von Familie und Gesellschaft zunächst noch tolerierter Entwicklungsrückstand des Kindes. Bettnässer, von denen man erst jenseits des vierten Lebensjahres sprechen sollte, sind die häufigste Klientel verhaltensgestörter Kinder einer EB-Stelle; unter den eingeschulten Erstkläßlern näßt etwa jeder Zehnte noch ein (*Kos und Lankers-Dunhofer*).

Die Ursachen des Einnässens können vielfältige sein, wobei es primär organische Ursachen abzuklären und zu behandeln gilt.

Mit der Sauberkeitsgewöhnung kommt in der analen Phase ein erster Zwang in die Erziehung des Kleinkindes. Väterliche Überich-Forderungen repräsentierend, wird er durch mütterliche Liebeshandlungen gemildert. Das Gefühl der Befriedigung über die eigene Leistung, nämlich etwas hergeben, notfalls aber auch zurückhalten zu können, mindert die patriarchal-autoritäre Erziehung: Das Kind spürt die wachsende Stärke seines Ichs.

Mißlingt unter anhaltendem Erziehungsdruck die Sauberkeitsgewöhnung, dann folgt leicht der erste körperliche Strafvollzug beim Kinde. Von hier ist der Schritt zur Kindesmißhandlung nicht weit (33). Es wurden schon Kinder von ihren leiblichen Eltern zu Tode geprügelt, weil sie ins Bett genäßt hatten!

Neben einfachen Reifungsrückständen der kindlichen Entwicklung gibt es aber auch familienneurotische Störungen in der Genese eines Bettnässerleidens, auch wenn in sog. Bettnässerfamilien erbliche Belastungen, im Sinne der »Symptomtradition« eine Rolle spielen.

Abb. 7

Fall 7

Die 12 jährige Liesl war noch nie bettrein gewesen. Bisher hat man dagegen nichts unternommen, denn auch ihr Vater war bis zu seinem 11. Lebensjahr ein Bettnässer gewesen. Liesl ist eine Vorzugsschülerin, überaus ehrgeizig und eigensinnig. Sie ist die zweite von 5 Geschwistern. Als ihr älterer Bruder im Alter von 4 Monaten gestorben war, wünschte der Vater einen männlichen Ersatz für den erstgeborenen Sohn. Bei Liesls Geburt überwand er seine Enttäuschung aber schnell, widmete sich dem Mädchen besonders und verwöhnte sie im Unterschied zu den anderen Kindern. Liesls Mutter ist eine weiche, dem dominierenden Vater ergebene Frau. Liesl ist auf die jüngeren Geschwister eifersüchtig und versucht sie so zu beherrschen, wie es der Vater mit der Mutter tut.

Liesl zeichnet drei große, das ganze Blatt ausfüllende Figuren. Die an erster Stelle dargestellte Mutter wird »eine Wassernixe oder ein Wassermann«, da »der Zauberer ein Wasserwesen sehen wollte«. Das Mädchen wird ein Kasperl, da »der Zauberer – der Vater – seiner Tochter diesen langgehegten Wunsch erfüllen wollte«. Zuletzt wird der Sohn in ein Schwein verzaubert, denn, »wenn der Vater wütend war, wollte er ein Schwein verzehren, wenn nichts anderes zum Essen war«.

In der VF realisiert Liesl symbolisch alle ihre neurotischen Phantasien. Der Vater wird als Zauberer mit jener Allmacht ausgestattet, die nur ganz kleine Kinder dem Vater zuschreiben. Liesl hat vor ihm so viel magisch anmutenden Respekt, daß sie ihn nicht einmal zeichnet. Dieser Vater kann einfach alles. Er nimmt die Schuld des Einnässens von der Tochter, indem er diese auf die Mutter verschiebt. So wird die Mutter zum »Wasserwesen«, das sowohl weiblich wie auch männlich ist. Liesls Rollendissoziation wird dadurch ebenfalls auf die Mutter verschoben. Der Vater erfüllt der Tochter den Wunsch nach der Männlichkeit – sie wird durch die Verwandlung zu einem Buben, der alles kann, zum Kasperl. Sie allein bleibt der Träger des Männlichen unter den Geschwistern, denn der Sohn wird als Schwein vom zornigen, omnipotenten Vater verzehrt. So wird Liesl vom Vater auch von der Schuld des Schmutzes – des Schweinischen, wunscherfüllend befreit.

(Fall 29, 33, 49, 59, 65, 78, 79, 83, 90, 93, 96, 109, 124.)

Eine gestörte familiäre Situation belastet die Aufgabe der Sauberkeitserziehung zusätzlich. Ein zu autoritärer Leistungsforderung neigender, oft abwesender Vater, eine dadurch verunsicherte und überforderte Mutter – häufige familiäre Konstellation in unserer Zeit – fördern Sekundär-Neurotisierungen um ein nicht zur rechten Zeit trocken werdendes Kind.

Auswirkungen einer von Anbeginn gestörten Liebesbeziehung sind bis in die späteren Entwicklungsphasen des Kindes zu verfolgen. Endlich trocken geworden, bleibt das Kind in weiteren Krisen, wie der Ankunft eines Geschwisters, Einschulung und Umschulung anfällig und regrediert leicht in das schon überwundene Symptom. Wie Katamnesen von Bettnässern zeigen, sind sog. Spontanheilungen des Symptoms, besonders in der Pubertät, bisweilen vordergründig. Es kommt zu Symptomverschiebungen, auch in die Richtung charakterneurotischer Veränderungen – aggressiver Gehemmtheit oder Verwahrlosung – der sog. latenten Bettnässerstruktur.

In der VF von Bettnässerkindern finden sich spezifische Hinweise auf Symptomatik und Familienmilieu. Sie sind z. T. schon von anderen psychologischen Tests bekannt. So stellte *Engler* an 80 Scenotestspielen von Bettnässerkindern, bei gleichgroßer Kontrollgruppe, fest, daß Enuretiker häufiger regressives Spielmaterial, wie Baby, Flasche, Fell und Liegestuhl, bei primärer Bevorzugung des Klos, benutzen. In der Wahl des Schweines als Spielelement identifizieren sie sich mit ihrem ständigen Versagen. Hinzu kommen als Sauberkeitssymbole Ausklopfer und Waschbottich. Auch das Aggressionssymbol des Krokodils wird von Bettnässern öfters verwandt.

Ein zehnjähriger Bub wies mit der Verzauberung in Betten auf seine Symptomatik hin.

Abb. 8

Fall 8

Der zehnjährige Otto wurde wegen Bettnässens vorgestellt. Im Hinblick auf eine bestehende Familienneurose wurde der ängstlich-unsicheren Mutter zur Teilnahme an einer Muttergruppentherapie geraten. Der Einfluß derselben wirkte sich im Laufe der Zeit günstig auf das Bettnässen des Buben aus, bei dem ein leichter frühkindlicher Hirnschaden nicht sicher auszuschließen war. Zu seinem etwas jüngeren Bruder stand er in normaler Geschwisterrivalität. Seine Schulleistungen waren gut.

Im einfach strukturierten Familienmilieu wirkten sich familiäre Spannungen, auch mit Schlägen der Kinder, ungünstig auf die neurotische Fehlhaltung des Buben aus.

Otto verzauberte in der VF alle Familienmitglieder in Betten. In der oberen Reihe die großen Elternbetten, darunter zwei Kleinkinderbetten. Während der autoritär strafende Vater an erster Stelle gezeichnet wurde, kam die ängstlich-unsichere Mutter an letzter Stelle.

Mit dem gezeichneten Innenraum eines Hauses wurde wiederum der Wunsch des Kindes nach familiärem Schutz angedeutet. Mit den Zeichenobjekten, nämlich vier Betten, wies der Bub auf sein Symptom hin, das mit den ständig erlebten Aufregungen und Enttäuschungen zum Symptom der Familie geworden war. Es wird durch die abgrenzende graue Schraffierung nochmals deutlich vom übrigen Lebensraum der Familie, als Krankheitssymptom abgegrenzt.

Indem er in der Geschichte die »Familie Hase« nannte, übertrug er seine Ängste als Bettnässerkind, wie schon die Bettsituation, auf die ganze Familie (siehe S. 206).

In unserer Untersuchungsreihe (n = 1225) hatten wir 113 bettnässende und 39 einkotende Kinder.

In Einzeldarstellungen tauchen bei Enuretikern Wassersymbole, wie z. B. der Wassermann, auf, in personeller Abwertung das Schwein, die Zuteilung von Besen und Mistkübel an den Probanden, aber auch die Mutter als Leidtragende und Mitverantwortliche für die Symptomatik des Kindes (Fall 2, S. 26 und Fall 7, S. 38).

Einkoten

Die gemeinsame Herkunft der Ausscheidungsorgane aus der »Urkloake« erklärt beidseitige Abhängigkeiten. Es liegt bei einer Enkopresis meist auch eine Enuresis vor, seltener umgekehrt. Das erklärt sich mit der Entwicklung von Scham- und Ekelgefühl zu dieser Zeit, der erzieherischen Abwertung des Stuhlganges als etwas Schmutzigem. Das einkotende Kind hat es daher schwerer, sich im Symptom gegen seine Umwelt zu behaupten (23, 124). Es wehrt sich im Trotzverhalten, indem es evtl. eine Obstipation entwickelt. Der Wechsel zwischen Enkopresis und Obstipation ist bei Kleinkindern nicht selten. Kleinkinder mit Obstipation zeigen ein charakteristisches Trotzverhalten, im Syndrom des »pluriorifiziellen Schmollens«, mit Stuhl- und Urinverhaltung, sowie freiwilligem trotzigem Schweigen. Oder das Kind behauptet seine Einkoter-Symptomatik und entwickelt darüber hinaus Aggressionen. Enkopretiker sind in der überwiegenden Mehrzahl Buben, sie neigen später zu manifester Verwahrlosung. Hinter der Fassade von Trotz und Aggression sind aber auch stets Ängste eines in seinen emotionalen Beziehungen verunsicherten Kindes zu spüren, das häufig mit Schlägen und anderen Strafen eine Ablehnung durch seine erste Liebesperson erfuhr und sich von ihr verlassen fühlte. Wir sahen ein Enkropretikerkind, das wegen seines Symptoms von den Eltern in den Schweinestall gesperrt worden war (23).

Während sich das Bettnäß-Symptom eher noch verbergen läßt und von der Familie als Krankheit – nämlich einer schwachen Blase – erklärt wird, ist das Einkoten ein zu deutlicher Protest gegen die Sauberkeitsforderung, das Statussymbol einer ordentlichen Familie. So geraten diese Kinder leichter in die Situation der »Gesetzlosen«, in die Rolle des immer schmutzigen, also bösen Kindes. Wir behandelten zwei Enkopretiker-Brüder, vaterlose Flüchtlingskinder, die aus der Schul- und Dorfgemeinschaft als »Pest-Zwillinge« ausgestoßen waren. Diese Kinder befinden sich in der »Kaspar Hauser«-Situation (*Mitscherlich*) seelisch heimatloser Kinder. Ihr Unbehaustsein läßt sich aus der Atmosphäre der Zeichnungen dieser Kinder nacherleben, während ihnen gleichzeitig die Attribute des Schmutzigen zugeteilt werden, bei Zeichen der allgemeinen Kontaktstörung (Fall 49, 50, 79).

Störungen aggressiver Gehemmtheit

Neben der Sauberkeitsgewöhnung erfolgt in der analen Phase, im Ablauf des zweiten Lebensjahres ein weiterer wichtiger Reifungsvorgang, die Entwicklung der Sprache. Sie stellt einen spezifisch menschlichen Neuerwerb dar. Nirgends kann eindrücklicher das Zusammenspiel von Erbe und Umwelt demonstriert werden, wie beim Sprechenlernen des Kindes.

Schon der berühmt gewordene Versuch Friedrichs des Zweiten (203) zeigt, wie unentbehrlich für das nachahmende Kind zu diesem Zeitpunkt das Vorbild eines sprechenden Erwachsenen ist.

Auf die starke Emotionalität, welche diesen Lernvorgang begleitet, weist *René Spitz* in der Schilderung des »Lustgezwitschers« zwischen Mutter und jungem Säugling hin (210).

Abb. 9

Fall 9

Der zehnjährige Bub wurde wegen einer unter ärztlicher Behandlung therapieresistenten Enkopresis an die psychosomatische Abteilung überwiesen. Das Leiden war erst vor einem Jahr manifest geworden, nachdem Wolfgang zunächst im Kleinkindalter zur rechten Zeit und ohne Mühen sauber und trocken geworden war.

Wolfgang ist in einem ländlichen Milieu aufgewachsen. Der Vater unterhält einen dörflichen Gaststättenbetrieb. Wolfgang war von Anfang an ein empfindsames, leicht kränkbares Kind, mit Neigung zu Adipositas. Er blieb stark an die Mutter gebunden, die eigene Ängste auf das Kind übertrug, zumal sie keine weiteren Kinder mehr bekommen konnte.

Vor einem Jahr wurde der Bub von einem Angestellten des väterlichen Betriebes homosexuell verführt. Er erlebte dieses unter großen Ängsten und wagte es nicht, den Eltern davon zu erzählen. Erst im Zusammenhang mit der nun auftretenden Symptomatik des Einkotens wurde die Angelegenheit ruchbar; sie hatte gerichtliche Recherchen zur Folge.

Der Zeichentest der VF – im Hochformat gezeichnet und dadurch noch betont – zeigte die anale Fixierung an. Der Bub zeichnete lediglich drei Katzen von hinten, mit hochaufgerichteten Schwänzen. Die Mutter wird links an erster Stelle gezeichnet, so wie sie auch in Haushalt und Geschäft dominiert, sie zudem für das symbiotische Kind die erste Stelle einnimmt. Es folgt in der Mitte der Vater und zuletzt rechts das Kind.

Die Schwärzung der drei Tiere weist auf die depressive Grundstimmung, die Ängste des Buben hin, der das erfahrene Trauma zu dieser Zeit noch nicht bewältigt hat. (Fall 49, 50, 79, 102, 105.)

Für die Entwicklung der Intelligenz ist eine frühe Pflege des Sprachbewußtseins von ausschlaggender Bedeutung.

Erste Über-Ich-Forderungen, die in der analen Phase mit dem Prozeß der Sauberkeitsgewöhnung in der Erziehung an das Kind herangetragen werden, wirken sich auch auf den Spracherwerb aus. Frühe Zwänge und allgemeine Hemmungen haben auch spezielle Sprechhemmungen, im Sinne eines neurotischen Stotterns zur Folge.

Doch sind hier jeweils organisch bedingte Entwicklungsrückstände der reifenden Motorik bzw. Folgen frühkindlicher Hirnschäden durch neurologische Untersuchung und EEG abzuklären.

Stotternde Kinder weisen fast ausnahmslos allgemein Hemmungen, ältere schon Charakterstrukturen des gehemmten Menschen auf. Sie haben sich oft in einem autoritär geführten Familienmilieu, unter starkem Über-Ich-Druck nicht entfalten können, wozu frühe Leistungsforderungen beitragen. So wurde ihre freie Entwicklung in Richtung Autonomie und Initiative (*Erikson*) gebremst, und damit eine natürliche Ich-Stärkung gehindert.

Versuche, in neurotischem Ehrgeizstreben aggressive Gehemmtheit zu kompensieren, sind für Stotterer charakteristisch. Sie zeigen sich in unsicher schwankenden hohen Turmbauten im Scenotest, wie in Explosionen und Raketendarstellungen in anderen projektiven Tests (Rorschach-Formdeutversuch und Zeichentests, siehe S. 133, einschl. Fall 67). Gleichzeitig liegen einengende Tendenzen vor, sowie Hinweise für Kontaktstörungen, in mangelnder Verwendung menschlicher Figuren im Spiel. Graphologisch ist bisweilen an der Strichführung die ängstliche Verunsicherung der Kinder abzulesen. (Weitere VF-Test stotternder Kinder Fall 48, 67, 71, 97, 103, 118).

Mutismus

Der elektive Mutismus, dessen Störung hysterische, aber auch zwangsneurotische Strukturen zugrunde liegen, ist ein Extrem gehemmter Aggressionen. Diese können therapeutisch im dramatischen Puppenspiel, aber auch in den Zeichnungen der Kinder ausagiert werden. Sowohl das Verstummen, im Symbol von Fischen, wie der lautstarke Appell der Zeichnung eines überbetonten großen Mundes, besonders des allmächtigen Zauberers, weisen auf den oralen Konflikt des Kindes hin. Ein mutistisches Kind schrieb lediglich die Namen der Verzauberten hin, um damit zu ihrer Ansprache anzuregen, die ihm selber versagt blieb.

Fall 10

Der siebenjährige Josef spricht nicht in der Schule. Er befolgt die Anordnungen der Lehrerin, erledigt das Schriftliche, redet aber nicht. Er meidet Fremde, Erwachsene wie Kinder.

Die Eltern des Jungen lernten sich als Mitdreißiger im selben Betrieb kennen. Nach fünfjähriger Ehe wurde Ilse, die zwei Jahre ältere Schwester geboren, worauf die Mutter nicht mehr arbeiten ging.

Abb. 10

Beide Eltern hatten eine schwere Jugend gehabt, sie waren bei Fremden aufgewachsen und mußten schon früh viel arbeiten. Die Mutter war schon als junges Mädchen sehr schüchtern und hat noch jetzt Kontaktschwierigkeiten außerhalb der Familie. In der Ehe gibt es keine Spannungen. Die Eltern haben wenig Kontakte zu ihrer Umwelt. Die Kinder werden zur Arbeit und zum Lernen angehalten, wogegen sie sich nicht zur Wehr setzen. Die Geschwister haben untereinander häufig Streit. Sie sind eifersüchtig und jeder will die Mutter für sich allein besitzen. Josef spielt noch heute gerne mit Puppen.

Josef zeichnet in der Mitte des Blattes einen großen Zauberer, dessen geschlossener Mund durch aggressive Schwärzung überbetont ist. Rechts vom Zauberer ist ein fensterloses Haus, davor laufen Hund und Katze. Auf der linken Seite des Blattes befindet sich ein umzäunter Garten mit Bäumen. In diesem befinden sich – unverzaubert, in magischen Kreisen – die Eltern, und neben ihnen ein Christbaum, ein Geschenkpaket sowie der Bär »Brummi«.

Josef erzählt dazu folgende Geschichte: »Ich bin der Zauberer. Ich heiße Hatschi-Bratschi und verzaubere alle Leute. Den Martin verzaubere ich in einen Hund, die Ilse in eine Katze. Dann zaubere ich, das Haus soll umfallen. Jetzt zaubere ich einen ganz großen Garten und ein ganz großes Haus. Dann zaubere ich alles, wie es früher war. Dann zaubere ich mich nach Hause.«

Josef erlebt sich selber als allmächtigen Zauberer, der alle Leute und alles verzaubern kann. Er zaubert ein kunstvoll verziertes Haus. Doch ohne Fenster, die Tür ohne Klinke, wirkt es wie ein Gefängnis. Junge und Mädchen stehen im Vordergrund zu Tieren verzaubert, in diagonaler Spannung zu den nicht verzauberten Eltern in der linken oberen Ecke. Mit Garten, Blumen, Bäumen und Geschenken verkörpern sie die kindliche Wunschwelt. Dem Zauberer scheint die Macht gegeben zu sein, alles zu verändern. In der Regression verharrend, zaubert der Junge aber zuletzt alles, wie es früher war, und sich selber nach Hause.

44

Tic

Das Tic-Leiden gehört in die Gruppe aggressiver Gehemmtheiten. Diese Kinder scheinen mit ihren ständigen Tic-Bewegungen symbolisch einen zu starken Über-Ich-Druck abzuwehren. Ihre motorischen Störungen ähneln bisweilen den Mit-Bewegungen stotternder Kinder.

Abb. 11

Fall 11

Die zehnjährige Veronika wird wegen eines starken Zwinkertics, Trödeln, Geschwistereifersucht und Aggressionen im häuslichen Milieu dem Berater vorgestellt. Sie ist die jüngste von drei Mädchen, ihre beiden Schwestern haben in der Familie bereits eine anerkannte Rolle gefunden: Rose hilft im Haushalt und Elfriede studiert, mit guten Leistungen. Die Familie lebt in beengten Verhältnissen. Der Vater ist Straßenbahnschaffner, die Mutter Putzfrau. Da beide Eltern von einem starken Aufstiegsstreben für ihre Töchter beseelt sind, die finanziellen Mittel aber kaum ausreichen, muß alles genauestens eingeteilt werden, das Geld, die Freizeit, die Tätigkeit der einzelnen Familienmitglieder. Die einzige, die sich unter so viel Perfektion unbewußt eine negative Rolle suchen mußte – da ihr die positiven von den älteren Schwestern weggenommen wurden, ist Veronika. Ihr Zwinkertic ist eine Abwehr des ständigen erzieherischen Druckes der Eltern, das Trödeln Protest gegen die Perfektion im Familienhaushalt.

In der VF stellt sie die häusliche Situation symbolhaft dar. Der Vater wird zu einem Schrank, rechts unten. Auf ihm sitzt die Mutter als Katze, und über der Mutter ist ein fünfjähriges Mädchen als »Floh der Katze« gezeichnet. In der Mitte, alles mit seinem Zauberstab dirigierend, steht übergroß, in Mädchenkleidung, der Zauberer. Seine Bluse ist mit lauter offenen Augen besetzt.

Mit dieser Darstellung hat Veronika nicht nur das Wissen um ihre Familienrolle zum Ausdruck gebracht, sondern auch ihre Wünsche symbolisch erfüllt. Als Floh der Katze stellt sie die symbiotische Ambivalenz zur Mutter dar, während sie gleichzeitig die älteren Schwestern nicht zeichnete, d. h. verdrängte. Sie sieht sich selber außerdem in Doppelidentifizierung als Zauberer (in Mädchenkleidung). Hier kann sie allmächtig endlich die ganze Familie dirigieren. Die zahlreichen, weitaufgerissenen Augen auf der Bluse weisen auf ihre Symptomatik hin.

3. Phallische Phase

Die phallische Phase des Kindes steht unter den Gesetzen des Ödipuskomplexes. Die Kinder beginnen sich am sexuellen Leitbild ihrer Eltern zu orientieren, im Streben nach einer intensiveren Liebesbindung an den gegengeschlechtlichen Partner, Vater wie Mutter. Das geht in der »Frühblüte der Sexualität« (*S. Freud*) mit einem intensivierten sexuellen Neugierverhalten – Exhibitionismen wie Doktorspielen – einher. Dieses trägt zum Erkennen des eigenen Körperbildes bei. Eine prüde elterliche Einstellung, wie strikte sexuelle Tabus schaffen die Grundlagen für psychische Fehlentwicklungen, speziell des sexuellen Verhaltens.

Abb. 12

Fall 12

Der 7;3 jährige Theo ist als Erstkläßler unkonzentriert, hat Angst allein zu bleiben, in der letzten Zeit leidet er an Einschlafschwierigkeiten. – Theo ist das einzige Kind eines jungen Angestelltenehepaares. Aus beruflichen Gründen mußte die Familie öfters den Wohnsitz wechseln.

Der Vater ist oft unterwegs, die Mutter arbeitet halbtags. Beide Eltern sind bestrebt, das Kind bestens zu erziehen. Sie holen sich Ratschläge aus den Illustrierten, besonders, was die sexuelle Aufklärung anbetrifft, denn die prüde erzogene Mutter fühlt sich auf diesem Gebiet hilflos und durch die Fragen des Buben oft in die Enge getrieben. Die Mutter ist überarbeitet, explodiert leicht. Sie ist in der Erziehung unsicher, doch voll guten

Willens. Theo leidet unter den häufigen Wohnwechseln. Besonders die letzte Übersiedlung von der Provinz in die Großstadt brachte ihn aus dem Gleichgewicht. Er mußte die erste Zeit im elterlichen Schlafzimmer nächtigen, da sein Zimmer noch nicht fertig war. Ungefähr zur gleichen Zeit fingen seine Einschlafstörungen an, und die Ängste verstärkten sich.

In der VF zeichnet Theo an erster Stelle links im Bild eine übergroße Mama, auf der »lauter kleine Krebse sind«. In der Mitte oben wird der Zauberer plaziert, rechts von ihm ein 13 jähriger »Franzi« als Blume. An der untersten Stelle des Bildes, unter dem Zauberer wird zuletzt der Papa als Krebs dargestellt.

Der symbiotisch an die Mutter gebundene Proband zeichnet die Mutter an erster Stelle, übergroß, mit vielen Details aufgewertet, den Vater als ein kleines Tier, an letzter Stelle, zu unterst im Bild, im Sinne der ödipalen Auseinandersetzung abgewertet. Die eigene Ohnmacht kommt in der Darstellung des Kindes als Blume – am weitesten von der Mutter entfernt – zum Ausdruck. Theo tröstet sich, indem er sich im 13 jährigen »Franzi« älter macht. Aber die Blume kann sich nicht bewegen, sie kann den elterlichen Koitus, daß »auf der Mama lauter kleine Krebse sind«, nicht verhindern.

Die ungeschickten Aufklärungsversuche der Mutter und die nach der letzten Übersiedlung im elterlichen Schlafzimmer beobachtete Urszene haben den sensiblen Probanden zutiefst beunruhigt, zumal er sich soeben in der Phase der ödipalen Auseinandersetzung befindet. Seine metaphorische Darstellung des ihn bewegenden Konfliktes, die Wahl des oral-phallisch-aggressiven Tieres, das sich der Mutter bemächtigt und ihm viele kleine Konkurrenten beschert, wobei er als Blume tatenlos zuschauen muß, versinnbildlicht die Ängste, die ihn erschüttern.

Der Wunsch des kleinen Mädchens, seinen Vater zu heiraten, das Streben des Buben, ins Bett der Mutter und deren körperliche Nähe zu gelangen, sind altersgemäße Triebbedürfnisse der Zuwendung, die ihre Befriedigung suchen.

Eine früh einsetzende kontinuierliche Liebeserziehung, im Sinne einer altersgerechten sexuellen Aufklärung ist der sicherste Schutz gegen neurotisierende Verdrängungen. Sie trägt zur ungestörten Persönlichkeitsentwicklung eines Kindes bei.

Auch Geschwisterrivalitäten – die kleinen und großen Dramen der Kinderstube –, werden häufig auf der Basis ödipaler Konflikte ausgetragen.

Die Identifikationswahl des Kindes in der VF steht somit auch unter den Gesetzen des Ödipuskomplexes; sie läßt psychosomatische und Verhaltensstörungen besser erklären. Elterliche Vorbilder werden in »Symptomtradition«, auch im psychosomatischen Verhalten, übernommen bzw. abgelehnt. Bei Kindern, die in schizophrenen und anderen, erheblich gestörten Familien aufwachsen, kann erfahrene Aggression schon in diesem Alter den Abwehrmechanismus einer »Identifizierung mit dem Angreifer« (*A. Freud*) (81) auslösen.

Untersuchungen über die kognitive Orientierung israelischer Kinder (*H. u. Sh. Kreitler*), speziell Beobachtungen in den Kinderhäusern der Gemeinschaftssiedlungen der Kibbuzim (*Liegle*) zeigen, daß trotz anders strukturierter Familien der Ödipuskomplex keineswegs aufgelöst wird, d. h. nur auf unseren Kulturkreis beschränkt ist. Das bestätigen auch anthropologische Untersuchungen bei sog. primitiven Völkern (*Malinowski*).

Eine größere Toleranz gegenüber der frühkindlichen Sexualität scheint vielmehr zu einer Verlängerung und Vertiefung der ödipalen Beziehung des Kindes zu führen (*Mitscherlich-Nielsen*). Kastrationsangst und Penisneid sind die hervortretendsten Symptombildungen im Ödipuskonflikt, zu denen Onanieverbote beitragen. Nachwirkungen des Kastrationstraumas sehen wir bei Kindern, die durch operative Eingriffe eine Verletzung ihrer körperlichen Integrität erfahren haben.

Das Kastrationstrauma gilt für alle mit einer Operation verbundenen psychischen Traumen. Diese Kinder leben Verstümmelungsphantasien in ihren Spielen und Zeichnungen aus. Hierzu gehören auch die im Kindesmißhandlungsmilieu erlebten Traumen (Fall 51, S. 103).

Krisen, in denen das Kleinkind zu diesem Zeitpunkt die an es gestellten Ansprüche des Ödipuskomplexes nicht bewältigt, können regressive, hysterisch geprägte Abwehrhaltungen auslösen. Sie reichen von hysterischen Reaktionen im Konversionsmechanismus bis in Gebiete psychosomatischer Störungen. Von diesen lassen zahlreiche, wie das Erbrechen, Nabelkoliken, der große Asthmaanfall und Herzängste schon im äußeren Aspekt ihren hysterischen Charakter nicht verleugnen.

Nach den Untersuchungen *Dechênes* über psychische Symptombildung bei Kindern erkranken häufiger Mädchen regressiv an psychosomatischen Krankheiten, während Jungen eher in Konflikt mit der Autorität geraten und häufiger soziale Verhaltensstörungen entwickeln.

Einzelkinder, die in der Kernfamilie all diese Konflikte mit ihren Eltern hautnäher austragen müssen, neigen besonders zur Symptombildung als Abwehrmechanismus.

In dieser Zeit erfährt das Kind im Trotzverhalten eine Ich-Bestätigung, die zugleich bei intoleranter Haltung des Erwachsenen seine ödipalen Konflikte intensiviert. Auf dem Höhepunkt der Trotzphase, um das vierte Lebensjahr, kommt es daher nicht selten zum Beginn einer Sprechhemmung (*Wiesenhütter*). Ist diese zunächst lediglich als eine physiologische Durchgangsphase, nämlich einer Trotzeinstellung anzusehen, so kann sie sich unter einer autoritären Erziehung zum neurotischen Stottern fixieren.

Der Eintritt in den Kindergarten gibt dem Kinde Gelegenheit, ödipale Bedürfnisse an weiteren elterlichen Leitbildern auszuleben und damit eine bisweilen schon neurotisch verhärtete Eltern-Kind-Situation aufzulösen. Dieses ist ein wichtiges Anliegen kollektiver Kindererziehung, besonders in einer vaterlosen Gesellschaft (*Mitscherlich*). Ein größeres Potential männlicher Kindergartenerzieher fördert diese Bestrebungen.

4. Latenzphase

Der folgende Abschnitt kindlicher Entwicklung umfaßt die erste Schulzeit. Mit der Überwindung des Ödipuskonfliktes lernt das Kind, beständige Indentifizierungen zu den elterlichen Leitbildern vorzunehmen. In dieser Zeit tritt die aktuelle geschlechtliche Thematik der vorangegangenen ödipalen Krise in den Hintergrund, ohne jedoch ganz zu verschwinden, wie Kinderanalysen immer wieder bestätigen. Sie erfahren erst wieder gegen die Pubertät zu, in einem nächsten Reifungsschub, eine Aktualisierung. In der Identifizierung mit dem väterlichen Vorbild – stellvertretend auf die Lehrkräfte in der Schule übertragen – entwickelt das Kind seinen Werksinn (*Erikson*), als wichtige Grundlage späterer schöpferischen Tätigkeiten im einmal gewählten Lebensbereich. Zeiten, in denen die vorgelebte handwerkliche Tätigkeit des Vaters als Vorbild diente, sind inzwischen von anderen abgelöst. Heute herrscht die Realität eines für das Kind im Berufsleben »unsichtbaren« Vaters, der evtl. nur noch als Wochenendvater in Erscheinung tritt. Das erschwert es dem Kinde, am Vaterbild die sozialen Praktiken der Gesellschaft zu erlernen, in die es hineingeboren wurde. Auf die Mutter kommen damit – von der Aufsicht der Schularbeiten angefangen – Forderungen zu, die zu einer mütterlichen Rollendiffusion führen können und keineswegs echter weiblich-mütterlicher Emanzipation dienen. Sie tragen zur Entwicklung familienneurotischer Störungen bei.

5. Schulzeit

So stehen am Beginn der Latenzphase, im Vollzug der Leistungsgesellschaft, deren unsichtbarer Repräsentant der Vater geblieben ist, die Schule und ihre Probleme im Mittelpunkt des Daseinsraums des Kindes.

Gegen Ende der Latenzphase aber folgt der krisenhafte Übergang zur Pubertät, zumal wenn diese akzelerationsbedingt, d. h. reifungsverfrüht, schon in die Praepubertät vorverlegt wird; sie ist aber stets als Ganzes zu sehen. Ehrgeizhaltungen mancher Eltern, die sich nicht selten aus Schulkonflikten der eigenen Kindheit erklären, drängen auf eine vorzeitige Einschulung ihrer Kinder.

Eine soziale Nachreifung ist aber im Streß der Leistungsforderung in einer überfüllten Schulklasse schwer zu vollziehen.

An der VF lassen sich als Spiegel der psychosozialen Situation des Kindes und seiner Familie schulische Konflikte ablesen.

Verharrt das Kind noch in der präidentifikatorischen Phase, indem es vielleicht sogar sich selbst – oder in symbiotischer Mutterbindung dieselbe – an erster Stelle zeichnet, dann kann eine termingemäße Einschulung das in seinen emotionalen Beziehungen noch infantil-regredierte Kind überfordern. Stottern, elektiver Mutismus, Wiedereinnässen oder Schlafstörungen sind die Folgen, wenn sich nicht schon ausgesprochen schulphobische Zustände eingestellt haben.

Zu diesen rechnen viele psychosomatische Störungen im Schulkindalter. Mit der Formulierung Schulerbrechen, Schulbauchweh, Schulkopfschmerz, Schulasthma weisen sie auf den Zusammenhang funktioneller Organstörungen mit dem Leistungsbereich, nämlich auslösenden und unterhaltenden Schulkonflikten des Kindes hin. In unserem Krankengut war die Zahl schulphobischer Zustände auffallend groß, sie scheinen in Zunahme begriffen zu sein.

Ein Zusammenhang mit einem niedrigen intellektuellen Leistungsniveau besteht meist nicht, der Intelligenzquotient ist bei vielen dieser Kinder eher hoch.

Wenn die Schulangst, das Schulverweigern zur Krankheit geworden ist – dann setzt deren Behandlung eine sorgfältige Diagnose voraus. *Clyne* hat in einer Monographie über die Schulkrankheit, das Schulverweigern, berichtet und weitere anglo-amerikanische Untersuchungen bestätigen das Ausmaß der Probleme, besonders in den USA (*Buxbaum* u. a.).

Es gilt zunächst abzuklären, welche der Betroffenen ursächlich daran beteiligt sind, das Elternhaus, die Lehrer oder generell die Institution Schule. Während bei Eltern, bisweilen auch Lehrern vorwiegend emotionale Faktoren eine Rolle spielen, stellt die Schule als Einrichtung – allerdings wiederum über Lehrer und Eltern – die reale Forderung nach intellektueller Leistung. Autoritäre Leistungsforderung kann aber intellektuelle Begabungen blockieren.

Schulphobien sind nicht in erster Linie Ängste des Kindes vor der Schule, als vielmehr Ängste der Trennung von der Mutter mit dem Schulgang. In der Mehrzahl läßt sich bei ihnen eine symbiotische Mutter-Kind-Beziehung feststellen, und nur selten ist ein direktes Schultrauma allein die Ursache des kindlichen Versagens. Auch in dem Falle der Mißhandlung eines Kindes in der Schule wirkte oft unbewußt auslösend eine primäre familiäre Fehlhaltung, welche das Kind in die Rolle eines provozierenden »Anderssein« in der Klassengemeinschaft drängte (siehe Fall 51, S. 103).

Clyne hat darauf hingewiesen, daß für die Zeichnungen von Kindern mit Schulphobien eine Welt von Objekten, d. h. das Fehlen beseelter Wesen charakteristisch ist. Wir fanden dieses in einigen Fällen bestätigt (s. Fall 113, S. 237).

In anderen Fällen wiesen spezielle Lernobjekte – wie Schultasche, Schreibmaschine – auf den »Tatort« des kindlichen Versagens hin. Daneben bestätigen die innerfamiliär gestörten Beziehungen in der VF die emotionalen Grundlagen des Schulversagens.

Abb. 13

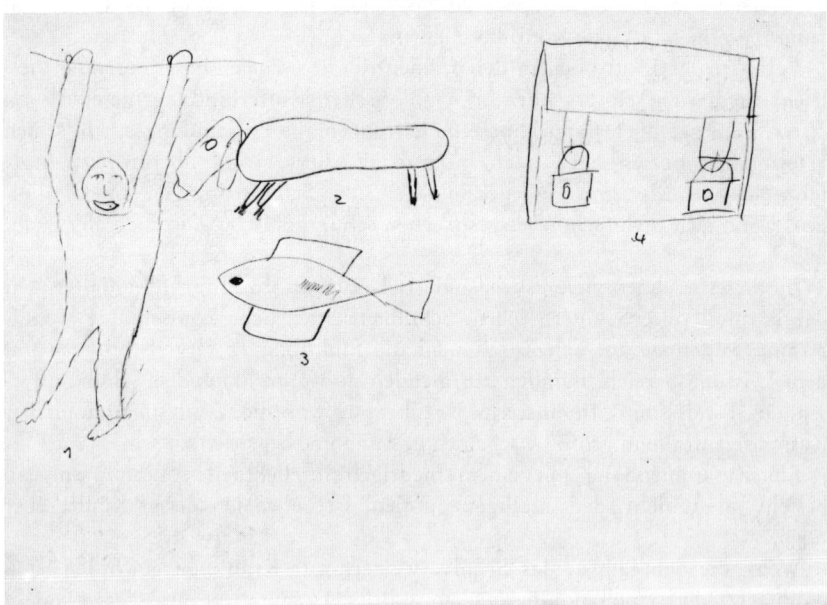

Fall 13

Wegen einer Schulphobie wandten sich die Eltern des elfjährigen Konrad an die EB-Stelle. Der Junge versagte trotz bester Leistungen in der Schule. Als die Eltern es in der Oberschule mit einem Internat versuchten, lief er in seiner Verzweiflung einmal im Winter, bei Nacht und Nebel, unter schrecklichen Ängsten allein 30 Kilometer nach Hause. Danach brachte und holte die Mutter ihn täglich mit dem Auto zur Schule. In der Volksschule war er immer der Klassenbeste gewesen.

Konrad hat einen fünf Jahre älteren Bruder, Schwangerschaft und Geburt waren bei Konrad normal verlaufen. Als das Kind zwei Jahre alt war, ging der Vater als Auslandskaufmann nach Mittelamerika, wo die Familie auf einer abgelegenen Farm wohnte, und das Kind weitgehend von einem jungen Eingeborenenmädchen betreut wurde. Konrad war von Anfang an ein stilles Kind. Die Familie wohnt, in die Heimat zurückgekehrt, seit Jahren in einem abgelegenen Haus, mitten im Walde.

In der VF zeichnet er die eigene Familie: An erster Stelle links seinen älteren Bruder als hangelnden Affen, daneben den Vater als Hund und unter diesem die Mutter als Fisch, und zuletzt rechts oben sich selber als Schultasche.

Die Komposition bringt seine Ambivalenz zum Bruder zum Ausdruck, an erster und an letzter Stelle gezeichnet. Er fühlt sich ihm in allem unterlegen. Er versucht ihn im Bild des Affen herabzusetzen, gleichzeitig bewundert er ihn in der Rolle des Älteren. Auch die Eltern sind diesem zugewandt. Ich-schwach zeichnet er sich selber an letzter Stelle. Er ist das einzige Objekt, nach drei Tierverzauberungen. Die Schultasche weist auf seinen spezifischen Konflikt hin.

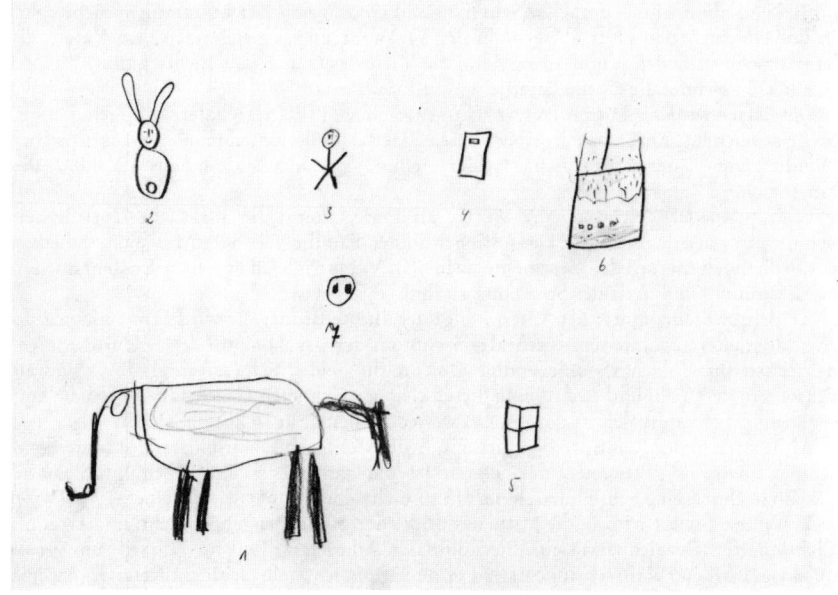

Abb. 14

Fall 14

Wegen Leistungsversagen in der Schule, insbesondere Stören und Clownerien ihres zehnjährigen Eduard, wandten sich die Eltern an die EB-Stelle. Eduard hat drei ältere Geschwister, sein Vater ist ein vielbeschäftigter Arzt. Die Mutter leidet zeitweilig an Depressionen, mit Suizidneigungen, dann sind ihr die Kinder völlig gleichgültig. Sie wollte auch schon Mann und Kinder verlassen. Eduards kleinkindliche Entwicklung verlief zunächst normal. Er wurde zwar ohne Schwierigkeiten zur rechten Zeit sauber und trocken, näßte aber später als Schulkind immer wieder einmal ein. Infolge Umzuges konnte er keinen Kindergarten besuchen. Er ging später nur ungern zur Schule und suchte schon in der zweiten Klasse als Störer die Aufmerksamkeit auf sich zu lenken. Als die Schwierigkeiten zunahmen, wurde er erstmals psychologisch untersucht und eine Behandlung vorgeschlagen. Sie ließ sich aber nicht durchführen. Nach fünf Jahren Volksschule kam er, wie seine Geschwister, aufs Gymnasium. Hier spielte er unter zunehmenden Schulforderungen seine Clownrolle weiter.

Im HAWIK ergab sich ein Intelligenzquotient von 114. Eigentlich haben die Eltern mit allen Kindern Schwierigkeiten und hätten nach ihrer Meinung ebensogut auch den ältesten Sohn in die Beratungsstelle bringen können. Er leidet an einer durch einen Cerebralschaden bedingten psychomotorischen Unruhe. Die familienneurotische Dissoziation erklärt sich mit dem beruflichen Engagement des Vaters, der selber wenig Interesse an seinen Kindern bekundete, wie der seit Jahren bestehenden depressiven Gestimmtheit der Mutter, die früher selber als Ärztin im Beruf erfolgreich war und sich von Anfang an als Hausfrau und Mutter unbefriedigt fühlte.

In der VF zeichnet Eduard zunächst unten links übermächtig den Vater als Elefanten, nach links ausschreitend. Darüber, an zweiter Stelle in Vorderansicht, die Mutter, als kleinen Hasen. Dann zunächst in einer Reihe neben ihr den ältesten Bruder als Strichmännchen und die ältere Schwester als Buch. Sodann etwas tiefer unten die zweite Schwester als Fenster und anschließend, folgend an letzter Stelle der Geschwisterreihe und auch wieder in Höhe mit den anderen Geschwistern bzw. der Mutter, sich selber als Schreibmaschine, und wesentlich größer als alle Geschwister. Er sagt dazu, das sei eine uralte Schreibmaschine, die schon jahrelang auf dem Speicher steht und nicht mehr geht. In der Geschichte folgt er übrigens in der Verzauberung sogleich nach dem Vater. Als letztes zeichnet er den Hund »Bengel« in die Mitte des Ganzen als Lichtschalter.

Eduard zeichnet die eigene Familie.

Der Vater wird als gutmütiger, mächtiger Elefant, in patriarchaler Abfolge an erster Stelle gezeichnet. Er läßt auch selber keinen Zweifel an der patriarchalen Struktur seiner Familie. Ohne Interesse an ihr marschiert er links aus dem Bilde hinaus und läßt alles hinter sich.

Es folgt in der Zeichnung die Mutter als Hase, womit die ängstliche Unsicherheit betont wird, die sie mit ihren Depressionen in der Familie verbreitet. Im Wunschdenken des Probanden folgt in der Geschichte nach dem Vater sogleich er selber. Er steht auch in der Zeichnung in diagonaler Spannung zu ihm.

An dritter Stelle, hinter den Eltern, folgt der älteste Bruder. Er wird zum Strichmännchen degradiert, womit sein cerebrales Symptom der psychomotorischen Unruhe angedeutet ist. Ihm folgen als unlebendige Objekte die beiden Schwestern als Buch und als Fenster. In der Wahl und Anordnung dieser klein gezeichneten Gegenstände wird die Dissoziation des Familienlebens dargestellt, wo jeder alleine für sich steht.

Als letzten in der Reihe der Familienmitglieder stellt sich Eduard als uralte Schreibmaschine, übergroß gezeichnet, dar. Damit ist die ganze Last seiner Schulproblematik gekennzeichnet, eine Schreibmaschine, die zu nichts mehr taugt wie er selber.

Erst ganz zuletzt wird in die Mitte des Bildes der Hund Bengel gebracht, und zwar als Lichtschalter. Gezeichnet als eine Steckdose. Er ist in letzter Zeit für Eduard zum Trostobjekt geworden. Wahrscheinlich stellt er auch in einer Mehrfachidentifizierung in dem Hund Bengel sich selber dar, mit seiner Kontaktsuche und seinem clownhaften Mittelpunktstreben.

In einer derart »dissoziierten Familie« mußte es dem Kind trotz guter intellektueller Begabung schwerfallen, das geforderte Leistungssoll zu erfüllen. Die »uralte Schreibmaschine, die jahrelang auf dem Speicher steht und nicht mehr geht«, fordert auch therapeutisch zu »Neuanschaffungen« auf. Dieses Beispiel zeigte, wie wichtig es sein kann, das Bild einer VF Eltern in allen Einzelheiten, mit Hinweisen auf entsprechenden Verantwortlichkeiten der Beteiligten zu erklären.

Schulphobien können mit dem Symptom des Stotterns und des elektiven Mutismus gepaart sein, wenn ein dafür anfälliges Kind anhaltend unter autoritärem Leistungsdruck steht. Schulphobien symbiotischer Kinder sind eine spezielle Form von Angstneurosen (Fall 41, 68, 75, 77, 97, 98, 99, 113).

6. Angst des Kindes

Kein Kind ist frei von Ängsten, beginnend mit den Trennungsängsten des Kleinkindes, in einer ersten Liebesenttäuschung zur Mutter. Die Angst des Kindes zieht wie ein roter Faden durch seine ganze psychosoziale Entwicklung, in mehr-minder starker Ausprägung. Sie kann in vielfältiger Form von Schlafstörungen – von Einschlafstörungen mit Trennungsangst von der Mutter bis zum Pavor nocturnus, mit angstvollem Aufschreien, bei angstbesetzten Träumen – auftreten.

Psychosomatische Reaktionen – der Herzanfall, das Bronchialasthma, die Colitiskrise – sind von Angst geprägt, diese kann aber auch in psychomotorischer Unruhe und Aggression ihren Ausdruck finden. Bei vielen Enuretikern, besonders aber Enkopretikern ist der Wechsel von Angst und Aggression auffällig.

Die Angst findet sich in den Zeichnungen der VF im Formalen, wie im Dargestellten, Geschilderten und Symbolischen. Kleindarstellungen, am Rande des Blattes, in unsicherer Strichführung, weisen auf Ängste des Kindes ebenso hin, wie eine kompensatorische Übergröße. Sie kann, wie in Bildern Geisteskranker den Horror vacui des leeren Blattes verdecken. Die Angst eines ich-schwachen Kindes läßt es sich besonders klein oder an letzter Stelle zeichnen oder gar vergessen.

Fall 15

Der zehnjährige Bub ist als Einzelkind in einer von Anbeginn gestörten Ehe aufgewachsen. Der Vater, ein pedantischer Beamter von Zwangscharakter, nörgelt ununterbrochen am Verhalten von Frau und Sohn herum. Er leidet seit Jahren an Magengeschwüren, weshalb die ganze Familie auf seine Diät eingestellt ist. Er überträgt seine eigene hypochondrische Grundhaltung ständig auf Helmut, in Sorge um dessen Gesundheit. Auf dem Boden einer chronisch recidivierenden Bronchitis ist es vor kurzem zum ersten Asthmaanfall gekommen. Die ratlos-verzweifelte Mutter führt ein Dulder-Dasein unter dem rücksichtslosen, eigensüchtigen Patriarchat des Mannes. Wiederholte Ansätze zur Scheidung ließen sich aus realen wirtschaftlichen Erwägungen nicht verwirklichen.

In diesem chronischen Streitmilieu eines liebeleeren Hauses wächst Helmut heran. Er hat eine chronische Trotzphase, mit heftigen Wutausbrüchen noch nicht überwunden. Gleichzeitig leidet er an starken Ängsten, insbesondere Trennungsängsten von der Mutter, und Einschlafstörungen.

In der VF zeichnet der Bub zuerst den Zauberer neben einem Baum, dann Wolken und Blitze. Erst dann wird die Familie dargestellt: zunächst die Mutter als ein Stein, in angedeutet anthropomorphisierter Gestalt, dann sich selber links von ihr als kleinen Baum mit Astansätzen und zuletzt, auf der anderen Seite der Mutter, den Vater als einen Ziehbrunnen.

Abb. 15

Die karge Szene, die in Kleindarstellung dem unteren Blattrand aufgesetzt ist, während am oberen Rand »Blitz und Donner« das Streitmilieu der Familie symbolisieren, weist auf die emotionale Verkümmerung des Familienlebens hin. Lediglich der an zweiter Stelle gezeichnete Bub hat noch Leben in sich. Mit kümmerlichen Astansätzen des kleinen Baumes zeigt er seine Entwicklungstendenzen an. Die Mutter, die für ihn an erster Stelle und immer noch im Mittelpunkt der kleinen Familie steht, läßt Leben nur noch in der äußeren Form schattenhaft erkennen: Sie ist unter dem Einfluß des chronisch gestörten Familienmilieus im Laufe der Jahre zu Stein geworden. Während alle vom Vater als wasserspendendem Ziehbrunnen abhängig sind, ist aber auch die Gefahr angedeutet, die Unergründlichkeit des Brunnens, in den man hineinfallen kann. Abgewertet wird er vom Buben an letzter Stelle gezeichnet und am weitesten von ihm entfernt, während er im Schutz der Mutter steht.

Die Verzauberung erfolgte, weil die Familie geizig war. Unter dem Geiz des zwangsneurotischen Vaters und dessen ständigen Geldkontrollen, haben Mutter und Sohn zu leiden. Er ist der »Kritisier-Apparat« der Familie.

(S. Fall 18, 24, 47, 50, 59, 74, 75, 76, 80, 90, 92, 94, 97, 98, 99, 100, 101, 109, 110.)

Eine aggressive Schwärzung, wie aggressive Elemente der Zeichnung, können Formen der Angstbewältigung darstellen.

Dieses wurde im Falle eines besonders ängstlich muttergebundenen Buben deutlich, der über Jahre die Aggression eines chronisch schizophrenen Vaters erfahren hatte und zusätzlich ein Krankenhaus- und Operationstrauma erfuhr.

Fall 16

Der sechsjährige Richard wird wegen hochgradiger Ängste vorgestellt, die sich im Zusammenhang mit einer Krankenhausaufnahme – Operation einer Darmperforation – mit der Trennung von der Mutter, als Krankenhaus- und Operationstrauma eingestellt hatten. Im Grunde lag aber eine tiefere Störung eines schizophrenen Familienmilieus vor,

Abb. 16

indem der chronisch schizophrene Vater seit Jahren, besonders durch nächtliche Auftritte, die Mutter und ihr einziges Kind beunruhigte. Diese hatte erst mit 38 Jahren die Ehe geschlossen, und blieb symbiotisch an ihr Kind fixiert, zumal seit der ärztlichen Mitteilung, daß sie keine weiteren Kinder mehr bekommen würde.

Der Bub hatte bei der Mutter früh Ängste entwickelt und war erst mit fünf Jahren trocken geworden. Er konnte sich gegenüber anderen Kindern nicht durchsetzen und wurde zum Prügelkind. Er blieb ein Jahr von der Einschulung zurückgestellt.

In der VF zeichnete er in Primitivformen zunächst links ein Haus für die Mutter, sodann den Vater als Baum, und an dritter Stelle das Kind als Katze. Zuletzt wurde noch der Zauberer selber hinzugefügt. Die Kargheit der Szene weist auf den emotionalen Entwicklungsrückstand des Kindes hin, unterstreicht aber auch ihre Dramatik.

Die Mutter steht an erster Stelle, für das symbiotische Kind. Das Haus verkörpert für den Jungen den Wunsch nach Geborgenheit, die er im schizophrenen Familienmilieu, bei miterlebten Gewaltausbrüchen des kranken Vaters vermissen muß. Dieser ist einem aggressiven Sägebaum verkörpert, er steht bedrohlich zwischen Mutter und Kind, im Zentrum der Familie.

(Fall 21, 24, 50, 78, 93, 101, 111, 118, 119.)

Ein älterer Bub entlud die Aggressionen, die mit seiner Colitis ulcerosa und deren Therapie verbunden waren, in der Darstellung seiner Familie als lauter Krokodile.

Fall 17

Wegen einer Colitis ulcerosa mit begleitendem Hepatitis-Syndrom wurde der 13 jährige Holger von einer anderen Kinderklinik zur psychosomatischen Untersuchung überwiesen. Die Krankheit bestand bei dem Buben seit zwei Jahren und führte bei Leberbeteiligung bald zu einem Kräfteverfall. Holger ist mit zwei jüngeren Brüdern in einem ländlichen Milieu aufgewachsen. Sein empfindsam-besorgter, ängstlicher Vater ist ein selb-

Abb. 17

ständiger Handwerksmeister. Der Vater und seine drei Buben werden von einer adipösen, overprotektiven Mutter beherrscht, der sich besonders der Älteste in seiner Krankheit ausgeliefert fühlt. Im Sinne einer »Klosett-Symbiose« (*M. Sperling*) ist er völlig abhängig von ihr. Sie hat auch die klinisch empfohlenen täglichen Darmspülungen zu Hause in eigene Regie übernommen. Die Darmblutungen sistierten erst, als diese Maßnahmen von ärztlich-psychotherapeutischer Seite abgestellt wurden. Holger war in seiner körperlichen Entwicklung seit der Krankheit deutlich zurückgeblieben. Seine Intelligenz war gut ausgebildet. Hinter einer passiven Grundhaltung des subdepressiv gestimmten Buben, der auch in der Pubertätskrise keine Widerstände gegenüber den Eltern zeigte, waren Zeichen der Agressionshemmung, vornehmlich im Testverhalten, sichtbar.

In einem ersten Test der VF zeichnete der 13 jährige alle fünf Familienmitglieder als Krokodile, davon groß und mächtig den Vater an erster Stelle, unter diesem die Mutter. Er zeichnete sich selber, über den anderen und mit einem Bruder in gegensätzlicher Richtung, an letzter Stelle.

Er übertrug in der Tierwahl die für Colitis ulcerosa-Patienten charakteristischen selbstzerstörerischen Aggressionen, die dem immunologischen Prozeß der Autoaggression parallel laufen, auf seine Familie, die er bei den gegensätzlichen Charakteren seiner Eltern oft als streiterfüllt erlebte. Gleichzeitig bekannte er sich in der gewählten gleichen Tierwahl zur Familieneinheit, deren Geborgenheit für das chronisch kranke Kind so unentbehrlich war.

In der Verlaufsanalyse nimmt mit fortschreitender Genesung des Buben das Bild der VF wieder normale Formen an, in der auch in der Tierwahl die Familiencharaktere differenziert werden. Dabei rangiert wieder der Vater, diesmal als schnaubender Büffel, an erster Stelle, die Mutter als Schildkröte. Er selber wird, wiederum an letzter Stelle, zum gutmütigen Dackel.

(Siehe auch S. 210, sowie S. 299, Tab. V.)

Als Angstsymbol taucht in den Zeichnungen der Hase – Angsthase – auf. Stets herrschte in diesen Familien Angst, entweder beim Kinde selber oder sei-

56

ner Mutter. Entsprechend wird der Hase den Betroffenen zugeteilt, evtl. die ganze Familie mit ihm – als Hasenfamilie – identifiziert, oder in Eifersuchtsreaktion einem Geschwister delegiert.

Abb. 18

Fall 18

Die achtjährige Andrea wird in der Beratungsstelle wegen ihrer Ängste vorgestellt. Sie ist die zweite von fünf Geschwistern, lauter Buben. Andreas Eltern – beide Intellektuelle – leben in ständigen Spannungen. Das Geld reicht für die große Familie nicht aus. Der Vater beherrscht autoritär Frau und Kinder. Die Mutter – in sadomasochistischer Weise an den Mann gebunden – stellt nach und nach alle ihre Kinder in der Beratungsstelle vor, denn alle weisen neurotische Symptome auf.

Andrea zeichnet in relativ großer Darstellung über das ganze Blatt verteilt an erster Stelle den Vater als ein übergroßes Krokodil mit halboffenem zahnreichem Maul. Das Krokodil ist durch den linken Blattrand in der Mitte abgeschnitten. An zweiter Stelle zeichnet sie in der Mitte oben ein sechsjähriges Mädchen als Hasen, der nach vorne schaut. Darunter wird ebenfalls frontal blickend ein achtjähriger Bub als Bär dargestellt. Ein dreijähriges Mädchen folgt an vierter Stelle als Ente (außen rechts). Zuletzt wird die Mutter als schön ausgeschmückter Fisch unter dem Vater – Krokodil – wie dieser im Profil und zu den Kindern gewandt dargestellt.

Im Pigem-Test ist für Andrea das Krokodil ein »fürchterliches Tier«, der Teddybär aber ein liebes Tier.

Zur Zeichnung erzählt sie eine lange, komplizierte Geschichte, die die häusliche Atmosphäre wiedergibt.

In der verzauberten Familie erlebt Andrea die Eltern als kalt und bedrohlich, sich selbst und die Geschwister aber als hilflos, ängstlich und lieb.

Der als Krokodil abgelehnte, am Blattrand abgeschnittene Vater dürfte für das sensible Mädchen ein besonderes Problem sein. In Nachahmung der Mutter, identifiziert sie sich mit ihm – als Angreifer. Ihre Ambivalenz zur Mutter kommt darin zum Ausdruck, daß diese wohl am schönsten, aber unter dem Vater, an letzter Stelle und als »kalter« Fisch gezeichnet wird.

Als ängstlicher Hase steht Andrea in diagonaler Spannung zur Mutter und inmitten der Auseinandersetzungen zwischen Eltern und Kindern. (Siehe auch S. 206, sowie S. 295, Tab. IV.)

Die subtile Beobachtung einer Mutter-Kind-Symbiose zeigt, wie die Mutter vom Kind als Objekt seiner Angstabwehr gebraucht wird und in dieser Rolle bereitwillig mitagiert. Dies ist aus der Stellung und Zuordnung der Partner in der Zeichnung der VF zu erkennen.

Die Therapie der Schulphobie bzw. der symbiotischen Mutter-Kind-Beziehung desselben wird in Form einer Simultanbehandlung von Mutter und Kind versuchen, neurotische Abhängigkeiten zu lösen, dem Kinde Wege und Möglichkeiten der Ich-Stärkung und Verselbständigung zu bereiten und damit blokkierte Leistungen, auch auf schulischem Gebiet, freizugeben. Dieser Weg geht allerdings zeitlich oft nur über ein längeres Moratorium der Befreiung von schulischen Forderungen und Verpflichtungen. Das setzt, wie jede Schul- und Lernstörung eines Kindes, eine enge Zusammenarbeit und Verständnis aller Beteiligten voraus.

7. Kind und Geschwister

Die Auseinandersetzung in der Gruppe der Mitschüler aktualisiert die Geschwisterproblematik des Kindes, wenn sie nicht beim Einzelkind, zudem ohne Kindergartenerfahrungen, einem Ersterlebnis entspricht: diesen Kindern ist zwangsläufig die Bewährung in der Gruppe erschwert.

Das Kind erfährt als soziales Wesen wichtige erzieherische Einflüsse auch von seiten der Geschwister. *Alfred Adler* verdanken wir grundlegende Erkenntnisse der geschwisterlichen Familienbeziehungen (11). Er hat auf die Bedeutung der Geschwisterposition, ihre Vor- und Nachteile schon für das Kleinkind, dessen Reifung und Entwicklung hingewiesen. Starkind und Prügelkind sind die Extreme der kindlichen Rolle im Geschwister- und Kameradenkreis. Sie finden auch in der Zeichnung der VF ihren Niederschlag.

Das infantil-egozentrische Kind zeichnet sich überwertig, an erster Stelle, zumal wenn es sich noch in der präidentifikatorischen Phase des Kleinkindalters befindet. Diese wird im Stadium der Neurose oft über die Zeit hinaus beibehalten. Wiederum kann die Größe, Anordnung im Raum – z. B. zentrale Position – Druckstärke, wie Auswahl der Zeichenobjekte, z. B. der Tierwahl – zur Kenntnis seiner Stellung beitragen. Starkinder bzw. hysterische Persönlichkeiten sind hier ebenfalls zu nennen. Für letztere ist in der Mädchenrolle die Wahl der Prinzessin charakteristisch, wie sie auch im Scenotest bei diesen Kindern beobachtet wird.

Fall 19

Die neunjährige Sandra ist im vorderen Orient aufgewachsen, ihre Mutter stammt aus Deutschland. Sandra hat einen deutschgebürtigen älteren Stiefbruder; zu dessen Vater besteht kein Kontakt mehr; außerdem einen jüngeren leiblichen Bruder. Der Vater ist ein erfolgreicher Kaufmann in einer Großstadt des Landes. Die ehrgeizige Mutter hat die

Abb. 19

kleine Sandra von Anfang an sehr geliebt und verzogen. Selber hysterisch strukturiert, mit Neigung zu zahlreichen funktionellen Organbeschwerden, übertrug sie eigene unerfüllte Wünsche auf die Tochter. Sie schickte sie auf eine Ballettschule und erlebte in den Auftritten des kleinen Mädchens eigene narzißtische Befriedigungen. Mit der Präpubertät bahnten sich Erziehungsschwierigkeiten beim Mädchen an, das auch vom Vater viel Verwöhnung erfuhr. Der mit erheblichen Konflikten im fremden Land aufwachsende ältere Bruder verfolgte kritisch mit ambivalenten Gefühlen die Entwicklung der Schwester.

Sandra zeichnete in einer Reihe etwas über der Bodenlinie zunächst links den Zauberer, sodann den Vater als Stuhl, nachfolgend – in der Mitte von allen – sich selber als Prinzessin – und sogleich rechts daneben die Mutter als Vase mit Blumen. Es folgte der ältere Bruder als Korb mit Eiern und zuletzt der kleine Bruder als Vogel.

In ihrer ödipalen Einstellung zum Vater räumt sie diesem den ersten Platz ein, das entspricht dem vom Lande diktierten Familienpatriarchat. Der Stuhl ist noch unbesetzt. Dicht neben ihm steht sie, hysterisch strukturiert, im Mittelpunktsstreben als Prinzessin. Aber neben der Prinzessin, deren Rolle wiederholend, die Mutter narzißtisch als Blumenvase. Es folgen abgewertet die beiden Brüder, der ältere als Korb mit Eiern, der jüngere als kleiner Vogel. Es fällt auf, daß sie bei der Erklärung sich zweimal verspricht und zuerst den kleinen Bruder nennt. Gleicher Abstammung, steht er ihr als Spielgefährte näher.

Anders das persönlichkeitsschwache, ängstlich-unsichere, depressiv-gehemmte Kind. Es zeichnet sich eher druckschwach, klein, am Rande des Blattes, an benachteiligter Stelle, als Maus, Schnecke, Igel, Wurm oder kleinen Vogel oder es wird einfach vergessen. Es sind die Tiere, die noch nachträglich, in der Kontrolle des Pigemtests eine Abwertung erfahren können, in negativer Wahl oder positiver Identifizierung, mit den entsprechenden Bemerkungen, wie z. B. »weil man mich dann nicht sieht«, »weil man mir nichts tun kann«, »weil man mich dann in Ruhe läßt«.

Abb. 20

Fall 20

Christophs Familie lebt wegen Trunksucht des Vaters – eines selbständigen Handwerkers – seit Jahren in ständig ängstlich-nervöser Anspannung. Die um 13 Jahre ältere Mutter dominiert den Vater und die ganze Familie. Streit, Tränen, Vorwürfe, finanzielle Schwierigkeiten sind an der Tagesordnung. Der Vater will sich nicht behandeln lassen. – Der 12jährige Proband versagte seit der Pubertät in der Schule. Er ist auf seine jüngere Schwester, den Liebling des Vaters, eifersüchtig.

Er zeichnet mit sicherem Strich zuerst die Schwester als Blume links oben. Sie wird von einer an 4. Stelle gezeichneten Sense bedroht. Darunter zeichnet er den Vater als Schlange, anthropomorphisiert, mit Armen. Die Schlange blickt zu einem kleinen, geschwärzten, an unterster Stelle dargestellten Igel, in welchen der Sohn verzaubert wurde. Zentral und übergroß wird die Mutter als ein gekrönter Vogel mit einem Wappen unter dem Flügel, einem mächtigen Schweif und vielen Zähnen im geöffneten Schnabel dargestellt. Die Füße des Vogels sind an einen geschwärzten Stein gefesselt, er blickt zur Blume. – An letzter Stelle wird rechts außen der Zauberer, der Familie zugewandt, gezeichnet. –

Christoph sagt in der Geschichte: »Das Mädchen wurde in eine Blume, die von einer Sense bedroht wird, verzaubert. Der Vater und der Sohn kämpfen als Igel und Schlange. Die Mutter ist ein wunderbarer Vogel, der aber nicht wegfliegen kann, da die Füße mit einem Stein festgehalten werden. Wenn sie nach einem Monat alle noch am Leben sind, wird der Zauberer sie befreien.«

Zeichnung und Geschichte demonstrieren die ängstlich-aggressive Spannung der Familie. Die »Identifizierung mit dem Angreifer« zeigt sich in der Darstellung der Schwester an erster Stelle. Die durch die Pubertät wiederbelebte, mit Ängsten und Aggressionen geladene ödipale Auseinandersetzung Christophs mit dem Vater kommt in der Darstellung des Kampfes der Schlange und des Igels zum Ausdruck. Die negative Selbsteinschätzung unterstreicht die sehr kleine, an vierter Stelle des Blattes ausgeführte, geschwärzte Darstellung des Igels. Die unbewußten Fluchttendenzen der überbewerteten Mutter, vom Probanden vorweggenommen, werden in Form einer symbolischen Wunscherfüllung verhindert.

60

Doch neigen ängstliche Kinder bisweilen auch zur Kompensation in Form übergroßer Darstellungen, in einem Ausagieren kleinkindlicher Allmachts-phantasien, auch in der Identifizierung mit dem Zauberer (siehe Fall 86, S. 179): das gilt ebenso für druckstarke, aggressive Schwärzungen in den Zeich-nungen ängstlicher Kinder (siehe auch S. 54).

Abb. 21

Fall 21

Der zehnjährige Hanno erlebt unverschuldet einen Autounfall, bei dem er sich lebens-gefährliche Verletzungen zuzog; es mußte die zertrümmerte Milz operativ entfernt wer-den. Wenige Wochen nach dem Unfall zeichnete er die Unfallszene, indem ein Polizei-streifenwagen vom Straßenrand aus mit Maschinengewehren den Unfalltäter »erledigte«.

Nachdem Hanno bis zum Unfallereignis relativ unauffällig mit einem etwas älteren Bruder herangewachsen war, allerdings schon immer überfürsorglich von der ängstlichen Mutter betreut – nahm nunmehr die Symbiose von Mutter und Kind extreme Formen an. Sie übertrug eine eigene nervöse Erregtheit, die sich seit dem Unfallereignis verstärkt hatte, ununterbrochen auf das Kind. Hanno entwickelte eine Angstneurose, mit Straßen-angst und nächtlichem Aufschreien. Gleichzeitig wurde er zu Hause wie in der Schule aggressiv. Wegen dieser anhaltenden neurotischen Störungen wurde er in Psychotherapie überwiesen.

Hanno zeichnete druckschwarz und schraffiert am unteren Rand der linken Blatt-hälfte die eigene Familie –. Zuerst links außen den Bruder als Igel, daneben sich selbst als Dackel (positiv bestätigt im Pigmentest). Es folgt etwas erhöht und aufgerichtet der Vater als Bär, und zuletzt rechts außen, und als einzige nach vorn gewandt, die Mutter als Polyp. Den äußersten Fangarm hat sie nach rechts ausgestreckt, »um sich einen Fisch zu greifen«.

Druckschwärze und Schraffierung weisen auf Ängste und Aggressionen des Kindes hin. Hanno identifiziert sich zunächst mit dem Dackel, vermutlich aber auch in einer Doppelidentifizierung mit dem an erster Stelle ganz außen gezeichneten Igel, damit seine

Abwehrhaltung demonstrierend, am weitesten von der Mutter entfernt. Diese wird als Polyp bedrohlich erlebt, mit ihren umschlingenden Armen der symbiotischen, verschlingenden Mutter (im Sinne *Melanie Kleins*). In dem Fisch, den sie greift, vollzieht der Junge nochmals sein eigenes Schicksal nach. Die Kinder suchen hinter dem aufgerichteten Vater Schutz vor der Mutter, die dem Betrachter zugewandt, in der Mitte des unteren Blattrandes eine zentrale Bedeutung erhält. Massiv geschwärzt zwischen ihr und den Kindern stehend, wird der Vater zur Konfliktfigur der Familienneurose.

Geschlechtspezifisch ist in unserer Gesellschaft der Umgang mit der Aggression fixiert. Übereinstimmend werden in den Ländern unseres Kulturkreises zwei Drittel Jungen und ein Drittel Mädchen wegen Verhaltensstörungen in die EB-Stellen gebracht. Es erklärt sich damit, daß Jungen primär eher nach einer Entladung und Befriedigung ihrer motorischen Bedürfnisse drängen, wie es als früher Ansatz der geschlechtlich unterschiedlichen Charakterentwicklung schon im Säuglingsalter beschrieben ist (*Meili*). Sie werden bald aber auch im Ansehen der Familie, vornehmlich des Vaters dazu ermutigt. Das bringt sie zwangsläufig in Konflikte mit der Gesellschaft, die um Anpassung und Leistung bemüht, ihnen Grenzen setzt.

So wurde auch das Krokodil in unserem europäischen Kulturkreis Symbol der Aggression, wie es sich in eigenen früheren Untersuchungen von Asthmakindern (31) wie Kindern im Familienmilieu Schizophrener (28) bestätigte – im vorliegenden Krankengut von Buben viermal häufiger gezeichnet als von Mädchen (siehe auch S. 210 und S. 299).

Jungen werden eher als Mädchen im Bereich motorischer Aktivitäten verhaltensauffällig, während Mädchen eher ins Körperliche, d. h. psychosomatisch regredieren. *Dechênes* ähnliche Ergebnisse sind für unsere Untersuchungen von besonderem Wert, weil sie aus derselben Beratungsstelle und einem annähernd gleichen Untersuchungsgut stammen. Eine wichtige Erkenntnis *Dechênes* ist neben der Belastung des Einzelkindes und Nachkömmlings in Richtung einer Verwöhnung der Hinweis auf die besondere Gefährdung des vorletzten Kindes. Es neigt zur Neurosenmanifestation, wenn es sich vorher über Jahre in der Situation eines Einzelkindes befunden hat.

Die schwierige Stellung des mittleren Kindes, sein Zweifrontenkrieg gegen die älteren und jüngeren Geschwister, auch um die Gunst der Eltern, ist bekannt. Eine Mutter von vier Kindern charakterisierte diesbezüglich die Schwierigkeiten ihres dritten Kindes mit den Worten: »Unser Fritz ist eben das Sandwichkind!« Ebenso problematisch ist die Position des einzigen Mädchens unter lauter Buben, wie des einzigen Buben unter mehreren Schwestern. Hier finden sich die Grundlagen späterer Fehlentwicklungen der sexuellen Identität.

Toman hat mit umfangreichen Familienerhebungen nachgewiesen, wie sich die Geschwisterkonstellation auf das ganze weitere Leben des Menschen, insbesondere dessen eigene Familienbildung und -führung auswirkt.

Zwillinge

Unter unseren Kindern fanden sich viermal Zwillinge (n = 600). Zwillinge haben ihr eigenes Schicksal. *René Spitz* hat mit seiner tiefenpsychologischen Interpretation der *Gifford*schen Zwillingsuntersuchungen darauf hingewiesen, wieviel Persönlichkeitsanteile sich auch bei eineiigen Zwillingen früh individuell entwickeln, je nach der Vorrangstellung, die sie bei der Mutter, als erster Erzieherin einnehmen. Indem wir grundsätzlich bei einem neurotisch auffälligen Zwilling auch dessen Partner untersuchen, erkennen wir die Zusammenhänge und Abhängigkeiten besser. Hier können frühe erzieherische Trennungen, mit Betonung der Individualität beider Kinder, zu positiven erzieherischen Ergebnissen führen.

Der folgende Bericht zeigt, wie eineiige Zwillinge bei geburtstraumatischer Schädigung des einen Kindes, in gemeinsamer Aufzucht und Identifikation der Partner miteinander eine schwere neurotische Fehlentwicklung – Zwillingssymbiose im Sinne einer folie à deux – erleben.

Fall 22/23

Inge und Marion sind als eineiige Zwillinge als Frühgeburten nach einer verlängerten Geburt zur Welt gekommen. Sie konnten wegen Trinkschwäche nicht gestillt werden und blieben sechs Wochen in der Klinik. Die Aufzucht der Zwillinge stellte für die körperlich zarte Mutter eine erhebliche Belastung dar. Sehr bald stellte sich ein Entwicklungsrückstand des einen Kindes heraus, das mit drei Jahren psychomotorisch auffällig wurde, und ab viereinhalb Jahren psychomotorische Anfälle entwickelte. Sie besserten sich unter regelmäßiger antiepileptischer Behandlung. Der klinische Befund bestätigte sich im EEG. Gleichzeitig entwickelte Marion eine autistische Kontaktstörung. Eine Intelligenzuntersuchung der zehnjährigen Marion ergab im HAWIK einen IQ von 68, bei nur geringer Intertestvariabilität.

Beide Kinder waren von der Mutter in enger Symbiose aufgezogen worden, und hatten wenig Kontakt zu anderen Kindern. Auch als beide mit drei Jahren in den Kindergarten kamen, »blieben sie dort ein Klub für sich«.

Im ständigen Beisammensein ahmte bald der gesunde Zwilling das gestörte Verhalten des kranken nach bis zur Imitation seiner Anfälle, mit Herumhüpfen, Zähneknirschen und Absencen. Ein zur gleichen Zeit bei Inge durchgeführter HAWIK ergab einen Intelligenzquotient von 117 ohne größere Testschwankungen. Beide Kinder blieben auch, unter Duldung seitens der Lehrerin, in derselben Schulklasse.

Die sehr an ihre Kinder fixierten, nur bedingt einsichtigen Eltern unterstützten weiter deren Symbiose, stolz auf ihre »künstlerische« Produktionen im Zeichnen und Malen, die aber nur aus endlosen Wiederholungen gleicher Motive bestanden. Die Kinder lebten in einer verschrobenen, autistischen Welt, in einer folie à deux bzw. folie à famille.

Diese Symbiose der zehnjährigen Mädchen kam auch in ihren Tests zur VP zum Ausdruck, die sie zur gleichen Zeit, in verschiedenen Räumen, zu Hause bei einem Hausbesuch des Therapeuten zeichneten.

In ähnlicher zeichnerischer Darstellung und Anordnung zeigen beide Tests weitgehende Übereinstimmungen.

Allerdings wählte die schwachbegabte Marion perseverierend nur drei verschiedene Hunde und fügte ihnen noch einen Beißkorb zu, dem jüngeren Kind entsprechend. Damit weist sie vermutlich auf ihr aggressiv getöntes Anfallsgeschehen, mit dessen oraler Symptomatik hin.

Die Tiere der begabteren Inge dagegen erscheinen etwas differenzierter gezeichnet, sie sind auch dem Betrachter zugewandt. Es sind zudem, mit Hund, Hase und Katze verschiedene Tiere. Mit dem Angsttier des Hasen wählt sie das Baby, das zwischen den Eltern geborgen ist. Sie stellt sich selber bzw. die Zwillingsschwester in ihrer Symbiose damit dar.

Abb. 22/23

Ein Trauma der Kindheit ist die Geburt des nachfolgenden Geschwisters. Es ist – analog der »Urscene« – ein Urtrauma des Menschen, dem auch mit rechtzeitiger und vorsichtiger Aufklärung nicht immer zu begegnen ist. Es kann Formen des Gewaltausbruches und der Rachsucht annehmen, die Unwissende auf kriminelle Veranlagung schließen lassen. So wird einem jungen Säugling ein erstickender Eimer Sand auf dem Kopf entleert, ein anderer wird mit Kieselsteinen gefüttert oder gar »aus Versehen« aus dem Fenster geworfen. In entsprechenden Randbemerkungen zur Ankunft des Geschwisters, wie »Der Postbote sollte es ruhig wieder mitnehmen«, »Es ist so klein und so dumm, ich kann doch nicht mit ihm spielen«, ist die unverhohlene Ablehnung des Neugeborenen nur zu deutlich zu erkennen. Diese Abwehrhaltung des Kindes wird bisweilen schon während der Schwangerschaft der Mutter ersichtlich.

Abb. 24

Fall 24

Das siebenjährige Mädchen kommt wegen Angstzuständen mit Einschlafstörungen in psychotherapeutische Behandlung. Seine Aggressionen richten sich besonders gegen die etwas jüngere Schwester. Die Mutter fühlt sich durch einen großen Haushalt überfordert, zudem durch den beruflich engagierten, meist unsichtbaren Vater vernachlässigt. Indem sie die jüngere Tochter bevorzugt, kommt es häufig zu Spannungen auch zwischen den Eltern.

Im Test der VF zeichnet Renate zunächst links ihren Vater als Kasper, »weil er immer so lustig ist«, an zweiter Stelle ihre jüngere Schwester als Hasen, »weil sie noch so klein ist«, an dritter Stelle sich selber als Hund, und zuletzt rechts die Mutter als einen großen Ball, sie beginnt ihn zuletzt, unter starker affektiver Beteiligung, in der Mitte zu schwärzen. Zum Pigem meint sie, daß sie am liebsten ein Hund sei, wie sie sich selber ja auch als »großen Schäferhund« dargestellt hat. Im selben Atemzug fügt sie an, auf keinen Fall wolle sie aber ein Ball sein. In der Geschichte zur Zeichnung sagt sie dann noch: »Der Hund bellt und beißt, weil ein fremder Mensch kommt.«

Renate überträgt ihre eigenen Ängste auf die kleine Schwester, in der Gestalt des Hasen (Angstsymbol). Sie ist als Hund von der Mutter abgewandt, dem Vater und der kleinen Schwester aber zugewandt.

Die Mutter erwartet zur Zeit ein drittes Kind und leidet unter heftigem Schwanger-schaftserbrechen, in ambivalenter Einstellung zu dieser dritten Schwangerschaft. Diese wird den nächsten Konkurrenten für Renate bringen.

Renate demonstriert in der Zeichnung, mit der heftigen zentralen Schwärzung des run-den Balles, »was sie auf keinen Fall sein mag«, nämlich das unerwünschte Baby im Bauch der Mutter. Als Hund »bellt und beißt sie, weil ein fremder Mensch kommt«, eben das Baby.

Die meisten Pb, die zur Zeichnung der Familie aufgefordert werden, zeich-nen auch Kinder. Sie erfassen und stellen damit unbewußt ihre Geschwisterpro-blematik dar. So wurden nur von 25 Kindern (n = 1225) lediglich die Eltern gezeichnet. 223 Kinder (n = 600), d. h. mehr als ein Drittel hatte in der Zahl der gezeichneten Kinder Geschwister ausgelassen. In diesem »Vergessen« von Geschwistern künden sich die Rivalitäten der Kinderstube an.

Wenn 88 Kinder (n = 600) in ihren Zeichnungen Geschwister hinzufügen, kann dieses einem echten Geschwisterwunsch, z. B. von Einzelkindern, ent-sprechen. Das Kind kann aber auch in einer Mehrfachidentifizierung auf ver-schiedene Aspekte seiner Persönlichkeit, seines Verhaltens hinweisen.

Die VF vermittelt tiefere Einblicke in die Geschwister- und damit in die Familienkonstellation, wenn man mehrere Geschwister den Test ausführen läßt.

Unter unseren Pb (n = 600) fanden sich

2 Geschwister	35 mal	4 Geschwister	1 mal
3 Geschwister	1 mal	5 Geschwister	2 mal

Es folgt das Beispiel einer Geschwistersituation, bei der die Zeichnung zur VF die Hintergründe der Familienproblematik, als Ursache der kindlichen Ver-haltensstörung aufdeckte:*

Fall 25/26

Die neunjährige Rosemarie erkrankte erstmals vor zwei Monaten an heftigen Asthma-anfällen. Diese traten im Zusammenhang mit einem Scheidungskonflikt der Eltern auf. Seit längerer Zeit hatte der Vater ein außereheliches Verhältnis mit einer Frau, von der er sich nicht trennen wollte. Er lebte aber weiter in der Familie. Die Mutter der Kinder sah im weiteren Zusammenleben keine Lösung und trug sich mit Scheidungsgedanken. Rose-maries vier Jahre älterer Bruder Andreas leidet an einer Adipositas.

Rosemarie zeichnete zuerst die Mutter als Fisch und ihr gegenüber den Vater als große Schildkröte. Es folgen die beiden jüngeren leiblichen Geschwister, sodann ihr älterer Bru-der als Maus und sie zuletzt als Schnecke.

Rosemarie deutet damit die allseitige Isolierung der Familienmitglieder an, während der eifersüchtig erlebte Bruder in Stellung und Rolle abgewertet wird.

Zur gleichen Zeit zeichnet Andreas den Vater an erster Stelle als Stier, sodann die Mut-ter als Stachelschwein. Es folgt in der zweiten Reihe er selber als Widder, unter dem Vater, sodann die Schwester als Hase, es folgen noch die beiden jüngeren Geschwister als Katze und Maus.

---

* Bei Geschwisterzeichnungen ist darauf zu achten, daß sie getrennt, zur gleichen Zeit durchgeführt werden, um wechselseitige Informationen der Prob. zu verhindern.

Der Ältere spürt schon deutlicher die Spannungen zwischen den Eltern, er identifiziert sich, gleichfalls gehörnt, mit dem Vater. Die asthmaleidende Schwester steht zentral in der Geschwisterreihe, entsprechend der Bedeutung, die sie in der Krankheit gewonnen hat. Katze und Maus deuten die weiteren Geschwisterrivalitäten an.

Abb. 25/26

Die Geschwisterkonstellation ist bei allen psychotherapeutischen Bemühungen zu beachten. Eine Psychotherapie des Kindes ist nur dann indiziert, wenn dadurch nicht ein Geschwister bzw. die übrige Familie zusätzlich notleiden. Nicht selten erkrankt ein Geschwister in dem Augenblick an einer neurotischen Störung oder psychosomatischen Reaktion, wenn das andere durch eine psychotherapeutische Behandlung gesundet ist: Im Interesse der Familienneurose wird das neurotische Gleichgewicht wiederhergestellt.

Es kann aber auch ein Kind echt unter der Neurose des Geschwisters bzw. der psychotherapeutischen Behandlung desselben leiden. Es sind »Schattenkinder«, die im Schatten der Neurose oder Erkrankung ihres Geschwisters bzw. deren Therapie verkümmern und nun selber reaktiv Störungen entwickeln. Rachsüchtig werden die Geschwister in der VF vom Pb vergessen oder zu Objekten abgewertet, falls der Proband nicht ich-schwach resigniert und sich selber darzustellen versäumt.

8. Pubertät

Mit dem Ende der Latenzphase, die sich in der Präpubertät etwa mit dem 10. bis 11. Jahr ankündigt, tritt das Kind in seine entscheidende Reifungsphase. An ihrem Ende steht der junge Mensch, der mit der Identitätsbildung seine Persönlichkeit gefunden hat.

Im Zeitalter der Reifungsverfrühung (Akzeleration), die gleichzeitig häufig von infantilen Retardierungen, besonders jugendlicher Frühverwahrloster begleitet sind, kann dieser Krisenabschnitt sich insgesamt über gut ein Jahrzehnt erstrecken.

Die beginnende Krisensituation wird auch damit dokumentiert, daß um das 11. Lebensjahr die meisten Kinder mit kindlichen Verhaltensstörungen in die EB-Stellen gebracht werden.

Die Reifung des Ich-Bewußtseins ist ein Schutz des Organismus gegenüber gesteigerten Triebansprüchen. Die verlängerte Pubertät vermittelt als kulturelles Moratorium gleichzeitig Wege der Sublimierung.

Kinder, die sich in dieser Phase besonders drängenden Triebforderungen ausgeliefert fühlen, zumal wenn sie von ihren Eltern nicht sexuell aufgeklärt waren, können sich mit neurotischen Abwehrmechanismen zur Wehr setzen (A. Freud, 81).

Es ist die Pubertätsaskese mit dem Ausweg der Intellektualisierung, einer möglichen Sublimierung, aber auch infantiler Regression, bis in den Zustand der Anorexia nervosa. Die Nahrungsverweigerung der Magersüchtigen symbolisiert die Ablehnung des Leiblichen und damit des reifenden Daseins schlechthin.

Für Zeichnungen von Magersüchtigen sind zarte, aetherische Strichführungen charakteristisch, bei einer Verleugnung alles Körperlichen im Dargestellten. Die Welt der Bücher repräsentiert die Intellektualisierung der schulisch meist gut begabten Mädchen, als einen Abwehrmechanismus.

Abb. 27

Fall 27

Die 15 jährige Hella ist die mittlere von sechs Schwestern, sie hat noch einen kleinen Bruder. Sie ist nur eine mittelmäßige Schülerin, im Gegensatz zu allen Schwestern, und nimmt in der Familie, zu Haushaltsarbeiten ausgenutzt, eine Aschenbrödelrolle ein. Der autoritär verschlossene Vater kümmert sich nur um die studierenden älteren Töchter sowie um den geliebten kleinen Sohn. Die Mutter ist chronisch überfordert, das Familienleben voller unterdrückter Spannungen.

Unaufgeklärt erlebte Hella die Menarche als Schock. Sie hatte Schwierigkeiten, ihre weibliche Rolle anzunehmen und entwickelte eine Magersucht. Die Klinikeinweisung erfolgte in lebensbedrohlichem Zustand.

Hella zeichnet mit zarter Strichführung zuerst links oben den Vater als ein Landschaftsbild, daneben an zweiter Stelle eine hohe Vase mit Binsen. Es folgt an dritter Stelle in der Mitte des Blattes der Bruder als ein aufgeschlagenes Buch, sodann die beiden jüngeren Schwestern als kleine Bücher. Diese stehen unter anderen Büchern oben rechts auf einem Bücherbord.

Der Vater ist narzißtisch als Bild im Rahmen erhöht. Im Abwehrmechanismus der Intellektualisierung dominiert die Welt der Bücher. Die größeren, studierenden Schwestern werden eifersüchtig ausgelassen. Im Zentrum befindet sich als aufgeschlagenes großes Buch der Bruder. Er erfährt als einziger Sohn die meiste Zuwendung. Im Mittelpunkt der Diagonalen verkörpert er die Konfliktsituation der Familie. Neben ihm in der Vase sind die trockenen Binsen das einzig Lebendige; die Mutter hat es nicht verstanden, ihre Tochter mit ihrem Lebensproblem, der sexuellen Reifung, vertraut zu machen. Ichschwach ist Hella nicht in der Lage, sich selber darzustellen. Die schwache Strichführung deutet ihre Psychasthenie an.

In einem weiteren Test eines magersüchtigen Mädchens identifiziert sich dieses mit einem Phantasietier, das zwischen dem Vater- und Muttertier steht, und weist somit symbolisch auf die noch nicht vollzogene Ablösung und Ausbildung einer eigenen Geschlechtlichkeit hin (siehe Fall 104, S. 223).

Die weibliche oder männliche Rolle kann für das Kind aus emotionalen Früherfahrungen negativ besetzt bzw. blockiert sein, was ihm nunmehr die sexuelle Identitätsbildung als zentrales Anliegen der Gesamt-Identität des jungen Menschen erschwert. Jugendliche, denen anlagebedingt, durch Mißbildungen und hormonelle Fehlfunktion, der natürliche Weg der Ausbildung einer normalen Geschlechtlichkeit erschwert oder unmöglich gemacht ist, haben ihre eigene Problematik.

Wir beobachteten zwei Fälle von Hermaphroditismus, bei denen tiefe Kastrationsängste ausgelöst wurden. Sie bestätigen, daß mit der Schwere der psychischen Belastung bzw. des erfahrenen Traumas – in diesem Falle einer Geschlechtsumwandlung – der Aussagewert der Zeichnung, mit der Projektion des Konfliktes, in seiner Bedeutung als Schlüsselsituation ansteigt.

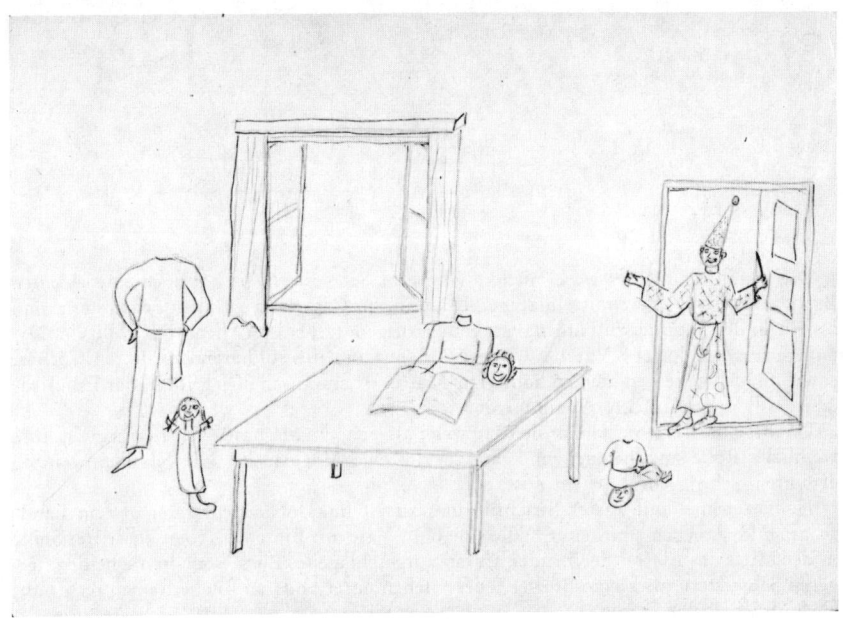

Abb. 28

Fall 28

Wegen eines Hermaphroditismus wurde die 15 jährige Hermi in die Kinderklinik überwiesen. Hermi hatte schon immer ein bubenhaftes Verhalten gezeigt. Das wurde besonders auffällig, als sie in die Pubertät kam, mit der Entwicklung der sekundären Geschlechtsmerkmale (Bartansatz, Stimmbruch).

Auch bei der psychologischen Untersuchung überwogen die männlichen Tendenzen: Sie erzählte zum TAT eine Fülle von Abenteuergeschichten. Im Pigem identifizierte sie sich mit einem schwarzen Hengst. Daneben ließ sie aber starke Ängste erkennen, die auf die erfahrene Identitätskrise, speziell der nicht verwirklichten sexuellen Identität zurückzuführen waren. Auch im Krankenhaus wurde sie von den anderen Kindern spontan als Bub angenommen, und mit einem männlichen Vornamen – Hermann statt Hermi – angeredet. Sie zeigte Interesse für Karl-May-Bücher, Autos und Flugzeuge, für Kriegsfilme und Krimis.

Hermi hatte im Kreise ihrer Geschwister eine schöne Kindheit verlebt. Obwohl die Geschlechtsauffälligkeit – ein phallusähnliches Gebilde, bei scrotal umgewandelten Labien – schon bald nach der Geburt bemerkt wurde, war die Mutter in ihren Ängsten jeder Entscheidung durch eine klinische Untersuchung bisher ausgewichen.

Bei der körperlichen Untersuchung zeigte Hermi einen im Skelett- und Muskelsystem männlich angelegten Körper, die Brust war auch nicht im Ansatz weiblich entwickelt. Der Chromosomenstatus ergab, daß Hermi kernmorphologisch männlich determiniert war. Bei einer gynäkologischen Untersuchung fand sich lediglich ein zum Strang degenerierter Uterus. (Es wurde keine Laparotomie vorgenommen.)

In der VF zeichnete Hermi das Innere einer Wohnung und mehrere verstümmelte Personen. »Am Tisch sitzt die Mutter, neben ihr der Kopf liest alleine die Zeitung. Auf dem Kopf des Vaters sitzt das kopflose Kind, neben dem Tisch. Sein Kopf geht auf dem amputierten linken Bein des Vaters spazieren. Alle Köpfe lachen.« Im offenen Türrahmen steht der Zauberer, auch das Fenster ist weit geöffnet.

Das Kind lebt seine massiven Kastrations- und Existenzängste in makabren Verstümmelungsphantasien aus. Indem die Köpfe – Symbol der Identität der Persönlichkeit des Menschen – ständig ausgetauscht werden, weist sie auf ihr Dilemma hin: Sie weiß nicht, zu wem sie gehört, ob sie einmal Mutter oder Vater sein wird. Gleichzeitig ist das Kind als kleines Mädchen mit Zöpfen dargestellt, so wie sie als Mädchen aufgewachsen ist. Hermi regrediert auf eine präidentifikatorische Phase, schutzsuchend bei der Mutter (an erster Stelle gezeichnet), am Tisch (mütterliches Symbol) sitzend, und zum Vater. Die Geschwister hat sie eifersüchtig verdrängt.

Vier Jahre später ist Hermi an einem metastasierenden Hodentumor – einer embryonalen Mischgeschwulst – gestorben, die von einem Eierstock ihren Ausgang genommen hatte.

Der folgende Fall zeigt, wie wichtig die psychologische Vorbereitung und psychotherapeutische Nachbehandlung eines Patienten ist, welcher mit dem operativen Eingriff einen Wandel seiner geschlechtlichen Identität erfährt.

Fall 29

Die 15 jährige Agnes wuchs bis zu ihrem 13. Jahr als Hermaphrodit auf. Dann wurde operativ eine Plastik der Genitalien gemacht, wobei man den Penis entfernte. Bald darauf hat Agnes zu menstruieren begonnen. Bis zu ihrem neunten Lebensjahr war Agnes Bettnässerin. Nach der Operation fing sie wieder zu nässen an. Die Eltern des Mädchens sind Kleinbauern in einer entlegenen Waldgegend. Der Bauer, ein weicher, primitiver, gehemmter Mann, kümmert sich nur um die Wirtschaft und überläßt die Erziehung der Kinder seiner Frau. Die Bäuerin sagt wohl, sie sei der Mann im Haus, aber auch sie redet mit den Kindern kaum, denn auch sie hat Hemmungen, die besonders die Erwähnung der Intimsphäre betreffen. Agnes hat eine 13 jährige Schwester und einen elfjährigen Bruder. Sie war immer ein zurückgezogenes Kind, und so findet sie auch bei den Geschwistern keine Aussprache. Weder über das Wesen der Operation noch über die Menstruation wurde Agnes aufgeklärt. Sie brachte es zuwege, die monatlichen Blutungen zu verheimlichen. Dunkel faßt sie die Operation und die darauffolgende Menarche als Onaniestrafe auf. Die Mutter merkte nur, daß die Enuresis wieder einsetzte und suchte mit dem Mädchen deshalb den Arzt auf.

In der VF bestraft der gütige und gerechte Zauberer die undankbare arme Familie, der er vorher aus dem Elend half, indem er den Vater in ein Schwein, die Mutter in den Mann und die sechsjährige Tochter in eine Ziege verwandelt. Agnes zeichnet die Elternfiguren frontal nebeneinander, die Mutter am größten. Die Ziege befindet sich neben der Mutter, klein und im Profil gezeichnet.

Durch vermutliche Kastrationsstrafe irritiert, stellt die Probandin in der VF ihre Rollendiffusion dar. Weil die Mutter eigentlich ein Mann ist, kann sie sich mit ihr nicht identifizieren. So muß sie sich mit dem Vater – dem Penisträger – identifizieren. Aber auch diese Identifikation hat sich durch die erlittene Strafe der Operation und der Menarche

Abb. 29

als unmöglich gezeigt. So wird der Vater in der VF zum schuldhaften, schmutzigen Schwein. Ein einziger Ausweg bleibt für die Probandin offen – sie regrediert in die alte Symptomatik. Dies wird symbolhaft in der Verwandlung des sechsjährigen Mädchens in eine kleine Ziege dargestellt.

Die Akzeleration oder Reifungsverfrühung ist eine seit Jahrzehnten beobachtete Wachstumsbeschleunigung von Kindern und Jugendlichen. Ihr Beginn ist vereinzelt schon im Kleinkindalter festzustellen. Sie tritt aber vorwiegend zur Zeit der Präpubertät und Pubertät in Erscheinung. Dem körperlichen Wachstum geht meist eine intellektuelle Reifungsverfrühung parallel, während die emotionale Entwicklung dem nicht immer Schritt hält. Dadurch kommt es zu erheblichen Entwicklungsstörungen, die zu den bei akzelerierten Kindern häufiger beobachteten Verhaltensstörungen und psychosomatischen Reaktionen beitragen (*Leuner*). Im Versuch, sich ihrem Wuchs und Aussehen entsprechend zu verhalten, geraten sie in Konflikte mit einer Umwelt, die sie meist in ihren Erwartungen überfordert.

Fall 30

Der 14 jährige Bruno war schon immer der größte seiner Klasse. In den letzten zwei Jahren ist er 40 Zentimeter gewachsen, so daß er nun zwei Meter mißt. Diese Größe kommt ihm bloß im Sport zugute, sonst hat er damit nur Ärger. Alle halten ihn für älter und erwachsener als er ist, die Mädchen, für die er sich noch nicht interessiert, stellen ihm nach. Bruno spielt noch leidenschaftlich gerne mit der Eisenbahn, in der Weise, wie Zehnjährige damit spielen. Er möchte gar nicht so groß sein und so erwachsen wirken.

Abb. 30

Bruno ist das einzige Kind einer resoluten, dominierenden Frau, an die er noch immer symbiotisch gebunden ist. Die Mutter bestimmt sein Tun und Lassen, zwingt ihn zum Lernen, sonst würde er gar nichts machen. Bruno versucht sich der Mutter zu entziehen, andererseits ist er aber froh, wenn ihm die Mutter die Verantwortung abnimmt. Brunos Vater starb bei einem Autounfall. Der Bub war damals kaum zwei Jahre alt, so daß er keine Erinnerung an den Vater hat. Die Mutter heiratete ein Jahr später Brunos Stiefvater, einen gutmütigen, überbeschäftigten Mann. Sie beherrscht ihn sanft und bestimmt, so wie den Sohn.

Bruno wurde in der EB wegen Schulschwierigkeiten vorgestellt.

Bruno zeichnet die Familie als drei Hochhäuser, die Mutter an erster Stelle. Ein kleines Haus neben dem dritten Hochhaus – dem Kind, wird ausgestrichen. Die drei Hochhäuser sind identisch.

Bruno projiziert das Problem seines Hochwuchses auf die ganze Familie, so wie er gewöhnt ist, alles, was ihm lästig ist, auf die Familie, besonders aber auf die Mutter, zu verschieben. – Im Ausstreichen des kleinen Hauses bekundet er unbewußt den infantilen Wunsch, seine Einzelkindsituation zu verteidigen.

Körperlich entwicklungsrückständige Kinder und Jugendliche haben besondere Schwierigkeiten, sich in einer Gemeinschaft von Alterskameraden zu behaupten, die auf Leistung und Ehrgeiz ausgerichtet, sich nach den »Großen« als Vorbildern orientiert. Ist dieser Entwicklungsrückstand zudem hormonal bzw. chromosomal determiniert und keiner organischen Therapie mehr zugänglich, dann sind Minderwertigkeitsgefühle und Komplexe, sowie Depressionen eine zwangsläufige Folge.

Abb. 31a/b

Fall 31

Es handelt sich bei Hermann um einen 16 jährigen Jugendlichen, einen hypophysären Zwerg. In der Familie sind weitere Fälle von körperlicher Reifestörung nicht bekannt, allerdings ist die Mutter von kleinem Wuchs. Hermann hat einen sieben Jahre jüngeren Bruder, der ihn im körperlichen Wuchs, wie seiner motorischen Aktivität schon lange überholt hat.

Die Kinder wachsen in einem Gastwirtschaftsbetrieb auf, wodurch beide zwangsläufig vernachlässigt wurden bzw. viel sich selbst überlassen bleiben. Da derselbe im Innern einer verwinkelten Kleinstadt, mit vielen historischen Häusern gelegen ist, haben die Kinder keinen Platz für ihre Spiele. Schwangerschaft und Geburt waren bei beiden Kindern normal verlaufen. Bei dem infektanfälligen Hermann bestanden von Anfang an Ernährungsstörungen und sehr bald sichtbar ein körperlicher Entwicklungsrückstand. Er entwickelte in den ersten Schuljahren den typischen äußeren Aspekt eines hypophysären Zwerges. Klinische Behandlungen zur Zeit der Pubertät blieben erfolglos. Hermann war immer ängstlich, gehemmt, mit Neigung zu Minderwertigkeitsgefühlen und hypochondrischen Verstimmungen, in einer passiven Grundhaltung dem Tagesgeschehen gegenüber. Intellektuell gut begabt (HAWIK IQ 116/129/101), besucht er, mit Verzögerung, die Oberschule. Er ist wegen seines verträglichen Wesens und bei Rücksichtnahme, unter den Klassenkameraden wohl gelitten. Eine starke symbiotische Beziehung zu der im Beruf und Leben tatkräftigen, ihm gegenüber aber ängstlich-besorgten Mutter wurde nie ganz aufgegeben.

In der VF kommen das Kompensationsstreben seiner Minderwertigkeitsgefühle, aber auch seine starken inneren Ängste zum Ausdruck.

In einem ersten Test zeichnet er 14 jährig bei hoher zeichnerischer Begabung in druckstarker Schwärzung einen dreiköpfigen Drachen. Er erlebt so in seiner Angst die Übermacht der Familie und sucht sie in einer Identifizierung mit dem Zauberer zu meistern.

Zwei Jahre später stellt er – bei stehengebliebener körperlicher Entwicklung – sich selber in charakteristischer gedrungener Körperform und typischem Gesichtsausdruck des hypophysären Zwerges, als muskelstarken Sohn des Zauberers dar: Er bezeichnet ihn in seiner dramatischen Märchengeschichte als »übermenschlich groß«. In einer Doppelidentifizierung wird er später vom Zauberer in einen Adler verzaubert, seine Eltern aber in eine Seeschlange (Vater) und eine Nixe mit Schlangenarmen (Mutter). Wieder erlebt er seine Umwelt in hohem Maße als bedrohlich und sucht ihr, im Gefühl seiner körperlichen Ohnmacht, als Adler, mächtigstes Tier der Lüfte, zu entfliehen.

Fall 32

Der 15 jährige Oskar ist ein hypophysärer Zwerg, er sieht aus wie ein siebenjähriger Junge.

Oskar entstammt einem einfachen, ländlichen Milieu, die Eltern und seine 16 jährige Schwester arbeiten in einer nahen Fabrik als Hilfsarbeiter. Oskar war ein guter Schüler. In der letzten Zeit ist Oskar sehr deprimiert, er leidet unter seinem Zwergwuchs. Dadurch haben auch seine Schulleistungen nachgelassen. Die Dorfkinder behandeln ihn schlecht. Er ist der Prügelknabe und wird häufig verspottet. Auch die Mädchen, für die er sich zu interessieren beginnt, lachen ihn aus.

Die einfach strukturierten Eltern können Oskar, dem intelligenten Buben, nicht den Weg möglicher Kompensationen weisen. Oskar hängt noch sehr an seiner Mutter, die ihn durch Verwöhnung in Abhängigkeit hält.

Oskar zeichnet mit feinem, oft abgesetztem Strich, an erster Stelle, den Neffen des Zauberers, mit der Mutter als Puppe, dann den Vater als Zauberer, nachher einen »kleinen Schafhirten«, der nicht zur Familie gehört und schließlich Tochter und Sohn als Puppen des Neffen des Zauberers.

Die Personen befinden sich in einem zeltartigen Gebäude, von dessen Decke ein Kronleuchter hängt.

Der Zauberer ist en face gezeichnet, die größte Figur. Sie steht in der Mitte des Zeltes. Der kleine Schafhirte ist ihm zugewandt, er blickt ihn an. Daneben sitzt der Neffe des Zauberers mit den drei Puppen.

Oskar erzählt dazu folgende Geschichte:

Ein Zauberer verwandelte seine Familie in Puppen und gab sie seinem Neffen zum Spielen.

Abb. 32

Er sagte: »Wenn mir einer sagen kann, in was ich meine Familie verwandelt habe, so ist sie erlöst.«

Diese Geschichte hörten viele Menschen auf der ganzen Welt. Gar mancher ging aus, um dieses Geheimnis zu ergründen. Der eine kam zum Zauberer und sagte: »Du hast deine Familie in Affen verwandelt.« Der andere sagte: »Du hast sie in Fische verwandelt.« Und so kamen viel hundert Menschen und Handwerker, doch keiner wußte, in was der Zauberer seine Familie verwandelt hat.

Eines Tages hörte ein armer Schafhirte von dieser Geschichte. Er machte sich auf den Weg, um den Zauberer zu überlisten.

Als er ankam, sagte er zum Zauberer: »Ich wette um 1000 Schilling, daß ich weiß, in was du deine Familie verzaubert hast!« Da lachte der Zauberer und sagte: »Ich gebe dir mein ganzes Geld, wenn du weißt, daß ich meine Familie in Puppen verwandelt habe!« Zu spät hatte der Zauberer gemerkt, daß er überlistet worden ist. Die Familie des Zauberers wurde erlöst und der *kleine* Schafhirt war von nun an der reichste Mann der Welt.

In der VF realisiert Oskar symbolisch seine verdrängten Wünsche. Die ödipalen Widersacher, Vater und Sohn, werden symbolisch aufgewertet. Der Vater wird zum allmächtigen Zauberer.

Oskar erscheint in dreifacher Darstellung, als Neffe des Zauberers, dem der Vater ein Geschenk macht, als passive Puppe, die hergeschenkt wird und als der ödipale Besieger des Zauberers, der schlaue »kleine Schafhirte«.

Durch das Geschenk kann Oskar endlich an der Magie des Väterlich-Männlichen teilhaben. Seine puppenhafte Passivität wird hergeschenkt. Er wird von ihr befreit. In der Figur des kleinen Schafhirten besiegt Oskar symbolisch den Zauberer – Vater, wodurch er – wenigstens in seiner Phantasie – die ödipale Problematik bewältigt.

9. Identitätsbildung

Die Identität, welche nun in Pubertät und Adoleszenz aufgebaut wird, ist keineswegs lediglich eine Summation der bis dahin in Reifung und Entwicklung vorgenommenen Teilidentifizierungen, sondern ein erster Höhepunkt der Individuation, der Ausbildung einer Eigenpersönlichkeit des jungen Menschen (*Erikson*).

Sie entwickelt und behauptet sich im Elternprotest, dem zeitweiligen Widerspruch zur älteren Generation. Manche Jugendliche ziehen sich in dieser Zeit, um zu sich selbst zu finden, von der Gesellschaft zurück; diese sollte ihnen ein psychosoziales Moratorium gewähren. Das kann allein oder in einer Gruppe erfolgen, mit der die Jugendlichen in einer Subkultur nach deren eigenen Gesetzen leben. In deren Verhaltensnormen erleben sie, von der Beatle- bis zur Hippiekultur, ihre Initiationsriten. Negative Erfahrungen, die sich bei vaterlosen Jugendlichen, wie generell in einer »vaterlosen Gesellschaft« häufen, fordern zur negativen Gruppenidentität, mit Bandenbildung und ähnlichem, bis zur Verwahrlosung und Kriminalität heraus.

Im Zentrum der Identitätsbildung steht die sexuelle Identität des Jugendlichen. Über eine Wiederauflage des ödipalen Konfliktes kommt es zur heterosexuellen Partnersuche.

Abb. 33

Fall 33

Bis vor einem Jahr haben alle die zwölfjährige Gusti für einen Buben gehalten, worauf sie sehr stolz war. Seit dem Beginn der Pubertät ist es nicht mehr möglich. Die rasch erfolgenden körperlichen Veränderungen irritierten das Mädchen sehr, da es seine vermutliche männliche Identität aufgeben mußte. Gusti bestraft sich und ihre Umwelt mit heftigem Einkoten, weshalb sie in der EB-Stelle vorgestellt wurde.

Gusti ist die älteste Tochter eines Journalistenehepaares. Sie hat zwei jüngere Brüder und eine kleine Schwester. Alle Kinder sind Bettnässer. Die Eltern leben nicht glücklich zusammen, es wird viel gestritten. Der Vater trinkt und überläßt alle Sorgen der Mutter, es gibt oft kein Geld. Die intelligente Gusti ist der Liebling ihres Patenonkels, eines alten Junggesellen, der ihr Studium finanziert und sie »mein Junge« nennt. Um so mehr haßt Gusti ihre keimende Weiblichkeit und wünscht sich, durch eine Operation in einen Jungen verwandelt zu werden.

Den Test der VF betitelte Gusti »Vertauschte Eigenschaften«. Der Vater wird mit den Attributen der Mutter, das Baby mit denen eines zwölfjährigen Jungen, die Mutter mit den Attributen des Vater und der zwölfjährige Bub mit denen des Babys ausgestattet.

Gustis Rollendiffusion findet damit ihren symbolischen Ausdruck. Den Vater macht sie zur Frau und umgekehrt er sie zum Mann. Nur so könnte sie sich mit ihm identifizieren. Die harte Mutter wird in der Rolle dargestellt, die sie in der Familie tatsächlich spielt – als Mann. Mit diesem Mann will sich Gusti aber nicht identifizieren. Sie möchte gerne der zwölfjährige Junge sein, doch das ist unmöglich. So bleibt ihr bloß der Weg der Regression. Sie wird in der VF zum Baby, das der Vater auf den Armen hält.

Abb. 34

Fall 34

Die 14;6 jährige Elsa lebt in einer nicht alltäglichen Familie. Ihre Eltern sind nicht verheiratet, da der Vater seine kränkliche Gattin nicht verlassen wollte, und Elsas Mutter, eine Kriegerwitwe, nicht zur Heirat drängte. So lebt der Vater praktisch in zwei Haushalten, er erzieht Elsa, sein einziges Kind, sorgfältig. Elsa machte auch bis vor einem Jahr keinerlei Erziehungsschwierigkeiten, lernte gut und war ein zufriedenes Kind. Mit dem Einsetzen der Pubertät fand sie, daß man sie zu streng erziehe und ihr zu wenig Freiheit gebe. Es kam zu schweren Auseinandersetzungen, besonders mit dem Vater. Die ratlosen Eltern wandten sich schließlich an die Erziehungsberatungsstelle.

In der VF zeichnet Elsa von links nach rechts zuerst den Vater als »Unikum mit Wassermannhänden und Teufelsfuß«, die Tochter als »Wasserfee« und die Mutter als eine anthropomorphisierte »Schlange«, die zur Tochter gewandt ist. Die Tochter ist räumlich dem Vater näher, blickt aber zur Mutter, sie steht zwischen den Eltern.

Die VF zeigt den ganzen Zwiespalt der weiblichen Pubertät, der durch die unklaren Familienverhältnisse noch verschärft ist. – Die Pubertät belebte die alte ödipale Auseinandersetzung, Elsa möchte sich mit der Mutter identifizieren, sie blickt zu ihr, ist aber noch immer dem Vater näher.

Sie versucht, ihn als »Unikum« und »Teufel« zu entwerten, fühlt sich aber ihm, dem »Wassermann« als »Wasserfee« doch verwandt und verbunden. Die Verzauberung in ein Mädchen ohne Unterkörper entspricht gleichzeitig einer puberalen Wunscherfüllung: Sie bleibt schön, ohne daraus andere Konsequenzen ziehen zu müssen: Die Wassernixe kann ja nicht körperlich lieben. Die Mutter wird für ihre Verführung zur Weiblichkeit als Schlange entwertet und bestraft.

Unentschlossen steht das Mädchen in seiner Identitätskrise zwischen der väterlichen und mütterlichen Welt.

Die Identitätsdiffusion kann das Erkennen der eigenen Geschlechtsrolle erschweren, bzw. zu einer Ablehnung derselben führen.

Abb. 35

Fall 35

Der 13 jährige Kurt hat von klein auf Kontakt- und Anpassungsschwierigkeiten. Bis zu Beginn der Pubertät vor einem Jahr arbeitete er gut in der Schule. Nach und nach wurde er depressiv, und Zwangsvorstellungen überwiegend sexuellen Inhaltes drängten sich ihm auf. Er findet sich häßlich, möchte lieber eine Frau sein und als Gammler leben. In der Schule konnte er nicht mehr arbeiten. Er beschloß, sich umzubringen. Kurt versuchte zuerst einen Selbstmord durch Aushungern, sodann durch excessives Rauchen und nahm schließlich eine Überdosis von Schlaftabletten. Er wurde im kachektischen Zustand ins Spital eingeliefert.

Kurt ist das einzige Kind eines ältlichen Ehepaares. Beide Eltern leben als kleine Beamte im ländlichen Milieu. Der Vater ist ein scheuer, schizoider Mann, die Mutter eine ängstlich unsichere Persönlichkeit. Die pubertären Nöte des Sohnes überraschen die Eltern sehr. Man lebt in der Familie nebeneinander, ohne zu wissen, was im anderen vorgeht.

In der VF verzaubert der »gedankenlesende« Zauberer alle nach ihren Wünschen. Besonders aber den Jungen und das Mädchen: »Die 13 jährige Tochter wird ein Junge mit schmutzigem Gewand und langen Haaren, der Haschisch raucht. Die Mutter wird eine Elektrogitarre, sie möchte damit spielen und eine Band gründen. Die ›Schwiegermutter‹ wird eine Riesenspinne. Der elfjährige Junge hat sich gewünscht, ein Mädchen zu sein, eine ›Nackte‹. Es ist seine Traumvorstellung von der Zukunft. Der Vater ist als Langspielplatte der Chef der Band«, erzählt der Proband in der Geschichte.

Kurt schwärzt druckstark Teile seiner Zeichnung, die in der Art pornographischer Darstellungen Pubertierender durchgeführt wird. Die Figuren sind schnell auf das Blatt geworfen. Sie füllen das ganze Blatt aus.

Kurt stellt in der VF seine Konflikte dar. Wunscherfüllend agierte er selber als der »gütige« Zauberer, indem er in der Zeichnung den Phantasien seiner sexuellen Rollendiffusion freien Lauf läßt. Die kalte »Sachlichkeit« der Eltern kommt darin zum Ausdruck, daß sie beide zu Objekten werden, welche den Wünschen des Sohnes dienlich sind. Neben dem Wunschbild des nackten Mädchens steht ein Gammler, mit dessen charakteristischen Insignien – dem Hasch-Joint, dem zerrissenen Anzug, den überlangen Haaren, seine andere Seite. In der »Schwiegermutter« als Riesenspinne ist mit einer weiteren Doppelidentifizierung, ein negativer Aspekt der Mutter dargestellt, die mit ihrer phallischen Bedrohung Kastrationsängste beim Jugendlichen auslöst. Der Vater bleibt, wenn auch zuletzt gezeichnet, in patriarchaler Familienstruktur, allem übergeordnet, er wird auch zum Chef der Band.

Abb. 36

Fall 36

Der 17 jährige Norbert befindet sich allein in Köln, da sein Vater, höherer Beamter, dienstlich in eine andere Stadt übersiedeln mußte und die Familie – seine Frau, zwei ältere Töchter und einen jüngeren Sohn mitgenommen hat. Norbert soll im Studium durch den Wohnwechsel nicht gestört werden, man brachte ihn bei einer befreundeten Familie unter. Norbert ist ein guter Schüler, aber in der letzten Zeit leidet er an Schlaflosigkeit, Depressionen, kommt mit den Kameraden nicht mehr zurecht. Sein Zustand wird immer unerträglicher, so daß er selber den Psychologen aufsucht. Er berichtet von seinen Zuständen, er spricht von seiner großen Liebesenttäuschung. Seine gleichaltrige Freundin hätte ihm den Laufpaß gegeben, da sie ihn kindisch findet. Stockend gibt er zu, daß er sie als Geliebter enttäuscht hätte und daß er sich nun große Sorgen um seine Normalität, seine Manneskraft mache.

Im Test der VF zeichnet Norbert schnell und mit sicherem Strich links den Zauberer, dann zwei strahlende, schöne Schwestern rechts oben und darunter drei verküppelte, unansehnliche, wesentlich kleinere Brüder.

Er erzählt dazu folgende Geschichte: »Der Zauberer verzauberte die Kinder einer Familie, die Eltern ließ er aber in Frieden. Den Töchtern hat er alles Glück und Schönheit, den Söhnen Unglück, Armut und Häßlichkeit beschieden. Die Brüder töteten aus Eifersucht zuerst die Schwestern und schließlich aus Schuldgefühlen sich selbst.«

Im Test der VF läßt sich der Schlüssel zu Norberts Konflikten finden. Tief verdrängte inzestiöse Gefühle seinen Schwestern gegenüber überschatten Norberts erste Liebe.

Da der Konflikt ausschließlich im Bereich der Geschwisterreihe lag, ließ auch der Zauberer – die Schicksalsmacht – die Eltern unbehelligt.

Die Identitätsdiffusion (*Erikson*), nicht geglückte Identitätsbildung des Jugendlichen, reicht bis in Grenzbezirke psychotischer Erlebnisse.

Abb. 37

Fall 37

René ist zunächst als Einzelkind aufgewachsen, er hat eine jüngere Schwester, die ihm kein Spielkamerad mehr war. Früh entwickelte das Kind Hemmungen und Kontaktstörungen, die bei hoher Intelligenz seine Isolierung unter den wesentlich älteren Schulkameraden förderte. Er zog sich auf ein süchtig erlebtes Lesen zurück und unternahm mit 16 Jahren eine mehrwöchige Auslandsfahrt, ohne daß seine Eltern von seinem Verbleib unterrichtet waren. Tagebuchnotizen deuteten seine Reifungskrise an, die zeitweilig psychosenahe das Bild einer Identitätsdiffusion annahm.

Diese stellte René in der VF dar: Drei Familienmitglieder-Eltern und kleine Tochter sind im Prozeß der Verzauberung gerade in Auflösung begriffen. Während er die Mutter noch an erster Stelle zeichnet – in gleicher Höhe mit der Tochter –, dominiert im Bild der an zweiter Stelle gezeichnete Vater, mit dem er besonders den Autoritätskonflikt erlebt. Ich-schwach hat er sich selber nicht abgebildet.

Die Drogensüchtigkeit ist als eine Form der Identitätsdiffusion, ein passiver Protest des Jugendlichen gegenüber einer Gesellschaft nicht engagierter Väter anzusehen. Er schlägt sich auch in ihren Zeichnungen nieder. Für diesen ist die Offenheit der Aussage, die sich auch in symbolischer Verschlüsselung zur Situation der eigenen Familie bekennt, charakteristisch.

Abb. 38

Fall 38

Wegen ihres verwahrlosenden 15jährigen Mädchens wandten sich die besorgten Eltern an die Beratungsstelle.

Helga wächst mit einer etwas jüngeren Schwester, zu der sie ständig im Rivalitätskonflikt steht, in einem bürgerlichen Familienmilieu heran. Sie war früher gehemmt und hatte wenig Freundschaften. Der beruflich engagierte, »unsichtbare« Vater konnte sich wenig um die Familie kümmern, die ängstlich-besorgte Mutter war den Reifungsproblemen ihrer akzelerierten, gut zwei Jahre älter wirkenden Tochter nicht gewachsen. Autoritäre Strafvollzüge wurden von den Eltern bald aufgegeben.

Unter dem Einfluß einer Freundin begann Helga im Laufe eines Jahres latent zu verwahrlosen. Sie zog mit anderen Jugendlichen, von denen sie die Jüngste war, in eine Wohngemeinschaft, und besuchte die Schule bei nachlassenden Schulleistungen nur noch sporadisch. Der von den Eltern organisierte Versuch einer psychotherapeutischen Behandlung scheiterte am Widerstand des Mädchens. Helga wehrte sich gegen jede Bevormundung und provozierte ständig Auseinandersetzungen mit ihren Eltern, die guten Willens, aber ihr gegenüber völlig hilflos waren.

Helga zeichnete auf der rechten Seite übergroß den Vater als Phantasietier, welches Geldscheine über die Familie »rieseln läßt«. Zu seinen Füßen kauert in demütiger Haltung ein sphinxartiges Tier, die Mutter, während links in der Ecke, hinter ihr, eine Schildkröte liegt, »beliebig alt«. Auffällig sind am Vater die großen Krallen, mit denen er den Kindern nachspürt, auch wenn sie sich »ins Schneckenhaus verkriechen«.

Das Mädchen hat höhnisch seine eigene Familie dargestellt, ohne es besonders zu betonen. Der Vater »steht oben, er hat die Macht« (sie lehnt im Pigem-Test den Raubvogel wegen seiner großen Machtstellung ab). Mit seinen Krallen, die selbst in das Schneckenhaus der Kinder eindringen, sind sie ihm ständig ausgeliefert. Sie verachtet die Mutter, in ihrer Unterwürfigkeit und Demutshaltung, in voller wirtschaftlicher Abhängigkeit vom Vater, der das Geld auf sie herunterrieseln läßt. Sie identifiziert sich im Pigem mit einem Schneckentier, das sich – wie auch die Schildkröte – bei Gefahr ins Schneckenhaus zurückziehen kann, in »ein Zimmer für sich«, wie sie es sich immer gewünscht hat, aber auch dort ist sie nicht sicher vor der patriarchal-autoritären Macht des Vaters, in der heutigen Gesellschaft. Er hatte ihr auch, mit Hinweis auf ihr Alter, den Wegzug von Hause in die Wohngemeinschaft verweigert; sie blieb weiter wirtschaftlich abhängig von ihm.

So dokumentiert die Zeichnung den Protest des Jugendlichen gegenüber der Welt der Eltern, des Establishments.

Manche Jugendlichen erleben die Identitätsbildung auch als psychosomatische Erkrankung, zumal wenn diese in der Lebensgeschichte des jungen Menschen in frühkindlichen psychosomatischen Reaktionsmustern (*Hoff und Ringel*) oder einer Symptomtradition Vorbilder hatte. Die Meisterung der Krise kann mit der Persönlichkeitsreifung und psychosozialen Bewährung eine echte Heilung bestätigen. Der Psychotherapie kommt beim Gesundungswillen des Patienten eine unterstützende Funktion, im Prozeß seiner Ich-Findung zu.

Der Ausgang in den Suizid(-versuch) ist ein immer wieder gewählter Weg von Jugendlichen, welche glauben, mit ihren Lebensproblemen nicht fertig zu werden. So wie die Zahl der versuchten und gelungenen Selbstmorde gegen die Adoleszenz hin zunimmt, ist ihre Zahl im Laufe der Jahrzehnte ziemlich gleichbleibend (*Ringel*). Es überwiegen weibliche Suizidanten, gemäß ihrer gesteigerten neuro-vegetativen und emotionalen Labilität, aber auch des grundsätzlich tieferreichenden Wandels ihrer Gesamtpersönlichkeit in dieser Reifungskrise. Von unseren 20 selbstmordgefährdeten Patienten waren 18 Mädchen. Alle befanden sich in einer schweren Pubertätskrise. Der Test der VF kann zur Klärung der Motivation des Suizidversuches beitragen.

Fall 39

Die 13;10 jährige Erika lebt in ärmlichen Verhältnissen. Alle Erwachsenen der Familie sind Trinker. Als das Mädchen fünf Jahre alt war, ließ sich die Mutter vom kriminellen Vater, der das Kind offen ablehnte, scheiden. Die Mutter ging eine Lebensgemeinschaft mit einem Hilfsarbeiter ein, der sich bald als Trinker erwies. Die Mutter leidet an Stimmungsschwankungen. In depressiven Phasen trinkt sie gemeinsam mit dem zweiten Mann. Auch der in der Familie lebende Großvater ist ein Trinker. – Als Erika sechseinhalb Jahre alt war, strangulierte sich ihr zehn Monate alter Bruder im Gitterbett. Der betrunkene Großvater, der auf den Säugling aufpassen sollte, beschuldigte Erika, für den Tod des Bruders verantwortlich zu sein. Seit der Menarche vor einem Jahr wird das Mädchen zusehends traurig, schläft schlecht, schwänzt die Schule, was die verwahrloste Mutter nicht bemerkt. Schließlich holt Erika die Zeitungsausschnitte und Bilder des toten Bruders hervor und verübt einen Selbstmordversuch.

Abb. 39

In der VF zeichnet Erika in die Mitte des Blattes zuerst den Zauberer, links von ihm wird an zweiter Stelle die »böse« Schwester, der Schlangen aus dem Mund fallen, darge- stellt; rechts vom Zauberer, an dritter Stelle gezeichnet, befindet sich die »gute« Schwe- ster, deren Tränen und Worte eine Zaubermacht in Perlen und Rubinsteine verwandelt. Zu diesem Bild schreibt Erika eine lange Geschichte nieder. Diese Geschichte ist vermut- lich vom Märchen von *Perrault* »Die Feen« und vom *Grimm'schen* »Aschenbrödel« inspiriert. Sie heißt »Gut und bös«: Die brave Christine verliert die Mutter, der Vater heiratet eine hartherzige, reiche zweite Frau, welche eine böse Schwester Ilse mit in die Ehe bringt. Nach dem Tode des Vaters geht es Christine sehr schlecht. Für ihre Barmher- zigkeit gegenüber einer als Bettlerin verkleideten Fee bekommt sie die Gabe, Perlen zu weinen, und ihre Worte werden in Rubine verwandelt. Die böse Schwester aber wird dadurch bestraft, daß aus ihrem Mund mit jedem Wort Schlangen fallen.

Die Geschichte endet wie ein Schundroman – zum Schluß wird die brave Schwester von einem Prinzen geheiratet.

Erika ist mit ihrem »guten« und »bösen« Aspekt im Leben so allein, wie sie es in der VF darstellt. Der Zauberer – das Schicksal – trennt in der Zeichnung die beiden Seiten des Mädchens, sonst tritt er im Geschehen nicht auf, denn seine Rolle wird von der »guten Fee« übernommen. – Die orale Fixierung des Trinkermilieus manifestiert sich in der Wahl des inspirierenden Märchens: Die böse Schwester wird am Mund bestraft, die gute dort belohnt. – Erika ist ein wenig geliebtes, vernachlässigtes Kind. Der Einbruch der Pubertät bringt ihr diese Situation erst richtig zum Bewußtsein.

Sie hadert mit ihrem Schicksal, träumt einen »Familienroman« (*S. Freud*), und ver- sucht die aufsteigenden aggressiven Gefühle zu bewältigen, denn sie machen ihr Angst. Schließlich wendet sie den heftigen Affekt gegen sich selbst, indem sie das alte ödipale Schuldgefühl – den Tod des kleinen Bruders verursacht zu haben – wiedererlebt und den Selbstmordversuch verübt. Das Märchen zur VF entspricht gänzlich Erikas »Familienro- man«. Es ist im Stil der Schundgeschichten geschrieben. Auf die angstbewältigende Wir- kung von Schund-Phantasien hat *Zulliger* aufmerksam gemacht.

84

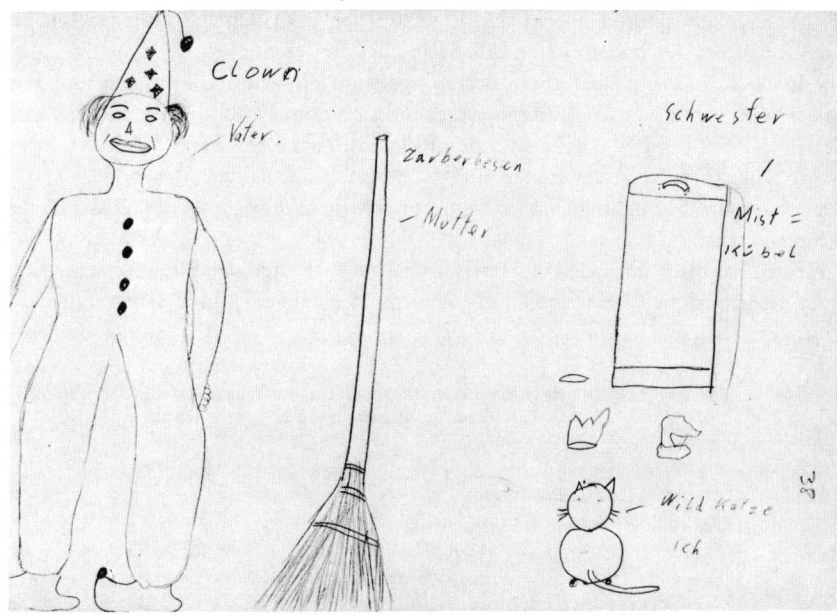

Abb. 40

Fall 40

Die 13jährige Angela lebt mit ihrer dreijährigen Halbschwester bei ihrer verwahrlosten Mutter und dem kriminellen Stiefvater, der sie oft schlägt. Die Familienatmosphäre ist voller Spannungen, Angela ist der Sündenbock. Die Halbschwester wird von der Mutter vorgezogen. Nach einem größeren Streit macht Angela einen Selbstmordversuch mit Gas, weshalb sie in die Klinik eingewiesen wird.

Die psychologische Untersuchung ergibt ein intellektuell durchschnittlich begabtes, angsthysterisches Mädchen in ernster Pubertätskrise.

In der Zeichnung der VF trennt die Mutter als »Zauberbesen«, stellvertretend für den bösen Aspekt der Mutter-Hexe, die Welt des Vaters, der als Clown abgewertet wird, von der Welt der Kinder. Die bevorzugte Schwester wird als Mistkübel degradiert. Darunter zeichnet sie sich selber an letzter Stelle als Wildkatze, von hinten. Sie identifiziert sich mit dieser im Pigemtest.

Angela realisiert symbolisch in der Zeichnung der eigenen Familie ihre vorbewußten aggressiven Gefühle gegenüber ihrer Familie und ihr eigenes schwaches Selbstwertgefühl. (Siehe auch Fall 35, S. 79 und Fall 122, S. 260.)

b) Gestörte Familien – gestörte Umwelt

Anna Freud hat darauf hingewiesen (82), daß kindliche Verhaltensstörungen nur zum Teil auf neurotischen Fehlentwicklungen beruhen, die auf frühkindliche Versagungen zurückzuführen sind. Ein größerer Teil – wir möchten ihn nach unseren Erfahrungen auf zwei Drittel aller Verhaltensstörungen beziffern – beruht auf phasenspezifischen, nicht altersadäquat bewältigten Krisen kindlicher Reifung und Entwicklung; ihre Auswirkungen machen sich lediglich passager neurotisierend bemerkbar. Die Krise der Eifersuchtshaltung bei Geburt des jüngeren Geschwisters steht als Beispiel.

In welcher Form aber diese Belastungen auf ein Kind zukommen und von ihm verarbeitet werden, hängt weitgehend von dem Familienmilieu ab, in welchem Kinder heranwachsen, und den Rollenaufgaben (*Richter*) die ihnen, meist von Anbeginn, von den Eltern und weiteren erzieherischen Leitbildern zugeteilt werden. Sie nehmen im Extrem einer Milieuschädigung das Bild sozialer Neurosen an.

Ein Überblick über Charakterstruktur und Verhalten der Eltern unserer Kinder zeigt, welchen Belastungen ein Kind in den langen Jahren seiner Entwicklung ausgesetzt sein kann.

Tabelle 1. *Pathogene Auswirkungen elterlicher Charakterstrukturen und Verhaltens auf das Familienmilieu* (n = 600)

Vater		Mutter
15	fehlend	1
49	unsichtbar	5
105	weich	35
—	ängstlich-unsicher	58
7	ratlos	29
15	labil	11
7	gehemmt	4
15	depressiv	27
4	überfordert	70
2	hypochondrisch	—
6	chronisch krank	10
5	hirngeschädigt	—
—	überprotektiv	31
—	perfektionistisch	19
13	zwanghaft	14
6	phlegmatisch	—
21	einfach strukturiert	38
3	infantil	13
47	autoritär	—
14	hart	37
15	ehrgeizig	18
30	aufstiegsstrebend	4
11	managerhaft	—
2	intellektuell	6
11	dynamisch	12
4	hysterisch	61
3	triebhaft	2
11	jähzornig	—
18	brutal	—
24	psychopathisch	9
3	verwahrlost	2
29	trunksüchtig	4
2	kriminell	1
14	schizoid	3
4	psychotisch	5
85	unauffällig	71

Es wurde versucht, jeweils diejenige charakterliche Komponente festzuhalten, die seitens Vater und Mutter vorwiegend pathogen auf das Kind einwirkte und seine Verhaltensstörung stimulierte.

Die Aufstellung zeigt im Überblick, daß noch weitgehend das Patriarchat männlicher Arbeitswelt (mit autoritärem Verhalten, Aufstiegsstreben und Managertum) das Bild der Familien bestimmt, in denen der Vater (fehlend, unsichtbar oder weich) seine Erzieherfunktion gar nicht oder nur unvollkommen erfüllt. Widerständen begegnet ein Teil von ihnen in aggressiver Grundhaltung brutal und jähzornig, ein Teil von ihnen wirkt psychopathisch, andere sind im Trunk verwahrlost (25).

Auf diese negativen Erzieherhaltungen der Väter reagieren die Mütter ängstlich-unsicher, ratlos und depressiv oder in hysterischer Abwehr und mit Härte. Ein Großteil von ihnen fühlt sich überfordert. Dem Kinde gegenüber verhalten sich manche Mütter überprotektiv oder perfektionistisch (29).

Hiermit sollen lediglich Schwerpunkte gestörten elterlichen Verhaltens angedeutet werden, die sich aus dem Zusammentreffen der pathogenen Charakterstrukturen beider Partner ergeben. Lediglich 85 Väter und 71 Mütter boten im Kontakt mit dem Untersucher, in den Angaben zur Lebensgeschichte wie dem Gespräch mit dem Kinde ein unauffälliges Verhalten.

So nimmt es nicht Wunder, daß Kinder, welche diesen negativen elterlichen Einflüssen ausgesetzt waren, das Familienklima entsprechend frustrierend erlebten, so daß in 335 Fällen Familienstörungen, von der Familienneurose bis zur Familienverwahrlosung, im Sinne des broken home, ermittelt wurden. (Siehe Tabelle 4, S. 97.)

Entsprechende Abwehrmechanismen entwickelt nun das Kind, um sich in diesem gestörten Daseinsraum behaupten zu können. Sie kommen, auf die Familie bezogen, in der Position des Kindes in derselben zum Ausdruck.

Tabelle 2. Position des Kindes in der Familie (n = 600)

bejaht	95	unbeschützt (complexe d'abandon)	43
bevorzugt	17	isoliert	20
verwöhnt-geliebt	44	von der Familie unterdrückt	20
verwöhnt-verwahrlost	28	dominierend in der Familie	12
in positive Rolle gedrängt	18	Eltern gegeneinander ausspielend	3
in negative Rolle gedrängt	20	der böse Geist der Familie	21
das symbiotische Kind	45	Geschwisterrivalität	39
unbewußt abgelehnt	47	Konflikt mit dem Vater	22
offen abgelehnt	13	Konflikt mit der Mutter	9
zwischen den feindlichen Eltern	28	Mitläufer	56

Von unseren 600 Kindern wuchsen 462 in äußerlich vollständigen Familien, bei den leiblichen Eltern auf. Über die familiäre Situation der anderen Kinder unterrichtet die nachfolgende Tabelle 3:

Tabelle 3. Kinder aus unvollständigen Familien (n = 600)

KV fehlt (verstorben)	14
KM fehlt (verstorben)	2
Stiefvater	5
Stiefmutter	5
Kind bei Verwandten	9
Scheidungskind, bei KV und Stiefmutter	16
Scheidungskind, bei KM und Stiefvater	49
uneheliches Kind, lebt bei KV und Stiefmutter	1
uneheliches Kind, lebt bei KM und Stiefvater	11
uneheliches Kind, lebt bei KM allein	11
Adoptiveltern	8
ein Adoptivelter gestorben	2
Heimkind	5
	138

1. Uneheliche Kinder

Die meisten unehelichen Kinder wachsen in einer unvollkommenen Familie auf. Unter dem Druck wirtschaftlicher Not – Wiederaufnahme der Arbeit u. a. – sind manche dieser Mütter gezwungen, ihr Kind in eine Pflegefamilie oder ein Heim zu geben, falls es nicht die Familie selber – Großmutter oder Tante – betreut. Nur in wenigen Ländern, so in Österreich, erhält die Mutter im ersten Lebensjahr des Kindes eine staatliche Unterstützung, die ihr selber für diese Zeit die persönliche Aufzucht und Pflege des Kindes ermöglicht und gleichzeitig den Arbeitsplatz sichert.

Abb. 41

Fall 41

Wegen Schulverweigerns wird der zehnjährige Gerd an die Beratungsstelle überwiesen. Die Mutter ist unehelich geboren. Sie wurde von ihrer Mutter abgelehnt, die an Krebs starb, als das Kind sieben Jahre alt war. Danach war es an verschiedenen Pflegestellen untergebracht. Sie führte seit der Pubertät ein vagantes Leben, bis sie den wesentlich älteren Vater Gerds kennenlernte. Er war herrschsüchtig und kalt und verachtete die Frauen. Es kam nicht zur Heirat. Der Vater des Buben ist vor zwei Jahren gestorben.

Armin kam, wie seine Mutter, unehelich zur Welt. In wirtschaftlicher Not brachte die Mutter ihn in verschiedenen Heimen und Pflegestellen unter. Das Kind war häufig krank und litt unter der Unbeständigkeit und nervösen Erregtheit der Mutter. In der Kindergruppe suchte er die Aufmerksamkeit durch Clownerien auf sich zu lenken. Er lebte in enger Lebensgemeinschaft mit der Mutter, war aber nach der Schulzeit nachmittags als Schlüsselkind sich selbst überlassen. Die enge symbiotische Bindung an die Mutter blieb bestehen. Übelkeit und Erbrechen sowie Schlafstörungen vervollständigten das Bild der Angstneurose des ungeborgenen Kindes. Im HAWIK kam er auf einen IQ von 125, bei gut durchschnittlichen Schulleistungen. Das Fehlen des Vaters als Erzieher und Vorbild war immer wieder zu erkennen.

Gerd zeichnet zunächst in der VF in der Mitte des Blattes die Mutter als Kamel, danach an zweiter Stelle den Sohn als Affen, an dritter Stelle den Vater in der linken oberen Ecke als Adler und zuletzt eine Schwester als Fisch in einem Aquarium. Lediglich Mutter und Sohn stehen näher beieinander, die anderen sind eher beziehungslos aufgereiht.

Als geduldiges Kamel trägt die Mutter die Last der Familie. In der Rolle des Affen sucht der Bub sich und anderen zu gefallen, wie er es in der Kindergemeinschaft ständig mit seinen Clownerien unternimmt. Der Vater ist als mächtiger Adler in der linken äußeren oberen Ecke im Abflug begriffen, er ist für die Familie schon lange gestorben und somit auch für den Jungen kein väterliches Leitbild mehr. Zuletzt wird noch ein Fisch im Aquarium gezeichnet, womit der Bub vielleicht seinen Geschwisterwunsch andeutet. Babys werden bisweilen in dieser Rolle gezeichnet.

Gerd ist inzwischen mit gutem Erfolg in einem heilpädagogischen Bubeninternat untergebracht. Ein übergroßer Affe schmückt als Totemtier die Wand über seinem Bett. (Fall 4, 6, 34, 42, 43, 54, 92, 102.)

2. Heimkinder

Kinder in Säuglingsheimen und Kinderkrippen unterzubringen, setzt diese immer noch den Gefahren einer drohenden seelischen Verkümmerung aus. Als Frühverwahrlosung, die wir bei 31 Kindern (5%) diagnostizierten, wird die Folge einer mangelnden emotionalen Zuwendung im ersten Kindesalter bezeichnet. Der Münchner Kinderarzt *von Pfaundler* hat vor 70 Jahren als erster auf den psychischen Hospitalschaden bei Säuglingen hingewiesen und der Kinderpsychiater *René Spitz* hat diese Erkenntnisse vor 30 Jahren mit subtilen Beobachtungen der Entwicklung von Heimkindern im vollen Umfang bestätigt. Obwohl diese alarmierenden Befunde mit Beobachtungen in Kinderheimen zahlreicher Länder belegt wurden, änderte sich nichts an den bestehenden Institutionen und ihren Schäden (*Meierhofer und Keller, Pechstein*).

Immer noch ist jedes Heimkind gefährdet, wenn es in ein mit Pflegepersonal unzureichend versorgtes Heim gegeben wird. Das Deprivationssyndrom, das mit einem Absinken des Entwicklungsquotienten (EQ), den Stillstand und Verfall der gesamten leib-seelischen Entwicklung dieser Kinder anzeigt, ist das Ergebnis.

Der Frühverwahrlosung droht aber die spätere Verwahrlosung und Kriminalität des einmal bindungslos gewordenen älteren Kindes und Jugendlichen zu folgen (siehe Fall 6, S. 35). Die Schweizer Kinder-Psychologin *Julia Schwarzmann* sieht die seelische Heimatlosigkeit als wesentliche Ursache einer späteren Jugendlichenverwahrlosung an.

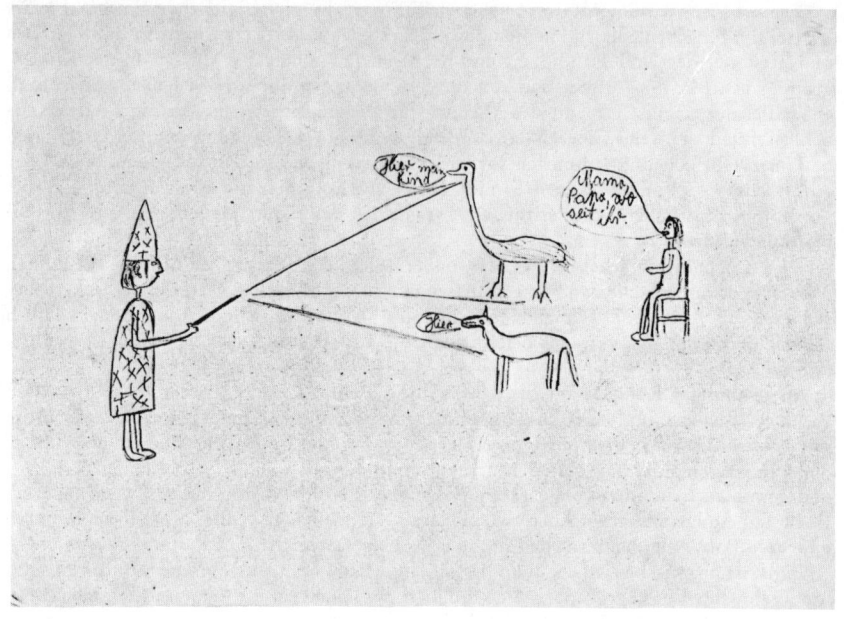

Abb. 42

Fall 42

Der zwölfjährige Winfried ist das dritte von vier unehelichen Kindern einer unbeherrschten, verwahrlosten Mutter, die alle ihre Kinder kurz über lang in Heimen unterbrachte und sich in der Folgezeit wenig um sie kümmerte.

Winfried ist ein typisches Heimkind. Er ist brav angepaßt und entwickelte wenig Eigeninitiative. Seine Schulleistungen sind gut durchschnittlich. Er litt sehr unter dem Verlassensein von der Mutter, zumal sie ihn immer wieder mit angekündigten und nicht eingehaltenen Besuchen enttäuschte. Grund der Überweisung an die Klinik war eine akute Darmblutung, als Vorbote einer Colitis ulcerosa.

Die Situation des emotional früh verwahrlosten Heimkindes kam in der VF zum Ausdruck: Verlassen sitzt hinter den Eltern, an letzter Stelle und noch unverzaubert, ein Kind auf einem Stuhl. Es ist nicht in der Lage, aufzustehen und zu den Eltern zu laufen, die schon vom Zauberer in einen Hund (Vater) und einen Storch (Mutter) verzaubert sind. Er selber wird – nach seinen Angaben – später in ein Huhn verzaubert.

Es besteht der Wunsch nach einer Familieneinheit. Das Kind hat nie den Vater erlebt. Hilflos ruft das Kind: »Mama, Papa, wo seid ihr?« Zwar antworten beide »Hier«, und die – ersehnt liebevolle – Mutter fügt noch hinzu: »Hier . . . mein Kind«, aber beide sind dem Kinde abgewandt, im Banne des Zauberers; sie erreichen das Kind nicht.

Auch das Heim, in dem sich der Bub seit vielen Jahren befand, hatte ihm nicht die familiäre Geborgenheit vermitteln können.

(Fall 4, 41, 72, 87, 102, 106.)

Ein Teil der unehelichen Verhältnisse der leiblichen Eltern wird durch spätere Eheschließung legalisiert. Aber nicht immer sind diese, wie andere Muß-Heiraten die Basis einer dauerhaften Bindung der Eheleute und damit der verläßlichen Familienbildung.

3. Adoptivkinder

Zehn Kinder unseres Untersuchungsgutes (n = 600) lebten in Adoptivfamilien. Adoptivkinder haben eine eigene Problematik. Einerseits tragen sie eine den Eltern meist unbekannte Erbschaft mit sich, die um so größer erscheint, je später die Adoption des Kindes vermittelt wird. Der Vorgang der Adoption läßt niemals, auch nicht bei fachärztlich-psychologischer Untersuchung die leib-seelische Situation des zu adoptierenden Kindes bis ins Letzte abklären. Ein organischer, z. B. geburtstraumatischer Hirnschaden kann evtl. erst später in seinen Auswirkungen erkannt werden. Ein gleiches gilt für die Folgen des Deprivationsschadens eines lange in Heimen hospitalisierten Kindes.

Dem stehen die Wunsch- und Erwartungshaltungen der Adoptiveltern gegenüber, die nie ganz frei von unbewußten neurotischen Einstellungen sind (*Bental*). Sie bestimmen weitgehend die Rolle, welche diese Kinder für ihre Eltern einnehmen werden. Das Wissen um ihre ungeklärte Herkunft ist für manche »Parcivalkinder« (41) Anlaß, dieser nachzuspüren und sich in der Pubertät auf »Vatersuche« zu begeben. Es ist daher eine rechtzeitige Aufklärung der Kinder, allgemein wie speziell bezgl. ihrer Herkunft anzustreben. Sie sollte spätestens mit dem Termin der Einschulung erfolgen, damit diese Kinder nicht später in eine schwere Identitätskrise geraten.

Abb. 43

Fall 43

Der zwölfjährige Mathias wurde wegen anhaltenden aggressiven Verhaltens, insbesondere in der Schule, vorgestellt.

Unehelich geboren, wurde er mit zehn Monaten adoptiert. Über seine Vorgeschichte ist weiters nichts bekannt. Die Adoptiveltern sind dem Buben herzlich zugetan, sie sind aber erzieherisch unsicher, der Bub wird verwöhnt und zugleich geschlagen. Der Adoptivvater, ein leitender Beamter, schwankte extrem bei der Beurteilung der Begabung seines Adoptivsohnes. Aus dieser Unsicherheit heraus passierte der Bub in seiner kurzen Schullaufbahn sieben verschiedene Schulen.

Das Ehepaar hat eine 25jährige eigene Tochter, die niemals schwierig war. Als Mathias drei Jahre alt war, adoptierte das Ehepaar einen zweiten, bis jetzt unauffälligen Buben. Mathias wurde über seine Adoption nicht aufgeklärt.

Mathias zeichnet in der oberen Hälfte des Blattes mit sicherem festem Strich zwei verunstaltete Elternfiguren, den Vater an erster, die Mutter an zweiter Stelle; sie sind durch eine Kette miteinander verbunden.

Auf dieser Kette tanzt ein sehr kleiner, gesichtsloser Zauberer, der an dritter Stelle gezeichnet wurde. Der Sohn am Arm des Vaters wurde als vierter, ein weiterer Sohn in der Nähe der Mutter an fünfter Stelle dargestellt.

Zu der Familienzeichnung erzählt der Proband spontan folgende Geschichte:

»Der Vater wurde in einen Räuber verzaubert, Muskeln auf den Armen und Warzen auf den Füßen sind ihm durch die Verzauberung gekommen. Die Dame – die Mutter – ist die Räuberin. Sie hat nur einen Absatz, sie hält eine Kerze, die ihr einen Muskel mit dem Tropfwachs herzauberte.

Eines der Kinder brachte sie um, das tropfende Blut, das wurde zum neuen Kind. Der Vater hat dann durch einen Messerwurf auch das zweite Kind umgebracht. Der Zauberer tanzt auf einer Kette, welche die zwei Räuber zusammenhält.«

Auf die Frage, warum die Eltern die Kinder umgebracht haben, sagt er »weil sie eben Räuber sind. Das Kind, das nachwächst, aus dem Blut des von der Mutter Getöteten, das werden sie nicht mehr umbringen, das hat der Zauberer so gemacht«.

Die schicksalhaft durch das gesichtslose »Parcifalkind« (den Zauberer) aneinander geketteten, verunstalteten und als Räuber abgewerteten Eltern töten die Kinder und bringen sie symbolisch zur Wiedergeburt.

Die Problematik der unbestimmten Herkunft, die Angst und Aggression, welche diese Situation im Kinde hervorgerufen hat, sind eindrücklich demonstriert.

(Fall 92, S. 194)

4. Scheidungskinder

65 Kinder (n = 600) stammten aus geschiedenen Ehen. Ein mindestens ebenso hartes Schicksal trifft Kinder, die in einer gestörten Ehe ihrer Eltern aufwachsen und später evtl. Trennung und Scheidung derselben erfahren müssen (*Haffter*). Es kann zwar die Ehescheidung eine heilsame Trennung sein, wenn ihr ein jahrelanger, haßerfüllter Streit der Eltern vorausgegangen ist. Es besteht dann für Eltern und Kinder die Chance einer echten Neuordnung ihrer Lebensverhältnisse.

Ist aber der alte Streit in die neuen Beziehungen übernommen, dann wird das Kind leicht zum Zankapfel der Eltern, in deren neurotisch fixierter Haßliebe. Es ist den egoistischen Motiven der Eltern, im Streit um die Auslegung und Durchführung der Besuchsregelung ausgeliefert. Die tiefe Tragik, in welcher diese Kinder leben müssen, zeigt sich oft in der VF, in einer erschütternden Bloßlegung elterlicher und kindlicher Konflikte. Ihre tiefenpsychologische

Interpretation kann in Scheidungsverfahren wichtige Hinweise für die gerichtlichen Entscheidungen im Interesse des seelischen Wohles des Kindes vermitteln.

Abb. 44

Fall 44

Es handelt sich um einen siebenjährigen Buben, der seit längerem im Scheidungskonflikt seiner leiblichen Eltern lebt und demzufolge eine Angstneurose entwickelt hat. Sein Vater ist Lehrer und lebt an einem anderen Ort. Die wegen des Jungen geschlossene Ehe wurde wegen Unverträglichkeit der Partner schon nach einem Jahr wieder geschieden. Der Vater hat nicht wieder geheiratet. Patriarchal-autoritär eingestellt, bemüht er sich über gerichtliche Instanzen um Pflichtbesuche des Kindes.

In der Zeit der Unsicherheit nach der Scheidung gelang der Mutter nicht die Sauberkeitsgewöhnung des Jungen. Als Ernst vier Jahre alt war, reagierte er auf die notwendige Berufstätigkeit seiner Mutter mit Schreikrämpfen, auf die Pflichtbesuche seines Vaters mit Anklammerungstendenzen an die Mutter. In der Schule zeigte er bei guten Schulleistungen ein Mittelpunktsstreben mit Clownerien.

Als Ernst sechs Jahre alt war, heiratete die Mutter wieder. Den Versuchen des Stiefvaters, dem Kinde durch eine Adoption auch äußerlich mehr Geborgenheit zu geben, setzt der leibliche Vater einen hartnäckigen Widerstand entgegen. Gegenüber der einjährigen Stiefschwester bestehen Eifersüchte.

Ernst zeichnet in der VF auf der rechten Seite einen übergroßen Zauberer in drohender Haltung. Dem gegenüber finden sich auf der linken Seite ganz unten am Rande drei grau schraffierte Wassertropfen mit Gesichtern. Er zeichnet zunächst ganz links außen das Kind, dann mit Abstand das Elternpaar, zuerst den Vater, dann die Mutter.

In der Geschichte erzählt er, der Zauberer habe sie in Wassertropfen verzaubert, daß sie keine Not mehr hätten.

Der Zauberer verkörpert den leiblichen Vater bzw. die Schicksalsmacht, die immer wieder die Familie des Jungen beunruhigt. Die kleine Stiefschwester ist eifersüchtig ver-

drängt, – oder er selber hat sich ich-schwach nicht gezeichnet. Das Kind ist am weitesten vom Zauberer und seinem drohenden Zugriff entfernt, in Deckung des Vaters. Die Eltern stehen beieinander, doch ist die zuletzt gezeichnete Mutter dem Zauberer – in der Rolle ihres Mannes – am meisten ausgeliefert.
(Fall 39, 50, 52, 64, 79, 83, 125.)

5. Waisenkinder

14 mal waren der Vater und zweimal die Mutter der untersuchten Kinder (n = 600) gestorben. Der Verlust der nächsten geliebten Angehörigen ist für das Kind ein einschneidendes Ereignis. Noch nicht übersehbar in seinen Auswirkungen für das jüngere Kind wird er erst gegen die Pubertät zu vom Kinde als echter Verlust realisiert (*E. Stern*) (218). Bis dahin wird die Trauer des überlebenden Elternteils auf das Kind übertragen. Es wird oft früh, im Ersatz für den verlustig gegangenen Lebenspartner, mit Verantwortung beladen, was es emotional nicht bewältigt. Es wehrt sich dagegen, mit unterschiedlichen Abwehrhaltungen, auch in Form psychosomatischer Krisen. Das Kind kann sich auch, zum Schutz vor dem erfahrenen Verlust und dessen Folgen, instinktiv in die Symbiose mit dem überlebenden Elternteil flüchten.

Abb. 45

Fall 45

Der zehnjährige Bub wurde wegen Angstzuständen überwiesen, die im Zusammenhang mit dem Tod der Mutter nach langem Krebsleiden aufgetreten waren. Fritz ist der Jüngste von vier Geschwistern und war noch sehr an seine Mutter gebunden. Fritz erlebte den Zusammenbruch des Vaters, als er vom Tode der Mutter erfuhr. Er klammert sich seither besonders an ihn. Er schläft seither auch an Mutters Stelle im Bett des Vaters. In seiner Sonderrolle wurde er bisher von allen besonders verwöhnt.

Bei aller äußeren Fröhlichkeit hat er eine depressive Grundstimmung beibehalten. Der Bub hat die Trauer um die Mutter noch nicht bewältigt und ist weiter voller Ängste vor neuen, ungewissen Schicksalsschlägen.

Als er kurze Zeit nach dem Tode der Mutter in die erste Klasse der Realschule kam, reagierte er auf die neue Situation mit Fieber und Durchfall.

Fritz zeichnet einen Zauberer ohne Beine vor einem Tisch mit Obst und Stühlen. Sonst ist niemand zu sehen.

Er sagt dazu: »Da kam ein Zauberer und hat die ganze Familie weggezaubert – in ein anderes Zimmer.«

Mit dem Tod der Mutter sind die wichtigsten Objektbeziehungen des Kindes gestört. Der Zauberer wirkt wie eine Selbstdarstellung des kleinen Jungen, ihm fehlen aber die Füße.

(*Nelly Stahel* hat auf dieses Symptom fehlender Hände und Füße als Ausdruck der Lebensangst hingewiesen.)

Seit dem Tode der Mutter ist er in seinen wichtigsten Antrieben wie gelähmt.

Die ganze Familie ist weggezaubert, in ein anderes Zimmer. Die Mutter – Seele der harmonischen Familie – ist nicht mehr da, in einer anderen Welt.

Symbolisch steht für sie der Tisch mit Früchten, die orale Regression des aus der Symbiose gerissenen Kindes.

(Fall 5, 68, 72, 84.)

6. Stiefkinder

87 der untersuchten Kinder (n = 600) stammten aus Stiefelternfamilien. Eine erneut geschlossene Ehe ist, besonders für die Frau in unserer Gesellschaft, oft die einzige Möglichkeit, den Verlust des Ehepartners ohne Schaden und Entbehrungen für die Kinder zu überstehen. Das gilt für die Situation der Familie nach einer geschiedenen Ehe, wie die Legalisierung der Unehelichkeit eines Kindes und seiner Mutter.

Stiefkinder stehen unter dem Vorurteil des Stiefelternverhältnisses, wie es archetypisch in der Welt der Mythen und Märchen überliefert ist. Untersuchungen haben inzwischen die Anschauungen widerlegt, daß eine Stiefmutter »grundsätzlich böse« ist.

Es bleibt die schwierige Aufgabe des Stiefelternteils, das Kind für sich zu gewinnen und sich nicht bevorzugend den eigenen, leiblichen Kindern in dieser zweiten Ehe zuzuwenden. Die Schwierigkeiten nehmen gegen die Pubertät mit der Wiederauflage der ödipalen Problematik zu.

Die Integration eines Stiefkindes in die zweite Familie kann geglückt sein, das Kind aber z. B. aus einer Scheidungssituation heraus, vom leiblichen Elternteil und dessen egoistischen Forderungen weiter beunruhigt werden. Gerade in Reifungskrisen der Pubertät und Adoleszenz kommt es hier leicht zu neurotisierenden Einflüssen.

Fall 46

Der 13;10 jährige Erwin lebte bis vor einem halben Jahr bei seiner 56 jährigen schizoiden Mutter. Die Frau war verwahrlost und versorgte den Sohn sehr mangelhaft, weshalb ihn sein Vater, ein 50 jähriger Gastwirt, zu sich nahm. Der Vater ist seit einigen Jahren mit einer jüngeren, energischen zweiten Frau verheiratet, die seinem Wirtshaus, das durch die Trunksucht des Mannes heruntergekommen war, zu einem neuen bescheidenen Aufschwung verholfen hat. Aus dieser Ehe stammt Erwins siebenjähriger Halbbruder. –

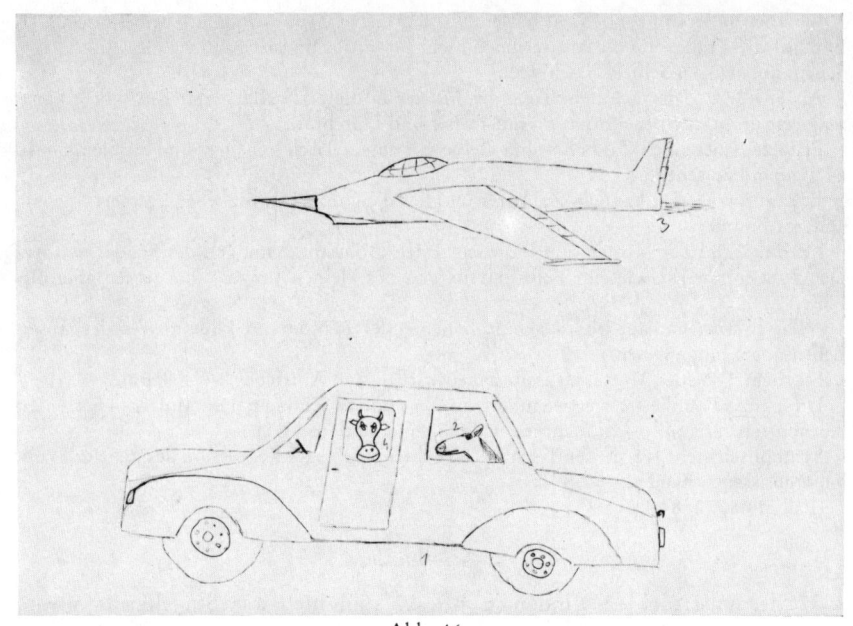

Abb. 46

Erwin schämt sich für die eigene Mutter, fürchtet und respektiert die Stiefmutter und liebt seinen Vater. Zum Halbbruder steht er ambivalent.

Der Familienwechsel verursachte bei dem Pubertierenden schwere innerseelische Konflikte, worauf er mit Depressionen und hypochondrischen Beschwerden reagierte.

In der VF verdrängt Erwin die eigene Mutter, stellt die »phallische« Stiefmutter als Flugzeug dar und den Vater als Auto, in dem sich der Bruder und er befinden, jener wird mit einem Eselskopf, er selbst mit einem Kuhkopf verunstaltet.

Dadurch wird die symbolische Wunscherfüllung nach Entfernung der Stiefmutter dargestellt, gleichzeitig aber ihre Stärke anerkannt.

Der Ich-schwache Proband erlebt mit dem Halbbruder beim Vater eine Familieneinheit. – Die Darstellung in zwei horizontalen Ebenen drückt Erwins Beziehung auf Distanz zu seiner Stiefmutter, aber auch deren besondere Wertschätzung aus.

(Fall 30, 39, 40, 44, 52, 64, 83, 84, 102.)

7. Kinder aus gestörten Familien

101 Kinder wuchsen in einem harmonischen Familienmilieu heran. In 76 Familien war der dominierende Einfluß der Mutter prägend, in weiteren 88 ein dominierender des Vaters. In den übrigen 335 Familien wirkten sich die in Tabelle 4 angeführten Störfaktoren negativ auf die Entwicklung des Kindes aus:

Zu den gestörten Familien rechnet ein Teil der genannten Scheidungskinder, welche über Jahre die Tragik der gestörten Ehe ihrer Eltern und damit der Familie miterlebten. Viele dieser Ehen werden aber nicht geschieden, z. T. aus realen Überlegungen der Mütter, die sich, in einer patriarchalen Gesellschaft zur Berufstätigkeit gezwungen, im Hinblick auf die Versorgung ihrer Kinder einer unmittelbaren Not ausgeliefert fühlen.

Tabelle 4. Negative Einflüsse des Familienklimas (n = 600)

Streitmilieu der Familie	49
Führungslosigkeit	43
Aufstiegsproblematik	32
Erziehungsuntüchtigkeit der Eltern	47
Trinkermilieu	17
Verwahrlosungserscheinungen	14
Schneckenhausgemeinschaft mit dem Kind	15
Spannungsmilieu	102
Familienzerfall	16
	335

Bisweilen besteht aber auch eine neurotische Verstrickung der Ehepartner, die beiden so viel neurotische Befriedigung verschafft, daß sie darauf nicht verzichten wollen. Die Kinder aber·werden, als einziges Bindeglied einer zerbrechenden Ehe der Familienneurose zum Opfer gebracht, und damit auch ihre Störungen fixiert, bzw. im neurotischen Eigeninteresse der Eltern einer Behandlung entzogen.

Hierbei spielen oft auch, im Austausch zwischen Eltern und Kindern, psychosomatische Störungen eine Rolle.

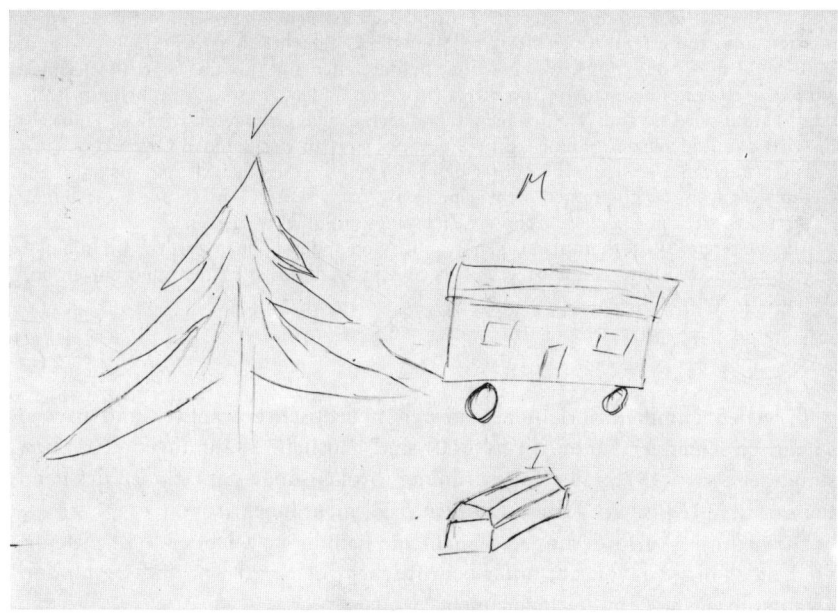

Abb. 47

Fall 47

Ferdinand wurde erstmals dem Arzt wegen einer Herzneurose, bei Schulphobie vorgestellt, als er 14 Jahre alt war. Er wurde seither in unregelmäßigen Zeitabständen psychologisch beraten und verstand es, sich der vorgeschlagenen psychotherapeutischen Behandlung unter zahlreichen Vorwänden, die z. T. mit einem Ortswechsel verbunden waren, zu entziehen.

Ferdinand ist das einzige Kind seiner Eltern und in Nachkömmlingssituation aufgewachsen. Während die Mutter drei Kinder aus einer geschiedenen ersten Ehe mitbrachte, hatte der sieben Jahre jüngere Mann, als verwöhntes Einzelkind herangewachsen, erst spät geheiratet.

Die Verwöhnungssituation des geliebten jüngsten Kindes war auch bei Ferdinand ausgeprägt. Sie führte im Kleinkindalter, in der gemeinsamen Schlafzimmersituation zu hysterischen Reaktionen einer intensiven Mutter-Kind-Symbiose, die auch später nicht aufgegeben wurde. Er besuchte nicht den Kindergarten und wurde später von der Mutter jahrelang zur Schule gebracht und wieder abgeholt. Mit der Umschulung in die Oberschule nahmen die Schwierigkeiten ein Ausmaß an, daß ein geregelter Schulbesuch bald nicht mehr möglich war. Ferdinand entwickelte eine Fülle vegetativer Symptome-Kollaps-Zustände, Schweißausbrüche u. a. – als Ausdruck einer tiefen Existenzangst. In einer mehr und mehr zerstörten Ehe band die Mutter das Kind um so enger an sich, konnte ihm aber bei eigener Ruhelosigkeit – in hysterischer Grundstruktur – keine echte Geborgenheit vermitteln. Ferdinand blieb wiederholt sitzen und konnte ab 14 Jahre keine öffentliche Schule, sondern nur noch zeitweise eine Privatschule besuchen. Zuletzt nahm er nur noch an einem Fernunterricht teil, schreckte aber vor jeder bevorstehenden Prüfung zurück. Die Wohlhabenheit seiner Eltern ermöglichte es ihm, vor jeder sozialen Verantwortung auszuweichen.

Während er mit 14 Jahren noch in der VF die Eltern als Tiere darstellte – sie saßen familiär um einen Tisch, allerdings abgewertet als Esel (Vater) und Schwein (Mutter), die Kinder dagegen als Katzen – ist in einer zweiten Zeichnung, sieben Jahre später, die Szene gefühlsentleert. Das ist ihm auch in der Schilderung zum Bilde bewußt.

An erster Stelle wird der Vater als Tannenbaum gezeichnet. Er schildert dazu, wie er ihn stets autoritär erlebt. An zweiter Stelle – in der Geschichte aber vorgezogen – folgt die Mutter. Wenn er das Haus, welches dieselbe darstellen soll, als übermächtig definiert, wird es doch seines bergenden Charakters entwertet, indem er es nachträglich auf Rollen setzt. Damit wird sie zum Wohnwagen degradiert, der im Grunde nirgends zu Hause ist. Er trifft damit gleichzeitig seine eigene Situation, stets an wechselnden Orten.

Zuletzt zeichnet er sich selbst, unter den Eltern und wesentlich kleiner, als Sarg. Sein Gefühlsleben engt sich immer mehr ein, es ist nach seiner Schilderung »versteinert, erstarrt«. Er sieht nur noch den Tod als Ziel seines mißglückten Lebens.

Alle weiteren Psychotherapie-Angebote, auch von anderer Seite, wurden von ihm nicht angenommen, während er gleichzeitig wegen seiner zahllosen Leiden zum chronischen Ambulanz- und Arztgänger geworden war.

In vielen Familien verhaltensgestörter, neurotisch erkrankter und psychosomatisch leidender Kinder (n = 600) sind häusliche Spannungen (102) bzw. ständiger Streit (49) an der Tagesordnung (broken-home-Situationen des Familienzerfalls [16], sowie Trinkerfamilien [17] nicht inbegriffen).

Die neutrale Aufforderung, lediglich *eine* Familie zu zeichnen, hält viele dieser Kinder nicht davon ab, unter neurotischem Leidensdruck und Geständniszwang die eigene Familie zu zeichnen.

So sagte ein 15 jähriger stotternder Jugendlicher erklärend zum Test, daß er gerade fünf Familienmitglieder gezeichnet habe, sei rein zufällig soviel wie die eigene Familie, das habe aber wirklich gar nichts zu bedeuten. Man wird in dieser zusätzlichen Beteuerung eher eine Bestätigung der Übereinstimmung sehen.

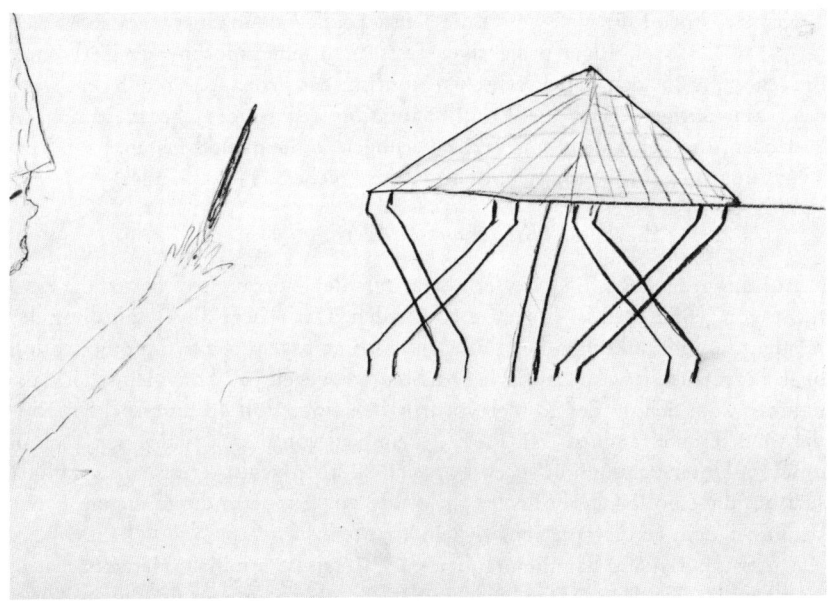

Abb. 48

Fall 48

Der 15 jährige Jugendliche leidet seit einigen Jahren an einem schweren Stottern, welches ihm eine aktive Beteiligung am Schulunterricht nicht mehr ermöglicht. Er steht unter dem autoritären Druck seines Vaters. Die ängstlich-besorgte, unsichere Mutter hat selber als Kind unter Ängsten und Schlafstörungen gelitten. In der Nachkömmlingssituation blieb Hans sehr lange Zeit symbiotisch an die Mutter gebunden. Da diese ihn nicht von ihrer Seite ließ, bekam er keinen Kontakt zu anderen Kindern, er behielt auch später in der Schule Kontaktstörungen bei. Bis in die ersten Schuljahre bestand ein Daumenlutschen. Hans blieb ängstlich, zwanghaft, pedantisch, gehemmt.

In der VF zeichnet er als Symbol der Familie einen »Dreisockel«, der auf geknickten Säulen ruht. – An der linken Blattkante ist der Zauberer nur angedeutet zu sehen, mit drohend erhobenem Zauberstab.

Geschichte: »Wenn man irgendeine Säule aus diesem Gebilde herausnimmt, fällt das Ganze zusammen. Es ist ein Dreisockel. Die Familie besteht aus fünf Personen. Wir sind auch fünf Personen, aber das ist rein zufällig. Ich bräuchte hier noch eine Säule. Das da oben ist das Wohl der Familie als Ganzes, das gute Verhältnis zueinander ... Die mittlere Säule müßte bis hinten oben heranreichen ... Wer Eltern und Kinder sind, kann man nicht sagen.«

Er identifiziert sich in der Geschichte zur Zeichnung mit seiner Familie. Er weist auf den bedrohten familiären Zusammenhang hin, ohne den alles zusammenfallen würde. Das Dach, der Dreisockel, symbolisiert die Familieneinheit. Er spürt die Labilität des Ganzen, das ständig vom Zusammenbruch bedroht ist.

Das Bild versinnbilicht mit den abgeknickten Säulen das als »broken home« erlebte Elternhaus, in dem jeder an jedem vorbeilebt – und den Wunsch nach einer zentralen Stütze.

Der Test wird im Wartegg-Zeichentest bestätigt, der in Feld 3 (an 6. Stelle) einen ähnlichen Tempel mit schiefen Säulen zeigt und damit auf die nicht bewältigte Reifungsproblematik des Jugendlichen im gestörten Familienmilieu hinweist.

(Fall 15, 39, 40, 42, 46, 49, 50, 74, 76, 80, 81, 82, 91, 113, 115, 121, 122, 127.)

Kennzeichnend für viele VF ist die Tatsache, daß sie in einer »Test-Batterie« (*Zulliger* 245) vielfältiger projektiver Tests nicht selten die einzigen Tests sind, die schonungslos den tiefen seelischen Konflikt des Probanden bloßlegen, während alle übrigen Tests die Konfliktsituation des Kindes eher verdrängend zudecken. In allen Fällen von Verzauberungen in Steine und Felsen, bzw. Versteinerungen lag broken-home-Situation vor. (Siehe S. 240 u. S. 304.)

8. Kinder aus Trinkerfamilien

Auf das prägende Milieu des Trinkers, d. h. den Vorrang psychosozialer Einflüsse vor genetischen ist hingewiesen worden. Darin liegt die Gefährdung der Kinder, die in Trinkerfamilien aufwachsen. Eine psychische Symptomtradition bzgl. des Trinkens wird häufig beobachtet, weswegen psychohygienische Maßnahmen zum Schutz der Kinder vordringlich sind. Von 40 untersuchten Kindern aus Trinkerfamilien *(Kos,* 131) − ein Teil von diesen findet sich auch in unserem Untersuchungsgut − erwiesen sich 32 als psychisch gestört. Es handelt sich um die emotionelle Frühverwahrlosung von Kindern, die in diesem Familienmilieu kein Urvertrauen entwickeln konnten.

Unter unseren 600 Familien fanden sich 17 Trinkerfamilien. Heranwachsend erlebten die Kinder ständig wiederholte Trunkszenen mit und nicht selten waren Mütter wie Kinder Mißhandlungen durch die trunksüchtigen Väter ausgesetzt. Führungslos entwickelten sie selber latente Verwahrlosungssymptome, im Sinne des »Syndroms der Bindungslosigkeit« (*Destunis*), mit Lügen, Stehlen, Streunen und Schulschwänzen, oder sie suchten heranwachsend einen Ausweg im Suizid(-versuch). Das wirtschaftliche Absinken, der soziale Verfall der Familie setzt mit der Zeit die Familieneinheit aufs Spiel.

Fall 49

Der neunjährige Heinrich wächst in einer Trinkerfamilie heran. Er ist nie sauber geworden und leidet noch heute an Einkoten. Sein Vater, Beamter, ist chronischer Trinker, der auch nach wiederholten Entziehungskuren rückfällig wurde. Seine Frau, gleichfalls Beamtin, ist weich, als Mutter dominierend; sie hat ihren Mann nicht vom Trinken abhalten können. Der Bub hat zwei ältere Geschwister, die Schwester ist schon verheiratet. Obwohl der Bub die Trunkszenen immer wieder miterlebt, hängt er sehr an seinem Vater, wie dieser an ihm, während er zur Schwester in einem gespannten eifersüchtigen Verhältnis steht.

In der Zeichnung der VF kommt die Verwahrlosung des Trinkermilieus zum Ausdruck, sie ist im Hochformat angelegt. Dadurch wirkt das schmale Haus auf der linken Seite noch erdrückender. Seine Fenster sind meist leer, nur in einigen erkennt man kleine Figuren, es sind die Eltern und ein Bub. Die überwiegende rechte Seite füllt eine unheimliche Landschaft aus. Ein Zauberer, der auf einem mittleren Weg daherkommt, ist mit einem Zauberstab in der Hand drohend aufgerichtet. Alle Wege führen abwärts zum Haus. Der Zauberer will die ganze Landschaft verzaubern. Eine Wandergesellschaft ist auf einem anderen Weg vor ihm auf einen Baum geflüchtet. Ein älterer Bub der Familie hat sich hinter einem anderen Baum versteckt.

Die Familienmitglieder werden in der Geschichte in Hund, Katze und Maus verzaubert, »damit sie sich gegenseitig bekämpfen«. Sich selbst stellt er »wie im Traum « in drei Rollen dar: die des Opfers, der kleinen Maus, in die der jüngere Bub verwandelt wird, als Opfer der Eltern, sodann die des schlauen älteren Bruders, der sich selber rettet, und

Abb. 49

schließlich die des allmächtigen Zauberers, der sich wunscherfüllend für die Beleidigungen der Familie rächt.

Die latente Verwahrlosung des Enkopretikers wie die manifeste des Trinkermilieus kommt in der Schilderung der chaotischen Landschaft zum Ausdruck, wie dem Haus, das zuletzt zur Schuttablagerungsstätte zusammenfallt. Es ist die Kaspar-Hauser-Situation des seelisch heimatlosen Kindes.

(Fall 20, 33, 39, 46, 83, 106.)

9. Kinder im Familienmilieu Schizophrener

Neun unserer Kinder waren im Familienmilieu schizophrener Eltern herangewachsen (n = 600).

Kinder, welche unter einem schizophren erkrankten Elternteil aufwachsen, haben eine besondere Lebensproblematik (*Biermann*, 28). Früh abgelehnt, können sie keine oder nur unvollkommene, gestörte Liebesbeziehungen entwikkeln. Die Einstellung des gesunden, aber oft auch durch die Verhältnisse neurotisch geprägten Partners des Schizophrenen entscheidet das Schicksal der Familie. Im Rollentausch und echter Fürsorge um den kranken Lebenspartner und die Kinder kann die Stabilität der Familie gesichert sein.

Unter dem Eindruck der schweren Krankheit und Verhaltensstörungen schizophrener Eltern entwickeln ihre Kinder hochgradige Ängste. Ein Syndrom der Verlassenheit charakterisiert das Lebensschicksal vieler dieser Kinder, wenn sie früh die unberechenbaren aggressiven Ausbrüche der kranken Eltern erfahren müssen, stets neu enttäuscht in nicht verläßlichen Liebesbeziehungen.

Die erlebte Aggression des Kranken bzw. der Krankheit kann direkt oder symbolisch in der Wahl des Zeichenobjekts zum Ausdruck kommen. In einer früheren Untersuchung von 240 Kindern aus 100 Familien Schizophrener wählten diese im Zeichentest »Familie in Tieren« häufiger als andere Kinder das Krokodil, so auch im Scenotestspiel (28).

Im folgenden Test eines unter der chronisch schizophrenen Mutter von Anbeginn vernachlässigten neunjährigen Buben wies seine Identifizierung mit zwei Mülltonnen – einzigem Zeichenobjekt – auf den complexe d'abandon beider Kinder hin. Er litt an einer Angstneurose, Depressionen und einer Enkopresis.

Abb. 50

Fall 50

Die Mutter beider Kinder ist seit Jahren an einer paranoiden Schizophrenie erkrankt, nachdem sie schon in ihrer Kindheit und Jugend, als Einzelkind, scheu, gehemmt und kontaktgestört gewesen war. Die Eheschließung der Eltern erfolgte in schwieriger Nachkriegssituation, unter neurotischen Bedingungen der Partnerwahl. Es bestanden von Anfang an eheliche Spannungen. Nach einer ersten Schwangerschaft, mit Totgeburt des übertragenen Kindes, erwartete die Mutter mit großen Ängsten Rudolf. Während der

Schwangerschaft und Geburt ihres zweiten Kindes brach die paranoide Psychose aus. Die Mutter war nicht in der Lage, ihre Kinder aufzuziehen und überließ sie einer alten Kinderpflegerin, die schon sie selber betreut hatte und ein symbiotisches Verhältnis zu ihr beibehalten hatte. Wegen fortschreitender Erkrankung war die Mutter wiederholt in Nervenkliniken und Heilanstalten. Zwischendurch zu Hause vernachlässigte sie weiter die Kinder in Verwöhnung-Verwahrlosung. Während Rudolf neben einer Angstneurose und Kontaktstörungen vorwiegend an einer Enkopresis litt, hatte der jüngere Bruder, der von der Mutter vollkommen abgelehnt war, eine schwere Schlafstörung entwickelt. Unter dem Druck der Verhältnisse entschloß sich der Vater zur Scheidung. Er übergab die Kinder kinderlosen älteren Pflegeeltern, kümmerte sich aber weiter täglich um seine Kinder. Im neuen Familienmilieu nahm ganz allmählich die neurotische Störung der beiden Kinder ab. Doch blieben bei beiden, besonders dem ältesten, anhaltende Ängste.

Rudolf zeichnete zwei Bilder der Familie, vor und nach der Verzauberung. Indem er im ersten Bild lediglich zwei Buben zeichnete, identifizierte er sich mit dieser Familie. Im Stadium der Verzauberung wurden sie zu zwei Mülleimern.

Die druckstarke aggressive Schwärzung beider Zeichnungen wies auf Depressionen und Ängste des aggressiv gehemmten Kindes hin.

Die Ungeborgenheit des Kindes zeigt sich in dem hilfesuchenden Handausstrecken des einen Kindes nach dem anderen, sowie dem Fehlen der Eltern im ersten Test.

Sie wurde noch unterstrichen mit der zweiten Darstellung, in der beide Kinder in Mülltonnen verwandelt sind. Sie verkörpern die tragische Lebensgeschichte der Kinder, die von Geburt an im schizophrenen Familienmilieu die Mutter entbehren mußten und sich lediglich als »Abfall« der Familie, in den ständigen Auseinandersetzungen um die kranke Mutter erlebten.

In seinem begleitenden Kommentar, daß sie nämlich verzaubert wurden, weil sie böse waren, kommen noch einmal die emotionellen Entbehrungen zum Ausdruck, denen sie in der Gesellschaft der Erwachsenen, in der zerrütteten Familie, ausgesetzt waren. So erlebten sie sich nur in der Sündenbockrolle.

Auch im TAT klangen mit wiederholten Todeserlebnisschilderungen die Depressionen des Buben an.
(Fall 16, S. 54)

10. Mißhandelte Kinder

Mißhandlungen von Kindern weisen auf tiefere emotionale Störungen der Familie, häufig im Sinne eines broken home hin (*Biermann*, 33). Diesen Kindern fehlt das »Urvertrauen« in jegliche mitmenschliche Beziehung, bei ständig wiederholt erlebten Enttäuschungen. In der körperlichen Mißhandlung wird meist das Urtrauma der Kastrationsangst, wie der Trennungsangst, im Liebesverlust der Mutter, mobilisiert.

Entsprechend stellen sich mißhandelte Kinder verstummelt dar. Ihr Körpererleben ist nicht mehr intakt. Mißhandlungen können aber auch von außen her in den familiären Raum hineingetragen werden.

Das gilt z. B. für Kinder, welche von Lehrkräften in der Schule Schläge bis zu Mißhandlungen als Trauma erfahren. Nicht immer können verläßliche Liebesbeziehungen dieses ausgleichen.

Fall 51

Der zehnjährige Bub wurde im Anschluß an eine Mißhandlung durch seine Lehrerin von der betreuenden Hausärztin sofort an die Beratungsstelle überwiesen. Bert stand noch ganz unter dem Eindruck des Erlebnisses. Bert hat einen vier Jahre älteren Bruder. Sein eigenwilliger Vater ist in einem gestörten Elternhaus aufgewachsen. Er ist zeitweilig

Abb. 51

als Schauspieler tätig, dann wieder beschäftigungslos oder als Gelegenheitsarbeiter über Wochen fern von der Familie. Er fällt durch sein Beatle-Äußeres – langes, gepflegtes Haar, bisweilen mit Schleife zum Mozartzopf gebunden – und eine entsprechende extravagante Kleidung auf. Er betont im Gespräch seine Opposition zur etablierten Gesellschaft, hat eigene Ansicht betr. der Ernährung und Erziehung seiner Kinder und geriet dadurch schon im Kindergarten in Streit mit den Erzieherinnen. Seine empfindsame Frau, die ihn als sehr junges Mädchen kennenlernte, versucht immer wieder auszugleichen. Auf ihr ruht die ganze Last von Haushalt und Familie; sie fühlt sich oft vom Mann allein gelassen.

Bert war eigentlich nicht mehr gewünscht. Erst nach der Geburt dieses zweiten Kindes setzte die Mutter die Heirat beim Manne durch. Bert wog nur vier Pfund und blieb lange Zeit krankheitsanfällig und muttergebunden. Er ist von zierlichem Wuchs, empfindsam, wenig durchsetzungsfähig und hat Kontaktschwierigkeiten. Mit kleinen Diebstählen sucht er sich mittels Süßigkeiten Freundschaften zu erkaufen. In der ersten Grundschulklasse kam es sehr bald zum Konflikt der Lehrerin mit dem Jungen über seinen Vater. Ein leichtes Störertum Berts war der äußere Anlaß zum Konflikt, indem die Lehrerin plötzlich unbeherrscht dem Jungen mehrmals ins Gesicht schlug, so daß er stark blutete.

Unter dem frischen Eindruck dieses Aktualtraumas zeichnete er die VF. Links oben steht der Zauberer »Blitz und Donner«. Klein und bucklig wird dann der Vater in der Mitte der drei anderen Figuren gezeichnet. Es folgt übergroß als Schaf die Mutter und zuletzt rechts, groß und entstellt, als Mißgestalt ein Mädchen, »halb Mensch, halb Tier«.

Blitz und Donner verkörpern den erlebten Gewalteinbruch der Mißhandlung. Der Vater, der ihn davor nicht schützen konnte, wird zu einem kleinen buckligen Männchen degradiert und damit all seiner »Schönheit« entkleidet, unter der der Junge im Gespött seiner Schulkameraden oft zu leiden hatte. Obwohl unsichtbarer Vater, wird er mit männlichen Attributen (Hut und Stock) an erster Stelle nach dem Zauberer gezeichnet. Es folgt als geduldiges Schaf, dem alle Last der Familie aufgebürdet wird, die Mutter an zweiter Stelle. Ihre Größe weist auf ihre Bedeutung für den Jungen hin, in der Geschichte wird sie auch zuerst verzaubert.

Zuletzt zeichnet er sich selber, ich-schwach, als Mädchen, und zur Mißgestalt entstellt: Folge der soeben von der Lehrerin erfahrenen Mißhandlung. Mit seiner Vorderansicht weist er den Betrachter nachdrücklich auf sein Elend hin.

11. Flüchtlingskinder

Auch noch Jahrzehnte nach dem Ende des Zweiten Weltkrieges ist die Flüchtlingsbewegung nicht zur Ruhe gekommen. Das gilt im europäischen Raum für die Übersiedlung von Familien aus Ungarn (1956) und der Tschechoslowakei (1968). Die Anpassung des Flüchtlingskindes ist weitgehend von derjenigen seiner Eltern abhängig; sie fällt Jüngeren leichter als Älteren. Entscheidend bleibt hier wieder die Geborgenheit, welche den Kindern, auch unter Extrembelastungen, von den Eltern vermittelt wurde. *Anna Freud* und ihre Mitarbeiter haben hierzu Wesentliches ausgesagt (84). Auf die Enkopresis-Reaktion vaterloser Flüchtlingskinder wurde oben hingewiesen (S. 42).

Eigene Untersuchungen an 235 ungarischen Flüchtlingskindern zeigten, daß ein Viertel der aus intakten Familien stammenden Kinder – in anhaltender Lagersituation, zwei Jahre nach der Flucht aus der Heimat – das Flüchtlingstrauma noch nicht überwunden hatten, während die Mehrzahl der schon in gestörten Familien aufgewachsenen Kinder ihre Flüchtlingssituation weitgehend verdrängt hatte (*Kos.* 128).

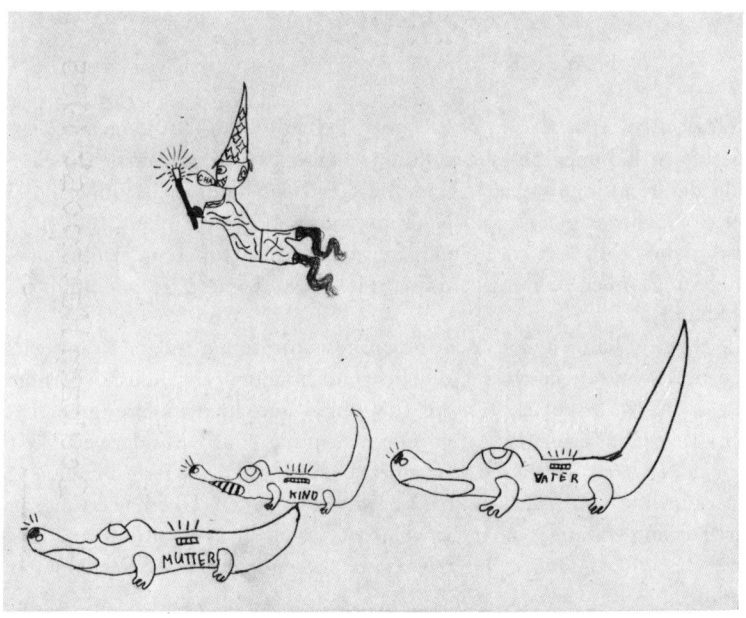

Abb. 52

Fall 52
Die Mutter des achtjährigen Sandor heiratete sehr jung einen orientalischen Diplomaten, um ihre Heimat verlassen zu können. Die Ehe scheiterte, als das Kind zweijährig

wurde. Sandor kennt den Vater bloß von kurzen Ferienaufenthalten, seinen Geschenken und Telefonanrufen, die ihn aus allen Teilen der Welt erreichen. Die Mutter ging eine Lebensgemeinschaft mit einem Studenten ein, als Sandor fünf Jahre alt war. Der »Onkel«, der vor der Welt als Verwandter der Mutter ausgegeben wird, lehnt im Herzen das Kind ab. Der Vater aber kann sich nicht recht entschließen, das Kind zu sich zu nehmen, oder auf es zu verzichten. Die Mutter empfindet somit Sandor als Last, da sie seinetwegen keinem geregelten Beruf nachgehen kann. Mutter, Kind und Onkel leben in der Großstadt in einer Art Niemandsland. Zu Hause sprechen sie die Heimatsprache der Mutter, da sie Deutsch nur mangelhaft beherrschen. Damit sich Sandor mit dem Vater verständigen kann, wurde er in eine französische Schule eingeschult, wo er, bei guter Intelligenz, von Anfang an Verhaltensschwierigkeiten zeigte.

Die Atmosphäre, in der das Kind von Geburt an lebt, ist durch Unsicherheit, verhaltene Aggressivität und Lebensangst seiner Beziehungspersonen gekennzeichnet.

Sandor zeichnet mit sicherem Strich an erster Stelle links oben einen in der Luft schwebenden Zauberer, darunter nach links blickend zuerst das Kind, dann vor ihm die Mutter und schließlich rechts hinter beiden den Vater, sie sind alle in Krokodile verwandelt. Der Zauberer und das Kind haben bedrohlich gefletschte Zähne, Mutter und Vater sind dagegen zahnlos. Der Zauberer lacht »Cha, cha«, was man einer Sprechblase entnehmen kann.

In der Geschichte erfahren wir, daß die Wohnung voll Wasser war, wo die Krokodile schließlich verstarben. Die enge Mutter-Kind-Bindung und Distanzierung beider vom Vater ist deutlich. Die aggressive Angstabwehr von Mutter und Kind wird mit Zeichnung und Geschichte ausgedrückt.

c) Kind, Krankheit und Krankenhaus

Krankheiten, speziell im Bereich der Psychosomatik, sind neben dem am körperlichen Befinden ablesbaren funktionell-organischen Geschehen ein Spiegelbild der Emotionalität des Kindes, als Teil der Familie. Je jünger das Kind ist, desto mehr reagiert es noch als psychosomatische Einheit, d. h. total im Leibseelischen. Mit fortschreitender Reifung und Entwicklung erfolgt eine Differenzierung, auch der Erlebnisqualitäten des Kindes, in Gesundheit und Krankheit.

Gleichzeitig bahnen sich Identifizierungsprozesse an, indem Krankheitsvorgänge bzw. -haltungen von elterlichen und anderen Vorbildern übernommen werden. Das gilt speziell für die Prägungs- und Identifizierungsbereitschaft hysterischer Charakterstrukturen. Die Bedeutung einer »Minderwertigkeit von Organen« (*Alfred Adler*) hat hier einen Ursprung. Das Wissen um eine »Symptomtradition« (*Mitscherlich*, 163) bewahrt vor einer Überbewertung genetischer Zusammenhänge. Je mehr eine Mutter noch symbiotisch an ihr Kind fixiert ist, um so länger unterstützt sie dessen regressives Verhalten in der Krankheit.

1. Psychosomatische Krankheiten des Kindes

In unserem Beobachtungsgut fanden sich verschiedene psychosomatische Krankheitsbilder, deren lebensgeschichtliche Determinierungen bekannt sind, und daher familienneurotische Projektionen im Familienzeichentest erwarten ließen. Hierzu gehören das Asthma bronchiale, die Colitis ulcerosa, Fettsucht, Magersucht und Herzneurose. Während die letztgenannten Krankheiten nur vereinzelt, statistisch nicht auswertbar, beobachtet wurden, konnten in unserem Untersuchungsgut 73 Kinder und Jugendliche mit Bronchialasthma erfaßt werden (n = 1225).

Über das Asthma bronchiale, die mit Abstand häufigste psychosomatische Erkrankung im Kindes- und Jugendalter, liegen Ergebnisse größerer Untersuchungen vor *(Biermann,* 31; *Schneer,* 5, 173, 204; *Sperling,* 208).

Übereinstimmend wurde von verschiedenen Autoren auf die Problematik der Mutter-Kind-Situation in der Krankheit, das »Asthmaband zwischen Kind und Mutter« *(Sperling,* 208) hingewiesen. Eine neurotische Haltung der Asthmakinder fixiert sich im Verlaufe der Krankheit. Sie besteht in einem Viertel der Fälle aber schon Jahre vor Ausbruch der Krankheit (31).

Angst und Aggression sind die Gegenpole gestörter Emotionalität und Affektivität des Asthmakindes, letztere löst im Bild der Autoaggression den Asthmaanfall aus, analog dem Ekzemschub bzw. den Koliken des Colitiskranken.

Wenn auch in der überwiegenden Mehrzahl Kinder im Anschluß an einen Infekt der oberen Luftwege – einschließlich der Infektionskrankheiten des Keuchhustens oder der Masern – am Bronchialasthma erkranken, dann ist bisweilen von gleichgroßer Bedeutung die psychologische Ausgangsposition (Siehe Fall 5, S. 34).

Bei der überwiegenden Manifestierung des Bronchialasthmas in der analen Phase steht das Problem der Sauberkeitsgewöhnung im Vordergrund. Sie wird bei Asthmakindern nicht selten dressurmäßig, vorzeitig durchgeführt *(Abramson).*

Die zweite Krise des Kleinkindes ist seine Entthronung mit der Geburt des nächstfolgenden Geschwisters. Auch dieses Ereignis trifft das ältere Kind oft in der analen Phase.

Jüngere Kinder verharren in der Krankheit in einer Symbiose zur Mutter. Diese engen Beziehungen finden sich bei Asthmakindern besonders häufig, speziell bei Einzelkindern, jüngsten Kindern und Nachkömmlingen. Die einfühlbare Angst der Mutter um ihr Kind im Asthmaanfall erklärt das Festhalten an der schützenden symbiotischen Beziehung, von beiden Seiten. Es sterben Kinder am Asthma; es sind meist symbiotische, cortisonfixierte Kinder *(Schneer).* Die Medikamentenabhängigkeit ist oft Teil der symbiotischen Beziehung.

Wo diese Symbiosen in der VF zu erkennen sind, sind wir zu entsprechend notwendigen psychotherapeutischen Maßnahmen aufgerufen, die bei diesen Kindern und Müttern neben zeitweilig unentbehrlichen medikamentösen Maßnahmen in sorgsamer überlegter Dosierung, in den verschiedenen Möglichkeiten einer Simultanbehandlung von Mutter und Kind bestehen müssen.

Nur in dieser Form ist die von den Amerikanern empfohlene Parentektomie *(Peshkin),* d. h. die Trennung des Asthmakindes von seinen Eltern sinnvoll und zu verantworten. Von primären kleinkindlichen Symbiosen ist bekannt, daß die abrupte Trennung eines symbiotischen Kindes von der Liebesperson, seinem einzigen Kontakt zur Welt, tödlich sein kann.

Im Verlauf der Asthmakrankheit entwickelt das Kind neurotische Verhaltensweisen, insbesondere Kontaktstörungen und aggressive Gehemmtheiten, die durch seine Isolierung in der Krankheit gefördert werden. Asthmakinder spielen im Scenotest ungleich häufiger mit dem Krokodil – als Aggressionssymbol – als andere verhaltensgestörte Kinder. Der Mangel an Spielpuppen, wie die allgemeine Verarmung der Spielscene kennzeichnen das Scenotestspiel des kontaktgestörten Asthmakindes (31).

Es fanden sich folgende charakteristische Familienkonstellationen bei Asthmakindern in der VF:

die Regression zur Mutter, in irgendeiner Form von symbiotischer Gemeinschaft;

die Regression in eine Höhle, als Symbol der Luftnot, wie allgemein der Rückkehr in den Mutterleib;

die existentielle Angst vor dem Unheimlichen im Asthmaanfall, das Ohnmachtgefühl vor dem Überwältigtwerden durch die Krankheit, in der Darstellung von Geistern usw.;

die symbiotische Ambivalenz zur Mutter, das Von-ihr-nicht-Loskommen – in Form eines doppelköpfigen Tieres, aber auch der Katze-Maus- bzw. Polypensituation des Gefressenwerdens.

Abb. 53

Fall 53

Die achtjährige Ute leidet seit Jahren an einem schweren Asthma bronchiale. Die Familie ist mit allergischen Krankheiten belastet. Die Mutter hat einen hartnäckigen Heuschnupfen. Der Großvater litt die letzten zehn Jahre an einem schweren Bronchialasthma, Ute erlebte seine Anfälle bei wiederholten Besuchen. Das Bronchialasthma des zwei Jahre älteren Bruders sistierte mit sechs Jahren, im Anschluß an eine Tonsillektomie. Auch bei Ute begann das Leiden im Säuglingsalter mit einer spastischen Bronchitis. Aus dieser entwickelte sich kontinuierlich das Asthma bronchiale. Enttäuschend war die Tonsillektomie nicht von Erfolg begleitet. Wegen des schweren Asthmas war die Mutter mit dem Kind schon bei zahlreichen Ärzten gewesen und zu Kuren an der Nordsee und in Bad Reichenhall. Zuletzt war das Kind sieben Monate in einer Asthmaspezialklinik in der Schweiz gewesen. Ein hysterisches Agieren in der Krankheit ist unverkennbar. Sie sucht damit immer wieder die Mutter vermehrt an sich zu binden.

Schon bei früherer Gelegenheit war dem Psychotherapeuten die enge Mutter-Kind-Bindung aufgefallen und zu einer gleichzeitigen Behandlung der Mutter geraten worden. Diese hatte in ihrer Kindheit Jahre der seelischen Vernachlässigung erfahren und darunter sehr gelitten. Beide Eltern stammen aus Kaufmannsfamilien und auch jetzt hilft die Mutter dem Vater im Geschäft, was zwangsläufig Schuldgefühle bezüglich einer unzureichenden Betreuung ihrer beiden Kinder auslöst. Sie versucht es durch einen vermehrten Einsatz während der Krankheit des Kindes auszugleichen. Zu dem etwas jüngeren, gesunden Bruder entwickelte Ute von Anfang an Eifersucht.

Körperlich befindet sich das etwas akzelerierte, haltungsschwache Mädchen trotz der chronischen Krankheit in einem relativ guten Zustand.

Ute zeichnet mit zarter Strichführung an erster Stelle eine Maus, die auf ein links stehendes Haus zugeht. Dieses wird zuletzt gezeichnet, es ist der Vater. An zweiter Stelle folgt der Bruder des Mädchens als Ball und an dritter Stelle steht rechts außen eine Tanne mit tiefhängenden Ästen, die Mutter.

Das Kind erzählt folgende Geschichte:
»In einem Haus lebte mal ein Kind, das hatte einen Ball, den es nie hergeben mochte. In dem Haus wohnte ein Mäuschen, das die Mutter immer erschreckte. Neben dem Haus stand eine Tanne. Auf der Tanne bauten die Vögel ein Nest. Eines Tages ging der Junge in den Wald. Er nahm seinen Ball mit, aber er merkte nicht, daß er von dem Mäuslein verfolgt wurde. Da fiel ihm der Ball in einen Fuchsbau. Das Mäuslein schlupfte hinein und holte den Ball wieder heraus. Der Junge aber grub ihm unter der Tanne ein tiefes Loch, in dem es dann wohnte.«

Das Kind wendet sich zunächst von der Mutter weg zum Vater, der von ihm vorrangig gezeichnet wird. An erster Stelle, auch in ihrem Narzißmus – von Hysterie und Asthmakrankheit – steht sie selber. Sie beunruhigt mit ihrem Agieren in der Krankheit immer wieder die Familie, besonders die Mutter.

Während zunächst der Ball – ihr Bruder, Objekt ihrer Eifersucht – zur Tanne rollt und dort in einem Loch der Tanne, nämlich bei der Mutter, verschwindet, folgt sie ihm, sich vom Vater abwendend und löst ihn bei der Mutter ab, um in der Symbiose zur Mutter regredierend, wieder mit ihr eins zu sein.

Die primäre Zuwendung zum Haus, dem erstrebten Symbol der Geborgenheit, in dem Trubel des geschäftlich geprägten Familienlebens, weist darauf hin, daß sie von dieser Seite her, nämlich vom Vater, zumindest äußerlich Stabilität erwartet. Das Haus ist doch wesentlich höher als die Tanne. Vorhänge und Rauch zeigen an, daß es bewohnt ist.

Fall 54

Der zehnjährige Max lernt schlecht. Wegen seines Asthmas muß er immer wieder ins Krankenhaus.

Max lebt allein mit seiner Mutter, er ist unehelich geboren. Sein Vater hat seinerzeit die Hoffnungen der Mutter enttäuscht und sie nicht geheiratet.

Der Vater ist ein alter Junggeselle, 20 Jahre älter als die Mutter. Er ist durch den Krieg um sein Vermögen gekommen und obwohl Akademiker, außerstande, für seinen Unterhalt zu sorgen. Er lebt in Armut, von den kargen Unterstützungen seiner Freunde. Er bemüht sich, soviel er kann, sich um Max zu kümmern, seine erzieherischen Versuche scheitern allerdings.

Abb. 54

Die Mutter hat einen unregelmäßigen Dienst, sie ist abgehärmt, vom Leben enttäuscht und verbittert. Max versetzt sie abwechselnd in Angst (wenn er seine Asthmaanfälle hat) und Ärger (wenn er schlechte Noten aus der Schule heimbringt).

Max hängt an der Mutter, ihr ständiges Schimpfen und Gejammer ist ihm aber lästig.

Max zeichnet zuerst den Vater als ein Krokodil, das zum Sohn blickt. Dieser wird als Hund dargestellt, der wohl nahe bei der Mutter steht, aber zum Vater schaut. Die Mutter verkörpert an letzter Stelle eine Figur aus Doktor Doolittle, das doppelköpfige Tier, »Stoß mich nicht, zieh mich nicht«.

Max möchte sich mit dem Vater identifizieren, er zeichnet ihn an erster Stelle und blickt ihn auch als treuer Hund an.

Doch bleibt der Vater für ihn als Krokodil gefährlich. Wenn er auch zwischen den Eltern steht, ist er doch näher bei der Mutter. Diese verkörpert im doppelköpfigen Tier die Ambivalenz der Asthmasymbiose von Mutter und Sohn.

(Fall 5, 25, 62, 80, 89, 100, 101, 108, 109, 119.)

Gerade in Familien mit Asthmakindern und deren egozentrisch-narzißtischen Ansprüchen im Kranksein, an Mutter und Familie, spielen Geschwisterrivalitäten, die »Schattenkinder« eine wichtige Rolle (36). Als ein psychotherapeutisch behandeltes Asthmakind gesundete, erkrankte sein bis dahin unauffälliger jüngerer Bruder an Asthma, um sich auf diesem Wege die Aufmerksamkeit und Zuwendung seiner Mutter zu erzwingen (31).

Über weitere Fälle psychosomatischer Krankheiten wird berichtet:

Colitis ulcerosa: Fall 17, 70, 107
Magersucht: Fall 27, 104, 123
Herzneurose: Fall 47

110

2. Chronisch kranke Kinder

Schon beim kindlichen Asthma gibt es Zustände eines chronischen Verlaufes, bei dem es Kind, Mutter und Familie gelernt haben, sich mit der Krankheit im Aufbau neurotischer Abwehrhaltungen einzurichten. Das gilt für das chronisch kranke Kind im Krankenhaus, Heim und Sanatorium wie in der Familie. Neben den körperlichen Folgen der Krankheit selber, mit evtl. monate- und jahrelanger Fixierung an Bettruhe, Gipsverbände und Apparat, einem leidensbedingten Krüppeltum, so bei Endzuständen der Kinderlähmung, Querschnittslähmung oder fortschreitender degenerativer Nerven-Muskelerkrankung – steht die zunehmende menschliche Isolierung, der hypochondrisch-narzißtische Eigenbezug des chronisch kranken Kindes in seiner mehr und mehr von der Umgebung isolierten Eigenwelt. Hier kann für das Kind die symbiotische Mutter zum echten Ersatz werden.

Das Gefühl des ausweglosen Eingesperrtseins in der Krankheit sehen wir symbolisch gezeichnet mit dem Vogel im Käfig. Wir beobachten das »Käfigsyndrom« zuerst bei schwerst gelähmten Kindern einer Poliostation (97).

Die Diabeteserkrankung ist für das Kind mit lebensnotwendigem Zwang zu Diät und Spritze eine chronische Frustration, speziell oralen Antriebserlebens. *Zierl* hat an Hand von Scenotestspielen diabetischer Kinder darauf hingewiesen, welche Bedeutung Essen und Verbot im Testbild diabetischer Kinder zukommt. Auch sie können Zwang und Frustration symbolisch im Käfigsyndrom projizieren (siehe Fall 127, S. 269).

Anna Freud und Thesi Bergmann haben auf die Abwehrmechanismen von Kindern und Jugendlichen bei langwierigen Krankenhausaufenthalten hingewiesen.

Kinder mit einem Bluterleiden (Hämophilie) sind, ähnlich den Diabetikerkindern, an regelmäßige vorbeugende Vorsichtsmaßnahmen gebunden. Es kommt bei ihnen im Verlauf des Leidens zu verkrüppelnden und entstellenden Gelenksveränderungen.

Ähnlich dem Diabeteskind ist auch das Bluterkind schuldhaft selber die Konfliktquelle, indem es durch unkontrollierte motorische Aktivitäten neue Blutungen auslöst. Bei beiden können masochistische Tendenzen, im Sinne von Selbstbestrafungswünschen neue Krisen provozieren und zu Verschlimmerungen führen. Bei leidensbedingter zunehmender körperlicher Abhängigkeit von ihren Eltern bleiben Bluterkinder lange unter deren psychischen Einfluß; sie haben Schwierigkeiten, sich abzulösen. In einem anhaltend regressiv-symbiotischen Verhältnis zur Mutter werden beidseitige neurotische Fixierungen mit Krankheitsgewinn ausgebaut. Das bestätigten unsere Untersuchungen an zwanzig hämophilen Kindern und Jugendlichen *(Kos und Zapotoczky)*.

Das Ausgeliefertsein an die unheimliche Krankheit als Schicksalmacht, das Gefühl des ausweglosen Eingeschlossenseins zeichnete in der VF ein Dreizehnjähriger mit einem Kraken (Polypen) im Zimmer.

Abb. 55

Fall 55

Der 14 jährige Nikolaus ist mit Recht ständig um seine Gesundheit besorgt. Als Hämophiler fürchtet er, eines Tages an den Rollstuhl gefesselt zu sein.

Nikolaus ist ein guter Schüler und möchte später Mathematik studieren. Als einziges Kind wird er von seinen Eltern, besonders von der Mutter, umhegt. Die Krankheit des Jungen steht im Zentrum des familiären Geschehens.

Nikolaus zeichnet in einem Innenraum zuerst eine vierjährige Tochter als Maus, dann den Vater als einen übergroßen Kraken und schließlich die Mutter zwischen Tochter und Vater als Schlange. Dieser Krake ist rot umrandet. Diagonal zum Kraken befindet sich in der rechten oberen Ecke ein Fernseher. Auf dem Bildschirm sieht man eine Rakete zum Mondflug starten. Die Zündung der Rakete ist ebenfalls rot gezeichnet.

In der Geschichte erzählt der Junge, daß die drei durch die Liebe und Pflege eines selbstlosen Menschen befreit werden können.

In der VF projiziert Nikolaus sein Leiden, das nicht Nicht-Gehen-Können, auf die Eltern, die zu kriechenden Wesen herabgesetzt werden. Die Krankheit lastet auf dem Jungen, breit und alles umgreifend, wie der sich am Boden wälzende Riesenkrake. Sie hindert seine männliche Identifizierung und so zeichnet er sich als eine winzige Maus, regrediert und abgewertet in der rechten unteren Ecke des Bildes.

Den Konflikt des Krankseins unterstreicht noch die diagonale Anordnung auf der Zeichnung: Auf einem Ende der Diagonalen kriecht unbeholfen der Krake auf der Erde, auf dem anderen Ende erhebt sich am Fernsehschirm die Rakete in schnellem Flug zum Himmel. In der Geschichte erstrebt er wunscherfüllend die Befreiung von seinem Leiden.

In der Gruppe B (Zeichnung ohne Geschichte) der Neurotiker befanden sich 49 Kinder im Alter von sieben bis vierzehn Jahren, die wegen eines chronischen Lungenleidens (vorwiegend Hilusdrüsentuberkulose, z.T. mit aktiver Lungenbeteiligung) in einem Kindersanatorium zur vielmonatigen Heilstättenkur waren.

112

Die statistische Auswertung dieser Gruppe chronisch kranker Kinder brachte keine für dieses Kollektiv spezifischen, übereinstimmenden Ergebnisse.

Wir möchten dieses damit erklären, daß durch die entscheidenden Fortschritte der Therapie diese Krankheit generell heute nicht mehr einen so gravierenden Einfluß auf die Psyche des Kindes nimmt. Dazu trägt auch wesentlich bei, daß an dem betr. Kindersanatorium durch intensive Rehabilitations-Maßnahmen alles unternommen wird, Hospitalismusschäden, die sich leicht mit einem langwierigen Krankenhaus-Heimaufenthalt ergeben, von vorneherein zu verhüten (*Brügger*).

3. Nervenkranke Kinder

In unserem Patientengut befanden sich Kinder mit unspezifischen Hirnschädigungen, Epilepsien, Hirntumoren sowie Morbus Little (Spastiker).

Die Nervenkrankheit eines Kindes ruft bei den Angehörigen wie bei dem Patienten selbst spezifische Reaktionen hervor, die *Strotzka* mit der Trias: »Aggression, Schuldgefühl und Scham« charakterisiert. Bei der Analyse der Familienstruktur des epileptischen Kindes fand *Strotzka* »eine kompensatorische Überbetonung mit latenten Todeswünschen bei den Müttern, eine psychogene Reifungshemmung bzw. Regression mit vermehrter Angst und Aggression bei den Kindern«. Bei den Vätern fand er teils ein Sichzurückziehen und eine Flucht in außerfamiliäre Aktivitäten, teils eine Aggressionsvermehrung.

Bei unseren eigenen Fällen wurden als Reaktionen der Kinder auf die Krankheit schuldgefühlbedingte verhaltensaggressive Projektionen beobachtet.

Die Verzauberung betraf in der Zeichnung als schicksalhaften Eingriff immer den Kopf, worauf sich auch das Unbehagen der Kinder in ihrer Krankheit konzentrierte; Kopfschmerzen waren ihr ständiges Begleitsymptom. Um mit dem befremdenden Gefühl in der Krankheit nicht allein zu sein, verschoben die Kinder es häufig in der Zeichnung auf ihre Angehörigen. So wurde die Überbetonung des Kopfes zum auffälligen Symptom bei manchen dieser Kinder.

In einer Anzahl der Fälle wurden Verunstaltungen, Verkrüppelte, »Mißgeburten«, »häßliche Wesen« dargestellt, bei denen der Kopf besonders betroffen war.

Fall 56

Barbara bekam mit neun Jahren Mumps, bald darauf stellten sich bei ihr nächtliche Krampfanfälle ein, die den Verdacht auf eine fokale Epilepsie erweckten.

Die Eltern waren bereits fünf Jahre verheiratet, als Barbara geboren wurde. Sie wurde dementsprechend verwöhnt und hatte bis zur Geburt ihres Bruders, die sie fünfjährig erlebte, ihre Prinzessinnenrolle genossen.

Barbara ist eine gute Schülerin. Auf den vitaleren Bruder war sie von Anfang an sehr eifersüchtig.

Die Eltern leben in gutem Einvernehmen und sind vom Aufstiegsstreben des Vaters beseelt. Sie sind um Barbara echt besorgt.

Das Mädchen zeichnet eine lebhaft bewegte häusliche Szene. Zuerst wird der Vater in der Mitte, jedoch von hinten dargestellt. Er schaut sich gerade im Spiegel an, denn er

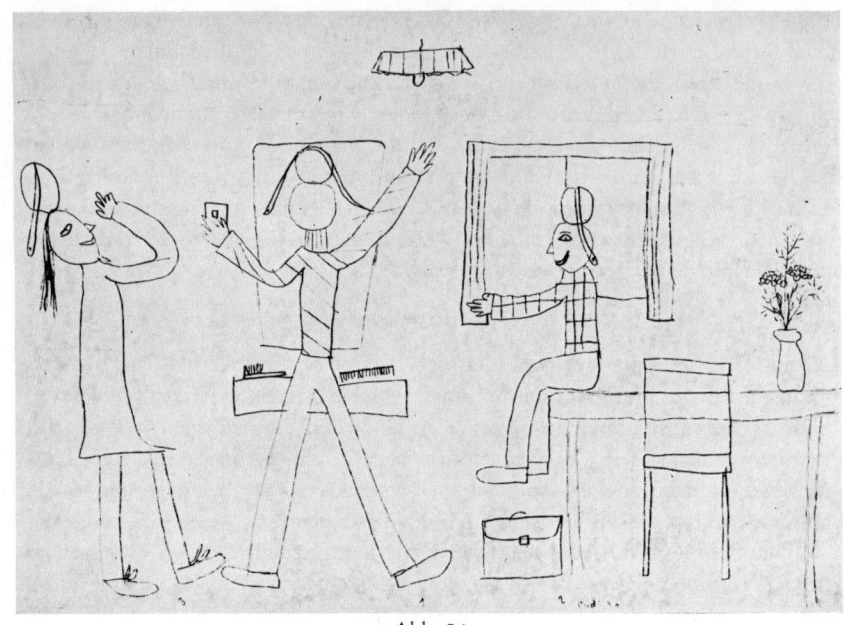

Abb. 56

wurde – gleich seinem achtjährigen Sohn und seiner Frau – für das Töten von Schlangen vom Zauberer bestraft, indem er eine Woche einen Stein mit einer Schlange auf dem Kopf tragen muß. Der an zweiter Stelle dargestellte Rudi blickt ebenso zum Vater, wie die zuletzt gezeichnete Mutter.

Die Krankheit »am Kopf« erschreckt das Mädchen sehr. Es empfindet sie in Form eines Steines als eine Last, deren Gefährlichkeit durch die Schlange symbolisiert wird. Um diese Last leichter zu ertragen, projiziert Barbara sie sogleich auf die ganze Familie, beschränkt aber den bösen Zauber auf »eine Woche«.

Barbara identifiziert sich noch nicht mit der Mutter, daher wird der Vater an erster Stelle dargestellt. Das jüngere Geschwister wird eifersüchtig ausgelassen, sich selbst macht Barbara wunscherfüllend zu einem achtjährigen Jungen: mit acht Jahren war sie ja noch gesund.

Fall 57

Der 13 jährige Herbert entwickelte sich bis zu seiner cerebralen Erkrankung (Uncus) völlig normal. Dieses Leiden ruft als Nebenerscheinung schwere Angstattacken hervor. Seither sind die Schulleistungen Herberts rapide abgesunken.

Der Junge lebt in einem geordneten, ländlichen Milieu. Sein Vater ist Kranführer und beruflich oft unterwegs. Die Mutter kümmert sich um die kleine Wirtschaft und die beiden Söhne Herbert und den jüngeren Josef. Die Buben sind noch sehr stark an die Mutter gebunden.

Herbert zeichnet eine phantasierte Familie mit drei Kindern und einer Tante (die es in Wirklichkeit nicht gibt). Alle Figuren sind mißgestaltet, besonders was ihren Kopf und die Augen betrifft. Es fallen die diagonalen Anordnungen auf. Im Kreuzungspunkt der Diagonalen befindet sich der jüngste Sohn, der auf einem winzigen Körper einen überdimensionalen Kopf mit herausquellenden Augen trägt. Links unten steht die gebückte mißgestaltete Mutter, welche als erste gezeichnet wurde. Neben ihr folgt der mittlere Sohn mit dem Kopf unter dem Arm und Krücken anstatt Füssen. Der winzige verbeulte Kopf des in die Länge verunstalteten Vaters befindet sich diagonal zur Mutter an vierter

Abb. 57

Stelle. Eine älteste Tochter wird links oben als Roboter, die Tante diagonal entgegengesetzt rechts unten als halbes Skelett dargestellt. Der Zauberer bestrafte mit den Verunstaltungen die ganze Familie, weil sie »böse Taten« verübt hatten.

Herbert projiziert seine Ängste »um den Kopf« in die verunstalteten Köpfe. Indem er die Verunstaltungen auf die ganze Familie überträgt, erleichtert er sich die Qual seines Leidens, denn »geteilter Schmerz ist halber Schmerz«.

Diese Kinder tragen ihre Krankheit mit ungewissem Ausgang um so ausgeglichener, je mehr ihnen eine intakte Familie Geborgenheit vermittelte.

Spastische Kinder lassen ihre auffällige Störung oft schon in der Handschrift und Zeichnung erkennen.

Sie tragen in der Regel ihr Schicksal, das ihnen von klein auf zuteil wurde, bis zur Pubertät gelassen, besonders wenn sie außerhalb der Familie von Institutionen geschützt werden, wo sie die Gemeinschaft der Leidensgenossen tragt. Erst die Reifungskrise löst bei ihnen Konflikte aus, indem sie mit neurotischen Symptomen gegen ihr Anderssein protestieren.

4. Kind und Krankenhaus

Ein Krankenhausaufenthalt ist für das Kleinkind neben Sauberkeitsgewöhnung und Ankunft eines Geschwisters die große Krise, zumal wenn er ohne den Schutz der begleitenden Mutter erfolgt.

Das Kind ist von der Trennungsangst (mit dem Verlust der Mutter), von der Verfremdung im anonymen Krankenhaus mit seinen unsichtbaren und ihm oft bedrohlich erscheinenden Reizeinflüssen mannigfacher Art, sowie den Operationstraumen, jedweden Eingriffen in Diagnostik und Therapie bedroht (*Biermann*, 27, 34). Operationen im Kleinkindalter, wie Bruchoperationen, Mandeloperationen und Phimoseoperationen, d. h. nicht nur letztere, werden, weil generell durch den operativen Eingriff die bis dahin unversehrte Integrität des kindlichen Körpers verletzt wird, als Kastrationstrauma erfahren.

Das durch Krankenhaus- und Operationstrauma verunsicherte Kind zeichnet sich selber verstümmelt und entstellt.

Abb. 58

Fall 58

Ulrike wächst als Einzelkind heran. Ihr Vater ist Techniker. Die Mutter ist nicht berufstätig. Die Eltern haben erst spät geheiratet.

Die Mutter war bei der Geburt ihres einzigen Kindes schon 45 Jahre alt und brauchte eine Zeit, sich mit der Schwangerschaft abzufinden, die in den ersten Monaten von einem heftigen Erbrechen begleitet war.

In einer verantwortlichen beruflichen Position als Sekretärin konnte sie sich nicht dazu entschließen, diese Tätigkeit sogleich aufzugeben und überließ Aufzucht und Pflege ihres Kindes einer Nachbarin, wo Ulrike die ersten vier Lebensjahre blieb.

Nach einem körperlichen Zusammenbruch mit monatelangem Krankenlager gab die Mutter ihre Berufstätigkeit endgültig auf. Erst das letzte Jahr vor der Einschulung war Ulrike ganz bei ihrer Mutter. Als das Mädchen mit sechs Jahren in die Schule kam, ergaben sich bald Spannungen zwischen ihrer Lehrerin und der Mutter, welche die Schulpflegschaft der Klasse übernommen hatte. Die ersten Monate nach der Einschulung waren zudem durch eine Schieloperation des Kindes belastet. Ulrike entwickelte mit der Krankenhausaufnahme Trennungsängste, zumal ihr über Tage beide Augen verbunden waren und die Mutter sie nicht besuchen konnte. Heimgekehrt wich sie nicht von der Seite der Mutter und ließ sich weiter von ihr zur Schule bringen und abholen. Ulrike entwickelte Schlafstörungen mit Pavor nocturnus und einer Schulphobie. Die Mutter gab ihre überprotektive Haltung und symbiotische Beziehung zum Kinde nicht auf.

116

Ulrike zeichnete die Familie vor und nach der Verzauberung. Es fällt auf, daß sie jeweils vier Personen zeichnet, das heißt, der Familie noch ein Baby zugeteilt hat, welches vor der Verzauberung in einer Wiege liegt.

Bei guter zeichnerischer Begabung fällt eine körperliche Entstellung des Kindes auf, das außerdem wie auch das Baby keine Augen hat. Alle vier Personen, Eltern, Kind und Baby werden zu Giraffen verzaubert, in Tiere, die alles überschauen.

Die Hinzufügung des Babys deutet weniger auf einen echten Geschwisterwunsch als vielmehr in einer Doppelidentifizierung auf ihr regressives Streben hin, nämlich selber noch ein Baby zu sein.

Die Mißbildung ihres eigenen Körpers, die bei der zeichnerischen Begabung des Kindes besonders auffällig ist, ist zum Symbol seiner Kastrationsängste, des erlittenen Operationstraumas, mit dem eindrucksvollen Hinweis, daß dem Kinde – dem bei der traumatisierenden Schieloperation beide Augen über Tage verbunden waren – als einzigem der vier Dargestellten beide Augen fehlen!

Emma Plank hat auf die notwendige heilpädagogische Betreuung des Kindes im Krankenhaus hingewiesen. Die Vorbereitung und nachgehende Fürsorge eines operierten Kindes verlangt eine sorgfältige Kenntnis seiner familiären Situation, um einen für das Kind optimalen Operationstermin, besonders nach psychologischen Gesichtspunkten zu bestimmen.

Der Test der VF kann dazu beitragen, diese Situation des Kindes abzuklären und sollte daher auch zum Rüstzeug des klinischen Psychologen bzw. des im Kinderkrankenhaus tätigen Heilpädagogen (Psychagogen, Beschäftigungstherapeuten) gehören.

V. Die formalen Kriterien der Zeichnung

a) Die Raumanordnung

Das Erfassen und Empfinden des Raumes entwickelt sich beim Kinde erst allmählich.

Die Raumrelationen sind anfangs egozentrisch-personal-physiognomisch gebunden, was entwicklungspsychologische Untersuchungen wie Studien von Primitiven beweisen (*Werner*). Aus dem körperlichen »Urraum« (*W. Stern*) differenziert sich im Laufe der Entwicklung allmählich der Nah- und Fernraum heraus.

Es ist daher durchaus denkbar, daß auch das raumsymbolische Empfinden mit dem ursprünglichen kindlich-physiognomischen Raumerfassen zusammenhängt.

Raumanordnungen sind bei Kindern zunächst keine lediglich sachlichen Qualitäten.

»Links und rechts sind nicht sachliche, sondern Aktionsqualitäten« (*Werner*). Raumanordnungen haben eine »räumliche Signaleigenschaft«, die in einen situativen Zusammenhang eingebettet ist.

»Hinten und vorn sind dynamisch-geschehnishafte, und zugleich gefühlsgestimmte Bestandstücke eines Aktionsreiches«, findet *Werner* bei Kindern, aber auch bei Primitiven.

Raumsymbolisches Gedankengut läßt sich in allen Kulturen und zu allen Zeitepochen nachweisen.

Das wissenschaftliche Interesse für die Raumsymbolik war daher ursprünglich eine Domäne der Kulturhistoriker, Religionsforscher und Ethnologen.

Erst in unserem Jahrhundert weitete sich dieses Interesse auf die Psychologie aus, wobei die tiefenpsychologische Schule *C. G. Jungs*, die graphologische Schule *Pulvers*, die Gestaltpsychologie und die Entwicklungspsychologie gleichzeitig grundlegende Erkenntnisse gebracht haben.

Verschiedene projektive Testverfahren machten sich diese Erkenntnisse zunutze.

Es sind vor allem Tests, in denen sich die von der Testanweisung begrenzte Raumfläche und deren Behandlung durch die Vp. dem Testleiter direkt anbietet. Von den Spielzeug-Tests sind hier vor allem der Welt-Test von *Ch. Bühler* und *M. Lowenfeld*, der Scenotest von *v. Staabs* und der Dorftest von *Arthus* zu nennen.

Von den Zeichentests wollen wir den Baum-Test (*Koch*), den Wartegg-Test, den Goodenough-Test, den Machover-Test, sowie den Tree-House-Person-Test von *Buck* erwähnen.

In den bisherigen Familienzeichen-Tests wurden der Raumanordnung und deren symbolischer Bedeutung nur wenig Aufmerksamkeit gewidmet.

Eine Ausnahme bildet die französische Schule, wobei besonders *Corman* zu erwähnen ist.

Welche Bedeutung der Raumsymbolik in der Kinderzeichnung zukommt, definiert *Ada Abraham*, eine Schülerin von *Karen Machover*:

»Die Stelle am Zeichenblatt, die für die Zeichnung ausgewählt wird, entspricht dem Platz, den man sich in den Beziehungen zu den anderen gibt und dem Empfinden dieser eigenen Beziehungen zu ihnen. Rechts oder links, oben oder unten am Zeichenblatt werden danach gewählt, welche Bedeutung diesen Lokalisationen gegeben wird.«

Sie führt weiter aus, daß die rechte Hand, als aktivere, der Kommunikation mit unserem Nächsten dient, was sich in der Raumordnung so auswirkt, daß »auf der rechten Seite das Lernen, die intellektuelle Kontrolle, alles, was die Anderen betrifft«, dargestellt wird.

Hingegen bleibt die linke Hand weniger erzogen, persönlicher; so ist auch »die linke Seite des Zeichenblattes die Seite des Selbst, vergangenheitsorientiert, gefühlsbetont«.*

Ähnlich weist im Dorftest die Lokalisation rechts auf die Zukunft, Exteriorisation, Aktivität, Sozialisierung hin. Die Lokalisation links dagegen bedeutet Erinnerung, Vergangenheit, Interiorisation, Affektivität (zitiert nach *Koch*).

Corman betont ebenfalls, daß »die rechte Zone die der Zukunft, die linke die der Vergangenheit ist«, daß links diejenigen zeichnen, die in ihre Kindheit regredieren.

Im Dorftest zeigen sich auf der Mittelachse die Ich-Tendenzen: oben die Ich-Projektion, die Geistigkeit, unten die Ich-Realisierung, der Materialismus.

Abraham bestätigt diese Tatsachen, indem sie ausführt, daß dies mit dem Gefühl des Eigengewichtes unseres Körpers zusammenhängt.

Auch *Corman* vermutet, daß »oben die Zone der imaginativen Expansion, die Zone der Träumer und der Idealisten ist«. Unten hingegen befindet sich die Zone der Primordialinstinkte der Lebenserhaltung. Er schreibt diese Zone »den Müden, den Asthenischen, den Neurotikern und den Deprimierten« zu.

Die rigorose Zentrierung der Zeichnung kann nach *Abraham* sowohl eine Tendenz zur Symmetrie wie auch ein Zeichen von Rigidität und Unsicherheit sein.

Der Lokalisation in den Ecken der Fläche wird im Dorftest und auch in dem von *Koch* erwähnten Raumschema *Michael Grünwalds*, das die raumsymbolische Basis des Baumtests bildet, viel Aufmerksamkeit gewidmet.

So bedeutet die obere linke Ecke nach *Arthus* die Heimweh-Tendenz, nach *Grünwald* die Regression.

Die obere rechte Ecke weist nach *Arthus* in die Richtung der Projekte, nach *Grünwald* in die Richtung der Aktivität.

Die untere linke Ecke weist nach *Arthus* auf die Konflikte hin, nach *Grünwald* in die Richtung der Fixierung an frühe Stufen der Entwicklung.

---

* Die Links- bzw. Rechtshändigkeit ist für die Anlage der Zeichnung sicher von Bedeutung, sie wurde aber in der vorliegenden Untersuchung nicht durchgehend bei allen Pb registriert, so daß eine statistische Auswertung nicht möglich war. Sie bleibt einer nachfolgenden Untersuchung mit dem Familienzeichentest vorbehalten.

In der unteren rechte Ecke werden nach *Arthus* Bedürfnisse bekundet, nach *Grünwald* die Tendenz zur Erde, zum Verfall: Er spricht von einer »Nostalgie de la boue«.

In Anlehnung an den *Koch*'schen Baum-Test überträgt Graf *Wittgenstein* das Koordinaten-System auf den Scenotest. Er gliedert die Quadranten auf folgende Weise auf:

vorderer linker Quadrant: Darstellung der Ausgangssituation
hinterer linker Quadrant: Zuschauerraum
vorderer rechter Quadrant: akute Konfliktsituation
hinterer rechter Quadrant: Zukunftsplanung

Da *Grünwald*, *Koch* und *Graf Wittgenstein* die gleiche Ausgangsbasis haben, nämlich die *Jung*'schen raumsymbolischen Funde, zeigen ihre Theorien auch viele Gemeinsamkeiten auf.

Von Staabs bleibt in der Deutung der räumlichen Anordnung des Sceno-Tests wesentlich allgemeiner: »Eine Anpassung an den dargebotenen Versuchsraum vermag auf bewußte Begrenzung und realitätsgerechte Einordnung in die Lebenssituation hinzudeuten.«

»Beschränkt die Vp. den Aufbau der Scene auf die Ecke, rückt ihn nahe an eine Kante oder nimmt damit nur einen kleinen Ausschnitt in der Mitte der Versuchsfläche ein, erscheint die natürliche Expansion gehemmt und angstbesetzt.«

»Bedeckt eine Vp. die ganze Spielfläche, so kann sich in dem Bestreben, alle leeren Stellen auszufüllen, eine Art Urangst vor dem Alleinsein in der Welt abzeichnen.«

»Konträre Themen und als besonders different empfundene Objekte werden vielfach in den diagonal gegenüberliegenden Ecken aufgebaut, was auf innere Spannungen und diametral entgegengesetzte Erlebnisweisen hindeuten kann« (*von Staabs*).

Auch die Raumschemata, die *Ch. Bühler* im Welt-Test bespricht, werden eher als allgemeine Richtlinien gehandhabt, wobei letzten Endes die jeweilige individuelle Gestaltung für die Beurteilung maßgebend ist.

Sie spricht von

a) leeren Welten: diese lassen vielfach darauf schließen, daß die Vp. von emotionalen Problemen erfüllt ist;
b) geschlossenen Welten: hier sind Isolationstendenzen, Abgetrenntheit, erkennbar;
c) verwirrten, chaotischen Welten: die typisch für eine gestörte Wirklichkeitsbeziehung der Vp. sind;
d) rigiden Welten: die durch übermäßig betonte schematische Anordnungen charakterisiert sind und individuelle Grade der Rigidität erkennen lassen.

Raumanordnung und Entwicklung

Nach *Koch* zeichnen junge Kinder (höchstens bis zwölf Jahre) häufig am Blattrand.

Findet man diese Lokalisierung später, dann spricht das in der Regel für eine Retardierung der zeichnenden Person.

Abraham fand, daß zwischen dem achten und zehnten Lebensjahr eine Umstellung von links nach rechts erfolgt. 61 % aller Achtjährigen und 41 % aller Zehnjährigen zeichnen mehr links. Beim Studium der Welttests und des Scenotests zeigte sich, daß Reihungen typisch für das Vorschulalter sind (*Höhn*).

Nach *Meyer* werden im Vorschulalter im Welttest oft »leere« Welten produziert, was teils mit der Egozentrizität dieser Altersstufe, teils mit dem mangelhaften Wissen vom Vorhandensein einer äußeren Welt und ihrer Gesetzlichkeiten zusammenhängt. Zusammenfassend kann man sagen, daß die meisten Autoren folgende Spezifika der kleinkindhaften Raumordnung gefunden haben:

Einfachheit, Schematismus, Leere, Reihungen einerseits, aber auch Chaos, Überfüllungen und Kontaminationen andererseits.

Alle beide Arten sind typisch für kleinkindhaftes Raumempfinden.

Ähnlich verhält es sich bei den Raumanordnungen Schwachbegabter, wo die gleichen Kriterien anwendbar sind.[*]

Bei der Beurteilung der Raumanordnung dürfen wir allerdings die Händigkeit des Kindes, eventuell seine Legasthenie, nicht außer acht lassen.

Das hat vor allem *Corman* erwähnt.

Alle Autoren sind sich darin einig, daß man bei der Interpretation der Raumsymbolik vorsichtig sein muß, da diese »erst dann eine Bedeutung bekommt, wenn sie mit anderen Elementen verarbeitet wird«. (*Corman*)

Nicht alle in der Literatur angeführten Merkmale einer Zeichnung erwiesen sich in unserem Material (n = 1225) als bedeutungsvoll, weder was die qualitative (individuelle) noch die quantitative (formale) Auswertung betraf.

Es wurden deshalb im Bereich der formalen Auswertung, der Raumanordnung, lediglich die Merkmale besprochen, die sich als statistisch signifikant erwiesen haben.

Das mindert nicht die Bedeutung eines Zeichenmerkmals im Einzelfall. Darauf wurde schon in der analytischen Situation der Probanden hingewiesen.

1. Reihung am unteren Blattrand
(n = 1225)

Es wurden, wo nicht besonders vermerkt, der nunmehr mitgeteilten Statistik die Ergebnisse der 1225 untersuchten verhaltensgestörter Kinder zugrunde gelegt.

Ein Sechstel unserer Pb (17,2 %) reiht am unteren Blattrand.

---

[*] Darauf haben auch *G. und R. Biermann* mit dem »organischen Spielsyndrom« im Scenotestspiel Schizophrener hingewiesen.

Abb. 59

Fall 59

Der siebenjährige Horst leidet an Bettnässen, auch seine vierjährige Schwester Viola ist noch nicht trocken. Beide Eltern sind um ihre Kinder bemüht. Horst leidet außerdem an Ängsten, die sich z. T. hinter einer motorischen Umtriebigkeit verbergen. Horst ist zudem kontaktgestört und sehr ichbezogen.

Horst zeichnet auf der unteren Bodenlinie von links nach rechts eine Reihe von elf Autos hintereinander, es sind die Eltern und lauter Kinder. Erst später identifiziert er sich mit einigen von ihnen. Zunächst kommen links Vater und Mutter. Direkt vor und unter der Mutter steht ein kleines Auto als Kind. Weiter vorn folgt ein noch kleineres Kind, welches zwischen größeren fast zerdrückt wird. Er bezeichnet es nachher als seine Schwester Viola. Die Reihe schließt rechts außen mit einem wieder größeren Auto, mit dem er sich selber identifiziert. Obwohl an letzter Stelle gezeichnet, führt er nun die ganze Autoreihe an.

Die Identifizierung der Familie mit Autos weist auf seine motorischen Bedürfnisse hin. Trotz patriarchal erlebtem Familienbild gelingt es ihm, auf seine erstrebte Anführerrolle hinzuweisen, während die kleine Schwester bedrohlich abgewertet wird.

Die zahllosen hinzuphantasierten Geschwister sind die Angsthelfer des Kindes.

(Fall 4, 9, 15, 16, 21, 24, 45, 50, 53, 67, 77, 78, 82, 85, 89, 102, 109, 113, 118.)

a) *Reihung am unteren Blattrand und Alter*

In der Häufigkeit besteht eine deutliche Altersabhängigkeit. Jüngere Kinder zeichnen signifikant häufiger am unteren Blattrand (von den bis Siebenjährigen 34,1 %, von den über 13 jährigen 11,1 %). Je jünger das Kind ist, desto stärker seine Tendenz, am unteren Blattrand zu zeichnen, d. h. sich an einer Begrenzung der Zeichenfläche zu orientieren.

b) *Reihung am unteren Blattrand und Intelligenz* (n = 600)

Die durchschnittlich intelligenten Kinder (IQ 100 bis 110) zeichnen signifikant häufiger am unteren Blattrand (34,0 %), während sowohl die weniger

Intelligenten (21,6 %) als auch die überdurchschnittlich intelligenten Kinder (18,2 %) seltener am unteren Blattrand reihen.

In der Kindheit (bis zehn Jahre) ist das Zeichnen am unteren Blattrand normal.

Später ist es ein Zeichen für Infantilismen in der Persönlichkeitsentwicklung.

Die Unintelligenten halten sich selten an das infantile Ordnungsprinzip, sondern bevorzugen andere Raumanordnungen, besonders unstrukturierte, diffuschaotische. Das relativ seltene Vorkommen der Reihung am unteren Blattrand bei Hochintelligenten beruht hingegen auf einer größeren Durchstrukturierung der Zeichenfläche.

c) *Reihung am unteren Blattrand und zeichnerische Fähigkeit* (n = 600)

Je schlechter die Zeichenfähigkeit, um so größer ist die Tendenz, am unteren Blattrand zu zeichnen. Von den Probanden mit der zeichnerischen Fähigkeit I reihen 8,3 %, von denen mit der Zeichenfähigkeit V 28,1 % am unteren Blattrand.

d) *Reihung am unteren Blattrand und Diagnose* (n = 1225)

Frühe Genese der Verhaltensstörung und Reihung am unteren Blattrand sind statistisch signifikant korreliert, d. h. 23,3 % der zur Diagnosengruppe I gehörenden Pb gegenüber 5,3 % bei der Diagnosegruppe V reihen am unteren Blattrand.

Zusammenfassend ist zu sagen, daß die in der Literatur berichtete Korrelation zwischen dem Alter und einer Reihung am unteren Blattrand in unserer Untersuchung bestätigt wird.

Die anderen von uns mitgeteilten Ergebnisse bzgl. Reihung am unteren Blattrand und Intelligenz, Reihung am unteren Blattrand und zeichnerische Fähigkeit, Reihung am unteren Blattrand und Diagnose wurden in der Literatur nicht untersucht.

2. *Reihung in der Mitte*
(n = 1225)

Reihungen in der Mitte konnten wir bei 10 % aller Fälle beobachten.

Fall 60

Der zehnjährige Elmar ist als Nachkömmling in einem familiären Spannungsmilieu aufgewachsen, in welchem, im beruflichen Fortkommen aller, Leistung oberstes Gesetz ist. Zu früh eingeschult, d. h. noch schulunreif, protestiert er von Anfang an gegen die Überforderungen mit Schulversagen, insbesondere Clownerien, aber auch schon latenten Verwahrlosungserscheinungen, wie Lügen, Stehlen und Schulschwänzen, im Sinne der Syndroms der Bindungslosigkeit. Er ist, nachdem die beiden älteren Schwestern schon außer Hause sind, in Einzelkindsituation. Gleichzeitig ist er Projektionsschirm ehelicher Spannungen der Eltern.

Elmar zeichnet in einer Reihe in der Mittellinie des Blattes, von links nach rechts in mittlerer Größe lauter Schulgegenstände. Er beginnt mit den Großeltern ms., sodann dem Vater als Schreibhefte, es folgt die Mutter als Taschenkalender, sodann die beiden Schwestern als Bleistift und Radierstift und zuletzt er als Radiergummi. Die Aufzählung nimmt er dann in umgekehrter Reihenfolge vor, d. h. er beginnt mit sich selber.

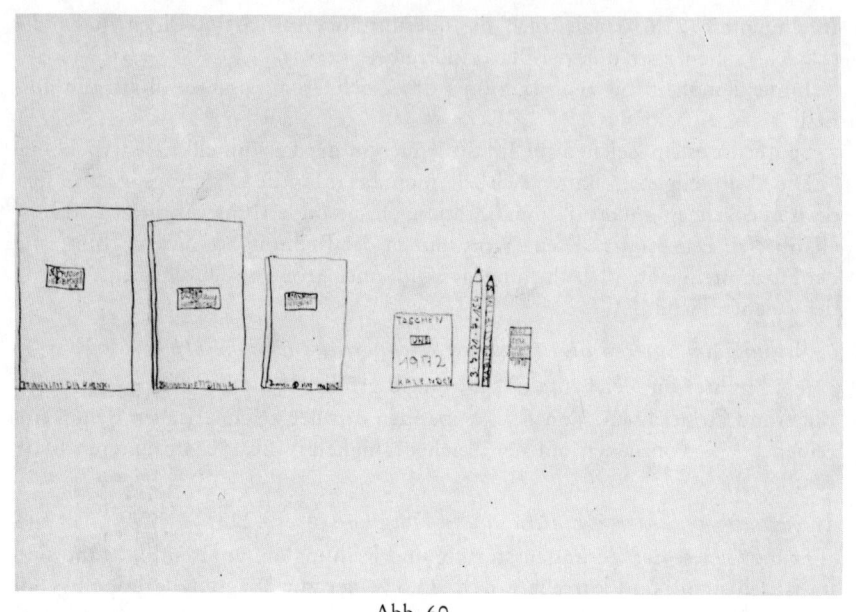

Abb. 60

Von den Erwachsenen steht ihm die Mutter am nächsten, getrennt durch die Schwestern, die er in der Geschwisterrivalität aggressiv erlebt. Als Taschenkalender weist sie ihn auf die Realität des Tages hin, seine täglichen Verpflichtungen. Erst mit Abstand folgt der Vater, mit den Großeltern in einer Reihe.

Mit dem Radiergummi deutet er auf seine Allmachtsphantasien hin, alles zu jedem Zeitpunkt auslöschen zu können; er nennt sich auch an erster Stelle.

Daß er ausschließlich Objekte wählt, spricht für seine Kontaktstörung. Die Welt der Schule wird übermächtig erlebt.

(Fall 6, 31a, 34, 72, 81, 101.)

a) *Reihung in der Mitte und Alter*

Reihung in der Mitte ist signifikant häufiger bei Kindern, die sich in der Latenzphase bzw. in der Pubertät befinden. Von den unter Achtjährigen reihen 10,6 % in der Mitte, von den Zehn- bis Elfjährigen 16,2 % und von den über Zwölfjährigen 19,8 %.

b) *Reihung in der Mitte und Intelligenz* (n = 600)

Reihung in der Mitte wird am häufigsten von Probanden mit gut durchschnittlicher Intelligenz (IQ 100–120) gezeichnet (18,4 %), relativ selten von Probanden mit einem IQ über 130 (8,2 %).

Diese Unterschiede sind jedoch nicht signifikant.

c) *Reihung in der Mitte und zeichnerische Fähigkeit* (n = 600)

Kinder mit guter bis durchschnittlicher Zeichenfähigkeit zeichnen signifikant häufiger (17,2 %) Reihungen in der Mitte als Kinder mit schlechter zeichnerischer Fähigkeit (8,3 %).

d) *Reihung in der Mitte und Diagnose*

Eine Reihung in der Mitte fand sich signifikant häufiger bei einer Genese der

Störung in der Latenzphase (21,8 %) und der Pubertät (22,1 %), dagegen in der analen Phase nur bei 8,7 %. Diese Kriterien wurden in der Literatur bisher nicht untersucht. In den erwähnten Altersstufen strebt alles im Kind zur Bildung seiner Ich-Identität, dem Kern seiner Persönlichkeit hin. Die zeichnerische Konzentration auf die Mitte des Blattes könnte symbolisch für die wachsende Ich-Zentrierung im leib-seelischen Empfinden des Probanden auf dieser Altersstufe stehen.

3. Reihung am oberen Blattrand
(n = 1225)

Diese Raumanordnung kommt in unserem Material in 13 Fällen (2,4 %) vor.

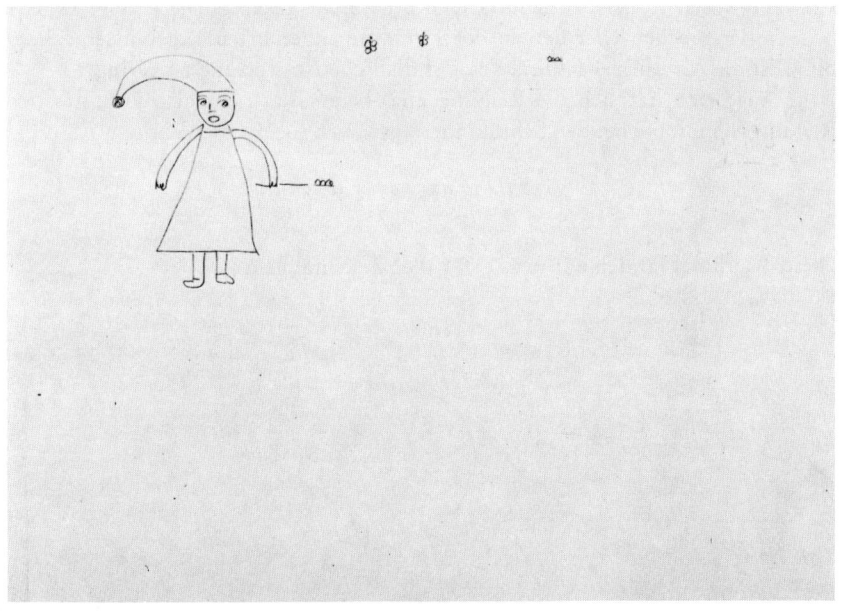

Abb. 61

Fall 61

Als die zehnjährige Ida vor fünf Jahren durch die Geburt einer kleinen Schwester aus ihrer Einzelkindsituation enttront wurde, entwickelte sie heftige Eifersuchtsreaktionen, mit Ängsten und Aggressionen, Einnässen und Schlafstörungen, sowie später auch Nachlassen ihrer Schulleistungen. Im harmonischen Familienmilieu litten die Eltern unter diesem ihnen oft unverständlichen Verhalten der älteren Tochter.

Neben einem relativ großen Zauberer zeichnete Ida in winzigen Darstellungen am oberen Blattrand zunächst Vater und Mutter, als Fliege und Mücke, sodann mit Abstand daneben eine 14 jährige Tochter als Ameise. Zuletzt wurde darunter, in unmittelbarer Nähe des Zauberers bzw. seines Zauberstabes ein »großer Sohn«, wiederum als Ameise gezeichnet.

Mit dem Kleingetier drückt das Mädchen seine Triebbeunruhigung in der Vorpubertät, die Abwehr von Geschwistern aus. Ida zeichnet zwar den Vater in ödipaler Konstellation als Fliege an erster Stelle, distanziert sich aber von ihm, den sie auch im Pigemtest als

Fliege ablehnt. Noch lästiger und noch kleiner gezeichnet ist neben ihm die Mutter als Mücke. Als Ameise bekennt sie sich auch zum Kleingetier – im Abstand von den Eltern. Sie phantasiert einen großen Bruder, gleichfalls als Ameise hinzu, den sie aber dem Zauberer ausliefert. So fühlt sie sich in der bevorstehenden Krise der sexuellen Identitätsfindung der Schicksalsmacht ausgeliefert. Das kommt auch in der übergroßen Darstellung des Zauberers zum Ausdruck, wie dem von ihr nicht bewältigten Horror vacui des relativ leeren weißen Blattes.
(Siehe auch Fall 84, S. 175.)

Reihungen am oberen Blattrand wurden in allen Altersstufen, bei beiden Geschlechtern beobachtet. Die Probanden scheinen im Durchschnitt weniger intelligent im Vergleich zur untersuchten Gesamtpopulation zu sein. Auch ihre zeichnerische Fähigkeit ist schlechter.

Diagnostisch finden wir häufig eine organische Beteiligung. Unsere Ergebnisse widersprechen eher den in der Literatur angeführten Ergebnissen, allerdings ist die Anzahl der Fälle für eine statistische Auswertung zu gering.

Im Vergleich hat sich die Reihung am oberen Blattrand als häufigstes der Reihungssymptome bei den Schulkindern erwiesen (6,2 %).

4. Verteilung auf dem ganzen Blatt
(n = 1225)

Dieses Merkmal fanden wir in 17,3 % aller Zeichnungen:

Abb. 62

Fall 62

Die achtjährige Elsbeth mußte wiederholt wegen schwerster Asthmazustände in die Klinik eingeliefert werden, die jeweils mit Versagungen zusammenhingen, die es in einer chronischen Verwöhnung durch die Großeltern erlebte. Als ältestes von zwei Mädchen war es bei der Berufstätigkeit der Mutter das ganze erste Lebensjahr von der Großmutter aufgezogen worden, die selber als zweite Frau ihres Mannes kinderlos geblieben war. Unter deren massiver Verwöhnung wurde das kleine Mädchen ungewöhnlich dick, was die Großmutter mit Stolz als Ergebnis ihrer guten Pflege demonstrierte, im Gegensatz zu der Magerkeit des später chronisch asthmakranken Kindes. Der Konflikt brach aus, als die Mutter das Kind wieder zu sich nahm. Es kam fast zu einem Familienzerwürfnis, weil der chronisch herzkranke, inzwischen am Herzen operierte junge Vater, der selber als Kind an einem Bronchialasthma gelitten hatte, von seinen Eltern noch sehr abhängig war. Mit heimlichen Telefongesprächen erpreßte die Achtjährige ständig die Großeltern zu neuen Geschenken, und jede konsequente Ablehnung, welche es in dieser Richtung von seiner Mutter erfuhr, löste Asthmaanfälle mit lebensbedrohlichen Kreislaufstörungen aus. Eingehende Gespräche mit den Großeltern scheiterten an deren Uneinsichtigkeit. Sie konnten die Hinweise auf eine Einschränkung ihrer Liebeszuwendungen nur als eigene Lieblosigkeit dem Kinde gegenüber empfinden. Dank der Einsicht ihres Sohnes war eine konsequente Unterbrechung der Beziehungen zwischen Enkelkind und Großeltern über ein Jahr möglich, in welchem das Kind, bei gleichzeitiger Gruppentherapie seiner Mutter, gedieh und immer seltener Asthmaanfälle bekam. So konnte nach dieser Zeit wieder eine vorsichtige Beziehungsaufnahme erfolgen, zumal die Gesundung des Enkelkindes nun auch zu einer bedingten Einsicht der Großeltern geführt hatte.

In der verzauberten Familie zeichnete Elsbeth mit selbstsicherem Strich, der ihrer vertrotzten Eigenwilligkeit entsprach, zuerst groß links den Zauberer, dann auf der Bodenlinie den Vater als Hasen, sodann rechts oben fliegend die Mutter als Taube, an dritter Stelle rechts unten einen kleinen Jungen als Wolf und zuletzt dicht neben dem Vater ein etwas größeres Mädchen als Reh. Das Ganze wird von einer großen Sonne überstrahlt.

Mit ihrer Plazierung neben dem Vater – der, selber früher Asthmatiker, die Angstsituation der Asthmafamilie als Hase verkörpert – und gleichzeitiger Identifizierung mit der Mutter – es möchte im Pigemtest eine Taube sein, weil die vom Jäger nicht geschossen wird – weist das Mädchen auf ihren Konflikt zwischen den Eltern – Vater stellvertretend für die Großeltern vs. – hin. Das Geschwister ist als Wolf eifersüchtig an den Rand gedrängt, verkörpert in einer Doppelidentifizierung aber auch ihre andere aggressive Seite. In diagonaler Spannung zu Vater und Tochter fliegt die Mutter zur alles überstrahlenden Sonne. Damit deutet das Mädchen, welches diesen Test gegen Ende der psychotherapeutischen Behandlung gezeichnet hat, eine Lösung des familiären Konfliktes an. (Fall 7, 8, 10, 18, 28, 40, 49, 55, 56, 57, 58, 79, 80, 87, 94, 100, 115, 121.)

a) *Verteilung auf dem ganzen Blatt und Alter*

Die Häufigkeit der Zeichnung auf dem ganzen Blatt nimmt mit dem steigenden Alter zu: Von den unter Neunjährigen zeichnen zu 13,5 % auf dem ganzen Blatt, die über Neunjährigen zu 21 %.

b) *Verteilung auf dem ganzen Blatt und Intelligenz* (n = 600)

Kinder mit einem IQ über 120 neigen eher dazu, das ganze Blatt zu verwenden als Kinder mit einem IQ unter 120 (22 % : 15,2 %).

c) *Verteilung auf dem ganzen Blatt und zeichnerische Fähigkeit* (n = 600)

Kinder mit sehr guter Zeichenfähigkeit zeichnen signifikant häufiger über das ganze Blatt. Je besser die zeichnerischen Fähigkeiten des Kindes sind, desto häufiger wird das ganze Blatt verwendet.

Von den Kindern, die sehr gut zeichnen können, verwenden 28,3 % das ganze Blatt, während von den Probanden mit schlechter Zeichenfähigkeit nur 14,1 % dieses Merkmal aufweisen.

d) *Verteilung auf dem ganzen Blatt und Diagnose* (n = 1225)

Die Tatsache, daß ein Kind das ganze Blatt als Zeichenfläche verwendet, ist unabhängig von den Störungen seiner Libidoentwicklung.

Kinder mit primär organischen Störungen zeichnen signifikant häufiger auf dem ganzen Blatt (32,4 %), während in den übrigen Diagnosegruppen dieses Phänomen ungefähr gleich häufig zu finden ist (16,2 %).

Die statistische Auswertung ergab folgende signifikanten Zusammenhänge:

Hochintelligente Kinder, Probanden, die gut zeichnen können, ältere Probanden und Probanden mit primär organischer Schädigung, zeichnen signifikant häufiger auf dem ganzen Blatt.

Dieser Befund ist unerwartet. Er kann nur dadurch erklärt werden, daß drei Faktoren für die Verwendung des ganzen Blattes bestimmend sind:

1. Die altersabhängige Entwicklung der Zeichenfähigkeit, die dazu führt, daß immer mehr das sich am unteren Blattrand Orientieren aufgegeben und die ganze Zeichenfläche gestaltet wird (Altersfaktor).
2. Die gute Zeichenfähigkeit intelligenter Kinder, die eine durchgegliederte intellektuelle Bewältigung der gestellten Aufgabe unter Verwendung des ganzen Blattes gestattet (kreativer Faktor).
3. Der beginnende bzw. fortschreitende Gestaltzerfall bei organischen Hirnschädigungen, der zu einer chaotischen Zeichnung, auf dem ganzen Blatt verteilt, führt (organischer Faktor).

Das entspricht bisweilen der im Szenotestspiel Schizophrener beobachteten »chaotischen Scheinordnung« (*G. und R. Biermann*).

Diese drei Faktoren können individuell beliebig gemischt sein.

5. Diagonale Anordnung
(n = 1225)

Die Figuren befinden sich auf einer Diagonale.

Fall 63

Der achtjährige Sascha lernt trotz gut durchschnittlicher Begabung schlecht. Vor allem fällt er durch sein infantil-draufgängerisches Verhalten in der Klasse auf. – Sascha ist das einzige Kind eines älteren Akademikerehepaares. Besonders der Vater verwöhnt in spätem Vaterglück seinen Sohn und überfordert ihn zugleich. Die Mutter unternimmt wohl schwache erzieherische Versuche, unterliegt aber immer wieder dem Charme des Kindes und bewundert seine Streiche. Sascha protestiert gegen jegliche Autorität, als »Bandenchef« seiner Klasse kämpft er wagemutig gegen ältere Buben. Er beleidigt den Pfarrer, so daß er von der Erstkommunion ausgeschlossen wurde, ein Vorfall, der in seiner Schule noch nie dagewesen war.

In der VF zeichnet Sascha an erster Stelle die Mutter als einen übergroßen, anthropomorphisierten Marienkäfer, der in der linken unteren Ecke steht.

Als zweiten zeichnet er den Vater als eine im Spinnennetz gefangene Fliege, die sich in der rechten oberen Ecke des Bildes, an höchster Stelle, befindet. Sich selbst stellt er als Spinne dar, »die geht zur Fliege und will ihr das Blut aussaugen«. Der Faden der Spinne umrahmt die Mutter, stützt sich an einem Baum und führt zum Spinnennetz. Spinne und Fliege sind im Vergleich zum prächtigen, großen Marienkäfer klein und unscheinbar gezeichnet.

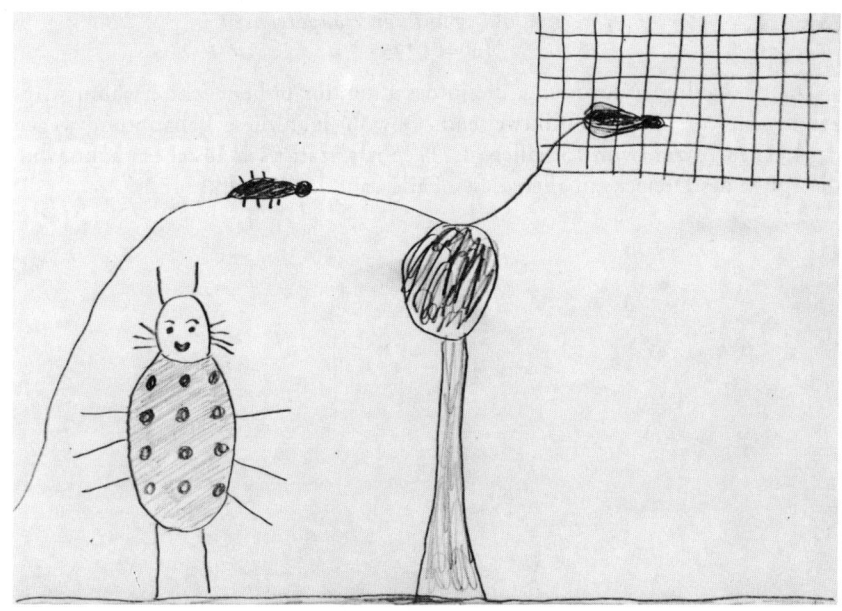

Abb. 63

In der VF stellt Sascha seine heftige ödipale Auseinandersetzung mit dem Vater dar, aus der die noch immer symbiotisch hoch geschätzte Mutter ausgespart ist. In der metaphorischen Zeichnung verschafft sich der verwöhnt-verwahrloste, Ich-schwache Bub wunscherfüllend einen leichten Sieg, indem er als phallisch-aggressive Spinne dem ihm zugewandten, zur Fliege abgewerteten Vater »das Blut aussaugen wird«. Er kennt aber die realen Machtpositionen in der Familie: So zeichnet er den Vater an der höchsten Stelle des Bildes, sich selbst etwas unterhalb und erst nach dem Vater.

Die Ähnlichkeit der Vater und Sohn darstellenden Tiere und der Umstand, daß sie durch den Spinnenfaden verbunden sind, mutet archaisch an: In der Urhorde identifizierten sich die Söhne mit dem Urvater, den sie verspeisten, um so an seiner Kraft teilzuhaben (*S. Freud*).

(Fall 57, 98, 115.)

Es werden evtl. zwei sich kreuzende Diagonale mit einer Figur im Kreuzpunkt dargestellt.

Da diese Anordnung nur in 28 Fällen (2,3 %) vorkam, konnte sie nicht statistisch ausgewertet werden. In allen 28 Fällen haben wir aber wertvolle Hinweise auf die Konfliktsituationen des Probanden bekommen, wie es auch beim Szenotest gefunden wurde *(v. Staabs, Biermann,* 35).

Häufig lag der Konflikt im Kreuzpunkt der Diagonalen. In den Fällen, wo im Kreuzungspunkt der Diagonalen der Zauberer gezeichnet wurde, befand sich der Konflikt auf den gegenüberliegenden Enden der Diagonalen.

Der Zauberer war in all diesen Fällen ein besonders mächtiger Zauberer, der das Über-Ich des Probanden verkörperte.

129

6. Dreieckslösung auf der Waagerechten
(n = 1225)

Die trianguläre Anordnung, die in der Literatur bisher nicht erwähnt wird, zeigte sich vor allem konfliktweisend. Obwohl man diese Behauptung wegen der kleinen Anzahl von 15 Fällen (1,2 %) nicht statistisch absichern kann, wies die Spitze des Dreiecks in allen diesen Fällen auf den Konflikt hin.

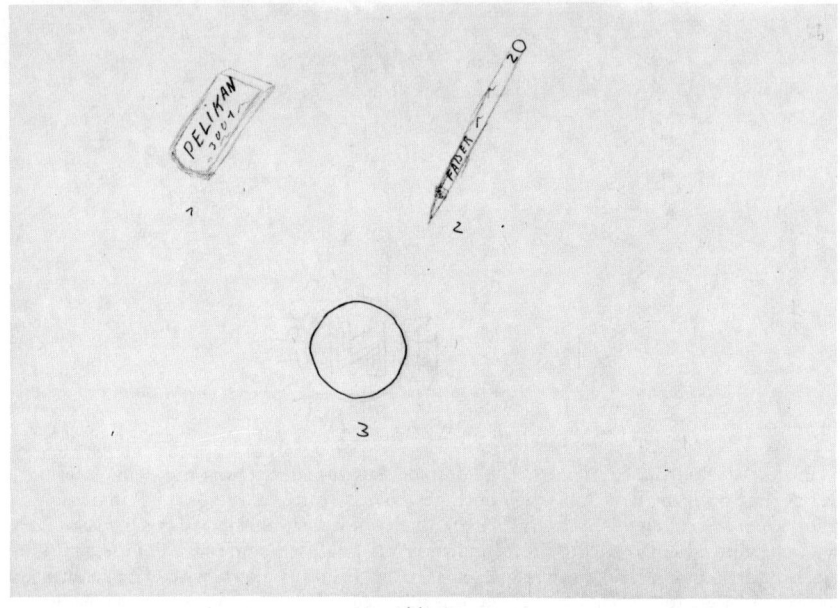

Abb. 64

Fall 64

Wegen Schulschwänzen und Fortlaufen – fortschreitender Verwahrlosung ihres in der Oberschule versagenden 16 jährigen Jungen wandten sich die Eltern an die Beratungsstelle. Frank befindet sich in einer ausgesprochenen Identitätskrise. Seine Eltern sind seit seiner frühen Kindheit geschieden, beide sind wieder verheiratet, Frank lebt bei seiner Mutter, mit zwei jüngeren Stiefgeschwistern und hat ein Auskommen mit dem Stiefvater. Der autoritäre, leistungsehrgeizige leibliche Vater versucht immer wieder, in die Erziehung des Ältesten einzugreifen. Er wird von diesem abgelehnt, während Frank von seiten der Mutter in seiner Sonderstellung viel Verwöhnung erfährt.

Frank zeichnet in der VF lediglich einen Kreis, einen Bleistift und einen Radiergummi. Der Kreis steht in der Mitte unten zwischen beiden. Er sagt lakonisch dazu: »Der Bleistift hat den Kreis gezeichnet, der Radiergummi kann ihn wieder auslöschen.«

In patriarchaler Abfolge wird zunächst der Vater verzaubert. Er behält die Macht, alles ändern zu können, als Eingriff des Schicksals für den Jungen, bis zum völligen Auslöschen. Ihm folgt die Mutter, der der Junge sein Dasein verdankt, sie hat ihn »gezeichnet«, die Ambivalenz mütterlichen Verhaltens ist im Bleistift zu erkennen. Im Grunde von phallischer Struktur – der spitze Bleistift – ist sie doch dem Jungen gegenüber nachgebend, verwöhnend – es ist ein weicher Bleistift, Faber Nr. 2.

Der Junge steht als Kreis zwischen den Eltern, und unter ihnen. Als Kreis ist er unangreifbar, sucht jedem Zugriff auszuweichen. Er ist zudem, in seiner Identitätskrise, noch unstrukturiert.

(Fall 42, 47, 74, 95, 104.)

7. Horizontale Anordnung in zwei Ebenen
(n = 1225)

In 54 Fällen (4,4 %) werden die Zeichenobjekte in zwei Ebenen horizontal angeordnet. Sehr oft sind die Figuren, die in der oberen Ebene gezeichnet werden, diejenigen, die mehr geachtet werden, die in der unteren Horizontalen gezeichneten aber die geringer geschätzten.

Außerdem drückt die Darstellung in zwei horizontalen Ebenen eine gewisse Distanz aus, die zwischen den oben und unten gezeichneten Figuren im Empfinden des Kindes besteht.

Damit stimmt überein, daß wir die horizontale Anordnung in zwei Ebenen gehäuft bei Kindern der Diagnosengruppe II und III vorfinden; in diesen Phasen der Libidoentwicklung spielen Auseinandersetzungen mit Autoritätspersonen eine wichtige Rolle.

Abb. 65

Fall 65

Der zwölfjährige Boris und die achtjährige Marianne wachsen mit fünf Geschwistern auf, das jüngste Kind der Familie wurde vor zwei Tagen geboren. Das Familienleben ist voller Spannungen. Der Vater, ein temperamentvoller Balkanese hat eine kühle Nordländerin geheiratet. Die Eltern wurden als Emigranten in Mitteleuropa ansässig. In einem mühseligen wirtschaftlichen Aufstieg, zudem bei wachsender Kinderzahl, blieben eheliche Konflikte nicht aus, die von seiten des Vaters in familiärer Überlieferung autoritär behandelt wurden. Sündenbock war über viele Jahre der in der Rolle des Ältesten überforderte Boris, der sich mit der Vitalität seines Vaters zur Wehr setzte. Das begann mit Trotzverhalten, als die überforderte Mutter ihn bei der Geburt des zweiten Kindes vorübergehend in einem Heim unterbrachte. Er blieb seither aggressiv gegenüber anderen

Kindern, mit versteckter Rachsucht gegenüber den Geschwistern, und reaktiv anhaltendem Einnässen und Einkoten. Je älter er wurde, desto mehr nahm der Protest gegenüber dem hart strafenden autoritären Vater zu, er geriet immer mehr in die Isoliersituation, wobei sein Kontakt zur jüngeren Schwester Marianne immer noch der bessere war.

In der VF stellte Boris mit zeichnerischem Geschick die eigene Familie dar. In einer Reihe im oberen Drittel steht an erster Stelle seine ältere Schwester als Pinguin, dann als doppelköpfige Schlange die jüngere Schwester Marianne, es folgt der Bruder als Pferd. Das bisher jüngste Kind zeichnet er als Schaf, es ist als Lieblingstochter dem Vater – als Löwen – symbiotisch verbunden. Zuletzt erscheint das Neugeborene, als Fisch im Glas, damit ist die Situation im Mutterleib angedeutet.

In einer zweiten Reihe darunter folgt der jüngere Bruder, dessen Neugier mit einem großen Ohr betont ist. Die Mutter ist als Baum gezeichnet. Und zuletzt stellt der Junge sich selber als Zauberer dar. (»Das bin ich.«) Der intellektuell begabte Junge hat damit die familiäre Situation gut erfaßt: Die Geschwister, zu denen er in Rivalität steht, zeichnet er zuerst, dann die Symbiose des Vaters zur jüngsten verwöhnten Tochter. An vorletzter Stelle die Mutter als lebensspendenden Baum, und dann sich selbst als Zauberer, seine Allmachtsphantasien in seiner Isolierstellung in der Familie auslebend, in Konkurrenz zum übermächtigen Vater. Er sagt dazu in der Geschichte: »Alle wollten weglaufen, aber ich verzauberte sie schnell hintereinander. Das Werk war geschehen.«

(Fall 26, 46, 73, 76, 115, 126.)

Im Gegensatz zu *Porot*, der nie mehr als zwei Ebenen in horizontaler Anordnung in den Zeichnungen seiner Probanden fand, sahen wir in unserem Material auch Fälle, die in mehreren Horizontalen gezeichnet haben.

8. Vertikale Anordnung
(n = 1225)

Bei 15 Fällen (1,2%) fanden wir eine vertikale Anordnung. Die am höchsten gezeichneten sind die am meisten Geschätzten, die an niedrigster Stelle Gezeichneten werden am wenigsten geschätzt.

Fall 66

Der 8;2 jährige Adolf stammt aus einem wohlhabenden Geschäftshaushalt. Sein primitiv strukturierter Vater kümmert sich ausschließlich um den Betrieb. Die zwanghafte Mutter hat für Adolf nur Prügel und Vorwürfe, da sie ihn als Ursache der Eheschließung unbewußt ablehnt. Die Eltern leben in ständigen Spannungen, die Familienatmosphäre ist unerfreulich. Adolfs jüngerer Bruder ist schwer asthmatisch und konzentriert die ganze Liebe und Aufmerksamkeit der Mutter auf sich. – Adi versagt trotz gut durchschnittlicher Intelligenz total in der Schule.

Adolf zeichnet links den Zauberer, daneben vertikal übereinander zuerst den Bruder als einen Elefanten, der auf dem Zeichenblatt – wie im realen Familiengefüge – den meisten Platz einnimmt.

Die Mutter als Krokodil mit aufgesperrtem Rachen bringt er nicht ganz auf das Blatt. An höchster Stelle der Zeichnung steht der Vater als Schlange. Als Ursache der Verzauberung gibt Adi in der Geschichte die Schlimmheit des Bruders an.

Aus kleinkindhaft-magischer Angst stellt sich Adi in der Zeichnung nicht dar. Es wäre denkbar, daß er – als Zauberer – eine symbolische Rache an seinem »Feind«, dem Bruder, mit dem er sich identifiziert, nimmt. Gleichzeitig stellt Adi seine Wertschätzungen der einzelnen Familienmitglieder dar: Der Bruder nimmt wohl den größten Platz ein, über ihm steht aber die Mutter, auf die Adolf seine oral-kaptative Fixierung verschiebt. Der Konflikt mit der Mutter kommt zusätzlich dadurch zum Ausdruck, daß sie vom Blatt-

Abb. 66

rand abgeschnitten wird. Der Vater ist auch in dieser Familie der höchste, das Ober-
haupt, auch wenn er als eine relativ kleine Schlange gezeichnet ist.
(Fall 96, 103.)

Von der vertikalen Anordnung zu unterscheiden ist die *vertikale Tendenz*
(z. B. in Form von Raketen u. a.). Sie entspricht – analog den Befunden in Sze-
notestspielen – als phallisches Symptom einer Ehrgeizhaltung des Probanden
und findet sich vermehrt bei Bettnässern und Stotterern.

Fall 67

Wegen Schulängsten und zunehmendem Stottern des gehemmten Kindes melden die
Eltern den achtjährigen Ulf in der EB-Stelle an. Die Schwierigkeiten hatten sich unter
einem sich autoritär verhaltenden Lehrer entwickelt. Ulf ist einziges Kind. Sein Vater,
Akademiker, ist selber von gehemmtem Wesen, unter starkem beruflichem Engagement
kann er sich nur wenig um seinen Jungen kümmern. Auch die Mutter war als Kind ängstlich-gehemmt. Beide Eltern führen beruflich ein unregelmäßiges Leben. Ulf kam mit
einem Gewicht von vier Pfund als Frühgeburt zur Welt. Wegen chronischen Krankseins
konnte sich die Mutter im ersten Jahr nicht recht um ihr Kind kümmern. Bei der körperlichen Untersuchung wirkte das accelerierte Kind haltungsschwach.

In der VF zeichnet Ulf in großer Darstellung mit vertikaler Tendenz auf dem unteren
Blattrand die Familie im Stadium der Verzauberung: zunächst den Vater in einem
schmalen hohen Haus, sodann sich selber in einer Rakete und zuletzt die Mutter in einem
Koffer.

Der Junge weist mit dem Haus an erster Stelle auf seinen Wunsch nach Geborgenheit
hin, den er seinem Vater, in der Rolle des Wochenendvaters anträgt. Die Mutter wird an
dritter Stelle gezeichnet, damit abgewertet, auch im Objekt des Koffers, der auf ihre
berufliche Tätigkeit außer Hause Bezug nimmt. In der Mitte steht der Junge, einziges

Abb. 67

Kind der Eltern, mit der Wahl der Rakete betont er seine unbewußte Ehrgeizhaltung, in Ambivalenz seiner Schulkonflikte.

9. Seitenbevorzugung
(n = 1225)

Bei 195 der Zeichnungen ließ sich eine Seitenbevorzugung (Gruppierung aller Figuren links oder rechts) feststellen. Davon:

links   143 ⁻ 73,3 %
rechts   52 ⁻ 26,7 %

Fall 68

Wegen Schul- und Erziehungsschwierigkeiten wurde die zwölfjährige Erna an die EB-Stelle überwiesen. Sie ist unaufmerksam und beteiligt sich nicht am Unterricht. Durch Unfälle und Krankheiten mußte sie in letzter Zeit häufig die Schule versäumen. Sie besucht die Oberschule, ist aber zur Zeit ausgesprochen lernunwillig. Das gilt auch für ihr Verhalten zu Hause, wo sie ständig über neue Beschwerden klagt. Neben einer Unlust beim Essen neigt sie seit kurzem zu ähnlichen Herz-Atem-Beschwerden wie die Mutter; diese leidet seit längerem an einer Herzneurose.

Erna hat eine drei Jahre jüngere Schwester. Der Vater ist vor zwei Jahren an Krebs gestorben. Das schwere Leiden des Vaters mit wiederholten operativen Eingriffen haben die Kinder über fünf Jahre bei beengten Wohnverhältnissen unmittelbar miterlebt, auch als der Vater schließlich zu Hause starb. Seither schläft Renate im Ehebett bei der Mutter und Erna allein im Kinderzimmer. Die Mutter ist auch schon auf den Gedanken gekommen, ob ein Wohnungswechsel nicht besser wäre. Sie hat auch seit einiger Zeit Heiratsabsichten und deshalb Zeitungsannoncen aufgegeben. Die beiden Mädchen sind damit nicht einverstanden.

Abb. 68

Bei der psychologischen Untersuchung kommt Erna im HAWIK auf einen LQ von 115.

In der VF trennt sie die rechte und linke Hälfte von oben bis unten durch ein Gitter. Links davon lacht der an erster Stelle gezeichnete Zauberer. Rechts im Gefängnis befindet sich die Familie. Sie besteht aus den Eltern und ihrem Sohn. Dieser steht direkt unter der Mutter, er ähnelt ihr sehr, mit seinem Haarschopf. Beide haben Hosen an, beide schauen nach vorne.

Weiter rechts – Mutter und Sohn zugewandt – sitzt auf dem Stuhl der Vater und sagt: »Wie kommen wir bloß raus hier!« Alle drei weinen. Die Zeichnung ist mit kräftigen Strichen sicher angelegt.

Erna erzählt dazu folgende Geschichte: Die sind vielleicht gerade am Spazierengehen. Da kommt plötzlich 'ne Gestalt und fragt da nicht lange und verzaubert die also und dann landen sie in dem Gefängnis. Da kommen die nach 'ner Viertelstunde wieder zu sich, wissen gar nicht, was los ist. Da kommt der Zauberer mit der Hexensuppe an, die sollen sie dann essen. Sie haben aber alle keinen Hunger, daß sie eine halbe Stunde nichts essen und der Zauberer sie dann einfach wieder rauswirft, weil er nichts mit denen anzufangen weiß.

Der Zauberer verkörpert die Schicksalsmacht. Die Familie ist eingeschlossen, die Situation erinnert an die noch nicht bewältigte Vergangenheit, das unentrinnbare Schicksal des Zusammenlebens mit dem kranken Vater: Er alleine sitzt und gibt seiner Verzweiflung Ausdruck. Aber auch Mutter und Kind – das zweite Kind ist eifersüchtig verdrängt, von seinem Platz bei der Mutter – klagen dem Betrachter weinend ihr Leid.

Der Versuch des Zauberers, Macht über sie zu bekommen, mißlingt aber, sie weigern sich, die Hexensuppe zu essen.

Hier, wie aus den Plänen der Mutter – neue Wohnung, neue Ehe –, sind deren Bemühungen zu erkennen, sich dem Schicksal, das mit dem Tode des Mannes verbunden, immer noch nachwirkt, zu entziehen.

(Fall 29, 44, 48, 50, 58, 71, 72, 74, 105, 124.)

a) Zwischen *Seitenbevorzugung und Alter* besteht statistisch kein signifikanter Zusammenhang. In allen Altersgruppen ist das Verhältnis von Bevorzugung der rechten bzw. der linken Seite gleich.

b) *Seitenbevorzugung und Intelligenz* (n = 600) ergibt einen statistisch signifikanten Zusammenhang:

Die Pb mit einem IQ 120 und höher zeichnen – wenn sie überhaupt eine Seite bevorzugen – häufiger rechts (44 %) als solche mit einem IQ unter 120 (20 %).

Die Rechtstendenz bei hohem IQ könnte auf eine gewisse Progressivität hinweisen, auf den Drang zur Umweltbewältigung, eine aktive Auseinandersetzung mit ihr.

c) *Seitenbevorzugung und zeichnerische Fähigkeit* (n = 600). Es besteht kein statistisch signifikanter Zusammenhang. Es ist allerdings auffallend, daß von den guten Zeichnern 35,4 %, von den schlechten 21,4 % die rechte Seite bevorzugen.

d) *Seitenbevorzugung und Diagnose* (n = 1225). Am häufigsten tritt die Bevorzugung der linken Seite bei der Diagnose Gr. I (88,6 %) auf. Sie findet sich am deutlichsten ausgeprägt bei neurotischer Frühverwahrlosung. Am geringsten ist die Linksbevorzugung in der Gruppe II mit 65,5 %. (Abgesehen von den Gruppen VI und VII [57 %], die keine neurotische Fixierungen aufweisen.)

Es besteht ein statistisch signifikanter Zusammenhang zwischen *Geschlecht und Seitenbevorzugung*. Von den Buben zeichnen links 73,2 %, rechts 26,8 %. Von den Mädchen bevorzugen links 28 % und rechts 72 %.

In unserem Material überwiegt unter den Probanden, bei denen eine Seitenbevorzugung festzustellen ist, die Linkstendenz (73,3 %) gegenüber der Rechtstendenz (26,7 %).

Koch hat entsprechend *von Staabs* und *von Wittgenstein* in der Deutung der Raumsymbolik bei dem Szenotest Linkstendenzen in der Baumzeichnung mit regressiven Strebungen in Zusammenhang gebracht.

Dafür würde auch in unserem Material die Tatsache sprechen, daß sich Linkstendenzen besonders in der Diagnosengruppe I finden.

10. Höhenbevorzugung
(n = 1225)

In 523 (42,7 %) aller Zeichnungen konnte eine Bevorzugung der oberen bzw. der unteren Hälfte des Blattes festgestellt werden. Davon benutzten 395 (75,5 %) die untere Hälfte, 128 (24,5 %) die obere.

Fall 69

Die 6;9 jährige Magda lebt mit ihren Eltern in einer regelrechten Symbiose zu dritt. Beide Eltern sind sehr ängstlich. Der Vater, ein Facharbeiter, muß sich täglich überwinden, wenn er zur Arbeit geht, da es ihm schwer fällt, seine Frau und Tochter zu verlassen. Magda wurde bereits vom Kindergarten zurückgeschickt, da sie die Trennung von den Eltern nicht aushielt. In den ersten drei Schulwochen erlaubte die Lehrerin, daß Magdas

Abb. 69

Mutter am Unterricht teilnahm. Nachdem die Lehrerin in der vierten Woche die Mutter heimgeschickt hatte, erschien das Kind nicht mehr zum Unterricht. Diese Situation führte schließlich zur Krankenhauseinweisung des Kindes.

In der VF zeichnet Magda zuerst den Vater »in einer Kiste eingesperrt, weil er so bös war und einem Bekannten das Geld gestohlen hat«. Nachher zeichnet sie die Mutter »in einem Bierfassel eingesperrt, weil sie so bös war und dem Kind nichts zum Essen gegeben hat«. Schließlich zeichnet sie das Kind – ein elfjähriges Mädchen, das »hat sich selbst in den Turm eingesperrt, weil es sonst der Wolf gefressen hätte«.

Die Zeichnung ist druckstark ausgeführt, das Kind ist am größten, nahe der Mutter plaziert.

Im Pigem-Test sagt Magda, sie möchte gerne in ein Meerschweinchen verwandelt sein, weil sie selbst eines hat, und das tut ihr so leid. Sie möchte auf keinen Fall in ein Krokodil verwandelt sein, weil »ich dann fressen würde, weil da tut mir das Herz weh«.

In der VF erscheint Magdas Trennungsangst, durch das Eingesperrtsein eines jeden Familienmitgliedes symbolisiert, als eine Sicherung vor dem Durchbruch lebhafter, oral-kaptativer Aggressionen, welche das Kind auf die Eltern projiziert.

Der Pigem-Test stellt einen weiteren Beleg, Magdas Angst vor eigenen oral-kaptativen Aggressionen, dar.

(Fall 9, 13, 19, 41, 43, 54, 75, 84, 88, 91, 113, 117, 118.)

a) Zwischen Höhenbevorzugung und Alter besteht kein statistisch signifikanter Zusammenhang, d. h. in allen Altersgruppen wird ca. viermal so häufig unten gezeichnet wie oben.

Allerdings nimmt die Tendenz zur Höhenbevorzugung im Sinne von unten oder oben mit dem Alter deutlich ab. Vor dem zehnten Lj. zeigen 50,5 % der Kinder eine Höhenbevorzugung, nach dem zehnten Lj. nur noch 31,4 %.

b) Zwischen Höhenbevorzugung und Intelligenz (n = 600) besteht kein

Zusammenhang. In allen IQ-Klassen ist das Verhältnis von unten nach oben gleich.

c) Zwischen Höhenbevorzugung und zeichnerischer Fähigkeit (n = 600) besteht ein Zusammenhang. So zeigen von den sehr guten Zeichnern nur 16,7% eine auffallende Höhenbevorzugung. Die schlechten Zeichner weisen dagegen in 62,5% eine auffällige Höhenbevorzugung auf. Ebenso wie bei den älteren Kindern bevorzugen die Kinder mit guter Zeichenfähigkeit das ganze Blatt als Zeichenfläche.

d) Innerhalb einzelner Diagnosen wie auch innerhalb der Diagnosengruppen ist kein signifikanter Unterschied in der Bevorzugung von oben und unten festzustellen. Dagegen nimmt von der Gruppe I bis Gruppe V die Häufigkeit der Zeichnungen, die eine Höhenbevorzugung aufweisen, signifikant ab.

(Von 101 [50%] bei Gruppe I auf 27 [26%] der Gruppe V.)

Es haben also 128 alle Figuren oben gruppiert und 395 unten gruppiert. Diese Zahlen widersprechen den Angaben der bisherigen Literatur, wo oben Sublimierung, d. h. nach oben streben usw., unten die Depression, ein Nach-unten-Streben usw. bedeuten soll.

Wenn wir jedoch das Prinzip links – rechts, unten – oben, auf das Zeichnen der einzelnen Figuren anwenden, kommen wir zu ähnlichen Ergebnissen wie sie *Koch* u. a. angeben.

11. Häufungen
(n = 1225)

Als weitere Merkmale der Raumanordnung haben wir die Häufungen untersucht. Sie konnten in 25,7% aller Zeichnungen gefunden werden, und zwar an den verschiedensten Stellen des Blattes (Seite, Mitte, Ecke). Seltener beobachten wir Häufungen in den Diagnosengruppen V (19,2%), VI (21,6%) und VII (26,5%). Am zahlreichsten waren Häufungen bei der Diagnosengruppe II (27,5%) zu finden.

Einzeldiagnosen, bei denen Häufungen besonders oft vorkamen, waren: Tic (19 Fälle): 31,7%, Colitis (acht Fälle): 50%, Enkopresis (39 Fälle): 33%, Enuresis (113 Fälle): 32,7% und Asthma (73 Fälle): 31,5%. Zwischen Geschlecht und Häufungen wurde kein Zusammenhang gefunden (20,2% der Jungen und 21% der Mädchen zeichneten Häufungen).

Fall 70

Der elfjährige Peter wurde in einem sehr elenden Zustand bei rezidivierender Colitis ulcerosa von einer Kinderklinik überwiesen. Er ist Zweitältester von sieben Kindern. Seiner an vegetativer Dystonie leidende, verhärmte, vorgealterte Mutter, die neben einem vital unbeherrschten, sehr viel außer Haus agierenden Manne, ein Dulderdasein chronischer Überforderung führt, ist Peter im Äußeren wie im Wesen sehr ähnlich. Er war als Zweitgeborener, kurz nach dem Ältesten, für lange Zeit in der Situation des verwöhnten Nesthäkchens bei der Mutter.

Abb. 70

Der Vater war zunächst von Beruf Hotelier, dann in anderen Branchen selbständig tätig. Berufliche Mißerfolge mit Schulden ließen ihn ein günstiges Angebot im Ausland annehmen, so daß er in den nachfolgenden Jahren immer nur sehr flüchtig zu Hause weilte. Die reale eheliche Situation wurde in wiederholten Gesprächen mit beiden Eltern zunächst abgeschirmt. In der sich über mehrere Jahre hinziehenden Betreuung gewann man aber doch den Eindruck eines nunmehr sehr kindzentrierten Familienlebens, bei allerdings autoritär dominierender Vaterfigur.

Der Bub reagierte auf die Ankunft der jüngeren Geschwister in der Entthronungssituation mit Nabelkoliken. Auf dem Boden derselben, die ein familiäres Korrelat (Symptomtradition!) in dem Magengeschwürsleiden des von der Mutter sehr geliebten Bruders – Onkel des Jungen – fand, brach im Alter von neun Jahren die Colitis ulcerosa aus. Sie nahm einen schweren Verlauf und machte wiederholt längere Klinikbehandlungen notwendig.

Eine intensive langfristige Betreuung mit Beratung der Eltern führte zum Sistieren des Leidens, doch blieb der noch sehr muttergebundene grazile, blasse, untergewichtige Bub antriebsveramt und kontaktscheu.

Den Test VF zeichnete er 20 jährig, damals in seiner ganzen Entwicklung noch um mindestens drei Jahre rückständig. Er wirkte ausgesprochen unsicher, in der Krise einer Identitätsdiffusion. Trotz seines Alters ist ihm eine echte Berufsfindung noch nicht gelungen.

Peter zeichnet lediglich Wolken in der VF, und zwar neun kleinere Wolken, die sich in einem größeren, längsovalen Kreis finden. Er erzählt dazu folgende Geschichte: Das ist unsere Familie. Die ganze Familie ging spazieren auf einer großen Wiese. Da kam ein Zauberer, hat die Hand ausgestreckt, hat sich auch in eine Wolke verwandelt und die ganze Familie auch in Wolken verwandelt und eingehüllt. Ich war auch dabei. Wir wurden alle aufgelöst, und von dem Moment an weiß ich nichts mehr.

Der Zauberer symbolisiert den Vater, der in seiner patriarchalen Funktion die Familie prägt und erhält. Er ist aber auch der Unberechenbare, der in seinem Beruf plötzlich kommt und wieder geht und der in seiner beruflichen Unbeständigkeit das äußere Bild der Familie immer wieder verändert.

Mit den Wolken deutet Peter das vage, unbestimmbare seiner Existenz an. Er kann sein Ich, die Grenzen seiner Persönlichkeit noch nicht abschirmen, in anhaltender Mutter-Kind-Symbiose. Das Wolkenbild kann im nächsten Moment wieder zerfließen, eine andere Gestalt annehmen, was er auch mit der Geschichte andeutet.

Mit der Zahl der Wolken weist er auf die eigene Familie hin, von der er auch in der Geschichte spricht. Im größeren Kreis geborgen, erlebt er sie trotz allem als Einheit. (Fall 127.)

b) Die Zeichenart
(wie wird gezeichnet)

W. Stern faßte mit *Krötzsch* das Zeichnen als Ausdrucksbewegung auf und sprach daher von der »zeichnerischen Handschrift« des Kindes, die »lange, ehe die wirkliche Handschrift schon die eigene Form angenommen hat, die eine graphologische Deutung zuläßt«, ein neues Werkzeug der kindlichen Charakterdeutung darstellt.

Im Test der VF betrachten wir drei Aspekte dieser »zeichnerischen Handschrift« des Kindes:

1. die Reihenfolge des Zeichnens
2. die Komposition
3. die graphische Durchführung

1. Die Reihenfolge

Unsere Vorgänger, die sich mit Familienzeichnungen befaßten, haben wohl die »zeichnerische Handschrift« des Kindes studiert und auch mit Falldarstellungen illustriert, ohne jedoch die gewonnenen Ergebnisse statistisch zu belegen.

Es wurden viele interessante Einblicke gewonnen, wobei jedoch mit *Ada Abraham* zu bemerken ist, daß »die Wahl der Linse«, d. h. der psychologischen Konzeption des Forschers, »das, was er finden wird, determinierte«.

Cain und Gomilla untersuchten bei 82 Kindern die Zeichnung der eigenen Familie. Sie interessierten sich besonders für folgende formale Elemente der Zeichnung: die Anzahl der Gezeichneten, unter besonderer Beachtung

der Vergessenen und der Dazugefügten,

die Raumordnung der Familiengruppe,

die Beziehungen Figur - Hintergrund,

die kinaesthetischen Momente der Zeichnung.

Minkowska beachtete in ihrem Familientest besonders die formale Seite.

Nach der Zeichenart unterscheidet sie zwei konstitutionell bedingte Kindertypen, die auf verschiedene Weise die Realität erfassen:

die Sensoriellen,

die bewegte Zeichnungen bei gerundeter Strichführung produzieren, und

die Rationellen,

die rigide, starre Zeichnungen bei eckiger Strichführung bringen.

Sie ordnet beide Gruppen verschiedenen Konstitutionen zu:
die Sensoriellen der epileptoiden,
die Rationellen der schizoiden Konstitution.

Minkowska wird in der Literatur ob ihrer Beobachtungen geschätzt, aber auch kritisiert. So wirft ihr *Abraham* vor, daß sie das Alter des Kindes in ihren Ausführungen vernachlässigt, daß sie die Proportionen des Gezeichneten, die motorische Kontrolle des Zeichners nicht beachtet.

Corman geht in seiner Kritik noch weiter. Er betrachtet die Typologie der *Minkowska* als in der pädopsychiatrischen Praxis wenig nutzbringend.

Hulse untersucht mit dem Draw a family Test »einige Hundert« kinderpsychiatrische Probanden der Latenzperiode. Er vergleicht diese Zeichnungen mit denen von 120 Schulkindern der gleichen Entwicklungsstufe. Seine Probanden werden aufgefordert, mit Bleistift und Farbstiften die eigene Familie zu zeichnen. Es interessiert ihn, »ob und wie das Kind seine Gefühle zu den Eltern, zu den Geschwistern und zu sich selbst ausdrückt und das Konzept, das es über seine Stellung in der Familie hat«. – In zahlreichen Fallstudien, jedoch ohne statistische Auswertung, beachtet er die Raumanordnung und Abwertung durch die Zeichenart, vor allem aber die familiäre »Gestalt«, die sich durch die Komposition der Figuren ausdrückt. Er ist überzeugt, daß »kindliche Entwicklungskonflikte in allen Familienzeichnungen der Latenzzeit und der Zeit nachher im Familientest zu erkennen sind«.

Porot befaßt sich mit der Zeichnung der eigenen Familie der Probanden. Er unterstreicht die Wichtigkeit der zuerst gezeichneten Person. Er befaßt sich mit der zeichnerischen Auf- und Abwertung einzelner Personen wie auch mit der Bedeutung desjenigen, der »vergessen«, ausgelassen, wird.

Den Platz, den sich der Proband in der Zeichnung gibt, betrachtet er als jenen Platz, wo er sich innerhalb der Familiengruppe erlebt.

Borelli-Vincent verbindet beide Arten der klassischen Familienzeichnung. Die Probanden werden aufgefordert, irgendeine Familie und gleich danach die eigene Familie zu zeichnen. Die beiden Zeichnungen werden miteinander verglichen und im Sinne *Abrahams* nach ihrem adaptativen, projektiven und expressiven Aspekt studiert. Der Autor integriert die signifikanten Gegebenheiten der Zeichnung einer Person und die Gegebenheiten, die durch die Betonung des Familienthemas hineingebracht werden. Er bemüht sich schließlich um ein Auswertungssystem, ohne dieses jedoch statistisch zu unterbauen. Er unterstreicht, daß er den Optimismus *Porot's* nicht teilt, der sich durch die Familienzeichnung ein rasches und sicheres Herausfinden der affektiven Ursachen einer neurotischen Symptomatik erhoffte. Vielmehr sieht er in der Familienzeichnung ein Instrument, das »die aktuelle Erlebnisseite der Konflikte filtriert und umgewandelt durch die Abwehrmechanismen, als die Ursachen der Konflikte selbst an den Tag bringt«.

Flury, der von seinen Probanden die eigene Familie in Farben darstellen läßt, interessiert bei der Zeichenart die Ausgestaltung, der Ausdruck, die Farbenwahl, die Größenverhältnisse, Haltung, Stellung und Anordnung einzelner

Personen, die Reihenfolge, in der gezeichnet wird, weiter ausgelassene bzw. hinzugefügte Personen.

Er betrachtet die Steifheit bzw. die Beweglichkeit der gezeichneten Figuren, die Ausgestaltung des Zeichenraumes, evtl. seine Leere.

Diese Kriterien erwähnt er vorwiegend in Falldarstellungen, die er beobachtet hatte, ohne auf sie theoretisch näher einzugehen.

Reznikoff untersuchte sieben- bis neunjährige Kinder, indem er sie die Familie und sich selbst zeichnen ließ.

Soziale und rassische Einflüsse wirken nach seiner Meinung auf das Formale der Zeichnung in besonderer Weise ein. So fand er, daß Kinder aus einem armen Milieu die Familie »wie in der Luft hängend« gezeichnet haben, auf diese Weise ihre Unsicherheit ausdrückend, daß Negerkinder viel öfter als andere Kinder die Finger der Personen und die Geschwister vergessen, was er mit Kontaktschwierigkeiten und erhöhter Geschwisterrivalität in diesem Milieu erklärt.

Brem-Gräser beschränkte ihre Aufmerksamkeit im Test »Familie in Tieren« auf folgende Problemkreise: Geborgenheitsproblematik, Kontaktproblematik und Machtproblematik.

Entsprechend diesen Problemkreisen fand sie bestimmte Kinder- und Elterntypen: das festverhaftete Kind, das Mittelpunktkind, das dominierende Kind, und setzte sie in Gegensatz zum ungeborgenen Kind, peripheren Kind, unterlegenen Kind.

Die Gluckenmutter und die Kuckucksmutter, der dominierende Vater und der unterlegene Vater bilden die Elternpole. Diese Typen der Familienmitglieder und deren Konstellationen werden einer bestimmten Raumanordnung, graphischen Ausführung und Reihenfolge zugeordnet. Das nestverhaftete, das Mittelpunktkind werden groß, sorgfältig ausgeschmückt und in der Mitte, evtl. über der Familiengruppe gezeichnet.

Das Mittelpunktkind und das dominierende Kind werden oft an erster Stelle und als schöne Tiere, mit evtl. stolzem Gebaren, dargestellt.

Das ungeborgene, das periphere, das unterlegene Kind werden hingegen außerhalb, evtl. unterhalb der Gruppe, zuletzt oder an beliebiger Stelle in der Reihenfolge, klein und unscheinbar gezeichnet.

Die Gluckenmutter wird zuerst, groß und zentral, die Kuckucksmutter an beliebiger Stelle und peripher dargestellt.

Den dominierenden Vater zeichneten die Probanden zuerst, groß, einen großen Raum beanspruchend, über den anderen, in stolze Tiere, mit stolzem Ausdrucksgebaren verwandelt.

Hingegen wurde der unterlegene Vater unter den anderen, an beliebiger Stelle der Reihenfolge, in geduckter Haltung, am Rande, als ängstlich-geducktes Tier dargestellt.

Bezüglich der Größenverhältnisse erwähnt *Brem-Gräser* bloß die Gegensätze groß - klein, bzgl. der Gruppierung unterstreicht sie die Gegensatzpole zentrifugal - zentripetal, bzgl. der Reihenfolge behandelt sie vorwiegend die

erste und die letzte Stelle. Sie betrachtet die Reihenfolge als »nicht richtungs-
weisend, weil sie auf den verschiedenen Bildern willkürlich wechselt«.

Außerdem hätte »fast die Hälfte der Kinder (trotz der gegebenen Aufforderung) vergessen, die Reihenfolge zu vermerken«.

Reihungen verraten ihrer Ansicht nach »Nichtbeachtung oder Unfähigkeit,
eine Gruppierung vorzunehmen«.

Der graphologischen Analyse der Strichführung und der Strichart mißt
Brem-Gräser eine große diagnostische Bedeutung zu.

Corman legt in seinem Familientest auf die formalen Elemente der Zeichnung großen Wert.

Die Probanden werden aufgefordert, »irgendeine erfundene Familie« zu
zeichnen. Nachher werden sie in einer festgelegten Weise zu der Zeichnung
befragt.

Corman betrachtet die zeichnerische Durchführung, die Komposition der
gezeichneten Gruppe und die Reihenfolge des Zeichnens als bedeutende Modi
der Projektion des Probanden. Auch Strichführung und Strichqualität werden
in Betracht gezogen, jedoch weniger ausgiebig als dies bei *Brem-Gräser* der Fall
ist.

Corman geht von der Aufwertung und Abwertung einzelner Personen aus, er
beachtet die Verlagerung der Eigenschaften, die beigefügten, die durchgestrichenen, die ausgelassenen Personen mit großer Aufmerksamkeit.

Die aufgewertete Person wird als erste, oft auf der linken Seite der Zeichnung (denn dort wird in der Regel begonnen), besonders groß, gut proportio-
niert, in zentraler Position, besonders sorgfältig und mit vielen Details ausgestattet, gezeichnet.

Die abgewertete Person wird als letzte, am Rande des Blattes, viel kleiner als
die anderen, außerhalb der Familiengruppe oder unter der Familiengruppe,
weniger schön, mit weniger Details ausgestattet, gezeichnet.

Den ausgelassenen, den dazugefügten und den durchgestrichenen Personen
kommt eine besondere Bedeutung zu. Während die Auslassungen und das
Durchstreichen der Personen Abarten der Abwertung darstellen, bedeuten die
dazugefügten Personen in der Regel mehrere Identifikationen des Probanden.

Die Verbundenheit und die Entfernung einzelner Personen in der Zeichnung, d. h. die Position zueinander und die Blickrichtung der einzelnen verraten die Art und Weise, wie der Proband in seinem Inneren die Beziehungen
innerhalb der Familie empfindet.

Corman übernimmt die konstitutionellen Typen von *Minkowska* – den Sensoriellen und den Rationellen, interpretiert sie jedoch auf eigene Weise. Er
schildert den Sensoriellen als einen spontanen, vitalen, für die familiäre
Gestimmtheit Empfindsamen, den Rationellen beschreibt er hingegen als einen
Rigiden, dessen Spontaneität verdrängt wurde.

Er unterstreicht den Einfluß der Schule auf die Reaktionsbildung (im psychoanalytischen Sinne), was in den Zeichnungen deutlich wird, denn »die Ordnung
macht schließlich (im Laufe der Entwicklung) dem instinktiven Eigenwillen
Platz«.

Corman ist einer der wenigen, die den Einfluß der Linkshändigkeit und der Legasthenie auf die formalen Kriterien der Zeichnung in Betracht zieht, wodurch er – wohl nicht ausgesprochen, jedoch implizite – viele der räumlich-graphologischen Bedeutungen, wie wir sie im Baum-Test und anderen Tests kennengelernt haben, in Frage stellt.

Was das Graphologische anbetrifft, so interessiert den Autor die Gestik des Zeichners, die Kraft, die er zum Zeichnen gebraucht und die Qualität des ausgeführten Striches.

Detailliertere graphologische Analysen, wie *Brem-Gräser*, wendet er nicht an.

Bei unseren eigenen Untersuchungen waren für uns vor allem Erkenntnisse jener Autoren richtungweisend, die sich mit der Kinderzeichnung an sich, mit der Entwicklung des Zeichnens beim Kind, und schließlich mit der Kinderzeichnung als psychologischem Test befaßt haben.

Erst nachdem unsere eigenen Untersuchungen abgeschlossen waren, konfrontierten wir die Ergebnisse mit denen unserer Vorgänger. Besonders für das Verständnis der formalen Seite der Zeichnung fanden wir viele Anregungen bei den Klassikern der Zeichnungsforschung, bei *Goodenough, Kerschensteiner, Krötzsch* und *Luquet,* von den neueren Autoren bei *Abraham* und *Boutonier.* Weitere Anregungen fanden wir bei jenen Autoren, die sich mit der Kinderzeichnung im Rahmen ihrer Studien zur Kinderentwicklung befaßt haben, wie *Baumgartner, Bühler, Katz, Piaget, E. Stern, W. Stern, Werner.*

Das Kind geht in seinem Erfassen, wie auch in seiner Produktion von sich selbst aus.

Daher zeichnet es zuerst Menschen, worauf *Abraham, Boutonier, Luquet, W. Stern* und andere hingewiesen haben.

»Das Kind ist im Wesen wie auch in seinen Darstellungen final ausgerichtet, wobei es die Finalität im Sinne Sokrates', d. h. menschenzentriert erfaßt,« sagt *Luquet.*

»Raumrelationen, ursprünglich ganz und gar egozentrisch, können nur so weit objektiviert und transponiert werden, soweit sie ... personal gebunden sind« führt *Werner* aus und setzt fort »erst relativ spät vermag eine echte dingliche, räumliche Transposition sich zu entwickeln«.

Bezüglich der Größenverhältnisse in der kindlichen Zeichnung sagt *W. Stern*: »Die Größe, in welcher irgendein Bildelement ausgeführt wird, ist ursprünglich viel mehr von dem Wichtigkeitsakzent, den das Kind ihm beilegt, als von den Forderungen der Proportion abhängig.«

Ähnliches finden wir in den Malereien der Naturvölker, wie auch in der frühmittelalterlichen Bildkunst.

Diese Ansicht, die auch *Rouma* unterstreicht, fanden wir in unserem Zeichenmaterial voll bestätigt.

Was die Ausgestaltung der Zeichnung mit Details anbetrifft, beobachteten wir mit *Luquet,* daß das Kind an »Details in einer bestimmten Ordnungsweise, nämlich die der Wichtigkeit, die diese für es beinhalten« denkt.

Überhaupt geht die Komposition der Kinderzeichnungen nach der »Affektperspektive« (*Werner*) vonstatten: »Das Wichtigste, dem Zeichner Bedeutsamste, wird groß dargestellt, das affektive Unbetonte überhaupt weggelassen oder ganz und gar verkümmert angedeutet.« Wir können aus unserer Erfahrung noch hinzufügen, daß auch die Reihenfolge des Zeichnens von der »Affektperspektive« abhängig ist.

Werner betont weiter, daß das Interesse des Kindes Erinnerungs- und Phantasievorstellungen völlig kontaminieren kann, so daß unter affektiver Einwirkung Verdichtungszusammenhänge entstehen, welche die kindliche Zeichnung wiederspiegelt. Dies hat sich in unseren Untersuchungen voll bestätigt.

Die drei Aspekte der »zeichnerischen Handschrift« der untersuchten Probanden sind:

1. die Reihenfolge des Gezeichneten,
2. die Komposition der Zeichnung,
3. die graphische Durchführung.

1. In der Reihenfolge des Gezeichneten haben wir wiederum mit der

Reihenfolge und Geschlecht des Pb.,
Reihenfolge und dem Alter des Pb.,
Reihenfolge und der Intelligenz des Pb.,
Reihenfolge und der Diagnose des Pb. korreliert.

Das Studium der Reihenfolge gibt uns besonders interessante Hinweise auf die Identifikationen des Probanden, deshalb werden diese anschließend in bezug auf die Familienverhältnisse und deren Wiederspiegelung im Test abgehandelt.

Die Elternpositionen sind durch die Gesellschaftsstruktur und ihren Rollenauftrag in den Familien festgelegt. Das Patriarchat bestimmt noch weitgehend die Identifizierungen des Kindes. Sowohl bei den Jungen wie auch bei den Mädchen steht der Vater mit Abstand an erster Stelle.

Tabelle 5. Elternpositionen in der Zeichnung

		Vater an 1. Stelle	Mutter an 1. Stelle
Verhaltensgestörte Kinder (n = 1225)	Jungen	49,4%	22,9%
	Mädchen	37,7%	18,7%
	Gesamt	40%	19,3%
Schulkinder (n = 2438)	Jungen	50,7%	20,3%
	Mädchen	43,4%	25,9%
	Gesamt	46,8%	23,3%

Der – allerdings geringe – Unterschied zwischen den Gruppen der Verhaltensgestörten und der Schulkinder erklärt sich damit, daß erstere häufiger aus ihrer neurotischen Problematik heraus andere Identifizierungen vornehmen, wobei die Eigenrolle des Probanden stärker in den Vordergrund rückt. Im Gegensatz zu den Jungen zeichnen die Mädchen häufiger die Mutter an späterer Stelle, als es die Jungen tun. Sie zeichnen sich auch selber häufiger an erster

Stelle, als die Jungen (22,1:14,3 %) (n = 600). Sie lassen sich auch häufiger als die Jungen in der Zeichnung aus (17,9 % :13,3 %).

All das entspricht der bekannten Tatsache, daß »die Identifikationsvorgänge der Mädchen nicht nur langsamer vor sich gehen als beim Knaben, sondern auch wesentlich komplizierter und uneinheitlicher zu sein« scheinen (*Mitscherlich-Nielsen*).

Die Reihenfolge des Zeichnens einzelner Familienangehöriger ist hoch signifikant vom Alter abhängig:

Vor dem achten Lebensjahr zeichnet sich das Kind überdurchschnittlich häufig an der ersten Stelle, während nach dem 12. Lebensjahr nur noch 9 % sich zuerst zeichnen.

Der Vater wird entsprechend im Laufe der Entwicklung immer häufiger an erster Stelle gezeichnet.

Da die Mutter in der Regel unmittelbar nach dem Vater gezeichnet wird, rückt auch sie mit zunehmendem Alter des Kindes immer deutlicher an die zweite Stelle der Reihenfolge. Beim Kind tritt ein zusätzliches Phänomen auf:

Während sich von den Fünf- bis Achtjährigen (n = 600), nur 12,1 % selbst nicht zeichnen, steigt dieser Prozentsatz bei den über Zwölfjährigen auf 22,9 % an.

Bei den 12,1 % der Fünf- bis Achtjährigen, die sich in der Zeichnung auslassen, konnten keine statistisch signifikanten Häufungen bzgl. Geschlecht, Intelligenz, Diagnose, Position in der Familie, Ich-Stärke, Ich-Schwäche gefunden werden. Bei unserer Märchenfassung der Familienzeichnung und -erstellung, tritt das magische Denken der Probanden besonders deutlich hervor. Dies dürfte zum Teil das Sich-selbst-Auslassen der jüngeren Probanden erklären. Teils lassen sie sich aus Angst vor der Verzauberung aus, teils projizieren sie sich magisch in den allmächtigen Zauberer.

Unabhängig von diesen relativen Verschiebungen ist innerhalb aller Altersstufen die normale Reihenfolge: Eltern – Kinder am häufigsten.

Zwischen der Reihenfolge des Zeichnens der einzelnen Familienmitglieder und der Intelligenz ist kein statistisch signifikanter Zusammenhang feststellbar.

Dies ist nicht verwunderlich, da nach allem, was wir über die Reihenfolge wissen, diese vorwiegend emotional und sozial bedingt ist, nicht aber von der Intelligenz abhängt.

Es fällt allerdings auf, daß bei einem IQ unter 110 die Kinder signifikant häufiger sich selbst nicht zeichnen, d. h. sich in der Zeichnung auslassen.

Da in der Gruppe der Fünf- bis Achtjährigen, die sich in der Zeichnung auslassen, keine signifikanten Häufungen bezüglich ihrer Intelligenzstufe festgestellt werden konnten, aber in der ganzen Gruppe der sich in der Zeichnung auslassenden Kindern Intelligenzquotiente unter 110 signifikant häufiger sind, müssen wir die Ursache dieser Häufung bei den 22,9 % der über 12 jährigen, die sich in der Zeichnung auslassen, suchen. In dieser Gruppe überwiegen die durchschnittlich bis unterdurchschnittlich intellektuell begabten Mädchen in der Pubertätskrise, die noch keine ihnen angemessene Rolle in der Familie gefunden haben.

Auch bei ihnen dürften Reste magischen Denkens eine nicht unbeträchtliche Rolle spielen.

Dies widerspricht keineswegs der Annahme *Cormans*, daß bei Zeichnungen, in denen sich der Proband ausläßt, dieser sich in eine oder mehrere der gezeichneten Personen projiziert. Wir glauben, daß bei einem Teil unserer Fälle diese Vermutung *Cormans* zutrifft.

Diese Mehrfachidentifizierungen spielen auch im Scenotestspiel eine Rolle. Das Kind bringt damit verschiedene Teilaspekte seiner Persönlichkeit zur Darstellung (*Biermann*, 35).

Die Anordnung der Elternfiguren in der Reihenfolge des Zeichnens ist von der Diagnose abhängig. So zeichnen Kinder mit Konflikten der phallischen Phase (Diagn. Gr. III) signifikant seltener den Vater an erster Stelle (33,8 % gegenüber 41,5 % bei den übrigen Diagn. Gr.).

Probanden der Diagn. Gr. V (Kinder und Jugendliche in Pubertätsschwierigkeiten, darunter relativ viele Mädchen) zeichnen signifikant häufiger den Vater an erster Stelle und die Mutter an zweiter Stelle (45,7 % /45,7 % − n = 1225). Hier spielt die Auseinandersetzung mit der Autorität, im Generationen-Konflikt des Heranwachsenden, zumal in einer patriarchal orientierten Gesellschaft eine bedeutende Rolle.

Insgesamt lassen Buben und Mädchen gleich häufig die Mutterfigur aus (n = 1225). Dies widerspricht dem von *Reznikoff* gefundenen Ergebnis, daß Buben die Mutter signifikant häufiger nicht zeichnen.

Bez. der Position des Kindes in der Geschwisterreihe, ist keine Abhängigkeit von der Diagnose festzustellen.

Da in der Reihenfolge der gezeichneten Personen Identifikationen der Kinder zum Ausdruck kommen, haben wir die Zusammenhänge zwischen den Identifikationsformen in der Familie, in der Zeichnung, der Geschichte und der Diagnose untersucht. Die Identifikation mit dem Angreifer, Identitätsdiffusion und Identifikationslosigkeit (Verwahrlosung) sind bei Störungen der Pubertät deutlich häufiger.

Die Mutter als Identifikationsfigur finden wir in allen sieben Diagnosengruppen gleich häufig.

Die Vaterfigur ist ab der Analphase des Kindes (Diagnosegruppe II) das bevorzugte Identifikationsobjekt, und zwar sowohl für Buben, wie auch für Mädchen.

Um festzustellen, ob die im Test erkennbaren Identifikationen mit dem Identifikationsstreben des Kindes in seiner Familie übereinstimmen, haben wir die anamnestisch erhobenen Identifikationen in der Familie mit der aus dem Test ersichtlichen Reihenfolge verglichen (siehe Tabelle 6). Es fand sich zwischen diesen beiden Merkmalen ein hoher korrigierter Kontingenzkoeffizient (*Pearson*) von 0,86. Damit ist bewiesen, daß der Test der VF sich gut eignet, das Identifikationsstreben eines Kindes zu ermitteln.

Tabelle 6. Identifikationsformen in der Familie und im Test (n = 600)

in der Familie / im Test	fraglich %		präid. %		Identifikation mit dem Vater %		Identifikation mit der Mutter %		Identifikation mit dem Angreifer %		Identitätsdiffusion %		Identifikationslos (verwahrlost) %		100%
Präidentifikatorisch	9	6	106	66	27	17	16	10	2	1	—	—	—	—	160
Identifik. mit dem Vater	9	5	10	5	170	86	7	4	1	1	1	1	—	—	198
Identifik. mit der Mutter	10	7	5	3	26	18	95	66	5	3	2	1	—	—	143
Identifik. mit dem Angreifer	—	—	4	11	16	42	5	13	12	32	1	3	—	—	38
Identitätsdiffusion	3	10	1	3	15	52	3	10	1	3	6	21	—	—	29
Identifikationslos (verwahrlost)	2	7	5	18	12	43	7	25	—	—	—	—	2	7	28
nicht feststellbar	1	—	1	—	2	—	—	—	—	—	—	—	—	—	4
	34		132		268		135		21		10		2		600

Tabelle 7. Identifikationsformen im Test (n = 600)

	Gesamt	mPb.	wPb.	Vater an 1. Stelle	Mutter an 1. Stelle	Kind an 1. Stelle
1. präentifikatorisch	160	111	49	33	20	72
2. mit dem Vater	198	153	45	157	12	13
3. mit der Mutter	143	92	51	28	85	10
4. mit dem Angreifer	38	29	9	21	8	1
5. Identitätsdiffusion	29	18	11	19	5	1
6. Identifikationslos (verwahrlost)	28	21	7	12	8	3
7. nicht feststellbar	4	2	2			

Dieses drückt sich vorwiegend in der Reihenfolge der gezeichneten Familienmitglieder aus (siehe Tabelle 7).

Reznikoff fand in seinem Material, daß Kinder von Familien aus sozial niederen Klassen signifikant häufig die Mutter beim Zeichnen der Familie auslassen. In unserem Untersuchungsmaterial konnten wir diesen Unterschied nicht finden. In 5,8 % wurde die Mutter nicht gezeichnet, und zwar von Kindern aller sozialen Klassen in gleichem Maße.

Nur selten wird ein anderes Familienmitglied – meist ein Geschwister – in der Reihenfolge der Gezeichneten bevorzugt. Es kann dann immer damit gerechnet werden, daß es sich – nicht nur für den Probanden – um eine Konfliktperson der Familie handelt.

Abb. 71

Fall 71

Der zehnjährige Roman, Ältester von vier Kindern, leidet an Hemmungen, insbesondere Stottern. Er war in früher Kindheit von den beruflich engagierten Eltern vernachlässigt worden. Später litt er darunter, daß sich die Mutter mehr um den hirngeschädigten, siebenjährigen Bruder kümmern mußte, der wegen geistiger Schwachbegabung eine Sonderschule besucht. Er mußte dorthin, wie zu einem Sprachunterricht, regelmäßig von der Mutter gebracht werden, was diese zeitlich sehr beansprucht.

In der VF wird die eigene Familie dargestellt. An erster Stelle steht das schwachbegabte Kind als Schlange. Unmittelbar neben ihm ist (an fünfter Stelle) die Mutter als Zebra gezeichnet, während der Vater (an zweiter Stelle) unter beiden ein Kamel ist. Diese Dreiheit von Eltern und Kind füllt die ganze linke Seite aus.

Ihr gegenüber sind die drei übrigen Kinder angeordnet, zuerst oben der zweite Bruder als Katze, dann in der Mitte Proband als Kaninchen und unter ihm zuletzt die kleine Schwester als Maus.

Der kranke Bruder steht an erster Stelle, er ist symbiotisch der Mutter verbunden. Er ist undifferenziert, lediglich in der Kontur gezeichnet, und kann als einziges der Tiere nicht laufen.

Auf der rechten Seite sind die Ängste und Spannungen der Kinderstube zur Darstellung gekommen, mit dem Kaninchen-Angsthasen des Probanden sowie der Katze-Maus-Rivalität der übrigen Geschwister.

2. Die Komposition

(1) Größenverhältnisse der einzelnen Figuren (n = 600)

Unter auffälligen Größenverhältnissen haben wir jene Fälle zusammengefaßt, bei denen eine oder mehrere der gezeichneten Figuren im Vergleich mit den übrigen in der Größenrelation deutlich größer bzw. kleiner gezeichnet wurden. In zwei Drittel aller Fälle waren keine auffallenden Größenverhältnisse festzustellen. Bei dem verbleibenden Rest waren in einem Viertel diese auffälligen Größenverhältnisse auf das Phänomen der infantilen Zeichenfähigkeit zurückzuführen, die sich unabhängig von der Zeichenfähigkeit bei sehr jungen Kindern findet, bzw. bei älteren Kindern, die schlecht zeichnen können.

Unauffällige Größenverhältnisse	399	66,5%
infantile Zeichenfähigkeit	52	8,7%
interpretierbare Größenverhältnisse	149	24,8%
	600	100%

Wie die Tabelle zeigt, kann man bei einem Viertel unserer Fälle vom Auftreten der Affektperspektive (*Werner*) sprechen. Statistisch signifikante Zusammenhänge ergaben sich mit dem Identifikationsstreben des Kindes im Familienklima.

Fall 72

Der 9;1 jährige Roger entstammt einem Geschäftshaushalt. Vor einem Jahr starb plötzlich sein Vater, ein 60jähriger, warmherziger Mann, der den Buben sehr verwöhnte. Die wesentlich jüngere Mutter löste kurz entschlossen den Haushalt auf. Roger wurde in einem Kinderheim auf dem Lande untergebracht, wo ihn die Mutter zweimal im Monat besuchte. Sie überhäuft Roger mit Geschenken und führt ihn häufig aus, seine Sorgen interessieren sie aber nicht. Roger war schon immer von der Mutter wie ein Spielzeug behandelt worden. Solange der Vater lebte, hatte Roger in der Familie einen Gesprächspartner. Seit seinem Tod ist der Bub im Kloster völlig vereinsamt, hat trotz guter Intelligenz Lern- und Anpassungsschwierigkeiten.

In der VF zeichnet Roger an 1. Stelle den Vater als Riesen. Die Mutter als Zwerg steht zwischen dem Vater und dem Sohn, der »ein gewöhnlicher Mensch« blieb. Im Pigem-Test äußert Roger den seltenen Wunsch, in eine Maus gerne verwandelt sein zu wollen, denn die Maus sei ein Tier, das sich am besten verstecken kann.

Roger denkt noch in den infantilen Kategorien groß – klein. Der verstorbene Vater erscheint dem Buben in seiner jetzigen Situation des Heimkindes als übermächtig, als übergroß. Er wertet ihn im Sinne der magischen Wunscherfüllung als Riesen auf. Die Mutter wird hingegen als Zwerg abgewertet. Das Kind bleibt »ein gewöhnlicher Mensch« – wird nicht verzaubert, denn Roger lebt innerlich noch immer in der infantil-magischen Vorstellungsweise, er hat Angst vor der Verzauberung.

Abb. 72

Die Kontrolle des Pigem-Tests beweist, daß die Angst vor Verzauberung nicht Rogers einzige Angst ist. Durch die extreme Verwöhnung und die plötzlich darauffolgende Situation des broken home wurde der Proband gänzlich verunsichert. Er fühlt sich einsam und schutzlos.

Bei 27 % der Kinder, die den Vater auffallend groß zeichnen, besteht eine Identifizierung mit dem Angreifer. Es handelt sich bei all diesen Fällen um Kinder, die sich vom Vater besonders angegriffen fühlen. Dies kommt häufig im Streit- bzw. Spannungsmilieu der Familie vor[*]. – Bei dominierender Mutter wird nur in einem der 76 Fälle der Vater auffallend groß gezeichnet. Wenn die Mutter auffallend groß gezeichnet wird, besteht bei 42 % der Kinder eine Mutteridentifikation. Ebenso häufig wie bei den groß gezeichneten Vätern, findet man bei den groß gezeichneten Müttern ein Spannungsmilieu. Niemals fanden wir ein harmonisches Familienklima, wenn die Mutter in der Zeichnung dominierte (siehe Fall 94). – Auffällig groß wird der Zauberer von den Kindern gezeichnet, die sich in der präidentifikatorischen Phase befinden. Hier ersetzt der Zauberer den sonst präidentifikatorischen an erster Stelle gezeichneten Probanden selber, falls sich das Kind nicht schon direkt mit ihm identifiziert (siehe Fall 86). Bei der statistischen Überprüfung war auffallend, aber nicht signifikant, daß von den Kindern, die den Zauberer groß zeichnen, viele Diagnosen der Gruppe II (Anale Phase), aufwiesen. Es handelt sich bei diesen Fällen vorwiegend um Enuretiker und Asthmatiker. – Das Kind selbst hat sich nur in

---

[*] Es kann aber auch ein übergroß gezeichneter Vater im Wunschdenken des Kindes den fehlenden Vater ersetzen.

2 % aller Fälle auffallend groß gezeichnet. Die Interpretation kann sich hier nur auf Einsicht und Erfahrung des Einzelfalles stützen, da diese Zahl für eine statistische Auswertung zu gering ist (*Lienert*).

Dasselbe Argument trifft auch auf die anderen auffälligen Größenverhältnisse zu, die wir statistisch erfaßt haben, wie etwa jene zwei Fälle, wo die Großmutter auffällig groß gezeichnet wurde.

Abb. 73

Fall 73

Die 14;11 jährige Margarete lebt in einer Familie, die bereits in zweiter Generation von Frauen regiert wird. Die vor einigen Jahren verstorbene Großmutter gründete den Familienbetrieb, dessen Leitung Margaretes Mutter nun inne hat. Der Vater und der Großvater hatten in der Familie nie viel zu sagen, zumal beim Vater bereits früh ein arteriosklerotischer Prozeß eingesetzt hatte. Margaretes um vier Jahre älterer Bruder war schon immer das bevorzugte Kind der Großmutter und der Mutter und hat Margarete bevormundet. – In der puberal wiederbelebten ödipalen Auseinandersetzung fühlt sich Margarete in ihrer Familie von niemandem verstanden und isoliert. Sie versucht durch Flucht in ein Liebesverhältnis ihre Situation zu lösen und der Vereinsamung zu entfliehen.

In der VF zeichnet Margarete in der ganzen oberen Hälfte des Bildes an erster Stelle die Großmutter als einen Drachen, der »die Familie beherrscht«. In der mittleren Ebene wird links außen ein Mädchen Uschi als Spieldose dargestellt, »weil sie immer fröhlich und zu Späßen aufgelegt ist«, daneben wird der Vater als Schnecke gezeichnet, »weil er immer Ruhe haben will«. Daneben zeichnet Margarete den »Bruder Otti« als Igel, »weil er immer gerne seine Stacheln entgegensetzt«. Rechts außen wird Mama als Heilwasserflasche plaziert, weil »sie versucht, allen zu helfen«. In der hintersten Ebene links wird der Großvater als Buch dargestellt, weil »er sehr gerne liest«.

In der VF sehen wir den Ambivalenzkonflikt der pubertierenden Margarete gegenüber der Generation der »alles beherrschenden« Mütter zweimal dargestellt. Das aggressive

Wesen der Mutter wird auf die tote Großmutter verschoben, so daß für die Mutter als Heilwasser der »gute« Aspekt beibehalten werden kann. Margarete zeichnet sich wohl als die fröhliche Spieldose »Uschi«, identifiziert sich aber mit der aktiven, an erster Stelle dargestellten Großmutter, was sie in ihrer symptomatischen Flucht nach vorne bewiesen hat. Der passive Vater und Großvater werden als »Schnecke« und »Buch« abgewertet, auf den beneideten Bruder projiziert sie als Igel ihre eigenen aggressiven Stacheln.

Zeichnungen, bei denen eine oder mehrere Figuren auffällig klein gezeichnet werden, ergeben ebenfalls keine statistisch signifikanten Zusammenhänge, sind aber im Einzelfall wiederum im Sinne der Affektperspektive pathognomonisch (siehe Fall 32, S. 75f.). – Im Material von *Reznikoff* sind Probanden aus sozial niederen Klassen signifikant häufig als kleinste Figur und ein Geschwisterkind als die größte Figur gezeichnet. Diesen Zusammenhang konnten wir in unserem Material nicht bestätigen: In allen sozialen Klassen zeichnete sich der Proband gleich häufig als kleinste Figur und ein Geschwisterkind als die größte Figur.

(2) Auffällige räumliche Anordnungen

Bei der Hälfte unserer Fälle konnten wir auffallende Zuordnungen einzelner oder mehrerer Figuren auf dem Zeichenblatt feststellen, wobei folgende Kategorien auffallend waren: Trennung, Nähe, periphere Stellung.

Solche auffälligen räumlichen Zuordnungen traten um so häufiger auf, je besser das Kind zeichnen konnte.

Dies erklären wir uns mit dem Umstand, daß ein Kind mit guter Zeichenfähigkeit mehr gestalterische Möglichkeiten hat, sich in der räumlichen Komposition auszudrücken, den Raum besser zu gliedern. Hingegen bedienen sich Kinder mit schlechter Zeichenfähigkeit anderer Ausdrucksmöglichkeiten, die der Test bietet, z. B. der Geschichte und der Symbolwahl.

Im Zusammenhang mit den vorher besprochenen Größenverhältnissen ergab sich ein bemerkenswerter Hinweis auf die Position des Probanden: wenn der Vater besonders groß gezeichnet wird – sieben von 26 (27 %) –, rückt der Proband signifikant häufig in den Mittelpunkt der Zeichnung. Wird die Mutter auffällig groß gezeichnet – 12 von 31 (39 %) –, so wird der Proband signifikant häufig in peripherer Stellung gezeichnet.

Kinder aus verwahrlosten Familien haben sich in unserem Material signifikant selten in zentraler Position, viel häufiger dagegen peripher gezeichnet. Das gilt auch für Kinder aus sogn. Schneckenhausgemeinschaften (Mutter-Kind Symbiosen). Hier rückt die Mutter in die zentrale Position der Zeichnung.

Im harmonischen Familienklima wird die Mutter selten in der zentralen Position gezeichnet. Diese Stelle nimmt vielmehr signifikant häufiger der Vater ein. Bei Kindern aus verwahrlostem Familienmilieu kommt es dagegen häufig in der Zeichnung zur Trennung des Vaters von den Kindern durch die Mutter.

Findet sich in der Zeichnung eine räumliche Trennung der Eltern von den Kindern, so handelt es sich oft um Probanden aus einem Spannungsmilieu.

Die räumliche Entfernung der Eltern von ihren Kindern, die sich in Konfliktehen für die Kinder ergibt, findet in einer Distanzierung auf der Zeichenfläche ihren symbolischen Ausdruck. Diagonale Spannung und Dreiecksposition tragen zur sichtbar gewordenen Verschärfung der Konfliktlage bei (s. S. 128 u. S. 130).

Abb. 74

Fall 74

Der zehnjährige, spastisch gelähmte Rüdiger ist erheblich gehbehindert und kann sich nur mühsam auf Krücken fortbewegen. Dank der Initiative seiner Eltern war es ihm möglich, bei hoher intellektueller Begabung die Normalschule zu besuchen, er ist jetzt auf der Oberschule. Die Geburt jüngerer Geschwister brachte emotionale Belastungen für den Jungen, die zunahmen, als er in einer Wohngemeinschaft mehrerer Familien als einziger Älterer sich plötzlich einem Kollektiv von Kleinkindern gegenüberfand. Er wehrte sich mit versteckten und offenen Aggressionen gegen sie und zog sich mehr und mehr auf sein Einzelzimmer, in eine Welt von Tagträumen und Phantasien zurück. Auch gegenüber den Eltern baute er pubertierend Widerstände auf.

In der VF steht er in Dreiecksposition unter beiden Eltern. Zuerst wurde links oben der Vater als Adler gezeichnet, danach rechts oben auf einem hohen Berg die Mutter als Gemse. Am Boden finden sich drei Kinder, zuerst – von links nach rechts – ein kleiner Junge als Kaninchen, dann eine kleine Schwester als Vogel an einem Berg und zuletzt ein zehnjähriger Junge als größerer Hund. In dieser Konstellation ist die Identifikation mit der eigenen Familie nicht zu übersehen.

Der Vater, an erster Stelle, ist ein Herrschertier, der Adler. Schon als kleiner Bub hat Rüdiger leidenschaftlich Vögel, insbesondere Raubvögel gezeichnet, er hatte schon vor der Einschulung die Tierbücher von *Konrad Lorenz* verschlungen. Gleichzeitig hatte er im Wartegg-Zeichentest mit dem Käfigsyndrom auf das Gefühl des Eingesperrtseins in sein Leiden hingewiesen. Für ihn ist der Vater ein unerreichbares Symbol von Freiheit und Stärke. Ebenso hoch und unerreichbar ist für ihn die Mutter, als Gemse auf einer Bergspitze. Sie steht alleine auf der rechten Seite, gegenüber dem Vater und den Kindern, was auch der familiären Problematik entspricht. Inmitten der Kinder steht die vom Vater geliebte kleine Schwester, wie er ein Vogel, aber auch, wie die Mutter, an einem Berg. Der Bruder als Kaninchen deutet die Angstsituation der Familie an, während Rüdiger selber sich ich-schwach an letzter Stelle zeichnet, der Mutter am nächsten. Im Hund sieht er den treuen Gefährten, den er entbehren muß.

In den Zeichnungen, in denen Vater und Proband beieinander gezeichnet sind, finden wir in einem Drittel der Fälle (6 mal), daß die Mutter in der Familie dominiert. Dieses Ergebnis ist überraschend: Es könnte mit einem Wunschdenken des Kindes erklärt werden.

Sind Mutter und Kind nahe beieinander, ja ineinander gezeichnet, dann handelt es sich relativ häufig um Kinder aus führungslosen Familien (4 mal) bzw. aus »Schneckenhausfamilien« (2 mal). Bei den Erstgenannten handelt es sich um die Projektion der Wünsche des Kindes, bei den Letztgenannten um die Darstellung der Realität.

Abb. 75

Fall 75

Der zwölfjährige Bub wird wegen einer Schulphobie vorgestellt. Die Schulschwierigkeiten haben in der 6. Klasse, unter einer verständnislosen autoritären Lehrerin zugenommen, die ständig den hilflos-ängstlichen Buben vor seinen Mitschülern bloßstellte. Gleichzeitig bestehen Depressionen und Einschlafstörungen.

Paul ist wie sein Vater als Einzelkind aufgewachsen. Dieser hat sich im ehrgeizigen Aufstiegsstreben zum Ingenieur emporgearbeitet und ist nun vom Versagen seines einzigen Sohnes enttäuscht.

Die Mutter erinnert sich, daß sie als Kind, jüngere von zwei Schwestern, auch immer ängstlich gewesen ist.

Nachdem der Bub erst im fünften Jahr der Ehe geboren wurde und die Mutter keine weiteren Kinder mehr bekam, konzentrierte sich ihre ganze Liebe und Pflege auf dieses Kind. Wegen einer schweren Ernährungsstörung mußte der Bub schon als junger Säugling für längere Zeit ins Krankenhaus. Die Mutter hatte mit der Heirat ihre Berufstätigkeit aufgegeben und nicht wieder aufgenommen. Über viele Jahre bestand zwischen Mutter und Kind eine nur beiden verständliche Babysprache. Auf eine erste Trennung von der Mutter reagierte der Dreijährige mit einem Trennungstrauma. Er lernte es nicht, sich in der Kindergemeinschaft durchzusetzen. Wiederholte Umzüge führten stets zur erneuten Isolierung des Kindes. Die Mitschüler mißhandelten ihn in der Rolle des Prügelknaben. Seine Schulleistungen waren bei einem IQ von 114 im HAWIK gut durchschnittlich.

In der VF zeichnete Paul zunächst für die Mutter ein nach links schreitendes Pferd. Unter diesem steht ein kleines Pferd, in gleicher Richtung. Mutter und Fohlen sind bunt gefleckt, das Muttertier trägt einen kunstvollen Sattel und Steigbügel. An letzter Stelle folgt der Vater, wieder als Pferd, aber ohne Fleckung und ohne Schmuck, er ist nach rechts ausgerichtet, von Mutter und Kind abgewandt. Er befindet sich mit seinem Gebiß schon außerhalb des Bildes.

Mutter und Kind sind, äußerlich wie in der Haltung, als Einheit gezeichnet. Das Fohlen steht unter dem Steigbügel wie unter einem Euter. Mit dem angegebenen Alter – vier Monate – betont Paul seinen Wunsch, noch ein Baby zu sein. Der Vater ist von beiden distanziert, schon z. T. außerhalb der Familie. Schmucklos gezeichnet, hat Paul ihn abgewertet. Dennoch erlebt er die Familie – drei Pferde – als Einheit.

(Fall 3, 4, 41, 52, 53, 59, 65, 71, 75, 77, 92, 97, 100, 102, 109.)

Auch die Art und Weise der räumlichen u. a. Zuordnung von Kind und Eltern können zur Klärung der Psychopathologie des Familienlebens beitragen.

Abb. 76

Fall 76

Der Vater des siebenjährigen Mädchens ist amerikanischer Berufssoldat, mit seinen wiederholten Einsätzen im Vietnamkrieg hat er sich bis zum Offizier emporgearbeitet, zu dieser Zeit ist er immer wieder über Monate von der Familie abwesend. Die Mutter war als Sozialarbeiterin tätig. Friederike ist einziges Kind. Das zweisprachige Familienmilieu ist voller Spannungen. Friederike ist symbiotisch an die Mutter gebunden und hat Ängste, sowie in letzter Zeit auch Schulschwierigkeiten entwickelt.

Friederike zeichnet zunächst ein Kind und dann die Mutter als Meerschweinchen, beide befinden sich in einem länglichen Käfig. Sie sind wenig voneinander unterschieden. Unter dem Käfig ist übergroß, mit einem mächtigen Gebiß der Vater als Wolf gezeichnet. Druckstärke und Schwärzungen weisen auf aggressive Inhalte hin.

Noch präidentifikatorisch und nahe der Mutter stellt das Mädchen seine Symbiose mit der Mutter dar, sie wird durch das Käfigerlebnis noch verstärkt; sie kann ihr nicht entrinnen. Gleichzeitig bietet der Käfig beiden Schutz vor den Aggressionen des Vaters, wenn er in großen Zeitabständen von den Einsätzen im Vietnamkrieg in die Familie heimkehrt. Sie sind in der Wahl des Wolfes – homo homini lupus – versinnbildlicht. Auf die Bedeutung der Aggression in den Familien der im Vietnamkrieg eingesetzten amerikanischen Berufssoldaten hat eindrücklich *Mantell* hingewiesen.

Abb. 77

Fall 77

Der zwölfjährige Arnulf wird wegen Schulängsten mit Erbrechen, sowie Kontaktstörungen zum Psychotherapeuten gebracht. Er wächst als Einzelkind heran und ist symbiotisch an die Mutter gebunden. Er schläft auch noch im gemeinsamen Schlafzimmer mit den Eltern und keinesfalls aus räumlicher Notlage. Der Vater ist in einer Managertätigkeit als Direktor selten zu Hause, wo die betriebsame Mutter dominiert. Vergeblich hat der Junge in letzter Zeit versucht, sich aus der symbiotischen Abhängigkeit von ihr zu lösen. Blaß, dicklich, mit vegetativen Störungen bietet Arnulf den charakteristischen Aspekt eines verwöhnten Einzelkindes.

Er zeichnet in der VF zuerst den Vater als kleinen Dackel, sodann ein Kind als Biene, ein weiteres Kind als Blume und zuletzt die Mutter als Elefant.

Die Reihenfolge läßt die Einstellung des Jungen zu den Eltern erkennen: Die Zuwendung zum Vater, wenn er auch in der häuslichen Rolle eines unsichtbaren Vaters als kleiner Dackel abgewertet ist. Es dominiert im Bild, wie in der Realität des Familienlebens die Mutter als übermächtiger Elefant, auch wenn der Junge sie zuletzt zeichnet und damit abwertet. Er selber setzt sich als stechende Biene gegen sie zur Wehr, wie symbiotische Kinder, speziell Jungen in der ödipalen Konfliktlage der Pubertät häufig aktiv-aggressiv gegenüber der dominierenden Mutter aufbegehren.

Die Blume zeigt die andere – narzißtisch-eigensüchtige – Seite des Jungen, in seiner Einzelkindsituation.

157

Die Untersuchung der Zusammenhänge zwischen auffälligen räumlichen Zuordnungen und den diagnostischen Hauptgruppen brachte folgende Ergebnisse:

Wenn Mutter und Kind nahe beieinander gezeichnet werden, finden wir in einem Drittel der Fälle Störungen in der oralen Phase. Bei Zeichnungen, in denen die Mutter bzw. der Vater die zentrale Position einnehmen, handelt es sich in 30 % bzw. 41 % um Kinder mit einer analen Symptomatik. Werden Vater und Proband nahe beieinander dargestellt, dann liegt in einem Drittel eine ödipale Fixierung vor.

Beim Vergleich der räumlichen Zuordnung der Figuren auf dem Zeichenblatt mit der Stellung, die das Kind in seiner Familie einnimmt, haben sich folgende statistisch belegbare Zusammenhänge ergeben:

Wurden Geschwister in zentraler Position gezeichnet (n = 33), so lag relativ häufig eine Geschwisterrivalität (6) oder eine Mitläufersituation (6) des Kindes vor. Trennt die Mutter auf der Zeichnung die Vaterfigur von den Kindern, wird das Kind in einem Drittel aller Fälle (19) in seiner Familie in eine negative Rolle gedrängt oder unbewußt abgelehnt. Hiermit zeigt sich, daß das Kind den Zugang zum Vater als von der Mutter verwehrt erlebt.

Werden Vater und Kind nahe beieinander in der Zeichnung dargestellt, ja evtl. gemeinsam in ein Tier verzaubert, dann handelt es sich häufig um Probanden, die von der Familie unterdrückt werden oder sich im Konflikt mit dem Vater befinden. Sie versuchen diesen im Abwehrmechanismus einer Identifizierung mit dem Angreifer (*Anna Freud*) zu lösen. Auch hier kann es zur Darstellung der Wünsche oder der realen Situation kommen.

Abb. 78

Fall 78

Der achtjährige Ronald wurde wegen Einnässens und Schulschwierigkeiten an die Beratungsstelle überwiesen. Er war noch nie trocken gewesen, von der Mutter aber bis dahin auch nie einem Arzt vorgestellt worden. Der Vater des Jungen ist Werkzeugmacher, die Mutter halbtags als Näherin tätig. Ronald hat einen etwas älteren Bruder. Früh, am Ende des ersten Lebensjahres, begann die Mutter mit dem Töpfen des Kindes, das einen fügsamen Charakter entwickelte. Beide Kinder hatten unter häufigen Wohnungswechseln zu leiden, damit hingen auch Einschulungsschwierigkeiten zusammen. Spezielle Lernschwierigkeiten ließen sich zum Teil auf die Ganzwortmethode zurückführen. Der autoritäre Vater strafte den in der Schule versagenden Jungen häufig mit Schimpfen und Schlägen, dieser begann sich mit Lügen seinen Aufgaben zu entziehen. Mit einem IQ von 89 im HAWIK zeigte er eine unterdurchschnittliche Begabung.

Ronald zeichnet zunächst auf der Bodenlinie ein Haus, mit geschwärztem Dach. Es folgen darauf der Vater und ein achtjähriger Sohn. Sie werden danach gemeinsam in einen Hund verzaubert. Es folgt der Zauberer. Zuletzt zeichnet er am oberen Blattrand tiefschwarz den Himmel und die Sonne.

Entsprechend seinem Entwicklungsrückstand zeichnet er die Geschehnisse der Verzauberung auf dem unteren Blattrand. Mit dem an erster Stelle gezeichneten Haus betont er seinen Wunsch nach Häuslichkeit, Geborgenheit. Sie steht auch symbolisch für die in der Zeichnung vergessene Mutter. Das geschwärzte Dach versinnbildlicht den Druck, der für das Kind auf dem häuslichen Milieu lastet. Die gemeinsame Verzauberung von Vater und Sohn in einen Hund zeigt seine Bindung zum Vater auf. Es handelt sich um eine Identifizierung mit dem Angreifer, da der Vater eine Konfliktperson ist. Auch im Pigemtest wertet er den Hund ab, »weil er nichts zu essen findet«. Darin kommt seine frühe emotionale Versagung in der oralen Phase zum Ausdruck. Der ältere Bruder wird eifersüchtig verdrängt. Der dunkle Himmel und die schwarze Sonne weisen nochmals auf die düstere Atmosphäre seines Daseinsraumes hin.

Was die Stellung des Probanden selbst betrifft, so zeichnet sich das in der Familie positiv erlebte Kind selten peripher: Nur 12 % aller Probanden, die in ihrer Familie bejaht, bevorzugt bzw. verwöhnt werden (n = 184), stellen sich in der Zeichnung der VF in peripherer Position dar. Dagegen zeichnen sich die in ihrer Familie in irgendeiner Form abgelehnten Kinder sehr häufig peripher (28 % der offen abgelehnten, zwischen den feindlichen Eltern stehenden, isolierten Kinder [n = 61]).

Ebenso haben wir bei 25 % der als Mitläufer bezeichneten Kinder eine periphere Position des Probanden im Bild gefunden (n = 56).

Zwischen Diagnose und Position des Kindes in der Zeichnung besteht kein signifikanter statistischer Zusammenhang. Es ist auffallend, daß bei Pubertatskrisen der Proband häufig peripher gezeichnet wird. (28,1 % gegenüber 17,0 % in den übrigen Diagnosengruppen.) Nehmen wir nun an, daß es sich bei diesen Probanden häufig um Jugendliche handelt, die sich in der Identitätskrise befinden – der hohe Prozentsatz an Suizidalen spricht dafür – dann deutet die zeichnerische Abwertung, die periphere Stellung – die Unsicherheit, die Ich-Schwäche des Probanden an.

(3) Blickrichtungen

Als weiteres Merkmal der Komposition wurden auffällige Blickrichtungen untersucht. Wir fanden diese bei einem Drittel aller Fälle. Neben individuellen

Lösungen, wie etwa; die Eltern blicken in eine, die Kinder in eine andere Richtung, fanden wir nur drei verschiedene Arten, die häufiger vorgekommen sind: Eltern und Kinder blicken zum frontal stehenden Zauberer (4,5 %), der Zauberer blickt zur Familie (9,3 %) und der Vater blickt von den übrigen Figuren weg (3,6 %). Es fand sich nur ein einziger statistisch signifikanter Zusammenhang: Kinder, auf deren Zeichnungen alle Figuren zum Zauberer blicken (n = 27), stammen vorwiegend aus einem Spannungsmilieu. Es könnte sich hierbei um den Ausdruck eines Wunsches nach Lösung der Spannungen handeln, den man dem allmächtigen Zauberer anträgt.

Beim Vergleich der auffälligen Blickrichtungen der gezeichneten Figuren mit den Diagnose-Gruppen ergab sich kein statistisch signifikanter Zusammenhang. Allerdings weisen Kinder, auf deren Zeichnungen der Zauberer die Familie anblickt, überdurchschnittlich häufig Störungen in der Latenzphase auf (p = 0,8). Dies dürfte mit der oft schulisch bedingten Autoritätsproblematik dieser Kinder zusammenhängen. – Kinder, die noch keine festen Identifikationen entwickelt haben, zeichnen signifikant häufiger Bilder, wo die Figuren interpretierbare Blickrichtungen zeigen. (77,5 % der Zeichnungen präidentifikatorischer Probanden gegenüber 61,4 % der übrigen Probanden.)

(4) Besonderheiten

Als letztes Merkmal innerhalb der Komposition wurden die Besonderheiten der Darstellung untersucht. Es handelt sich um folgende Besonderheiten:

Tabelle 8. Besonderheiten der Komposition

Ausschmückung der Personen	24 Fälle
Gesichtsweglassung	3 „
Stilisierung	2 „
durch Blattrand abgeschnittene Darstellung	14 „
abgebrochener Zeichenversuch	1 „
Sprechblasen	5 „
Korrekturen, Radierungen (stehengelassen und dann weggestrichen, verändert)	9 „
lediglich Köpfe gezeichnet	1 „
Innenraum	44 „
Landschaft	44 „
Mehrfach wechselnde Bezeichnungen der Figuren	6 „

Am häufigsten wurden Innenräume (7,3 %), Landschaften (7,1 %), Ausschmückungen (4 %) und durch den Blattrand abgeschnittene Figuren gefunden.

Neben den hier beschriebenen Besonderheiten können sicher noch andere individuelle Besonderheiten gezeichnet werden, die in unserem Material nicht beobachtet wurden. Das Zeichnen des Innenraumes und der Landschaft ist von der Zeichenfähigkeit abhängig. 10 % gute Zeichner, aber nur 5 % der schlechten Zeichner gestalteten Innenräume und Landschaften.

Auf die Zeichnung von Innenräumen wird auf S. 173 näher eingegangen. In den Landschaften kommt häufig das Atmosphärische zum Ausdruck, welches das Dasein des Kindes innerhalb seiner gestörten Familie prägt. Mehrfach trafen wir öde *Landschaften* als Ausdruck des Unbehaustseins bei Enkopretikern.

Abb. 79

Fall 79

Der elfjährige Michael näßt und kotet tagsüber ein. Die Dorfkinder lachen ihn deshalb aus. Er hat keine Freunde. Seine Mutter, eine triebhafte Prostituierte, verließ Mann und Sohn, als dieser neun Monate alt war. Später heiratete sie wieder und hat jetzt eine siebenjährige Tochter. Michael lebt mit seinem Vater bei dessen Mutter und verheirateter Schwester. Die Verwandten sind gut zu ihm, aber man nimmt sich seiner nicht besonders an. Auch in der Schule ist er isoliert. Die Großmutter beherrscht die Verwandten, sie hat auch die Vorstellung in der EB veranlaßt.

Michael zeichnet in der VF eine chaotische trostlose Landschaft mit vier Bäumen, die mit offenen Schlauchästen dargestellt sind, wie man sie häufig in Zeichnungen von Enkopretikern findet. Alle sind in vier Bäume verzaubert. Der Vater wird in der rechten Hälfte des Blattes als erster gezeichnet, links neben ihm steht eine siebenjährige Tochter, links außen die Mutter. Rechts außen befindet sich eine elfjährige Tochter. Die zur Zeichnung erzählte Geschichte ist von »Hänsel und Gretel« inspiriert. Die Mutter schickt die Kinder Holz zu sammeln, weshalb sie alle vom Zauberer in Bäume verwandelt werden.

Das Chaos der Zeichnung entspricht dem Lebensgefühl der Verlassenheit, dem Complexe d'abandon des Probanden, der sich nach einer normalen Familie sehnt und unbewußt mit seiner Symptomatik gegen die Herrschaft der Großmutter protestiert. Ichschwach an letzter Stelle, auf die Seite verschoben dargestellt, wertet sich der Proband als Mädchen ab. Der Vater trennt ihn von der Mutter und der ihm unbekannten Schwester. Diese Mutter ist aber die böse, phallische Mutter des Grimmschen Märchens »Hänsel und Gretel«. Ihre Hartherzigkeit stürzt die Personen der VF ins Unglück der Verzauberung, so wie seine Mutter das Unglück – den Zerfall seiner Familie – verursacht hat.

(Siehe auch Fall 49, S. 100.)

Höhlen sind besondere Landschaftsformationen von spezifischem Symbolge-halt. Sie wurden mehrfach bei Asthmakindern angetroffen (siehe S. 108). In ihnen kommt einerseits das regressive Streben des Asthmakindes zu Mutter und Mut-terleib zum Ausdruck, aber auch die Platzangst, das Angstsymptom akuter Luftnot im Asthmaanfall.

Abb. 80

Fall 80

Der siebenjährige Bub leidet seit Jahren an einem schweren Bronchialasthma und ist deswegen schon wiederholt verschickt worden. Unter dem Einfluß der chronischen Krankheit ist er in seiner ganzen Entwicklung zurückgeblieben, zudem als Jüngster von zwei Buben sehr muttergebunden. Während der schweren nächtlichen Asthmaanfälle legt sich die Mutter zu ihm ins Bett.

Der Vater, Arbeiter, leidet seit einem vor zwölf Jahren erlebten schweren Unfall an epileptischen Anfällen. Er ist nur noch bedingt arbeitstauglich. Die Familie ist seinen unberechenbaren Wutausbrüchen ausgeliefert. Die ganze Last von Familie und Haushalt ruht auf der Mutter, die mit Berufstätigkeit tatkräftig, bis an den Rand der Erschöpfung ihre Aufgabe meistert.

Wegen der Spannungen im häuslichen Streitmilieu bekam die Mutter im Wochenbett einen Nervenzusammenbruch, worauf der Säugling mit einem heftigen Erbrechen rea-gierte. Er wurde nicht gestillt. Florian wurde wegen seines Entwicklungsrückstandes ein Jahr später eingeschult und mußte wegen des Asthmas häufig den Unterricht versäumen.

Florian zeichnet die Familie vor und nach der Verzauberung. Im Stadium der Verzau-berung sieht man lediglich den mit Steinen bewehrten Eingang in eine Höhle. Das Ganze ist mit einem breiten Zaun verschlossen, der über die ganze Szene geht. Links steht ein Haus. Der Zauberer verzaubert die Familie, die spazierengegangen war, in eine Höhle im Berg.

Das Haus links am Rande steht wieder als Symbol der Geborgenheit, der broken-home-Situation des Kindes. Der durchgehende Zaun weist auf die Kontaktstörungen des Asthmakindes hin.

Die ganze Familie ist in eine Höhle verzaubert, damit deutet er seinen Wunsch zur Rückkehr zur Mutter in embryonale Geborgenheit an. Die schweren Steine über dem Höhleneingang verkörpern seine existentielle Not in der Krankheit, die alles auslöschen kann.
(Siehe auch Fall 53, S. 108.)

Ausschmückungen betreffen meist die Konfliktgestalten des Kindes. Es kann sich dabei um eine Aufwertung, aber auch einen unbewußten Beschwichtigungsversuch der als Bedrohung erlebten Konfliktfigur handeln.

Abb. 81

Fall 81

Wegen Kontakt- und Affektstörungen, Eifersucht zum jüngeren Bruder sowie Ängsten wird die siebenjährige Irene in die EB-Stelle gebracht.

Die Mutter lebt in einem Dulderdasein unter einem tyrannischen Vater, der ihr ständig in die Erziehung hineinredet, wodurch sich diese noch mehr verunsichert fühlt.

Die Schwierigkeiten Irenes sind noch kompliziert durch ein Nieren-Blasen-Leiden, welches wiederholt langwierige Krankenhausaufenthalte mit Operationen zur Folge hatte. Irene hat das schon im Krankheitsgewinn neurotisch ausgebaut.

Das Mädchen zeichnet druckstark und mit schmückender Umrandung versehen zunächst den Vater als liegenden Hasen, danach zu seinen Füßen ein Mädchen als Junikäfer. Sie sagt dazu: »Das bin ich, ich bin im Juni geboren.« Nun zeichnet sie neben den Käfer eine Schildkröte. Erst zuletzt folgt rechts im Feld, in einem Haus stehend die Mutter mit allerlei Zutaten, sie bezeichnet sie als Hexe.

Obwohl – bestätigt durch eine langfristige Betreuung der Familie – der charakterneurotisch schwierige Vater mit lauten Auftritten viel Unruhe in das Haus bringt, zeichnet sie ihn zuerst als sanften Hasen, während sie die Mutter als Hexe abwertet. Der phantasierte Rollentausch entspricht der nicht bewältigten ödipalen Situation, in Wunschvorstellungen eines lieben, sanften Vaters, in eifersüchtiger Rivalität zur Hexenmutter.

Auch bei den *durch den Blattrand abgetrennten Zeichenobjekten* handelt es sich ausnahmslos um die Konfliktfigur des Kindes. Mit dem Versuch, sie aus dem Lebensraum des Kindes herauszudrängen, soll ihnen die Bedrohlichkeit genommen werden. Wir stehen hier im Gegensatz zu *Koppitz*, die im Menschtest das Phänomen der durch den Blattrand abgetrennten Zeichnungen aus ihrer Liste der emotionalen Faktoren herausgenommen hat.

Abb. 82

Fall 82

Die 11;3 jährige Ellen wurde wegen eines hysterischen Ausnahmezustandes und halluzinatorischen Erlebnissen nachts in das Krankenhaus eingeliefert, nachdem schon ein Vierteljahr vorher einmal ein ähnlicher Zustand von einer hysterischen Blindheit begleitet gewesen war. Ihre Verhaltensstörung war durch eine akute Konfliktsituation, nämlich die Heirat der älteren Schwester, ausgelöst worden. Ellen ist als jüngste von drei Schwestern in einer gestörten Ehe ihrer Eltern aufgewachsen. Die Eltern trennten sich, als Ellen drei Jahre alt war. Die Ehe der Eltern wurde vor einem Jahr endgültig geschieden. Die Mutter, die das jüngste Kind mit Ablehnung empfangen hatte, entwickelte später ambivalente Gefühle zu ihm. Ellen ihrerseits neigte in den letzten Jahren mehr zum Vater. Die Mutter war ganztägig berufstätig, da sie vom Vater nur notdürftig unterstützt wurde. So waren die drei Mädchen in der Lage von Schlüsselkindern, und die Älteste vertrat an Ellen teilweise Mutterstelle, sie hatte zu ihr auch eine bessere Beziehung entwickelt. Mit dem Weggang der älteren Schwester tauchten nun neue Konflikte auf, zumal sich Ellen mit der zweiten Schwester wenig vertrug.

Die klinische Untersuchung des Mädchens hatte keine krankhaften Befunde ergeben, Ellen wurde nach drei Wochen Beobachtung beschwerdefrei nach Hause entlassen.

Ellen zeigte schon immer ein starkes Mittelpunktstreben und hatte deshalb nur selten Freundinnen. Intellektuell ist sie gut durchschnittlich begabt.

Ellen zeichnete zunächst ein großes Haus. Die Fenster waren mit Kreuzen versehen. Hinter zwei Fensterkreuzen konnte man zwei kleine Katzenköpfe sehen. Danach zeichnete sie zwei größere Katzen, die verzauberten Eltern, welche vom Hause weggingen, so daß von der vorderen der Kopf schon nicht mehr zu sehen war. Die dem Haus nächst gezeichnete Katze war der Vater, die zuletzt (ohne Kopf) gezeichnete die Mutter. Sie sagte dazu, daß die beiden weggingen.

Anschließend zeichnete sie oben noch einen Wolkensaum und die Sonne.

Übermächtig wird das Haus gezeichnet, als Wunschbild des im broken home großgewordenen Kindes. Zwei Kinder bleiben in ihm zurück, wie es ihrer jetzigen Situation entspricht.

Beide Eltern haben das Haus verlassen, sie sind weggegangen. Den Kindern näher steht der Vater, in voller Größe, während die Mutter am entferntesten von ihnen zuletzt gezeichnet, nicht einmal mehr mit dem Kopf auf dem Blatt sichtbar ist.

(Fall 18, 48, 66, 75.)

Probanden, die Besonderheiten der Komposition in ihren Zeichnungen aufweisen, finden sich in allen Diagnosegruppen, bei beiden Geschlechtern, und mit allen Intelligenzgraden. Sie unterscheiden sich auch nicht in der Zeichenfähigkeit von den übrigen Probanden.

3. Die graphische Durchführung

Bei der graphischen Durchführung interessieren uns die rein zeichnerischen Aspekte der Bilder, d. h. das zeichnerische Können, die Qualität des Striches und die Anwendung verschiedener Stricharten.

Was die zeichnerische Fähigkeit betrifft, so haben wir auf eine künstlerische Klassifikation verzichtet. Wir haben diesbezüglich ähnliche Bedenken wie *Flury*. Wir haben die Zeichenfähigkeit rein nach den bekannten Kriterien der Kinderzeichnungsforschung beurteilt, wobei einer bestimmten Altersstufe eine bestimmte Zeichenweise zugeordnet werden kann.

Danach haben wir fünf Gütegruppen der Zeichenfähigkeit aufgestellt und diese mit Geschlecht, Alter, Intelligenz und Diagnose der Probanden korreliert.

Es zeigt sich eindeutig, daß Mädchen signifikant besser als Buben zeichnen. (p / . 01.) Nach unserer Beurteilung ist die zeichnerische Fähigkeit vom Alter unabhängig. Hingegen korrelieren zeichnerische Fähigkeit und Intelligenz signifikant: Bei höherer Intelligenz ist auch die zeichnerische Fähigkeit besser.

Zur Zeichenfähigkeit und Diagnose hat sich ergeben, daß bei den Diagnosegruppen I (orale Phase), III (phallische Phase) und VII (Milieuproblematik) kein Zusammenhang mit der Zeichenfähigkeit feststellbar ist. Hingegen besitzen die Probanden aus den Diagnosegruppen II (anale Phase) und VI (Cerebralschäden) statistisch signifikant schlechtere zeichnerische Fähigkeiten.

Fall 83

Der achtjährige Klaus, Einzelkind, ist aggressiv in der Familie wie zu anderen Kindern. Er ist Bettnässer und zündelt gerne. Klaus besucht die Sonderschule, seine Schulleistungen sind schlecht.

Die Familie existiert am Rande der Asozialität. Der Vater, ein häufig betrunkener Hilfsarbeiter, prügelt den Jungen oft. Bald nach dessen Einschulung verließ die Mutter, eine verwahrloste Prostituierte, die Familie. Ein halbes Jahr später heiratete der Vater seine jetzige Frau, sie kümmert sich mütterlich um das Kind.

Klaus zeichnet an erster Stelle auf der Bodenlinie links außen die Mutter als Stier. Es

Abb. 83

folgt rechts unten der Vater als Elefant. Über beiden steht links oben ein phantasiertes Mädchen als Haus, zuletzt kommt rechts oben ein Junge als Bleistift. Im Zentrum des Bildes steht der hochgeschwungene Rüssel des Elefanten.

Die Primitiv-Struktur der Zeichnung weist auf die geistige Schwachbegabung des Kindes hin. Mutter- und Vatertier sitzen der Bodenlinie auf. Bestätigt mit dem Pigem-Test identifiziert er sich mit der zuerst gezeichneten Mutter als Stier. Nebenbei äußert er, daß er am liebsten seine jetzige Mutter heiraten würde. Sie steht diagonal zu ihm. Beide trennt der geschwungene Rüssel des Vaters. Diesen lehnt der Bub, wiederum auch im Pigem-Test, ab. Er verkörpert mit seiner Aggressivität die Gewaltausbrüche des trunksüchtigen Vaters. Diagonal zu ihm und der durch ihn mitverursachten seelischen Heimatlosigkeit des Kindes steht das hinzuphantasierte Haus − anstelle eines Geschwister. Wiederum verkörpert das Haus symbolisch die ersehnte Geborgenheit des unbehausten Kindes. Er selber kann sich nur noch an letzter Stelle zeichnen, als aggressiv, druckstark geschwärzten Strich, ein Bleistift. Hier ist die Aggression im phallischen Symbol auf eine Urform zurückgeführt.

Trotzdem weisen 26 % der Probanden der Diagnosegruppe II eine gute Zeichenfähigkeit auf. Hier dürfte es sich am ehesten um zwangsneurotische Strukturen handeln.

Bei Kindern der Diagnosegruppe IV (Latenzphase) ist eine durchschnittliche zeichnerische Fähigkeit relativ häufig (44 % gegenüber 33 % bei den übrigen Probanden). Hierbei dürfte es sich um Nivellierungseffekte der Schule im zeichnerischen Ausdruck des Kindes handeln, wie es auch *Corman* und *Abraham* gefunden haben.

In der Diagnosegruppe V (Pubertätsphase) haben wir 58 % gute Zeichner gefunden. Dieses Ergebnis ist damit zu erklären, daß die zeichnerische Fähigkeit der Mädchen signifikant besser als die der Buben ist, und erstere in der

Diagnosegruppe V überwiegen (37 % Mädchen, 27 % Jungen). Das hängt mit der Alters- und Geschlechtsabhängigkeit der Diagnosen zusammen. In der Diagnosengruppe V überwiegen z. B. mit Suizidversuchen die Mädchen.

Der Strichqualität und Anwendung verschiedener Stricharten wurde in der Literatur beim Studium der Kinderzeichnungen im Allgemeinen, bei den Zeichentests im Besonderen viel Aufmerksamkeit gewidmet. Die Meinungen sind recht unterschiedlich.

Koch stützt sich in der Analyse von Baumzeichnungen auf die graphologischen Erkenntnisse *Pulvers*. Er befaßt sich mit dem Strichcharakter, der Strichführung, der Energie, welche der Zeichner bei der Durchführung der Zeichnung anwendet, den Schattierungen, den Schwärzungen, dem Schwarzweiß-Kontrast. *Koch* ist sich der Komplexität der graphischen Durchführung bewußt. Er betont, daß »in der Bleistiftzeichnung bei weitem nicht die gleiche Differenziertheit möglich ist wie beim Tintenstrich«, und rät daher zur Vorsicht in der Beurteilung.

Auch *Corman* ist bei seinen Ausführungen bezüglich der graphischen Durchführung eher zurückhaltend. Er widmet seine Aufmerksamkeit vor allem der zeichnerischen Bewegung und der Kraft, die beim Zeichnen angewendet werden. Die Änderungen der Kraftanwendung in einer Zeichnung findet er besonders wichtig, da man – seiner Meinung nach – daraus auf die affektiven Beziehungen des Zeichners zum Dargestellten schließen kann.

Abraham befaßt sich mit der Strichqualität, der motorischen Koordination, der Kraftanwendung bei der zeichnerischen Geste sowie den Schattierungen des Gezeichneten. Sie unterstreicht besonders die Verflechtungen der einzelnen Elemente der Zeichnung und empfiehlt, bei der Deutung alle Faktoren gleichermaßen in Betracht zu ziehen.

Bei unserer Untersuchung haben wir von Anfang an die Ratschläge unserer Vorgänger zur Vorsicht bezüglich der Deutung der graphischen Ausführung berücksichtigt. Dazu kam noch der Umstand, daß sich unser Versuch in verschiedenen Ländern, unter Aufsicht verschiedener Versuchsleiter, in mehreren Schulen und kinderpsychiatrischen bzw. pädiatrischen Beobachtungsstellen, bei 4000 Kindern, über mehrere Jahre hindurch erstreckte.

Es war daher technisch nicht durchführbar, absolut gleiche Versuchsbedingungen, wie etwa gleiche Unterlage, gleiche Beleuchtung, gleiche Papierqualität, gleiche Bleistifte usw. zu schaffen.

Bei individuellen Fallstudien haben wir wohl die graphologische Seite der Zeichnung studiert und dabei ähnliche Phänomene wie *Abraham, Corman, Koch* u. a. beobachtet.

Die graphologische Seite der Zeichnungen im ganzen statistisch zu untersuchen, haben wir jedoch aus den oben angeführten Gründen nicht unternommen, d. h. auf diese bewußt verzichtet.

VI. Die Märchenfassung des Tests

Wir wählten die Märchenversion des Tests, weil »das Bedürfnis nach Märchen tief in dem Entwicklungsgang der Kinderseele begründet ist« (*Karl Bühler*).

»Das Märchen entspricht gerade dem Erfahrungskreis und dem Wissen des Kindes«, sagt *Charlotte Bühler* umnd fährt fort: »So wie das Märchen dem Kinde die Welt gibt, so lebt diese in seiner Phantasie und seinem Gefühl.«

Es sind wohl manche Geschehnisse des Märchens für Kinder des technischen Zeitalters des Charakters des Märchenwunders entkleidet, doch besteht andererseits »weit über das Märchenalter hinaus eine naive, infantile Gläubigkeit« (*Hetzer*), so daß wir uns durchaus berechtigt fühlten, unsere Probanden auch heute noch Märchenthemen zeichnen und erzählen zu lassen.

Es fanden sich auch kaum Probanden, die den Test als »kindisch« abgetan hätten, eine Erfahrung, die sich dem Kindertherapeuten aus der Arbeit mit dem Sceno-Test bestätigt. Bei allen Völkern und zu allen Zeiten wurden Mythen und Märchen produziert und von Generation zu Generation weitergegeben. Wenn das Märchen den Hörer »intellektuell und rational unberührt läßt« so wird »die Welt im Märchen handelnd bewältigt« (*Kienle*) und das ist es, was auf den heutigen Hörer wirkt, weniger die Motive des Märchens.

Eine andere Autorin, *Leber*, sagt: »Vom Märchen geht die Faszination des Urerlebnisses aus.«

Hetzer meint: »Die äußeren Lebensverhältnisse, die im Märchen ihren Niederschlag gefunden haben, sind zwar völlig verschieden von den Verhältnissen, unter denen unsere Kinder aufwachsen. Aber die Probleme der menschlichen Reifung sind dieselben geblieben.«

Trotz der technisierten Welt, in der wir leben, hat also das Märchen an seiner Aktualität für unsere Kinder nichts verloren.

Hetzer sieht »die Funktion des Märchens darin, dem Kinde bei der verarbeitenden Bewältigung seiner phantastisch wuchernden und sehr stark triebbestimmten Traumbilder zu helfen«.

Leber führt aus, daß »in der Projektion der eigenen affektiven Spannungen in das Märchengeschehen (das Kind) deren Läuterung erfährt, wie der antike Mensch die . . . Katharsis beim Anschauen der griechischen Tragödie«. Sie sagt weiter: »Märchen ist ein Gleichnis, in dem der Mensch sich selbst begegnet und das zeigt, inwieweit er sich aus der fortwährenden Dynamik seines Werdens versteht.«

Jöckel und *Bilz* verstehen die Funktion des Märchens als Reifungsgleichnis und -hilfe.

Bilz vergleicht das Märchen mit einem Theaterspiel, »in dessen Szenarium dem Kind sein eigenes Schicksal vorgeführt wird«. Sie fährt fort: »Immer steckt in dem Märchen verborgen die Gnade, die verwandelt, und Jungen und Alten dazu verhilft, eine Station weiterzukommen auf der Pilgerstraße des Lebens.«

C. G. Jung faßt Märchen als Gleichnisse innerpsychischer Vorgänge, seelischer Wandlung und Reifung auf. Er sagt: »Märchen und Mythos drücken unbewußte Vorgänge aus, und ihre Wiedererzählung bewirkt Wiederbelebung und -erinnerung derselben und damit Wiederverbindung von Bewußtsein und Unbewußtem.« (109)

Hedwig von Beit versucht »seelische Grundvorgänge, die sich in Märchen in Bilderfolgen darstellen, psychologisch zu deuten« (17). Für sie ist das Märchen im vorbewußten Denken angesiedelt. Sie betrachtet das Märchen als eine Auseinandersetzung gegensätzlicher Seelenkämpfe, welche dem Individuum hilft, sich selbst zu finden. Märchen stellen nach *v. Beit* seelische Ereignisse in der Form symbolischer Bilder dar, die man – ähnlich wie Träume – deuten kann.

Dieckmann meint: »Das, was heute unsere modernsten Erfahrungen sein mögen, wußte das Märchen längst seit uralter Zeit. Es redet nur in der anderen, sehr einfachen und gleichzeitig sehr schwierigen und sehr tiefen Sprache der Bilder.« (66)

Dieckmann sieht den Wert des Märchens in dem Umstand, daß seine Symbolschöpfungen den Menschen »in der Tiefe anrühren und in Bewegung bringen, was sich anders nicht besser als in diesen Bildern ausdrücken und formulieren vermag«. Er sagt weiter: »Auch ohne jede bewußte Deutung spricht das Märchen zu uns, und es spricht bei jedem das jeweils akute Problem an. So entfaltet es seine Wirkung auch unterhalb des Bewußtseins. Das letztere vertieft oder verstärkt es nur.« (65)

Auch *Jaffé* nimmt archetypische Bildungen und Verläufe im Märchen an.

Die psychoanalytische Schule widmet von Anbeginn an dem Märchen, dessen Entstehung, Bedeutung und Funktion, ihre Aufmerksamkeit

Von Beit sieht den Hauptverdienst der *Freud*'schen Psychologie für die Märchenforschung in dem Umstand, »die prinzipielle Wesensverwandtschaft zwischen den Träumen der heute lebenden Menschen, der Vorstellung des Kindes und den archaischen Menschenrassen aufgedeckt zu haben« (17). Mit *Leber* kann man allgemein sagen, daß die psychoanalytischen Autoren das Märchen als Spiegel der antinomischen Situation des Menschen betrachtet haben. *S. Freud* selbst unterstreicht die Bedeutung der Volksmärchen für das Seelenleben der Kinder: »Bei einigen Menschen hat sich die Erinnerung an ihre Lieblingsmärchen an die Stelle eigener Kindheitserinnerungen gesetzt; sie haben die Märchen zur Deckerinnerung aufgehoben. Elemente und Situationen, die aus diesen Märchen kommen, finden sich nun auch häufig in Traumen« (87). Diese Tatsachen untersuchte und bestätigte später *Dieckmann*. Als einer der ersten unter den Psychoanalytikern nahm *Riklin* die Anregung *Freud*'s auf und widmete sich intensiv dem Studium des Märchens. Er erblickte im Märchen hauptsächlich Erfüllungsphantasien erotischer Wünsche, wofür sich das Märchen einer symbolischen Ausdrucksweise bedient. Ein weiterer Psychoanalytiker, der sich bereits in den frühen Tagen der Psychoanalyse dem Studium des Märchens und dessen Symbolik widmete, war *Silberer*. Er sagte: »Alle die Kämpfe, die in uns selbst stattfinden, das Ringen der Vorstellungen und Wünsche miteinander, das Verdrängen und Überwinden ... die Tyrannis der Leidenschaft, die Strafe des bösen Gewissens, der Friede der Selbsterkenntnis – das alles findet seinen bildmäßigen Ausdruck in entsprechenden Gestalten und Handlungen der Mythen und Märchendichtungen« . . . und fährt fort:

»Im Mythos pflegen Vorgänge, die sich innerhalb der Seele abspielen, plastisch nach außen verlegt zu werden. Es findet eine Projektion von innen nach außen statt, welche den Inhalt der Seele auf die Außenwelt überträgt oder in der letzteren personifiziert« (206).

Ferenczi betrachtet es als eine Funktion des Märchens, der verlorenen kindlichen Allmachtsituation mit all den verdrängten und unerfüllten Wünschen zur künstlerischen Darstellung zu verhelfen (77).

St. Bornstein faßt summarisch die Funktion des Märchens als die »eines Mittlers zwischen dem Über-Ich und den Ansprüchen des Es« auf. Er stimmt darin mit der Meinung von *Sachs* überein, daß die Entstehung eines Kunstwerkes einer Versöhnung des Über-Ichs entspricht. Sowohl die Entwicklungspsychologen wie auch die Tiefenpsychologen haben schon früh die Zusammenhänge zwischen Märchen und Traum erfaßt.

So spricht *Ch. Bühler* vom Märchen als »etwas Aufregendem und Spannendem, das den Rahmen des Alltags sprengt, das einem Traum gleicht, und die nach Stoff suchende, umherschweifende Phantasie wie das unbeschäftigte Denkvermögen anzuregen und zu fesseln vermag«.

K. Bühler bemerkt, daß »eine unverkennbare Ähnlichkeit zwischen dem Märchen und unseren Träumen besteht«. Er spricht vom »vollständigen Analogon zu dem Zaubervorgang im Märchen – der plötzlichen Verwandlung eines Gegenstandes der Vorstellung in einen anderen« als von einem Phänomen, »das besonders häufig im Traume vorkommt«.

Hetzer führt aus, daß viele der Märcheninhalte, die vom heutigen Standpunkt veraltet sind, »außerordentlich lebendig in den Träumen von Kindern und Erwachsenen gefunden werden«.

In Anlehnung an *K. Abraham* betrachtet *Silberer* den »Mythos als gewissermaßen den Traum des Volkes«. Nach *K. Abraham* enthält der Mythos – der Traum des Volkes – »in verschleierter Form die Kindheitswünsche des Volkes«, so wie der Traum eine, wenn auch verschleierte, individuelle Wunscherfüllung darstellt.

Mit *Rank* führt *Versteeg-Solleveld* aus, daß »die unterdrückten und verdrängten Regungen der Menschen im Mythos zum Ausbruch kommen, während diese unerfüllten Wünsche im Märchen – seiner erzieherischen Aufgabe gemäß – als verboten gekennzeichnet werden«. Er folgert, daß »der Mythos Wunscherfüllungen wie der Traum bringt, das Märchen aber eine deutliche Drohung gegenüber diesen verpönten Wünschen darstellt«.

Diese Ausführungen zeigen, wie man zum Verständnis des Märchens gelangen kann. So wie beim Traum muß man die Entstellungen, Verschiebungen und Verdichtungen, womit die Traumzensur den wahren Inhalt des Traumes verschleiert, zu erkennen trachten, um die verborgenen Wünsche – den Traum-Märchengedanken – zu erfassen. Nachdem auch die Kinderzeichnungen darauf hindeuten, daß »die kindliche Vorstellungswelt in viel höherem Grad den traumhaften Verdichtungen nahesteht als die Welt des Erwachsenen«, wie

Werner ausführt, glauben wir in unserem Märchen-Zeichentest eine besonders breite, neutrale Projektionsmöglichkeit gefunden zu haben. Sie vermag Probanden in eine Stimmung zu versetzen, welche die tieferen Schichten seiner Persönlichkeit anspricht. Wir beabsichtigen, besonders all das testmäßig zu erfassen, was die Familienbeziehungen des Probanden betrifft.

Hier hilft uns eine Tatsache, die *Propp* auf einem anderen Gebiet der Märchenforschung – der literarischen Poetik – nachgewiesen hat, nämlich, daß die »Anfangssituation jedes Märchens bloß innerhalb der Familie angesiedelt werden kann«. Das Interesse am Märchen und den Erzählungen des Volkes kam Ende des 18. Jh. auf und erblühte dann besonders in der Zeit der Romantik. Die ersten Versuche, Märchen zu klassifizieren, d. h. diese nach Motiven, Personen, Geschehnissen aufzugliedern, wurden Ende des 19. Jh. und Anfang des 20. Jh. unternommen. Arbeiten von *Aarne, Afanasiev, Bédier, Bolte und Polivka, Löwis of Menar, Müller, Thimme, Volkov* und *Wundt* waren hier bahnbrechend.

Als bedeutendste dieser Arbeiten erscheint uns *Propp*'s »Morphologie du conte« (1928). Dieser Autor setzte sich über die bis dahin übliche Motivforschung hinweg und beschränkte sich auf eine minutiöse Studie der Hauptfiguren des Märchens und deren Funktionen für das Märchengeschehen. Seiner Meinung nach gibt es sieben Hauptpersonen im Märchen, die genau umschriebene Eigenschaften haben, und 31 Funktionen, wodurch die Märchenhelden agieren. Damit erfaßt er die Struktur der Märchenkonstruktion, daß er die Gesetzmäßigkeiten bestimmen kann, welche den Erfinder eines neuen Märchens leiten, wo er im Erfinden frei und wo er gebunden ist.

Die Produktionen unserer Probanden sind in ihrer Beschaffenheit viel einfacher als die Volksmärchen. Sie sind außerdem durch die Testanweisung in ihrer Thematik beschränkt und durch die Affektprojektionen der Probanden wesentlich in ihren Handlungen beeinflußt. Zur Klassifikation unseres Materials eignet sich daher die *Propp*'sche Morphologie des Märchens nur so weit, daß die Idee der Strukturierung nach Hauptpersonen und deren bestimmten Funktionen im umschriebenen Milieu auch für unsere Zwecke anwendbar ist. Die Funktionen der einzelnen Elemente der Märchenproduktion unserer Probanden sind jedoch in unserem Fall die projektiven Aspekte und die symbolischen Formationen, welche dem Geschehen zu entnehmen sind.

Demnach können wir die Vielfalt des gebotenen Märchenmaterials in folgende Elemente aufgliedern:
a) der Schauplatz der Verzauberung;
b) der Personenkreis der Verzauberung;
c) die Geschehnisse der Verzauberung.

a) Der Schauplatz der Verzauberung

204 der 600 Pb. (34 %) erwähnten einen oder mehrere bestimmte Schauplätze, wo die Handlung abrollt:

Tabelle 9. Schauplatz der Verzauberung

Wald . . . . 76 . . . . (12,7%)
(Wald, Verirrung im Wald, Spaziergang im Wald, Ausflug im Wald, Beeren-, Schwämme-, Holzsammeln im Wald; geheimnisvoller, dunkler, unheimlicher Wald)

Haus . . . . 99 . . . . (16,5%)
(Haus, Wohnung, am Familientisch, beim Fernsehen, beim Essen)

Reich des Zauberers . . . . 21 . . . . (3,5%)
(Palast, Reich, Haus, Hütte, Höhle).

Fremde Länder 9, auf der Bühne 5, Traum des Probanden 5, Urzeit 1, Zeitgeschehen 17.

In den meisten Märchen spielt die Handlung im Haus oder im Wald (*Ch. Bühler*, 50).[*] Vermutlich erwähnen unsere Pb, Wald und Haus als Märchenschauplatz so häufig, weil sie durch Kenntnisse von Märchen direkt beeinflußt sind. Vergleichen wir die Häufigkeit der Schauplätze Wald–Haus mit der des Zeitgeschehens, gewinnen wir den Eindruck, daß die Kinder unserer Zeit dem Märchenhaften an sich ähnlich verbunden sind, wie die Kinder früherer Generationen.

Oft kommt eine weitere Funktion zum Vorschein; der Schauplatz motiviert zugleich die Handlung. So bestraft der Über-Ich-Zauberer das Betreten des Waldes, das Pflücken seiner Früchte, oder der Es-Zauberer verlangt die Wohnung, das Haus der Familie u. ä. In Fällen, wo der Schauplatz in fremde Länder, in die Urzeit, in den Zirkus, auf die Bühne, oder in den Traum verlegt wird, ist der geheime Wunsch des Pb. nach einer Distanzierung vom Zaubervorgang offensichtlich. Überall dort, wo das Zeitgeschehen den Schauplatz bildet, motiviert dieser die Handlung. Die Eindringlichkeit des Zeitgeschehens ist unbestreitbar. Allerdings benützen es nur Kinder aus der Großstadt, auf die das Zeitgeschehen direkt einwirkt, für ihre Projektionen. Ob es um die Entführung der Prinzessin in den Zauberwald, oder einen Banküberfall geht, die Familienkonflikte, die dem Geschehen zugrunde liegen, bleiben immer dieselben. Die Einbeziehung des Zeitgeschehens in die VF kommt bei Kleinen nicht vor, sie tritt erst mit zunehmendem Alter (ab 13 Jahre) stärker in den Vordergrund. Zwischen der Wahl des Schauplatzes der VF und dem Alter, dem Geschlecht und der Diagnose bestehen hoch signifikante Zusammenhänge.

Bei Mädchen kommen *Waldschauplätze* weitaus häufiger vor als bei Jungen (bei Mädchen 20,5 %, bei Jungen 8,9 %). Vom Scenotestspiel wissen wir, daß Mädchen häufiger naturnahe Scenen (Wald, Wiese, Tiergruppen) spielen, die Buben dagegen realitätsangepaßter konstruktiv bauen. Es befinden sich aber auch in unserer Klientel häufiger Mädchen im »romantischen« Alter der beginnenden oder voll entwickelten Pubertät. Die Verzauberung im Haus und an diversen anderen Schauplätzen wird von beiden Geschlechtern gleich häufig

---

[*] Wie weit dieses auf die Lebensgewohnheiten früherer geschichtlicher Epochen oder aber darauf zurückzuführen ist, daß »die Zugehörigkeit zum Unbewußten durch Wald ausgedrückt wird« (*C. G. Jung*, 109) oder daß der Wald »der Ort des Ursprungs ist« (*Bilz*), wollen wir an dieser Stelle nicht diskutieren.

gewählt. Vor dem 8. Lebensjahr werden signifikant selten die Scenen der Verzauberung beschrieben.

Mit zunehmendem Alter werden immer häufiger die Schauplätze erwähnt. Der Höhepunkt liegt bei Elf- bis Zwölfjährigen (17,9 % der unter Achtjährigen, 49,5 % der Elf- bis Zwölfjährigen). Damit übereinstimmend fanden wir gestaltete Scenen besonders häufig bei Kindern der Diagnosengruppe IV (Latenzphase). Diese Kinder wählen den Wald signifikant häufiger als Schauplatz der Verzauberung (25,5 % gegenüber 11,4 % der übrigen Diagnosengruppen). Dieser Umstand wäre dadurch zu erklären, daß die Kinder dieser Gruppe von jener Lektüre beseelt sind, die *Ch. Bühler* die Robinsonliteratur genannt hat. Analog spricht *Höhn* vom Robinsonalter dieser Kinder im Scenotestspiel.

Bei der Schilderung des Schauplatzes und der Aktivitäten der Personen am Schauplatz ist es einer relativ großen Zahl der Kinder (46 − 8 %) unwillkürlich gelungen, die Familienatmosphäre im Märchengeschehen einzufangen. Der Schauplatz des Geschehens wurde nicht nur von 204 Kindern erwähnt, sondern von 89 (14,8 %) dargestellt.

Viele der Kinder (44 = 7,3 %), die einen *Innenraum* zeichnen, sind »unbehauste« Kinder, d. h. solche, denen die Geborgenheit im Haus fehlt, so daß der bergende Raum wunscherfüllt gezeichnet wurde. Von den in ihrer Familie unbewußt abgelehnten (47), unbeschützten (Complexe d'abandon) (43), aber auch Geschwister-rivalisierenden Kindern (39) zeichnen 13,2 % (17) die VF in einem Innenraum (von den übrigen Kindern nur 5,7 %). Dieser Unterschied ist hoch signifikant. Die Innenräume werden außerdem häufiger von guten Zeichnern dargestellt (10,8 % gegenüber 5,6 %). Ebenso zeichnen Kinder nach dem elften Lebensjahr (12,7 % gegenüber 4 % der unter elf Jahre alten) und Kinder mit einem IQ von 120 und darüber (13,1 % gegenüber 4,7 % unter 120 IQ) hochsignifikant häufiger den Innenraum. Bzgl. Geschlecht und Diagnose fand sich kein statistisch signifikanter Zusammenhang.

b) Der Personenkreis der Verzauberung

Die Angabe der Personen der Verzauberung ist durch die Testanweisung begrenzt.
Es kommen vor:
1. der Zauberer,
2. die Familienmitglieder,
3. die Helfer.

1. Der Zauberer

Die Figur des Zauberers nimmt im Geschehen eine Schlüsselposition ein. In seine schicksalhafte, magische Macht werden nicht nur Über-Ich-Elemente, sondern auch Es-Elemente projiziert.

Nur in 6 % aller Fälle ist der Zauberer gut. Viel öfters gebärdet er sich als eine autoritär-böse, absolutistische Macht, teils die Verkörperung eines überstrengen, rigid strafenden kindlichen Über-Ichs, teils die Verkörperung drängender Es-Wünsche des Kindes. In 32,3 % der Fälle kommt der Über-Ich-Zauberer vor, d. h. signifikant häufiger als der Es-Zauberer (25,3 %). Der Zauberer personifiziert sowohl infantile Allmachtphantasien, wie auch Vater, Mutter, die Familie als Schicksal.

»Der alte Zauberer und die Hexe entsprechen den negativen Elternimagines in der magischen Welt des Unbewußten« – sagt *C. G. Jung* (109).

Mit dieser Ansicht übereinstimmend kann auch in unserer Untersuchung die Figur des Zauberers häufig als die Repräsentanz eines strengen, strafenden Vaterbildes aufgefaßt werden.

In 37,2 % aller Fälle (n = 600) wird der Zauberer gezeichnet.

In 543 Fällen (90,5 %) wird er in der zur Zeichnung erzählten Geschichte

erwähnt, und zwar von: 47 % der unter Neunjährigen,

35,4 % der Neun- bis Elfjährigen,

27,4 % der über Elfjährigen.

Diese Abnahme mit zunehmendem Alter ist statistisch signifikant.

Dagegen bestimmen ihn ältere Kinder häufiger verbal. Ebenso zeichnen Pb. mit einem IQ unter 110 häufiger die Figur des Zauberers (46,3 % gegenüber 33,4 % der Kinder mit einem IQ von 110 und mehr). Auch dieser Unterschied ist statistisch gesichert.

Bei guten Zeichnern fanden wir ebenfalls häufiger den Zauberer gezeichnet (44,1 % der guten Zeichner gegenüber 33,6 % der schlechten Zeichner).

Buben und Mädchen zeichnen den Zauberer gleich häufig.

Ein auffallender Zusammenhang besteht zwischen der Diagnosengruppe und dem Zeichnen des Zauberers.

Kinder mit Diagnosen der Gruppe II und III zeichnen den Zauberer weitaus häufiger (60,1 % bzw. 44,4 %) als Kinder mit Diagnosen der Gruppen I und V (30,2 % bzw. 28,1 %). Das läßt sich damit erklären, daß in den Diagnosengruppen II und III die Autoritätsproblematik eine Rolle spielt.

(1) *Erscheinungsformen des Zauberers*

Überwiegend erleben die Kinder den Zauberer als jene Gestalt der *Grimm*schen Märchen, mit der sie von klein auf durch Erzählungen, Lektüre, Theater, Film und Fernsehen konfrontiert wurden: ein großer, bärtiger Mann mit spitzem, sternenbesätem Hut, wallendem Mantel, mit einem Zauberstab, ev. dem Zauberbuch in der Hand.

Seine Zaubersprüche sind in der Regel: Hokus – Pokus – Fidibus, Simsala – Bim, Abra – Kadabra.

Infantile geben ihm nicht selten Namen, die teils aus der Lektüre (Tintifax), teils frei erfunden sind (Petrosilius Zwackelmann). Durch ihre Lächerlichkeit soll das Unheimliche verniedlicht und damit entängstigt werden.

In 120 Fällen (20 %) nimmt der Zauberer Gestalten an, die von der stereotypen Erscheinungsform abweichen.

Tabelle 10. Besondere Erscheinungsformen des Zauberers

1. *Negativer Apekt des Archetypus des alten Weisen:* 31
alter (buckliger) Mann (9), Bettler (7), Riese (4), Geist, Ungeheuer (4),
Zwerg (3), Wanderer (3) und Verbrecher (1).

2. *Positiver Aspekt des Archetypus des Alten Weisen:* 34
der gütige Zauberer.

3. *Zauberer = Familienmitglied:* 37
Vater (17), Mutter (1), Schwester (1), Proband (13) und Bräutigam (5).

4. *Zeitgestaltung des Zauberers:* 8
Hauswart (1), Gast (3) und Zirkusmagier (4).

5. *Weiblicher Zauberer:* 10
Fee (3), Hexe (5) und altes Mütterlein (2).

Wenn der Zauberer in Gestalten auftritt, die C. G. Jung unter dem *Aspekt des Archetypus des Alten Weisen* beschrieben hat, wird ein Vaterkonflikt erlebt. Die Vaterproblematik wird direkt auf den Zauberer projiziert.

Wenn der Zauberer als ein *alter (evtl. buckliger) Mann* abgewertet wird, fühlen sich die Pb. von ihren Vätern nicht angenommen. Mitunter haben sie das Gefühl, vom Vater (evtl. von der ganzen Familie) verraten worden zu sein.

Wenn der *Zauberer als Bettler* erscheint, weisen die Pb. depressive Züge auf. Einige werden vom Vater offen abgelehnt, einige fühlen sich nicht genügend beachtet, worauf sie mit dem Symptom der neurotischen Diebstähle reagieren. Auch sie haben den Vater symbolhaft abgewertet.

Fall 84
Die zwölfjährige Marlies lebt seit vielen Jahren im Zwiespalt zweier Familien. Als Marlies zehn Monate alt war, verstarb ihre Mutter. Bald darauf heiratete der Vater – dem Kind zuliebe – die zweite Frau. Die mütterlichen Großeltern verziehen dem Vater nie, daß er damit aus Marlies ein »armes Stiefkind« gemacht hat. Sie rächten sich unbewußt für den Tod der Tochter, indem sie den Frieden der Familie ständig störten. So wurde Marlies an der Identifikation mit der Stiefmutter gehindert und mit Schuldgefühlen gegenüber der Verstorbenen belastet. Die Pubertät verschärfte den Zwiespalt. Das Mädchen wußte keinen Ausweg mehr und verübte schließlich einen Selbstmordversuch.
In der VF zeichnet Marlies eine »reiche«, aber hartherzige Familie, die am Eßtisch sitzt. Neben ihnen steht ein Bettler. Aus der Geschichte erfahren wir, daß der Bettler eigentlich der Zauberer war, und daß er die Leute für ihre Hartherzigkeit damit bestrafte, daß er sie für eine Zeit zu Bettlern machte.
Die in ihrer weiblichen Identifikation gestörte Probandin zeichnet an erster Stelle den Vater. Die zwölfjährige Tochter »Barbara« sitzt so wie Marlies selbst zwischen den Eltern. Zuletzt wird der Bettler gezeichnet. Die Zeichnung ist in die linke obere Ecke verschoben, dorthin, wo *Koch* Regressionstendenzen und Sehnsucht nach der Mutter pla-

Abb. 84

ziert. Marlies ahnt, daß sie keineswegs so »arm« ist, wie es ihr die Großeltern ständig einzureden versuchen, denn die Stiefmutter, die keine eigenen Kinder haben kann, ist ihr herzlich zugetan. Sie darf aber nicht »reich«, d. h. geliebt werden, denn das verbietet die tote Mutter durch den Mund der Großeltern. In der VF realisiert Marlies symbolisch ihre Selbstbestrafungstendenzen, indem sie die »reiche« Familie durch Armut straft, so wie sie sich vorher durch den Suicidversuch zu bestrafen versuchte. Die Essensszene demonstriert die durch den Tod der Mutter frustrierten oralen Wünsche des Mädchens.

Kommt der *Zauberer als Riese* vor, dann wurde der negativ erlebte Vater in der Regel vom Kind überbewertet.

Kinder, welche den *Zauberer als Geist* (Ungeheuer) darstellen, zeigen besonders starke Ängste.

Wenn sich der *Zauberer als Zwerg* zeigt, wird eine dominierende phallische Mutter vom Kind überbewertet, der Vater dagegen abgewertet. Die Kinder lassen dem Vater in der Rolle des Zauberzwerges – wenn auch bloß als kleines Wesen – dennoch einen Teil seiner patriarchalischen Macht. Von psychoanalytischer Seite wird »für das Symbol der Zwerge eine Determinante in der Kinderstube gefunden, nämlich die Geschwister« (grant-*Duff*).*

Erscheint der *Zauberer als Wanderer*, dann ließen sich Trennungsängste als das gemeinsame Merkmal dieser Kinder feststellen.

In einem Fall kommt der *Zauberer als Verbrecher* vor, also dem negativsten

---

* *Jung* meint, daß »die Neigung zum Diminutiv (Zwerg) einerseits und zur übermäßigen Vergrößerung (Riese) andererseits mit der merkwürdigen Unsicherheit des Raum- und Zeitbegriffes im Unbewußten zu tun hat« (109).

176

Aspekt des Archetypus des Alten Weisen. Es handelt sich um einen pubertierenden Knaben, der den Tod des Vaters nicht verarbeitet hat. Er trauert ihm depressiv nach und ist ihm eigentlich böse, daß er ihn verlassen hat. Man kann sich vorstellen, daß hier der Prozeß der Verschiebung wie im Traum am Werke ist, in dem die eigene Aggression und deren Bestrafung auf den Vater – in Gestalt des Zauberers – verschoben wird.

Der positive Aspekt des Archetypus des Alten Weisen der »gute«, Wünsche erfüllende, oder mitleidige Zauberer (34 Fälle) erscheint äußerlich in jener stereotypen Weise, die wir anfangs erwähnt haben. Häufig wird er nicht gezeichnet, kommt aber in der Geschichte vor.

In der Regel entspricht der »gute« Zauberer der Realisation von Es-Wünschen des Kindes.

Eine mehr oder minder ausgebildete Ich-Schwäche und eine stärkere Triebhaftigkeit sind allen diesen Kindern gemeinsam. Mehrere von ihnen leben in einer ausgesprochen negativen Position in ihrer Familie, einige werden offen abgelehnt, einige sind Mitläufer. Fünf von ihnen sind Pubertierende mit sexuellen Problemen, die schließlich wunscherfüllend der »gute« Zauberer löst.

Bei Kindern, die den *Zauberer als ein Familienmitglied* darstellen, finden sich Reste magischen Denkens, vorwiegend Allmachtsphantasien. Sie werden durch die Projektion auf den Zauberer als Vater, Mutter, ein Geschwisterkind, den Pb. selbst bekundet.

Der Familienangehörige, der am häufigsten die Rolle des Zauberers innehat, ist der *Vater* (18mal). Die Kinder, welche die Rolle des Zauberers auf den Vater projizieren, gehören allen Altersstufen, allen Diagnosegruppen und allen Intelligenzgraden an. Keiner der Pb. hat seine ödipale Auseinandersetzung positiv bewältigt. Die Hälfte von ihnen erlebt den Vater als unsichtbar, ein Viertel als autoritär, ein Viertel als verachtenswert. Gemeinsam ist ihnen, daß sie alle im Konflikt mit dem Vater leben.

Den dramatischen Kampf eines autoritären Vaters mit dem Zauberer – in einer Identifizierung mit dem Angreifer – schildert ein neunjähriger Junge.

Fall 85

Der neunjährige Robert wurde wegen extremen Schulstörens und aggressiven Verhaltens zu den Mitschülern an das Institut überwiesen. Die Lehrer weigerten sich, ihn weiter zu unterrichten, während die Eltern der anderen Kinder Unterschriften sammelten, daß Robert von der Schule käme.

Robert ist das mittlere von fünf Kindern. Er ist körperlich um zwei Jahre akzeleriert. Sein Vater hatte früher ähnliche Schulschwierigkeiten gehabt. Er ist gleichfalls groß gewachsen, wie auch die Mutter. Er hat sich zum erfolgreichen Leiter eines kleinen Betriebes emporgearbeitet. Bei der sehr guten intellektuellen Begabung des Jungen – er kommt im HAWIK auf einen IQ von 126 – sieht der Vater nicht ein, daß Robert wegen schlechter Noten auf eine Sonderschule soll. Er hat eine leichte Schreib-Lese-Schwäche.

Der Vater identifiziert sich mit seinem Jungen in dessen Schwierigkeiten, besonders im Kampf gegen die Schule und ihre Vertreter. Er bringt regelmäßig den Jungen trotz großer Entfernung persönlich in die Behandlung. Die Mutter, durch den großen Haushalt mit fünf Kindern überfordert, steht mehr im Hintergrund. Der Vater dominiert auch zu

Abb. 85

Hause, im autoritären Verhalten. Es gibt in der Erziehung auch Schläge und wegen der Kindererziehung viel Streit. Im Grunde schaut der Bub aber zu seinem Vater als Vorbild auf, der auch Zeit findet, mit ihm zu basteln.

Robert zeichnet impulsiv zunächst den übergroßen Zauberer, dessen Kopf nicht mehr auf dem Blatt Platz findet. Er erzählt dazu folgende Geschichte: »Der Zauberer kam rein, da ging er runter, in unseren Keller und hat gesagt: ›So, ich werde euch alle verzaubern.‹ Da ist mein Vater hochgelaufen, in die Küche und hat zwei Messer aus dem Schrank geholt. Dann ist er wieder runtergelaufen und hat dem Zauberer noch die zwei Messer in den Bauch gestochen. Dann hat der Zauberer noch mit letzter Kraft uns verzaubern können.«

Nach dem Zauberer setzt Robert alle übrigen verzauberten Familienmitglieder auf eine Bodenlinie und zeichnet sie relativ klein. Er selber steht als Katze zwischen den breit gestellten Beinen des Zauberers, er zeichnet sich an erster Stelle. Es folgen die Geschwister und die Mutter, und zuletzt der Vater, der sich als einziger von der Familie abwendet.

Der Vater kämpft einen gewaltigen Kampf. Der Zauberer verkörpert für die Familie eine Schicksalsmacht. Es ist die Schule mit ihrer Übermacht, für den Sohn wie den Vater. Robert hat sich in einer Identifizierung mit dem Angreifer, in seiner Position zwischen den Beinen des Zauberers, in den Schutz des Mächtigeren begeben. Der große Zauberprügel erinnert an die Schläge, die er auch in der Schule schon erhalten hat.

Er identifiziert sich aber auch mit dem größeren Bruder – er wird auch eine Katze wie er –, wertet ihn aber durch eine kleinere Zeichnung ab. Lediglich der Vater, den er als Ochse zuletzt zeichnet, widersteht bis zuletzt der Macht des Zauberers; er ist vom Zauberer abgewandt. Er steht auch nicht mehr unter der Macht des Zauberknüppels.

Nur in einem Fall ist der Zauberer die *Mutter*. Auch hier steht die ödipale Auseinandersetzung im Vordergrund. Alle männlichen Personen dieser Familie leiden unter der dominierenden Mutter.

178

Einmal ist der Zauberer *die Schwester*. Der infantile Junge leidet unter der Bevorzugung seiner jüngeren Schwester. In der Ohnmacht seiner Geschwisterrivalität stattet er die Schwester mit magischen Kräften aus.

In 13 Fällen ist der *Proband* selber der Zauberer. Es gibt darunter Jungen und Mädchen aller Intelligenzgrade, mit unterschiedlicher zeichnerischer Begabung. Sie gehören den Diagnosegruppen I, II, III und V an. Es fehlt unter ihnen die Diagnosegruppe IV (Latenzphase). Das kann bei der geringen Zahl der Kinder dieser Gruppe ein Zufall sein. Alle sind sie egozentrisch, haben Kontaktschwierigkeiten, mehrere sind Ich-schwach. Die meisten von ihnen leiden unter ihrer Geschwistereifersucht, auch dann, wenn sie die Bevorzugten der Geschwisterreihe sind. Durch ihr Auftreten als Zauberer realisieren sie symbolisch ihre magischen Wünsche, mitunter auch Rachegelüste und infantile Allmachtsgefühle.

Abb. 86

Fall 86

Die achtjährige Wanda leidet seit längerer Zeit an Nabelkoliken. Sie wächst in einem gestörten Familienmilieu heran. Die Mutter ist als Serviererin in einem Lokal tätig, der

Vater, von Beruf Angestellter, beunruhigt die häusliche Atmosphäre als chronischer Trinker. Seine Trunksucht wird von der Mutter in ihrem Beruf toleriert. Die 16jährige Tochter ist im Protest außer Hause gegangen, nachdem ihr die Eltern den gleichen Beruf der Mutter, getarnt mit einer Ausbildung an der Hotelfachschule, aufzuzwingen suchten. Wanda zeichnet sich selber als Zauberer an erster Stelle. Seine Größe wird durch das im Hochformat gelegte Blatt noch verstärkt. Klein, unter ihrem ausgestreckten rechten Arm, ist in der unteren linken Ecke die übrige Familie angeordnet, zunächst Mutter und Vater, dann an letzter Stelle die Schwester als kleine schwarze Katze. Wanda sagt dazu: »Und das ist meine große Schwester.« Die Katze schleicht sich von der Familie weg. Wanda hat die eigene Familie gezeichnet.

In der übergroßen Darstellung des Zauberers kommen die Allmachtsphantasien des Kindes zum Ausdruck, mit dem in der rechten Hand erhobenen Zauberstab deutet sie ihre Macht über die Familie an. Alle übrigen Familienmitglieder, insbesondere die große Schwester, sind durch ihre Kleindarstellung abgewertet.

Bei fünf Mädchen erscheint der Zauberer als *verschmähter Bräutigam*. Diese Mädchen sind durchwegs von weiblichen puberalen sadomasochistischen Phantasien beseelt.

Bei acht Kindern erscheint der Zauberer als eine *Person des Alltagslebens*, als Hauswart, Gast, Zirkusmagier. Ein Teil dieser Kinder erlebt Alltagspersonen magisch-unheimlich.

Die anderen verniedlichen den Zauberer, indem sie aus ihm eine Figur des täglichen Lebens machen. Alle Kinder dieser Gruppe leiden unter Ängsten.

Kinder, welche den Zauberer in *weiblicher Form* darstellen, weisen zum Teil eine konfliktbesetzte Mutter-Kind-Beziehung auf. Zum anderen Teil stammen diese Kinder aus Familien, die von der Mutter beherrscht werden. Bei all diesen Kindern symbolisiert der Zauberer in weiblicher Form eine dominierende Mutter.

(2) *Aktivitäten des Zauberers und deren projektive Funktion*

Tabelle 11. *Aktivitäten des Zauberers*

Der Zauberer zaubert:

ohne Begründung	117
erfüllte Wünsche	34
bestraft	194
fordert	152
zaubert aus Willkür	72
zaubert aus Spaß u. a.	15
zaubert auf der Bühne, im Traum	10
soll seine Fähigkeiten beweisen	9
	516

Aktivitäten des Zauberers erscheinen in 516 Fällen (86%). 117 Kinder (19,5%) beschränken sich darauf, die Tätigkeit des Zauberers und den Zaubervorgang lediglich aufzuzählen. Sie kommen hoch signifikant häufiger vor dem neunten Lebensjahr vor. Nach dem elften Lebensjahr sind sie relativ selten zu beobachten.

Der Über-Ich-Zauberer

Als Personifikation des Über-Ich agiert der strafende Zauberer in 194 Fällen (32,3 %).

Er bestraft: Schlimmheit, böse Taten, Gemeinheit, Bösesein, Hartherzigkeit, Schlamperei, Streit, Trunkenheit, Ärgern, Unfolgsamkeit, Verfressenheit ... 68, Tierquälerei ... 9, Verspottung seiner Person ... 22, Haß seiner Person ... 9, Verrat seines Geheimnisses ... 2, nichtzurückzahlen von Schulden ... 2, Antasten seines Eigentums ... 20, Betreten seines Territoriums ... 21, Schlechtes Wirtschaften mit seinen Gaben ... 3, Vernachlässigung der Pflichten ... 4, um zur Güte zu erziehen ... 2, Geiz ... 14, wegen Nichtgehorchens ... 6.

Der Es-Zauberer

Als Personifikation der Es-Wünsche bzw. der Es-Ängste, agiert der »böse« Zauberer in 152 Fällen (25,3 %).

Der Zauberer zaubert aus: Spaß ... 15, Willkür ... 72, Weil die Leute so oder so sind ... 19.

Der Zauberer verlangt: Haus, Vermögen, Geld ... 21, alles ... 2, Geheimnis ... 1, Unterkunft ... 2, ein Kind ... 1.

Der Zauberer zaubert sich nützliche Objekte: 19.

Die Verzauberungen aus Über-Ich- bzw. Es-Motiven kommen vor dem neunten Lebensjahr hoch signifikant seltener, nach dem neunten Lebensjahr doppelt so häufig vor.

Über-Ich-Motive: 20 % vor dem neunten Lebensjahr; 40 % nach dem neunten Lj.;

Es-Motive: 15 % vor dem neunten Lebensjahr, 30 % nach dem neunten Lj.

Der Über-Ich- und Es-Zauberer kommt bei Buben und Mädchen im gleichen Verhältnis vor.

Den Über-Ich-Zauberer weisen 32 Buben und 32 Mädchen auf, den Es-Zauberer 25 Buben und 25 Mädchen.

Es besteht kein Zusammenhang zwischen dem Auftreten des Über-Ich- bzw. des Es-Zauberers und der intellektuellen Leistungsfähigkeit der Kinder.

Zwischen den Diagnosegruppen und dem Auftreten des Über-Ich- bzw. Es-Zauberers besteht insofern ein Zusammenhang, als bei der Diagnosegruppe IV (Latenzphase) im Vergleich zu den übrigen Gruppen sowohl Über-Ich-, wie auch Es-Zauberer signifikant häufiger vorkommen.

Strafender (Über-Ich-) Zauberer, wie auch fordernder (Es-) Zauberer agieren in 56 Fällen, indem durch ihr Zaubern Familienmitglieder bzw. die ganze Familie vernichtet werden.

Beispiele eines Über-Ich- und eines Es-Zauberers.

Der Über-Ich-Zauberer

Die 14 jährige Erika treibt sich herum, vernachlässigt die Schule, sie ist frech, aggressiv, gleichzeitig aber voll von Minderwertigkeitsgefühlen und Selbstzweifeln, welche vor einigen Wochen zum Selbstmordversuch geführt haben.

Erika ist die jüngste von fünf Kindern einer Beamtenfamilie. Alle leiden unter der Trunksucht des Vaters, eines unentschlossenen, sentimentalen, unter Alkoholeinfluß unberechenbaren Mannes, der wiederholt erfolglos Entwöhnungskuren unternommen hat.

In der VF zeichnet Erika lediglich links am Blatt eine Bananenstaude. Dazu erzählt sie folgende Geschichte:

»Am Nordpol lebte einst ein Zauberer, der sehr gerne Bananen aß. Da jedoch am Nordpol keine Bananen wachsen, war er sehr traurig und zog in die Welt. Als er in Afrika angelangt war, wo bekanntlich die Bananen wachsen, war er sehr froh. Er kam in ein Negerdorf, ging gleich in die Behausung einer Familie und bat diese, ihm einige Kilo Bananen zu geben. Die Familie war aber neidisch und sagte zu ihm: »Wenn du Bananen willst, so pflücke sie dir selbst!« Mit diesen Worten schoben sie ihn aus der Tür heraus und spotteten ihn aus, weil er anders aussah und nicht so braun war wie sie. Der Zauberer, der darüber sehr traurig war, verzauberte die Familie in Bananen. Wenn man sie ißt, können die nie zu Ende gegessen werden. Es war in der Familie der Vater, die Mutter, ein Sohn und eine Tochter.«

Der Gewissenskonflikt des Vaters, um die drängenden, unersättlichen oralen Wünsche zentriert, prägt die Atmosphäre der Familie, was die Pb. in der VF symbolisch ausdrückt. So wie im Leben ist der Vater der strafende und der bestrafte zugleich, und mit ihm und durch ihn ebenfalls die Familie.

Erikas Konfliktfigur ist aber die Mutter, so wie in allen anderen Fällen, in denen der Zauberer schließlich die Familie verzehrt.

Erika hat die ödipale Auseinandersetzung noch nicht bewältigt, sie lehnt die weibliche Rolle ab, sie leidet unter Kastrationsängsten und Penisneid. Sie identifiziert sich mit dem Vater, wie er hat sie Gewissenskonflikte, ist ambivalent und unentschlossen. Daher können die Bananen auch »nicht zu Ende gegessen werden«.

Der Es-Zauberer

Der zehnjährige Helmut leistet trotz guter Intelligenz in der Schule wenig. Seine Faulheit ärgert den Lehrer, vor allem aber die ehrgeizige Mutter. Den Vater interessiert das Kind nicht, er will vor allem seine Ruhe haben. Die Mutter ist vom Mann und Sohn gleichermaßen enttäuscht. Vorwürfe und Streit sind an der Tagesordnung.

Helmut fühlt sich von keinem der Eltern richtig angenommen. Er leidet unter dem Streit und den Scenen, wofür er sich dumpf verantwortlich fühlt. Er ist jedoch außerstande, fleißiger zu werden.

In der VF zeichnet er zuerst einen mächtigen Zauberer, dann den Vater als Teufel, die Mutter als Katze und das Kind als einen Hund.

Dazu erzählt er folgende Geschichte:

»Der böse Zauberer: Ein mächtiger Zauberer verzauberte aus Willkür eine Familie. Es war nämlich ein böser Zauberer. Der Vater wurde ein Teufel, die Mutter eine Katze und das Kind ein Hund.

Mutterkatze und Kinderhund vertrugen sich nicht. Der Teufel-Vater freute sich. So ist es dem Zauberer gelungen, die ganze Familie streiten zu lassen.

Eines Tages kam eine Fee über die Familie und zauberte sie in Menschen zurück. Es war wieder eine glückliche Familie.«

Die VF drückt symbolisch den Zustand aus, in dem sich Helmuts Familie befindet: die Es-Instanz des Pb., durch den Zauberer verkörpert, veranlaßt den familiären Streit. Helmut schiebt die eigene Schadenfreude über diesen Zustand dem Vater zu und malt sich wunscherfüllend eine gute Fee aus, offensichtlich die positive Seite der Mutter. Er hofft, daß sie anstatt seiner die Familie wieder zu einer glücklichen Familie machen wird.

In 24 Fällen geht es um Vernichtung schlechthin, in 32 Fällen erfolgt sie durch Verzehren (Aufessen). Dabei ist in neun Fällen der Verzehrende der Zauberer selbst, in 22 Fällen sind es ein oder mehrere Familienmitglieder, in 2 Fällen wird der Zauberer selber durch Verzehren vernichtet.

Abb. 87

Der zwölfjährige Gustav wird wegen Verhaltensstörungen vorgestellt. Er lebt seit einem Jahr in einem Kinderheim, da er mit dem Eintritt in die Pubertät sehr schwierig wurde, und seine Eltern sich seither durch die Erziehung des Knaben überfordert fühlten. – Gustavs Vater ist ein Tischlergeselle, der oft wegen seiner Beschäftigung außer Hause weg ist, die Mutter ist Handarbeitslehrerin. Sie heiratete seinerzeit den Vater aus Torschlußpanik und fühlt sich ihm intellektuell überlegen. Es wird wohl nicht gestritten, aber die Mißachtung der Mutter vergiftet langsam die Atmosphäre. – Die Mutter überträgt alle ihre ehrgeizigen Träume auf das Kind und verwöhnt es, ohne ihm Geborgenheit zu geben. Aus der symbiotischen.Mutter-Kind-Beziehung wird Gustav plötzlich vertrieben, indem er in das Heim muß.

Gustav zeichnet mit flüchtigem Strich zuerst den Zauberer am Tisch sitzend, wie er die Mutter – als Festmahl verwandelt – verzehrt. An zweiter Stelle zeichnet er den Vater als Haus, in dem sich die ganze Szene abspielt. Das Kind – als Katze – schleicht sich vom Tisch nach rechts davon. Auf der linken Wand des Raumes ist eine leere Kasse mit Schlüsseln gezeichnet, welche die Armut des Zauberers darstellen soll.

Zum Bild erzählt der Proband, daß der Zauberer arm ist. Da er kein Geld zaubern kann, verwandelt er wenigstens die Mutter in ein Festmahl, um diese zu verzehren, den Vater in ein Haus und das Kind in eine Katze.

Der Sohn, als Katze, läßt es geschehen, daß die Mutter vom Zauberer verzehrt wird. Der verwöhnt-verwahrloste Proband kennt keine andere, als die oral-kaptative Aggression, womit er sich – zweigeteilt – als Zauberer für die Verwöhnung rächt und als Katze es nicht zu verhindern versucht. Der unbehauste Knabe erfüllt sich gleichzeitig den Wunsch nach einem Zuhause, indem er den Vater in ein Haus verwandeln läßt. Dieses Haus ist aber leer – der Vater kümmert sich ja kaum um den Probanden. Der übergroße Leuchter im kahlen Raum weist auf das Wärmebedürfnis Gustavs hin. Die leere Kasse läßt die magische Kraft des Zauberers – des Probanden – fraglich erscheinen.

Alle Kinder dieser Gruppe befinden sich in einem unbewußten Konflikt, der um eine der Elterninstanzen – am häufigsten die Mutter – zentriert ist. Die daraus nicht selten entstandenen quälenden Schuldgefühle versuchen die Kinder in der Regel aggressiv abzuwehren. Es überrascht daher nicht, daß 18 dieser Kinder der Diagnosengruppe I (darunter vier sistierende Mutter-Kind-Symbiosen und vier Kinder mit intentionaler Störung), 17 Kinder der Diagnosengruppe II (darunter sechs Enuretiker und fünf Enkopretiker) und zwölf Kinder der Diagnosengruppe III angehören (wobei die Problematik um Kastrationsängste kreist).

Motive der Vernichtung und des Aufgefressenwerdens durch ein Zauberwesen oder durch ein Familienmitglied sind häufig in Märchen und Mythen zu finden.

Die *Freud*sche und die *Jung*sche Schule haben vielfach diese Motive aufgegriffen und sie psychologisch gedeutet. *Jacobi* versteht darunter ein »Versinken der Libido ins Unbewußte«. *Grant Duff* meint, daß »das Aufgefressenwerden vom gleichgeschlechtlichen Elternteil eine Identifizierung mit ihm bedeutet«. *Silberer* weist im Aufgefressenwerden durch göttliche Familienangehörige – in Mythen – auf die Kastrationsproblematik hin.

Am nächsten kommt unseren Ergebnissen *E. Lorenz* in seiner Deutung des *Grimm*schen Märchens »Hänsel und Gretel«. Er meint, es sei deshalb das beliebteste Kleinkindermärchen, weil »die zwei wichtigsten ersten Phasen der Libidoentwicklung sich darin mit nahezu historischer Treue widerspiegeln. Die Lust an diesem Märchen ist die lustvolle Belebung verlassener Libidopositionen«.

In neun Fällen soll der Zauberer »*beweisen, daß er zaubern kann*«. Die Familie oder das Kind glaubt nicht an den Zauberer und seine Macht oder täuscht dies vor, um den Zauberer so zu Fall zu bringen. Dieses Motiv kommt im »Gestiefelten Kater« u. a. vor.

Bis auf einen sind alle diese Pb. bereits in der Pubertät und daher für die Kritik der Umwelt besonders empfindsam. Sie sind häufig selbstunsicher, haben Minderwertigkeitsgefühle und werden nicht selten wegen ihres Aussehens (Minderwuchs, Ekzem, Kahlköpfigkeit, u. a.) verspottet.

Entweder identifizieren sie sich mit der Schlauheit des Zauberers oder mit der Schlauheit seines Besiegers. In allen Fällen kompensieren sie wunscherfüllend das Gefühl der eigenen Unzulänglichkeit.

Erfolg oder Mißerfolg der Aktivitäten des Zauberers ist mit dem Ausgang der Geschichte identisch.

ohne Erwähnung des Ausganges	59,3%
guter Ausgang	23,5%
schlechter Ausgang	15,8%
bedingter Ausgang	1,3%

Auch hier kommen Über-Ich- und Es-Wünsche sowie Ängste der Kinder zum Ausdruck.

Nur etwa ein Viertel aller Pb. hofft der schicksalhaften Macht ihrer Über-Ich- bzw. Es-Instanz zu entrinnen. Die übrigen sind entweder unsicher oder sogar pessimistisch.

Es besteht kein Zusammenhang zwischen Geschlecht und dem Erfolg der Aktivitäten des Zauberers.

Allerdings neigen Mädchen signifikant häufiger dazu, ihren Geschichten einen bestimmten Ausgang zu geben, sei es positiv, negativ oder konditional, während Buben den Ausgang eher offen lassen.

Bestimmter Ausgang bei Buben: 37,8 %, bei Mädchen 47,2 %.

Dies könnte mit der Tatsache zusammenhängen, daß in den von uns untersuchten Altersstufen Mädchen bessere Aufsätze schreiben als Buben.

Bei einem relativ großen Teil der Kinder (17,7 %) wurde die eigene Familie verzaubert.

Es besteht eine fast signifikante Tendenz bei der eigenen Familie, die Geschichte positiv enden zu lassen (73 %). Hingegen kommt bei fremder Familie häufig ein negativer Ausgang vor. Auch bezüglich des Alters der Kinder und dem glücklichen Ausgang der Geschichten spielen die Reste magischen Denkens eine Rolle.

Bei Kindern bis zum achten Lebensjahr gibt es 74,4 % Fälle mit positivem Ausgang. Bei Kindern, welche das achte Lebensjahr überschritten haben, kommt ein positiver Ausgang der Geschichte nur noch in 56,4 % der Fälle vor. Was die intellektuelle Begabung der Kinder und den Ausgang der Geschichte anbetrifft, so zeigt sich ein interessantes Phänomen: Bei Kindern mit einem IQ unter 100 kommt der negative Ausgang signifikant häufig vor (50 %). Hingegen beenden Kinder mit einem IQ von 100–109 die Geschichten signifikant häufig positiv (21,7 %). Bei einem IQ über 110 offenbart sich keine ausgesprochene pessimistische oder optimistische Tendenz; alle Möglichkeiten kommen vor, was wohl mit einer höheren Kritikfähigkeit dieser Kinder zusammenhängt.

Es besteht kein statistisch signifikanter Zusammenhang zwischen den Hauptgruppen der Diagnosen und dem Erfolg oder Mißerfolg einer Aktivität des Zauberers.

Bei den Einzeldiagnosen zeigt sich bei den Enkopretikern eine Tendenz (61,5 %), die Geschichten negativ enden zu lassen. Enkopretiker sind häufig in ihrer sadomasochistischen Tendenz Pessimisten.

Bei Identitätskrisen wird relativ häufig – jedoch noch nicht signifikant – (70,8 %) – der Ausgang der Geschichte offen gelassen, was dem Wesen der Pubertierenden in der Identitätskrise entspricht.

Die Aktivitäten des Zauberers werden in 40 Fällen (6 %) durch seinen Besieger beeinflußt, mitunter nehmen sie für den Zauberer ein unliebsames Ende. Die Kinder dieser Gruppe gehören beiden Geschlechtern, verschiedenen Intelligenzgraden und verschiedenen Altersstufen an. Bezüglich der Diagnosengruppen kommen bei ihnen folgende Häufigkeiten vor:

Diagnosegruppe D. I sieben Fälle, D. II elf Fälle, D. III drei Fälle, D. IV fünf Fälle, D. V und VI je vier Fälle, D. VII ein Fall.

Die häufigsten Einzeldiagnosen sind Enuresis (sieben Fälle), Asthma (vier

Fälle) und Mutter-Kind-Symbiose (vier Fälle). Allen Kindern dieser Gruppe ist ein erhöhter infantiler Egozentrismus gemeinsam. So, wie sie in sadomasochistischer Weise in ihrem Symptom die Familie vermeintlich beherrschen, besiegen sie in der VF den Repräsentanten ihrer Über-Ich- bzw. Es-Instanz, den Zauberer. Die oben erwähnten häufigsten Einzeldiagnosen zeichnen sich besonders dadurch aus, daß sie mit ihrer Symptomatik die Familie buchstäblich in Atem halten.

Die Besieger kann man in etwa vier gleich große Gruppen einteilen: Vater, Proband selbst, infantile Märchenfiguren (Fee, Zwerg, hilfreiche Tiere, Kasperl u. ä.), puberale Märchenfiguren (Prinz, Jüngling u. ä.). Kinder, die den Sieg über den Zauberer dem Vater zuschreiben, stammen aus patriarchalisch strukturierten Familien, oder es handelt sich um Kinder, deren ganze Imagination um einen unsichtbaren Vater zentriert ist.

Dort, wo das Kind selbst der Sieger ist, steht es gleichzeitig im Zentrum des familiären Geschehens, oder sehnt sich zumindest danach.

Die Kleinen lassen den Sieg eine ihrer beliebten Identifikationsfiguren aus dem Märchen davontragen. So sind sie im Kampf mit der Über-Ich- bzw. Es-Instanz, nämlich dem Zauberer, doch nicht allein.

Ähnlich stärken die pubertierenden Buben ihr noch schwaches eigenes Ich an einem Märchen-Ich-Ideal. Die pubertierenden Mädchen beschwichtigen ihre sexuell gefärbten Zukunftsängste, indem sie wunscherfüllend einen Prinzen als Befreier und Mitstreiter gegen die Über-Ich- bzw. Es-Instanz wählen.

Nur in einem einzigen Fall extremer Mutterbindung eines symbiotischen Knaben ist es die Mutter, die dem Bedrängten zu Hilfe eilt und anstatt seiner, den Kampf mit der Über-Ich- bzw. Es-Instanz – so wie in der Realität – selbst austrägt.

2. Die Familienmitglieder

Allein die Tatsache, ob sich der Proband über die Testanweisung hinwegsetzt und anstatt »irgendeiner« Familie die eigene mit dem Zauberer konfrontiert, ist von Bedeutung. Um so mehr haben Veränderungen in der familiären Kerngruppe bezüglich Alter und Geschlecht der Geschwister, wie auch Erweiterungen und Reduzierungen der Kerngruppe eine projektive Funktion (*Corman* u. a.). Wir begegnen folgenden Unterschieden der in der VF erwähnten Familie im Vergleich zu der realen Familie:

(1) *Zeichnen der eigenen und fremden Familie*

Es wurden Korrelationen mit dem Geschlecht, dem Alter des Pb., der Intelligenz und Diagnose des Pb., der familiären Situation wie auch dem Familienklima gemacht.

494 (82,3 %) aller Pb. zeichnen eine fremde, 106 (17,7 %) bewußt die eigene Familie.*

---

* Wir haben schon anfangs darauf hingewiesen, daß weitere 22 % der Pb. aus ihrem Kommentar zur Zeichnung erkennen lassen, daß sie unbewußt ihre eigene Familie meinen (siehe oben S. 23).

17,3 % (70 Pb.) der Buben, 18,5 % (36 Pb.) der Mädchen zeichnen bewußt die eigene Familie, so daß man sagen kann, daß es zwischen dem Zeichnen der eigenen oder der fremden Familie keine Geschlechtsabhängigkeit gibt. Wir haben gefunden, daß es diesbezüglich auch keine Altersabhängigkeit gibt.

Der Zusammenhang mit der Intelligenz und dem Zeichnen der eigenen bzw. der fremden Familie ist hingegen signifikant. Je intelligenter die Pb. sind, um so seltener zeichnen sie die eigene Familie. Was die Diagnose anbetrifft, so zeichnen die Pb. der Diagnosengruppe VII am häufigsten die eigene Familie (29 % aller Pb. der Diagnosengruppe VII).

Selten wird die eigene Familie von Pb. dargestellt, die in harmonischem Familienmilieu, in Familien mit Aufstiegsproblematik und in Schneckenhausfamilien leben. Die eigene Familie wird am häufigsten von Führungslosen, von Kindern aus zerfallenen Familien und aus erziehungsuntüchtigen Familien gezeichnet. Ein Viertel aller Scheidungskinder zeichnet die eigene Familie. Demnach scheint es, daß überall dort, wo das Familiengefüge erschüttert ist, Kinder die eigene Familie wunscherfüllend als einen symbolischen Rettungsversuch zeichnen.

(2) Veränderungen von Geschlecht und Alter bei normaler Geschwisterzahl

a) Buben zu Mädchen, Mädchen zu Buben verändert;
b) Ältere zu Jüngeren, Jüngere zu Älteren verändert.

Die Geschlechts- und Altersveränderungen haben mit dem Aufwerten und Abwerten der so veränderten Personen zu tun (*Corman*). Es hängt von der individuellen Situation des Kindes ab, ob diese Veränderungen als Auf- oder Abwertung zu verstehen sind. In der Regel entspricht es Wunscherfüllungstendenzen des Pb.

(3) Weglassen oder Hinzufügen von Geschwistern

Gleich unseren Vorgängern (*Porot, Corman* u. a.) haben wir beobachtet, daß Kinder in der Familienzeichnung vielfach Geschwister weglassen bzw. phantasierte Geschwister der familiären Kerngruppe hinzufügen.

Wir haben diese Tatsache statistisch untersucht und Korrelationen zum Geschlecht, dem Alter, der Intelligenz, der Diagnose, der Familiensituation, dem Familienklima und der Zeichenfähigkeit der Pb. berechnet.

In 223 Fällen (37,2 %) wurden Geschwister weggelassen, in 88 Fällen (14,7 %) wurden phantasierte Geschwister hinzugefügt. Mädchen fügen der familiären Kerngruppe phantasierte Geschwister häufiger hinzu (19,5 %) als Buben (12,3 %). Dies stimmt mit der bekannten Tatsache überein, daß es Mädchen schwerer haben, zur eigenen Identität zu gelangen als Buben. Die phantasierten Geschwister entsprechen in der Regel den vielfachen Projektionen des Kindes bzw. den Aspekten, unter welchen sich das Kind erlebt; Ambivalenzhaltungen kommen hier zum Ausdruck.

Kinder unter elf Jahren zeichnen die reale Geschwisteranzahl in 52,2 %, phantasierte Geschwister in 11,3 % aller Fälle. Kinder über zehn Jahren zeichnen die reale Geschwisteranzahl in 41,7 %, phantasierte Geschwister in 20,2 %

aller Fälle. Demnach ist der Zusammenhang zwischen dem Alter und dem Zeichnen phantasierter Geschwister statistisch hoch signifikant. Je älter das Kind ist, desto häufiger zeichnet es phantasierte Geschwister.

Dies dürfte mit der Identifikationsproblematik älterer Kinder zu erklären sein.

Weggelassen werden Geschwister in allen Altersstufen gleich häufig.

Besonders Pb. der Diagnosengruppe IV (24 %) und V (23 %) zeichnen phantasierte Geschwister.

Es scheint, daß sie auf diese Weise zusätzliche Identifikationen phantasieren, aber auch ihre Ambivalenz ausdrücken.

In der Diagnosengruppe IV werden Geschwister seltener (27 %), in der Diagnosengruppe V dagegen häufig weggelassen (48 %). Auch dies unterstreicht die altersbedingte Ambivalenz.

Die Korrelation mit der Intelligenz zeigt: Je weniger intelligent der Pb. ist, desto häufiger läßt er die Geschwister aus. Von 33 Debilen lassen 17 Pb. die Geschwister aus (52 %). Von 61 Pb. mit dem IQ über 130 lassen nur 17 Pb. (28 %) die Geschwister aus.

Phantasierte Geschwister kommen häufiger bei Intelligenten vor. Nur 5,6 % aller Pb. mit dem IQ unter 100, aber 30 % der Pb. mit einem IQ über 130 fügen phantasierte Geschwister der Kerngruppe bei.

Demnach scheint das Weglassen der Geschwister mit der Intelligenz der Zeichner eng zusammenzuhängen. Je unintelligenter der Pb. ist, desto häufiger läßt er die Geschwister aus, wie wenn er das ganze Spannungsfeld der Familie nicht überblicken könnte und nur seine eigene Position im Sinne hätte. Der Vergleich mit den oligophrenen Detailantworten (Do) des Rorschachformdeutversuchs drängt sich auf.

Ein Zusammenhang zwischen Zeichenfähigkeit und dem Zeichen phantasierter Geschwister bzw. dem Auslassen realer Geschwister scheint sicher zu sein.

Je besser die Zeichenfähigkeit ist, desto häufiger werden phantasierte Geschwister gezeichnet. Nach unseren statistischen Berechnungen ist der bessere Zeichner auch intelligenter und kann sich dementsprechend differenzierter ausdrücken. Wir haben diese Tatsache bereits bei den formalen Kriterien erwähnt. 18,1 % der guten Zeichner und nur 12,9 % der schlechten Zeichner zeichnen phantasierte Geschwister.

52 % der schlechten Zeichner und nur 40,7 % der guten Zeichner stellen bloß die reale Geschwisterzahl dar.

Diese Befunde sind statistisch signifikant.

Unvollständigkeit der Familie regt Kinder zum Zeichnen phantasierter Geschwister an.

So werden häufig phantasierte Geschwister von unehelichen Kindern, die allein mit ihrer Mutter leben, gezeichnet (36 %).

Wenn unehelich geborene Kinder mit ihrer Mutter in einem neuen Familienverband leben, fügen sie hingegen nur selten phantasierte Geschwister der Geschwisterreihe bei (9 %).

Bei Familien, wo der Vater verstorben ist, werden ebenfalls häufig (in 29 %) phantasierte Geschwister hinzugefügt.

Was das Familienklima und das Weglassen bzw. Hinzufügen der Geschwister in der Zeichnung der VF anbetrifft, so haben wir gefunden, daß im Streitmilieu selten Geschwister hinzugefügt werden, wie wenn der Streit den Blick aller Beteiligten auf die reale Anzahl der Familienmitglieder beschränken und zentrieren würde.

Hingegen fügen die Pb., welche im Schneckenhausmilieu und in zerfallenen Familien leben, häufig phantasierte Geschwister der realen Anzahl der Kinder hinzu. Teils dürfte es sich um den Ausdruck der Ambivalenz, teils um den Wunsch nach »Angsthelfern« handeln.

Abb. 88

Fall 88

Der neunjährige Ewald wächst mit seinem zwei Jahre älteren Bruder in einer streng patriarchal geleiteten Familie heran. Der autoritäre Vater, der selber eigene Hemmungen in der Kindheit mit der späteren Berufswahl des Offiziers zu überwinden suchte, mußte wegen körperlicher Beschwerden seinen aktiven Truppendienst aufgeben; er erlebte dieses als eine narzißtische Kränkung. Sein unerfülltes Soldaten-Idol übertrug er auf die ganze Familie, was die Persönlichkeitsentfaltung seiner Frau hinderte und den älteren Jungen zum gehemmten Stotterer werden ließ. Erziehungsratschläge wurden nicht angenommen. Bald darauf wurde der jüngere Bruder Ewald vorgestellt, um ihm im Leistungsehrgeiz zur Oberschule zu verhelfen. Als er hierfür wegen neurotischer Leistungshemmung als nicht geeignet erschien, erwies sich der Vater wiederum nur als bedingt einsichtig.

Ewald zeichnet zunächst zwei Jungen, den einen als Schildkröte, den zweiten, etwas jüngeren als Ratte. Die Identifizierung mit der eigenen Familie lag nahe. Danach wurde der Vater als ein Lama dargestellt, dem noch zwei schwarze Kamelhöcker aufgesetzt wurden. Auf dem vorderen der beiden Höcker saß ein Vogel, die Mutter. Zuletzt zeichnete er noch über den beiden Söhnen zwei Töchter, wesentlich jünger, als fliegende Vögel.

Präidentifikatorisch und klein auf dem unteren Blattrand wird zunächst der Bruder, dann er selber gezeichnet. Der gehemmte Bruder zieht sich als Schildkröte in seinen Panzer zurück. Er selber ist als Ratte abgewertet. Übermächtig dominiert zentral der Vater als Lama, das mit seinem Spucken ständig die Familienatmosphäre vergiftet. Durch die beiden Höcker wird er noch zum Kamel erhöht. Die Mutter ist als kleiner Vogel auf ihm nur geduldet. Ihre Sehnsucht, davonzufliegen, verkörpert sich in den beiden Töchtern, als freifliegende Vögel. Sie sind auch für die beiden Brüder im Zwang der patriarchalen Familie Idole der Wunscherfüllung, Phantasiegefährten und Angsthelfer.

(Fall 41, 58, 59, 99, 106.)

Über das Auslassen des Pb. selbst in der Familienzeichnung haben wir bereits an anderer Stelle berichtet.

Das bewußte Wegzaubern eines Geschwisters durch den Zauberer kann den Wunsch des Kindes verkörpern, auf diesem Wege Probleme der Geschwisterrivalität zu lösen. Der Mitleidsaspekt, unter dem dieses geschieht, weist auf die Schuldgefühle des Kindes hin.

Abb. 89

Fall 89

Die neunjährige Monika leidet seit dem zweiten Lebensjahr an einem Ekzem und seit dem vierten Jahr an Asthma. Medikamentöse Behandlungen und wiederholte Verschickungen brachten keine wesentlichen Besserungen. Monika blieb in der körperlichen Entwicklung zurück. Die Mutter blieb sehr an das Kind fixiert, zumal die ehelichen Beziehungen keine guten waren. Bei Auseinandersetzungen mit ihrem Mann kam die Mutter zur Tochter ins Zimmer und Bett. Andererseits suchte Monika bei nächtlichen Asthmaanfällen das Bett der Mutter auf, was ihr nicht verweigert wurde. Doch blieb die symbiotische Beziehung zwischen beiden durchaus ambivalent. So sagte Monika auch zur Mutter, wenn diese zu ihr kam: »Mami, geh raus, du nimmst mir die ganze Luft zum Atmen weg!«

Vor acht Monaten bekam Monika ein kleines Schwesterchen, nach Angaben der Mutter war sie sehr erfreut darüber und verhielt sich liebevoll zärtlich zu ihm.

In der VF zeichnete sie auf einer Bodenlinie die noch unverzauberte Familie von rechts nach links erst am größten den Vater, dann die Mutter und zuletzt am kleinsten sich selber. Sie zeichnete die eigene Familie. »Das Schwesterchen ist verschwunden.« Der links außen stehende Zauberer hat es weggezaubert. In einer Sprechblase konnte das Kind nur noch zur Mutter sagen: »Mammi, mein Schwesterchen!« Mit der Bodenlinie sucht sich das Kind in seiner verunsicherten Existenz zu sichern, Boden unter die Füße zu bekommen.

In dieser Schilderung und Dramatik kommt die ganze eifersüchtige Ambivalenz zur kleinen Schwester zum Ausdruck.

(Fall 42, 44, 68, 96, 97, 105.)

(4) *Hinzufügen realer bzw. phantasierter Verwandter, Nachbarn, Hauspersonal, (Haus-)Tiere u. ä.*

Im Gegensatz zu *Porot* (1965), der beim Zeichnen der »eigenen« Familie nie dazugefügte Personen gesehen hat, beobachtet diese *Corman* überall dort, wo jene Tendenzen des Pb. am Werke sind, »die er nicht wagt, frei auszudrücken«. *Corman* fand unter den zugefügten Personen Freunde, Doppelgänger des Pb. und Tiere. Letztere werden, seiner Meinung nach, von besonders gehemmten Pb. gezeichnet. *Corman* schlägt vor, diese Kinder die Familie in Tieren zeichnen zu lassen (ohne dabei auf die Arbeit von *Brem-Gräser* hinzuweisen, die ihm anscheinend nicht bekannt ist).

In unserer Untersuchung wurden von 66 Pb. (11 %) der Kerngruppe fremde Personen bzw. Tiere hinzugefügt. Davon waren 35 Mädchen (17,9 %) und 31 Buben (7,7 %). Demnach fügen die Mädchen signifikant häufiger Personen, Tiere usw. der Kerngruppe bei. Dies dürfte mit der bereits erwähnten höheren identifikatorischen Unsicherheit der Mädchen im Vergleich zu Buben zusammenhängen.

Was die Intelligenz anbetrifft, haben Pb. mit einem IQ unter 100 in 22,7 %, Pb. mit einem IQ über 100 nur in 8,5 % aller Fälle beigefügte Personen usw. gezeichnet. Demnach zeichnen statistisch signifikant weniger Intelligente häufiger, Intelligentere seltener zugefügte Personen usw.

Das Beifügen von Personen usw. hängt vom Alter des Pb. ab. 12,3 % der Pb. unter zehn Jahren und nur 9,4 % derjenigen über zehn Jahren fügen Personen usw. zur Kerngruppe hinzu.

Es wurde eine Abhängigkeit von der Diagnose gefunden: Pb. der Diagnosengruppe IV fügen relativ selten, Pb. der Diagnosengruppe VII häufig Personen usw. der Kerngruppe bei. Unter den Einzeldiagnosen finden wir häufig Verwahrloste verschiedener Genese.

Bei näherer Analyse der zur Kerngruppe Hinzugefügten zeigt sich, daß ihre Bedeutung für den Pb. nicht immer die gleiche ist. In 80 % handelt es sich um phantasierte, aber auch reale Gefährten, welche die Rolle eines Hilfs-Ichs innehaben. Sie sind Angsthelfer des Kindes und dienen dazu, Gefühle der Verlassenheit und Angst zu mindern.

Aber auch in der doppelten Darstellung der Familienmitglieder und ihrer Funktionen, z. B. in der Rolle von Engeln, werden Angsthelfer des Kindes als unbewußter Versuch der Konfliktbewältigung sichtbar.

Abb. 90

Fall 90

Die elfjährige Brigitte war fünf Jahre in Einzelkindsituation. Der Mutter, die selber in Kriegszeiten eine schwere Kindheit und Jugend durchgemacht hatte, gelang die Sauberkeitsgewöhnung des Kindes nicht. Brigitte leidet unter dem Einnässen, sie hat Ängste und Schlafstörungen. Zur sechsjährigen Schwester steht sie in einem guten Geschwisterverhältnis. Nachdem zahlreiche ärztliche, medikamentöse Behandlungen des Bettnässens erfolglos geblieben waren, hat sich das Leiden jetzt unter einer psychotherapeutischen Behandlung erstmals gebessert.

In der VF sitzt ein fünfjähriger Junge auf einer Schaukel. Aus dem Fenster schauen Vater und Mutter, sie sind zu Engeln geworden. Außerdem schweben Vater, Mutter und Kind als Engel über den Wolken.

In der Rolle von Engeln werden alle zu Angsthelfern des Kindes, dessen schlimme Taten – nämlich das Einnässen – dadurch gemildert sind. Mit dem Haus weist das Mädchen auf den Wunsch nach Geborgenheit hin, nachdem sie im Scenotest mit einem »zerfallenen Haus« die Realität eines gestörten Elternhauses dargestellt hat.

Sie möchte selber klein bleiben, wie die Schwester und der Bub auf der Schaukel. Das deutet sie auch mit dem regressiven Symptom des Bettnässens an.

20 % der Pb. (66) drücken tieferliegende Konflikte im Familienfeld durch das Beifügen von Personen usw. aus. Die längst verstorbene tyrannische Großmutter beherrscht als Drache noch immer das Feld (siehe Fall 73, S. 152).

Auch die vermeintlich »bösen« Nachbarn, welche das Kind in einer von der Mutter induzierten paranoiden Haltung fürchtet, werden gezeichnet und in der Darstellung wunscherfüllend abgewertet.

192

(5) Reduzierung der Kerngruppe auf die Eltern

In 13 Fällen (2,1 %) wurden Eltern ohne Kinder verzaubert. Die Gruppe ist zu klein, als daß man relevante statistische Aussagen machen könnte.

Es fällt aber auf, daß alle diese Pb. bereits in der frühesten Kindheit von der Mutter erheblich frustriert wurden. Einige hat die Mutter verlassen (Tod, Scheidung, das Kind weggegeben . . .), einige hat die Mutter vernachlässigt, teils weil sie arbeiten mußte. Einige dieser Kinder haben einen Complexe d'abandon entwickelt, einige verwahrlosten.

(6) Reduzierung der Kerngruppe auf die Kinder

In 19 Fällen (3,1 %) werden Kinder ohne Eltern verzaubert. Die Anzahl ist wiederum für eine statistische Bearbeitung zu klein, zumal diese Kinder noch allen diagnostischen Gruppen angehören. Beim näheren Betrachten dieser Fälle finden wir aber doch Gemeinsamkeiten:

Einige fühlen sich von den Eltern verlassen, sie halten sich an reale oder an phantasierte Geschwister. Einige sind von ihrer Geschwisterproblematik so erfüllt, daß die Verzauberung nur die Kinderreihe betreffen konnte.

Einige entwickeln eine so schwerwiegende ödipale Problematik, daß sie sich nicht getrauten, die Eltern verzaubert darzustellen.

Abb. 91

Fall 91

Wegen heftiger Eifersuchtsreaktion und Trotzverhalten, sowie Obstipation ihrer vier-jährigen Tochter wandte sich die Mutter an die EB-Stelle. Die große, stattliche Frau wirkt sehr unsicher. Sie gibt schuldbewußt sogleich zu, daß sie affektiv sehr unausge-glichen ist und das Kind wiederholt unbeherrscht geschlagen hat; das hat Gabis Trotzverhalten noch verstärkt. Die hartnäckige Obstipation war nur die Antwort des Kindes auf eine dressurmäßig in Gang gesetzte Sauberkeitsgewöhnung durch die sauberkeitsfanatische Mutter. Bei starkem Zärtlichkeitsbedürfnis entwickelte Gabi eine ausgesprochen ambivalente Haß-Liebe zur Mutter.

Mit drei Jahren erlebte sie die Geburt der kleinen Schwester, der sich die Mutter bald vermehrt zuwandte. Während Gabi zunächst in der Betreuung der kleinen Schwester die eigenen Zärtlichkeitsbedürfnisse befriedigte, nahm ihre aggressiv betonte Eifersucht zu, je mehr die heranwachsende Schwester in ihrer gesunden Vitalität auch den Lebensraum Gabis einzuengen begann. Wegen der Erziehungsschwierigkeiten mit Gabi gibt es ständig Auseinandersetzungen zwischen den Eltern.

Gabi zeichnet die VF, als die kleine Schwester drei Jahre alt ist. Sie zeichnet links ein größeres Mädchen zwischen Blumen auf einem Hügel, sodann rechts ein Haus, in dessen oberem Stockwerk ein kleines Mädchen in einem Zimmer mit Tisch und Stühlen ist. Vor dem Haus steht groß der Zauberer.

In dasselbe Bild zeichnet sie nach der Verzauberung neben das Haus einen Hund, sodann einen Vogel, der vom Haus wegfliegt. Die Eltern werden vergessen. Nach ihnen befragt, meint Gabi, die seien nicht da, die seien gestorben.

Wiederum weist die Darstellung des Hauses auf das streiterfüllte häusliche Milieu, den Wunsch des Kindes nach häuslicher Geborgenheit hin. Das große Mädchen, mit dem sich Gabi auch in der Altersangabe identifiziert, steht draußen, während das kleine Mädchen drinnen bei der Mutter ist. Narzißtisch ist Gabi durch Blumen geschmückt. In der Pigem-Kontrolle identifiziert sie sich mit dem Vogel. Sie sagt dazu: »Dann brauche ich nicht zu laufen.« Als Vogel kann sie wegfliegen, weg von der Mutter und all dem damit verbundenen täglichen Elend.

Auch die Todeswünsche, die sie zu den nicht gezeichneten Eltern äußert, liegen in dieser Richtung.

(Fall 50.)

(7) Auslassen eines Elternteils aus der Kerngruppe

Die ausgelassene Elternfigur ist immer die Konfliktfigur. Häufig handelt es sich um dominierende, viel Respekt einflößende Elternfiguren, häufig leiden diese Kinder an einem ungelösten, ödipalen Konflikt. In manchen Fällen wird die Elternfigur wohl in der Zeichnung ausgelassen, in der Geschichte aber erwähnt (siehe Fall 7, S. 38).

Sieben Kinder gehen so weit, daß sie Vater, Mutter oder beide Eltern als verstorben schildern.

Fall 92

Der elfjährige Karsten ist ein Adoptivkind. Er wurde mit zwei Jahren adoptiert und weiß nichts über seine Herkunft. Er hatte ein Waisenhaussyndrom (*Bielicki*), entwickelt, was eine Verwöhnung durch die gutmütige, erziehungsunsichere Adoptivmutter nach sich zog.

Er wurde erst ein Jahr später eingeschult und mußte – bei einem IQ von 106 (91/122) – die dritte Klasse wiederholen. Er ist in seiner emotionalen Entwicklung rückständig geblieben. Der Verdacht eines frühkindlichen Hirnschadens läßt sich nicht mit Sicherheit ausschließen. Karsten wächst als Einzelkind heran. Infolge der für ihn ungeklärten Herkunft hat er früh Identitätsprobleme entwickelt.

Karsten zeichnet in einer emotional entleerten Szene, bei schlechter zeichnerischer Fähigkeit, lediglich den Zauberer und zwei kleine Mäuse, auf einer durchgehenden Bodenlinie, sich selber präidentifikatorisch an erster Stelle, dann die Mutter. Der Vater wird ausgelassen.

In der Geschichte taucht ein Helfer auf. Das Kind ging mit seiner Mutter spazieren. Von einem Zauberer in sein Haus und zum Essen eingeladen, werden sie in Mäuse ver-

Abb. 92

zaubert. Der Vater erfuhr es erst »drei Tage später«. Er begegnet einer guten Zauberin. Sie schleichen sich in Abwesenheit des bösen Zauberers in dessen Haus und entzaubern das Kind und seine Mutter.

Emotional früh vernachlässigt ist der Bub noch ängstlich an seine Mutter gebunden. Beide werden in ihrer symbiotischen Abhängigkeit in Mäuse verzaubert. Er lehnt die Maus auch im Pigem ab, weil sie das schwächste Geschöpf ist. Der Vater kommt erst nach drei Tagen – Wunsch des Parcivalkindes auf unbewußter Suche nach dem leiblichen Vater! –, um ihn und die Mutter zu befreien. Die gute Zauberin, Idealbild der leiblichen Mutter, wird zum Angsthelfer des Kindes. Mit der Bodenlinie betont der Junge sein Streben, »Boden unter die Füße zu bekommen«. Die Dürftigkeit der Szene unterstreicht die emotionale Mangelsituation des Kindes, die Vergiftung durch den Zauberer, die frühe Störung in der oralen Phase, im Sinne der Frühverwahrlosung.
(Fall 78.)

In diesem Zusammenhang ist der Fall eines 15jährigen Jungen zu erwähnen, der auf den plötzlichen Tod seiner Mutter mit Depressionen reagierte. In der zur Zeichnung erzählten Geschichte bedient sich der Junge des von *Anna Freud* beschriebenen Abwehrmechanismus der Verleugnung in der Phantasie: An Stelle der geliebten Mutter läßt er im Märchen den (ödipal) gehaßten Vater sterben.

(8) *Erscheinungsformen und Eigenschaften der Familienmitglieder und deren projektive Funktion*

Das Gesetz der Polarisation, das *Ch. Bühler* für die Charakteristik der Märchenpersonen aufgestellt hat, kann auch bei unseren projektiven Märchen angewandt werden.

Die Charaktere werden vereinfacht und typisiert, meist als Extreme aufgefaßt und in gegensätzliche Beziehung zueinander gestellt.

In unserem Test sind die Widersacher durch die Testanweisung determiniert: Auf der einen Seite steht der Zauberer, auf der anderen die zu verzaubernde Familie.

Die zu Verzaubernden werden in ähnlich einfacher, knapper Weise charakterisiert, wie wir es bei der Figur des Zauberers bereits beobachtet haben: gut oder böse, belohnend oder strafend, u. ä.

Für die direkte verbale Charakterisierung der Familie und deren Mitglieder benützen die Kinder ähnliche einfach-einprägsame Epitheta, wie wir sie aus den Volksmärchen kennen. Ihre Polarisation ist ebenfalls die gleiche wie im Volksmärchen: Die arme Familie ist immer brav und gut, die reiche hingegen glücklich und/oder geizig; die schlimme Familie ist gleichzeitig auch faul.

Diese Typisierungen sind vermutlich direkt dem Volksmärchen entnommen, überhaupt hat die Kenntnis der Volksmärchen die Kinder vielfach beeinflußt und angeregt. Was das einzelne Kind dem Volksmärchen entnommen hat, ist immer bedeutend. Es hilft, den individuellen projektiven Prozeß aufzudecken, mag das Entnommene noch so einfach und unscheinbar anmuten. »Märchenfiguren sind Typen und sie verkörpern in sich nur allgemein menschlich typische Charakteristika« (65), sagt *Dieckmann* und setzt in einer anderen Arbeit diesen Gedanken fort: »Betrachtet man das Märchen als ein innerseelisches Drama, so stellen alle in dem Märchen vorkommenden Personen, Handlungen, Tiere, Orte und Symbole innerseelische Regungen, Impulse, Haltungen, Erlebnisweisen und Strebungen dar« (65, 68).

Die Anzahl der Fälle, welche eine direkte Charakteristik der Familie oder eines bzw. einiger Mitglieder bringen, ist zu klein, als daß man statistisch relevante Schlüsse daraus ziehen könnte.

Man kann aber immerhin gewisse Tendenzen aufspüren, die für unsere Zwecke Bedeutung haben. So zeigen sich Häufungen der Diagnosengruppen III und VI, wenn der Zauberer durch eigene bzw. familiäre »Schlimmheit« zur Strafe provoziert wurde (5,1 %).

In beiden Gruppen steht die Gewissensproblematik im Vordergrund: Kinder mit ödipalen Konflikten setzen sich schuldbewußt mit ihren Elternimagines auseinander. Die organisch geschädigten Pfropfneurotiker beschuldigen im Geheimen einen bzw. beide Eltern, an ihrem Grundleiden ursächlich schuldig zu sein.

Wo der Zauberer als unbarmherziges Schicksal eine »gute und arme« Familie verwandelt (2,6 %), handelt es sich oft um Probanden, die sich in einer Identitätskrise befinden. Diese bringt sie häufig in einen erneuten Autoritätskonflikt, was sie schuldbewußt erleben und projizieren.

Ebenso wichtig ist der Umstand, daß wir in einem Sechstel der Fälle Einblicke in die Familienatmosphäre gewinnen. Kinder schildern die Begegnung der Familie und deren Mitglieder mit dem Zauberer in einer für alle charakteristischen Weise. So erfahren wir, wie die Familienmitglieder in Streß-Situationen zu reagieren und zu handeln pflegen. Nicht selten werden hier auch verborgene Haltungen, Einstellungen und Affekte der einzelnen und der Familiengruppe offenbar, wie auch Familienzeremonielle, Lebensgewohnheiten und die Art, wie das tägliche Leben durch eine Familienneurose geprägt wird. Dieses Vorgehen der Kinder kann unbewußt erfolgen. Es kann einem Geständniszwang entsprechen, mit dem sie sich zu entlasten suchen.

Kinder, welche die Familienatmosphäre im Test schildern, sind durch die Auseinandersetzung mit den Elterninstanzen besonders geprägt. Wir finden sie gehäuft in den Diagnosengruppen I, III und V. Diese Kinder erscheinen besonders phantasiebegabt. Hingegen gehören sie nicht zu den Diagnosengruppen IV und VII.

Nicht selten beleuchtet eine knapp erwähnte Eigenschaft eines oder mehrerer Familienmitglieder den Konflikt des Pb. schlagartig. Besonders jene Eigenschaften, welche durch die Einwirkung der Verzauberung entstanden sind, zeigen oft wichtige pathognomonische Elemente.

Wir haben festgestellt, daß überall dort, wo dick sein bzw. dick werden und mager (schmal) sein bzw. mager (schmal) werden erwähnt wurde, infantile Schwangerschaftsphantasien am Werke sind. Dabei ist es gleichgültig, auf welche der gezeichneten Figuren diese Eigenschaften projiziert werden.

Beispiel
So verschiebt ein achtjähriger Junge, der mit seinen Schwangerschaftsphantasien nicht fertig wird, diese auf den Zauberer, den er als einen »dicken, fetten Mann« beschreibt. – Ein auf sein Geschwister eifersüchtiger Sechsjähriger, der wegen Eßschwierigkeiten in der EB vorgestellt wurde, verwandelt in der VF das Kind in einen Hasen mit einem »sehr kleinen schmalen Bauch«. Seine Angst, er könnte durch Essen ein Kind bekommen, und damit die Kinderschar seiner Familie noch vergrößern, wird später in der psychotherapeutischen Behandlung bestätigt.

Eigenschaften groß - klein und deren Veränderungen im Vorgang der VF drücken in der Regel identifikatorische Angleichungsvorgänge an die Eltern aus.

Beispiel
So versucht eine Neunjährige ihren ödipalen Konflikt auf die Weise zu bewältigen, indem sie vom Zauberer die Mutter als »ganz klein«, die Tochter als »riesengroß« verändern läßt.

Schmutzig sein bzw. schmutzig werden zeigt häufig eine Analfixierung des Pb. an.

Beispiel
Ein fünfjähriger Pb. fühlt sich dunkel für die Scheidung der Eltern verantwortlich und empfindet diese als Bestrafung für seine Analinteressen. In der VF verschiebt er seine »Schuld« auf den die Familie verlassenden Vater und sagt: »Der Vater hat sich nicht gewaschen und war immer schmutzig. So hat sie alle (die Familie) der Zauberer verzaubert.«

Am häufigsten finden wir aber in den durch Verzauberung verursachten oder dazugekommenen Eigenschaften das individuelle Problem des Pb. ausgedrückt.

Beispiel
Ein gehbehinderter Junge, der sein Schicksal als Bestrafung empfindet, sagt: »Der Zauberer hat sie alle als Möbel verwandelt. Sie sind jetzt unbeweglich und können ihm nicht davonlaufen.«

Kastrationsängste werden nicht selten bei organisch Erkrankten als Verunstaltung, evtl. Verkrüppelung der Verzauberten dargestellt. Aber auch eine lebensgeschichtlich determinierte Kastrationsangst kann mit einer Verunstaltung bzw. Verkrüppelung symbolisch ausgedrückt werden.

Eine recht individuelle, aber durchaus verständliche Eigenschaftsveränderung durch die Einwirkung des Zauberers drückt ein kleiner Legastheniker aus: »Der Zauberer machte, daß die Kinder alles können, auch Rechnen und Rechtschreiben!« So hat er seine Eigenschaften des schlechten Schülers phantasierend in Wunschvorstellungen bewältigt.

Projektionen in Eigenschaften zeigen uns besonders nachdrücklich, daß man nur bei guter Kenntnis der Familienanamnese des Pb. die VF deuten sollte.

3. Die Helfer

Außer dem Zauberer und Familienmitgliedern kommt in der VF eine relativ kleine Gruppe von Personen vor, die wir »die Helfer« nennen.

Teils werden sie in der Geschichte erwähnt, teils werden sie auch gezeichnet. Meistens sind sie mit dem Besieger des Zauberers identisch.

Einige Male nur – bei Pubertierenden – kommt ein anderer Helfer, nämlich der des Zauberers vor. In der Regel wird dadurch eine besonders starke Ambivalenzhaltung des Pb. ausgedrückt. So setzt ein bösartiger Zauberer mit seinen drei Gehilfen einer braven und guten Familie so arg zu, daß einer der Gehilfen Mitleid bekommt, den Verzauberten zwar nicht helfen kann, aber den Zauberer verläßt und ab jetzt nur noch Gutes zu tun beschließt. – Der innere Kampf der Zeichnerin, die durch ihre Pubertätskrise erschüttert ist und vergeblich versucht, ihre andrängenden »bösen« Es-Wünsche zu beherrschen, wird auf diese Weise symbolisch dargestellt.

c) Die Geschehnisse der Verzauberung

Was in unserem projektiven Märchen geschieht, bestimmt die strikte Testanweisung: »Stelle dir vor, es kommt ein Zauberer und verzaubert eine Familie . . .«

Dadurch wird der Pb. in eine Stimmung versetzt, welche seine Affekte, die tieferen Schichten seiner Persönlichkeit ansprechen soll. Eine existentielle Auseinandersetzung wird beschworen, wie wenn das Schicksal selbst eingreifen würde – der Pb. soll Stellung nehmen, ein projektiver Prozeß kommt in Bewegung. »Gefühl, Affekt und Instinkt sind die entscheidenden Triebkräfte (des Märchens)« meint *Ch. Bühler.*

Dieckmann unterstreicht diese Meinung, wenn er sagt, daß »eine der psychologischen Bedeutungen des Märchens für das Kind darin liegt, daß das Kind es lernen muß, sich mit den tiefen instinktiven und triebhaften Gegebenheiten seiner eigenen Natur auseinanderzusetzen und daß es sein Ich gegenüber diesen oft überlegenen Kräften behaupten muß. Die Märchen bieten dem Kind hierbei in bildhaft symbolischer Form typische Möglichkeiten und Entwürfe an, um in diesem Kampf zu bestehen« (66, 68).

Formal und stilistisch gesehen wenden die Pb. vereinfacht ähnliche Mittel an, die wir aus der Beschreibung der Märchenproduktion kennen (*Ch. Bühler*): das Gesetz der Polarisation, die Proportionsverschiebungen, die Analogiebildungen (bei gleichzeitiger Vernachlässigung der Kombination); die Handlung ist in einem Bild dargestellt, bzw. in eine Folge von Bildern aufgelöst: die Übertragung von Eigenschaften und Handlungen (wie etwa die Allbeseelung); große Anschaulichkeit und Gradlinigkeit des Geschehens. In der Regel haben bereits die angewendeten Stilmittel einen projektiven Aspekt.

Bezüglich der Motivation der Geschehnisse ergeben sich folgende Gruppen:

1. Motivierung des Geschehens allein durch die Testanweisung

1. der Zauberer, bzw. seine Wünsche und Eigenschaften sind das Agens des Geschehens;
2. die Aktivitäten und Eigenschaften der Familienmitglieder geben den Anlaß zur Verzauberung;
3. der Schauplatz des Geschehens ist an der Verzauberung schuld.

Auf diese Weise motivierte Geschehnisse, wie auch ihre projektiven Funktionen haben wir bereits oben besprochen.

2. Anlehnung an bekannte Vorbilder aus Märchen, Sagen und Kinderbüchern

Grimm's Märchen:
Rumpelstilzchen (1), Schneewittchen (4), Brüderchen und Schwesterchen (2), Froschkönig (1), Goldene Gans (1), Hilfreiche Tiere (1), Hänsel und Gretel (5);

Hauff's Märchen:
Geist aus der Flasche (4), Zwerg Nase (1);

Perrault-Märchen:
Ritter Blaubart (1), die Schöne und das Tier (1), die gute und die böse Schwester (1); Der gestiefelte Kater (2);

O. Wilde-Märchen:
Der selbstsüchtige Riese (1);

Fernsehmärchen: (2)

Odyssee-Sage: (2)

Aus der Fülle weiterer Märchenmotive greifen wir einige weitere heraus: Aufgabenlösenmüssen (3), Zauberwasser (1), Wünsche (5), Zauberkräutlein (6), Kinderteich (1), Rübenzauber (1), Befreiung durch den Jüngsten (1), Befreiung durch Tötung (1), dem Vater das Essen in den Wald bringen (1), Wasser aus dem Brunnen entzaubern (1), Ring im Vogel finden (1), Zauberer lockt Familie als Hase an (1), Geldprobleme mit dem Zauberer (5), und andere mehr.

Die erwähnten Motivationen können im Geschehen ineinander verflochten werden.

Die Wahl des Märchenmotives hat im individuellen Fall immer eine projektive Funktion. Mitunter hilft sie uns, tief verborgene Ursachen des neurotischen Geschehens zu entdecken.

Beispiel
Die neunjährige Ulla ist ein Bettnässerkind. Sie ist die vierte von sieben Geschwistern. Sie zieht gerne Bubenkleidung an und lehnt weibliche Spiele ab. Obwohl Ulla allgemein verträglich ist, verbindet sie eine seltsame ambivalente Haß-Liebe mit ihrem um ein Jahr älteren Bruder.
In der VF zeichnet und erzählt Ulla eine Geschichte, die sie »Die drei Brunnen« nennt. Zwei Geschwister-Buben und Mädchen fanden im Wald ein Häuschen mit drei verhexten Brunnen. Wer aus ihnen trank, wurde in eine Schlange, einen Löwen oder ein Reh verwandelt. Der Bruder trinkt aus dem dritten Brunnen, wird ein Reh und lebt nun, von der Schwester zärtlich umsorgt, im Waldhäuschen bis an ihr Lebensende.
In der Geschichte der »Drei Brunnen« erkennen wir unschwer das Grimm'sche Märchen »Brüderchen und Schwesterchen«, wie auch Ulla's Inzestproblematik und ihren Penisneid, welche die tiefere Ursache der Symptomatik des Kindes sind. Wunscherfüllt verwandelt sie den beneideten Bruder in ein Reh – so kann sie ihn ertragen und lieben. Aus Ulla's Märchen erfahren wir nichts über den Charakter des Bruders. Erst das *Grimm'sche* Märchenvorbild macht uns mit dem triebhaften Drängen des Bruders-Reh bekannt. So ergänzen sich die beiden Geschichten, wodurch der tiefere projektive Sinn des Geschehens deutlich wird.

3. Zeitbezogenes Geschehen

17 Pb. – meist pubertierende Großstadtjungen – haben die Geschehnisse der VF in Zeitgeschehen projiziert. Ob Hippie, Gammler, Pop art, Haschisch oder Banküberfälle, dies alles wirkt auf sie anziehend und bedeutet gleichzeitig eine Versuchung. Sie alle agieren wunscherfüllend, indem sie ihre VF am Zeitgeschehen teilhaben lassen.

4. Eigenständige Schöpfungen

80 Pb. produzierten Geschichten und Zeichnungen, die sich an keine Vorbilder halten und durch ihre hohe Pathognomonie auffallen.
Sie gehören vorwiegend zu den Diagnosengruppen I, II, III und V, es sind Jungen und Mädchen, die alle mindestens intellektuell durchschnittlich begabt sind und mindestens mittelmäßig gut zeichnen können. Entwicklungsmäßig handelt es sich um Pb., deren eigene Problematik mit der ihrer Familie eng verknüpft ist.
Diese drängende Problematik, verbunden mit guter Intelligenz und Zeichenfähigkeit war es, die sie zu kleinen Dichtern werden ließ und sie dazu befähigte, ihre Problematik schlagartig, in einer Art »eigentliches Symbol« *(Sh. Kreitler,* 133) prägnant auszudrücken (siehe S. 260 ff.).

5. Projektive Aspekte der Motivation

Untersuchen wir den projektiven Aspekt der Motivation selbst, so finden wir vielfach, daß sich der Symbolgehalt der Produktionen nach den Stadien der Libidoreifung und deren Fixierungspunkten gruppieren läßt.

Bei oralen Fixierungen ist häufig das Essen im Geschehen (siehe S. 241). Hierher gehören aber auch die Höhlenverzauberungen der asthmakranken Kinder (siehe S. 108).

Geld, Gold, Besitzprobleme stehen bei analfixierten Kindern im Vordergrund. Aber auch die Schmutzproblematik gehört hierher.

Abb. 93

Fall 93

Der achtjährige Oswald ist Bettnässer. Die Mutter ist in einem Geschäftshaushalt groß geworden, sie wurde mit den drei Geschwistern von einem Kindermädchen versorgt. Die Eltern kümmerten sich nur um das Geschäft. Wie ihre Schwester näßte sie noch in der ersten Schulzeit ein. Sie litt unter ihrer leicht erregbaren Mutter, die sie wider ihren Willen nach der Schulzeit zunächst ins elterliche Geschäft zwang. Auch der Vater wurde als Bettnässer erst spät trocken. Zwei Kinder seines Bruders nässen noch ein. Der Vater erlebte gleichfalls eine mangelnde elterliche Zuwendung im Geschäftshaushalt. Er absolvierte eine kaufmännische Lehre.

Die Ehe wurde wegen des Jungen geschlossen, der zunächst von der Mutter abgelehnt wurde. Mit der Geburt des Kindes gab die Mutter ihre Berufstätigkeit auf. Trotz vielfältiger Behandlungen, einschließlich einer Elektrobehandlung, wurde Oswald bisher nicht trocken. Im Umgang mit dem Jungen wirkt die Mutter verunsichert. Wegen des Bettnässens konnte die Mutter ihm bisher nicht seinen Wunsch erfüllen, zu den Pfadfindern zu gehen. Oswald hat eine fünfjährige Schwester, die gleichfalls noch einnäßt. Er steht in eifersüchtiger Rivalität zu ihr.

Oswald zeichnet lediglich einen in der Umrandung schraffierten längsovalen Kreis und sagt dazu, das sei Dreck. In diesem Dreck wurde die Familie, ein König und eine Königin, sowie ein 17 jähriger Prinz und eine 15 jährige Prinzessin verwandelt.

Die Konstellation der VF spricht dafür, daß sich der Junge mit der eigenen Familie identifizert. Noch ganz der magischen Erlebniswelt verhaftet, wird sie im Wunschdenken zur Königsfamilie. Die Verzauberung in Dreck deutet seine schmutzige Symptomatik an, unter der er leidet und sich von den anderen ausgeschlossen fühlt. Zur eigenen Entlastung nimmt er die ganze Familie in das schmutzige Symptom mit hinein. Er weist damit gleichzeitig auf die Familieneinheit im Symptom, die Symptomtradition der Bettnässerfamilie hin.

In der phallischen Phase finden sich nicht selten entsprechende, direkt phallische Symbole. Die phallischen Symboltendenzen der Stotterer gehören ebenfalls in diese Gruppe, wie auch die Erwähnung der Konflikte, die um die Gefühle – groß und klein sein – gruppiert sind (siehe S. 150). Der ödipale Konflikt zeigt sich in den Symbolen der Königsfiguren an. Vater, Mutter, das Kind werden in den Königsstand erhoben, um ihnen so mehr Gewicht zu verleihen. – Der Rollenwechsel weiblich-männlich (und umgekehrt) findet sich ausschließlich bei Kindern der ödipalen Phase sowie bei Pubertierenden, die eine Wiederauflage des ödipalen Konfliktes erleben.

Auch die Kastrationssymbolik des Käfigsyndroms derjenigen, die in eine chronische Krankheit eingeschlossen sind, gehört hierher.

Kinder der Latenzphase reagieren in der VF symbolhaft ihre Lernkonflikte ab.

Dort, wo Schwangerschaft der Mutter, drohende Scheidung der Eltern, der Tod eines Angehörigen u. a. das Kind belasten, finden wir in der Regel dessen Niederschlag symbolisch im Geschehen der VF ausgedrückt.

So hilft uns das Studium der projektiven Aspekte der Motivation des Geschehens, die Konflikte des Kindes ähnlich wie die Komplexantworten im Rorschachversuch zu verstehen. Bei ihrer Deutung ist allerdings ähnliche Vorsicht am Platz, wie es *Rorschach* für das Deuten der Komplexantworten empfohlen hat (39, 197).

VII. Inhalte der Verzauberung (Zeichenobjekte)

Die Inhalte der Verzauberung (Zeichenobjekte) wurden in fünf Gruppen zusammengefaßt:

a) Tiere . . . . 160 Arten
b) Phantasietiere . . . . 16 „
c) Pflanzen . . . . 29 „
d) Phantasiegestalten . . . . 66 „
e) Gegenstände . . . . 166 verschiedene Arten.

Einen Überblick über die Wahl der verschiedenen Bereiche für die Verzauberung der Hauptpersonen gibt die folgende Tabelle 12.

Tabelle 12. Inhalte der Verzauberung

	Vater	%	Mutter	%	Pb.	%
Tiere	657	53,6	653	53,3	555	45,3
Phantasietiere	28	2,3	23	1,9	12	1,0
Pflanzen	95	7,8	109	8,9	83	6,8
Phantasiegestalten	107	8,7	92	7,5	110	9,0
Gegenstände	188	15,5	204	16,7	206	16,8
Menschen (unverzaubert)	43	3,5	43	3,5	76	6,2
nicht gezeichnet	107	8,7	101	8,2	181	14,8

Bei der Wahl der Verzauberung der einzelnen Familienmitglieder wurde kein signifikanter Geschlechtsunterschied beobachtet, Buben und Mädchen wählten für die Verzauberung gleich häufig die verschiedenen Objektbereiche.
Die Wahl der verschiedenen Zeichenobjektbereiche ist von der Intelligenz des Pb. bis auf einige Ausnahmen, weitgehend unabhängig.
Eine Intelligenzabhängigkeit besteht bezüglich des Zeichnens von Pflanzen. Die Elternfiguren der Kinder mit einem IQ unter 100 werden hoch signifikant häufig als Pflanzen dargestellt:

IQ unter 100 – 14,8 %
IQ über 120 – 2,4 %

Bei der Verwandlung des Kindes selber in Pflanzen besteht diese Intelligenzabhängigkeit nicht.
Eine weitere Ausnahme bezgl. des Zusammenhangs von Intelligenz und Wahl der Zeichenobjekte betrifft das Nicht-Verzaubern der eigenen Person. Kinder mit einem IQ über 120 lassen sich häufiger unverzaubert.
Was den Zusammenhang zwischen Diagnose und dem Inhalt der Verzauberung betrifft, finden wir, daß Pb. der Diagnosengruppe V selten die Familienmitglieder in Tiere, häufiger aber in Objekte verwandeln. Dies entspricht der Altersabnahme der Wahl von Tieren als Verzauberungsinhalte.

Es ergibt sich sonst kein statistisch signifikanter Zusammenhang zwischen Inhalt der Verzauberung und Diagnosengruppen bzw. Einzeldiagnosen. Dies war nach den bisherigen praktischen Erfahrungen mit projektiven Tests zu erwarten gewesen. Vom Standpunkt der projektiven Diagnostik ist es undenkbar, daß ein bestimmter Inhalt bzw. Inhaltsklasse der Verzauberung nur bei einer bestimmten diagnostischen Kategorie zu finden wäre. ».. es ist immer noch der Psychologe, der als das integrierende Instrument wirkt und der bei der Benützung von Inhaltsmaterial die feinste klinische Urteilsfähigkeit anwenden muß, wenn er zu einem Verständnis der psychodynamischen Gestalt des Pat. gelangen will« (Brown).

In diesem Zusammenhang ist auch an die Meinung Schafers zu erinnern, keine eindeutigen Beziehungen zwischen bestimmten individuellen Antworten oder gar bestimmten Inhaltsklassen und diagnostischen Kategorien aufzustellen; »Wir müssen bedenken, daß die Bedeutung des Inhalts mit dem Zusammenhang wechselt, und daß kein Problem und keine Tendenz ausschließlich einer bestimmten Gruppe von Patienten eignet.«

Im Einzelfall kann allerdings die tiefenpsychologische Symbolkenntnis bedeutsam sein. So ist auch in der tiefenpsychologischen Traumarbeit eine Deutung erst auf Grund der individuellen Einzelfälle des Träumers möglich.

Beim Studium des Zusammenhangs der zeichnerischen Fähigkeit und der Inhalte der Verzauberung ergibt sich: Je besser ein Kind zeichnen kann, desto häufiger zeichnet es Menschen bzw. Phantasiegestalten. Je schlechter die Zeichenfähigkeit des Pb. ist, desto häufiger werden Tiere und Gegenstände gezeichnet.

Tabelle 13. Zeichenfähigkeit (ZF) und Zeichenobjekt
(am Beispiel des Vaters)

	ZF 1 u. 2	ZF 4 u. 5
Tiere	42,6%	53,1%
Gegenstände	13,3%	23,4%
Menschen und Phantasiegestalten	24 %	8 %

Dies betrifft alle anderen Familienmitglieder in gleichem Maße. Da in unseren Untersuchungen die schlechten Zeichner auch die weniger intelligenten sind, überrascht dieses Ergebnis nicht. Diese Kinder sind dem archaischen Denken, das sich in Tiersymbolen offenbart, noch näher.

Zusammenhänge zwischen Zeichenobjekten und Elterntypus (siehe Tabelle 1 S. 86) bzw. Positionen des Kindes in der Familie (siehe Tabelle 2 (S. 87) zeigen sich in folgendem:

Fehlt der Vater in der Familie, so werden die gezeichneten Väter selten als Tiere bzw. Phantasietiere, sondern als Gegenstände, Menschen und Phantasiegestalten dargestellt. Trinkerväter und einfach strukturierte Eltern werden signifikant häufig als Pflanzen dargestellt (17 % – 7,8 %).

Harte Väter werden häufig als Phantasietiere aggressiver Prägung dargestellt.

Die ehrgeizige bzw. perfektionistische Mutter wird immer gezeichnet, und signifikant häufig in ein Tier verwandelt. Harte und hysterische Mütter werden selten als Tiere und signifikant häufig als Gegenstände dargestellt. Der Vergleich mit den Devitalisationsdeutungen im Rorschachformdeutversuch drängt sich hier auf.

Bezüglich der Position des Pb. und der Symbolwahl ist auffällig, daß das symbiotische Kind signifikant häufig sich selbst als Tier zeichnet. Das verwöhnt-verwahrloste Kind und das zwischen den feindlichen Eltern stehende Kind verwandelt sich häufig in einen Gegenstand. Das Kind als »böser Geist der Familie« und das isolierte Kind zeichnen sich häufig als Pflanze.

a) Tiere

Die Wahl des Tieres als Zeichenobjekt steht an erster Stelle. Es werden weitaus mehr Tiere gezeichnet – 1227 (n = 600) – als übrige Zeichenobjekte. 211 Kinder (n = 600) zeichnen reine Tierfamilien, dem Test der »Familie in Tieren« entsprechend. So finden sich unter acht Jahren signifikant häufiger Banallösungen von Tierverzauberungen (siehe Tabelle 14, S. 206), im Gegensatz zu den Kindern über 13 Jahren, die ausgefallene Tierarten bevorzugen.*

Kinder unter zehn Jahren bringen zu 40 % reine Tierfamilien, während diese bei Kindern über 13 Jahren extrem selten sind.

Die Häufigkeit der Wahl von Tiersymbolen als Zeichenobjekte nimmt also mit dem Alter ab.

Stellvertretend für den Menschen in der Rolle des Erwachsenen steht das Tier dem Kinde, insbesondere in dessen früheren Jahren sehr nahe. Noch der Erwachsene versucht, sich in das Tier hineinzuversetzen, indem er menschliche Gefühle und Eigenschaften in es projiziert. Sie sind, wie es die geschichtliche Überlieferung, von *Äsop* bis *Lafontaine* zeigt, archetypisch determiniert. *Brem-Gräser* hat in ihrer Monographie über die »Familie in Tieren« einen umfassenden Katalog dieser Eigenschaften der Tiere erstellt.

Das Tier ist dem Kinde ein lebendiger Gefährte, dem es seine kleinen und großen Sorgen mitteilt, ohne – wie vom Erwachsenen – enttäuscht zu werden; es kann auch alle seine Wunschphantasien auf das Tier projizieren. So wird das Tier auch im Sinne *Winnicotts* zum Übergangsobjekt (235), als Ersatz späterer reifer Objektbeziehungen. Wärme und Weiche seines Fells kommt den Zärtlichkeitsbedürfnissen des Kindes, in der Befriedigung bedeutsamen Antriebserlebens entgegen.

---

* Es mag dabei eine gewisse Rolle spielen, daß der Zeichentest »Familie in Tieren« seit einem Jahrzehnt zu den beliebtesten Tests gehört, der auch über den Bereich der EB-Stellen hinaus bekannt geworden ist.

Im Spiel mit ihm erlebt es auch den Umgang mit der Aggression und deren mögliche Bewältigung. *Mendelssohn* spricht von einer Tierstufe als seelischer Entwicklungsphase des Kindes und *Plätzer* hat unter Berücksichtigung dieser Tatsache als psychotherapeutisches Mittel für entwicklungsrückständige Kinder Tierspiele, das sogn. Biodrama entwickelt. Da in ihm das Tier als soziales Wesen (*Portmann*) erkannt wird, ist diese Form der Spieltherapie ein Weg der Anpassung sozial gestörter Kinder.

Den von *Brem-Gräser* angegebenen Häufigkeiten der verschiedenen Tierverwandlungen entsprechen ungefähr die von uns ermittelten. Sie sind in den aufgeführten Tierarten als Banallösungen des Tests anzusehen.

Tabelle 14. Häufigste Tierverwandlungen

Kos/Biermann (n = 659/1225) Vater		Brem-Gräser (n = 1887) Vater	
1. Pferd	74	1. Elefant	222
2. Elefant	64	2. Pferd	205
3. Hund	52	3. Schlange	124
4. Vogel	51	4. Hund	122
5. Löwe	37	5. Hase	116
6. Katze	34	6. Vogel	91
7. Maus	29	7. Löwe	76

Kos/Biermann (n = 653/1225) Mutter		Brem-Gräser (n = 2026) Mutter	
1. Vogel	74	1. Vogel	160
2. Katze	69	2. Hase	152
3. Hase	48	3. Hund	134
4. Pferd	47	4. Schlange	128
5. Hund	43	5. Pferd	125
6. Maus	38	6. Katze	121
7. Schwein	34	7. Fisch	106

Die Verwandlungen der Probanden selber wurden bei *Brem-Gräser* nicht erfaßt. Sie lassen schon weitgehend Identifizierungen und Abhängigkeiten von elterlichen Leitbildern erkennen (siehe auch Anhang, Tabelle II).

Die spezifische Bedeutung der verschiedenen Tiersymbole soll mit einzelnen Beispielen belegt werden.

1. Das Symboltier

(1) Der Hase (siehe S. 295, Tab. IV)

Der Hase erscheint relativ häufig. Er liegt bei den Verzauberungen des Vaters (n = 659) an achter Stelle, bei der Mutter (n = 653) an dritter Stelle. Unter den Probanden (n = 272) findet er sich an vierter Stelle, bei den Buben (n = 186) an sechster Stelle, dagegen bei den Mädchen (n = 86) an erster Stelle. In fünf Familien waren alle als Hasen, zur Hasenfamilie verzaubert, während einmal die ganze Familie in einen Hasen verzaubert war (siehe Fall 120, S. 248).

Abb. 94

Fall 94

Der zehnjährige Willi lernt schlecht. Er lügt und stiehlt der Mutter wiederholt Geld. Deshalb wird er zur EB-Stelle gebracht.

Willis Vater ist Hauswart. Er ist ein schwächlicher, gutmütiger Mann, der für seine Frau alle Haushaltsarbeiten erledigt. Willis Mutter geht dagegen lieber in die Fabrik arbeiten, anstatt sich um die Familie zu kümmern. Sie läßt sich von allen bedienen und macht den Vater vor den Kindern lächerlich. Sie schreit und schlägt die Kinder.

Willi ist der zweite von fünf Geschwistern. Seine ältere Schwester ist der Liebling der Mutter, die außerdem das Baby verwöhnt. Er selber wurde schon als Säugling von ihr abgelehnt, und nun meint die Mutter, daß er wie sein Vater ein Taugenichts ist.

In der VF zeichnet Willi die eigene Familie. Links in der Mitte wird zunächst der Vater als ein Kasper dargestellt. In der Mitte der Fläche steht übergroß die an 2. Stelle als Indianer gezeichnete Mutter. Neben dem Vater steht die älteste Tochter als Prinzessin. Hinter der Mutter stehen auf der rechten Seite die übrigen Kinder, als Hund, Schmetterling und Hase. Als dieser ist Willi in der unteren rechten Ecke an vorletzter Stelle gezeichnet. Es folgt noch der Säugling als Maus unter dem Vater.

Willis Zeichnung ist eine symbolträchtige Metapher des Familienkonfliktes, wie er ihn erlebt: Der Vater hat die patriarchale Rolle inne, wird aber zum Kasper abgewertet. Es dominiert zentral und übergroß die Mutter als Indianer, ihre Jungen stehen hinter ihrem Rücken. Willi selber spielt als Angsthase die Rolle eines Außenseiters der Familie, er ist kaum noch ins Bild gekommen. Dieser ich-schwachen Darstellung entspricht auch seine Pigem-Tierwunschprobe: Er will ein Esel werden.

(Fall 14, 18, 24, 26, 62, 71, 74, 81, 100, 107, 120.)

Der Hase wurde im allgemeinen bei einer Angstsymptomatik eines Kindes gefunden. Diese geht über den Begriff der Angstneurose bzw. einer Phobie hinaus und umfaßt auch zahlreiche psychosomatische Störungen, vornehmlich das Asthma bronchiale, aber auch das Erbrechen, die Colitis u.a.m. Sie findet sich bei Bettnässern und Einkotern. Eine vegetative Dystonie, sowie die motorische Unruhe des Kindes stellen Angstäquivalente dar. Fast alle symbiotischen Kinder zeigen eine starke Angstbereitschaft, im Sinne von Trennungsängsten; unter ihnen finden sich viele Kleinkinder mit Schlafstörungen. Kinder, die in gestörten Familien aufwachsen, in einem Trinker- oder Mißhandlungsmilieu, zeigen erhebliche Ängste. Das gilt besonders auch für Unfallkinder und Kinder mit Arzt- und Krankenhausphobien. Alle diese Ängste können sich in der Darstellung des Hasen – des Angsthasen –, in der Zeichnung wie in der Geschichte – symbolisch ausdrücken, mit dem sich das Kind identifiziert, den es aber auch stellvertretend in andere Familienmitglieder, Eltern und Geschwister projiziert. So nannte ein Bettnässerkind alle als Betten Gezeichneten eine »Familie Hase« (siehe Fall 8, S. 40).

Wo in der Familienzeichnung ein Hase auftaucht, kann somit nach unseren Erfahrungen mit einer Angstsituation der Familie, aus Sicht und Erlebniswelt des Kindes gerechnet werden. Hierfür spricht auch die Bevorzugung des weiblichen Geschlechts, bei deren erhöhter Verunsicherung und Angstbereitschaft in einer patriarchalen Gesellschaft. Das gilt besonders auffällig für die weiblichen Probanden, die den Hasen an erster Stelle der Häufigkeitsskala aufwiesen.

Im Pigemtest wurden mit der Identifizierung des Kindes doppelt so häufig (14:7) positive wie negative Eigenschaften dem Hasen zugeordnet.

(2) Das Schwein

27mal wurde der Vater und 34mal die Mutter zum Schwein verzaubert (n = 1225).

Zwei Eigenschaften werden besonders dem Schwein zugeteilt, einmal das mütterlich-säugende, sodann das niedrig-schmutzige. Daß auch in der erstgenannten Eigenschaft eine Abwertung liegen kann, ergibt sich wiederum aus der dienenden Rolle der Frau und Mutter in der patriarchalen Familie (siehe Fall 1, S. 25). Hierfür spricht auch der Kommentar des Kindes in der folgenden Darstellung:

Fall 95

Der siebenjährige Alfons ist das einzige Kind alternder Eltern. Die Mutter, die selber unter einer psychotischen Mutter eine unglückliche Kindheit erlebte, hatte zahlreiche neurotische Störungen entwickelt, auch ihre Partnerwahl erfolgte unter neurotischen Vorzeichen. Ihr Mann, in der Familie von neurotischer Haltung, steht wegen seiner Arbeitshemmungen in psychotherapeutischer Behandlung. Beide Eltern arbeiten an verschiedenen Stellen als Bürokräfte.

Alfons war unerwünscht, er kam als Frühgeburt zur Welt und verbrachte die ersten Lebensjahre emotional vernachlässigt in verschiedenen Pflegestellen. Ein erster Kindergartenversuch scheiterte. Die Schule, die er in der ersten Klasse besucht, meistert er bei guter Intelligenz – IQ von 110 – ohne Schwierigkeiten.

Während ein Bettnässen vor kurzem spontan ausheilte, bestehen noch Schlafstörungen,

Abb. 95

Ängste, Nervosität und Aggressionen. Letztere kamen in einer spontanen Zeichnung mit einer Kampfszene von Flugzeugen und Schlachtschiffen zur Darstellung.

In der VF zeichnet Alfons den Vater als Hahn an erster Stelle. Es folgt in der Mitte des Blattes er selber als Vogel in einem Käfig, und zuletzt, hinter ihm und dem Vater, wieder wie dieser auf der Bodenlinie, die Mutter als Schwein. Er sagt dazu: »Ein Schwein, wer soll das schon sein. Da bleibt ja nur die Mutter übrig!«

In der Objektwahl, Plazierung und verbalen Charakterisierung kommt die ganze Abwertung zum Ausdruck, welche die Mutter vom Jungen – in Identifizierung mit dem Vater – erfährt. Die Dreieckslösung kündigt die Spannung im Familienmilieu an. Der Vater steht autoritär an der Spitze, mit dem stolzen Federschmuck des Hahnes. Der Bub setzt sich zwar in die Mitte des Bildes – zwischen die Eltern – und deutet mit dem Vogel seinen Wunsch nach Freiheit an. Er fühlt sich aber im Käfig gefesselt: Er erlebt seine zahlreichen Verhaltensstörungen als Krankheit – das Käfigsyndrom. Der starke Ast, auf dem er steht, weist auf seinen gleichzeitigen Wunsch hin, »Boden unter den Füßen zu bekommen«. In der Tierwahl identifiziert er sich gleichfalls mit dem Vater. Vollends in den Hintergrund gedrängt aber steht die Mutter als Schwein, sie ist auch in der Zeichnung am schlechtesten gelungen. Sie wird in der Familie eben geduldet. In der Wahl des Schweines lastet er ihr auch noch das eben überwundene Symptom des Bettnässens an. (Fall 1, 7, 29, 102, 119.)

Die Abwertung des Schweines zeigt sich eindrücklich bei Enuretikern. Die Bevorzugung der Schweine in Scenotestspielen von Bettnässerkindern, die *Engler* statistisch erhärten konnte, liegt in gleicher Richtung.

Aggressive Tönungen der im Schwein dargestellten Symptomatik können in entsprechenden Zutaten – Ausschmückungen – zum Ausdruck kommen.

So wurde das Schwein auch ausnahmslos im Pigemtest – in 12 Fällen – negativ bewertet und abgelehnt.

(3) Das Krokodil (siehe S. 295, Tab. V)

Es wurden 25 Familienangehörige in ein Krokodil verzaubert. Das Krokodil ist das Symbol der Aggression. Unter diesem Aspekt hatte es *von Staabs* in den Scenotest eingeführt. Eigene Untersuchungen bestätigten dieses mit einer häufigeren Verwendung des Krokodiles von Kindern Schizophrener, wie auch von Asthmakindern (*Biermann* 28, 31). Für letztere ist die gehemmte Aggression charakteristisch. Der Begriff der Autoaggression gilt psychologisch für den Ekzemschub, den Asthmaanfall, wie die Darmspasmen bei einer Colitis ulcerosa.

Wo immer das Krokodil in Zeichnungen der VF auftaucht, spielen im Leben des Kindes und seiner Familie Aggressionen eine wichtige Rolle.

So zeichnete ein äußerlich brav angepaßter 13 jähriger Junge mit einer chronischen Colitis ulcerosa, nach häufigen Krankenhausaufenthalten mit beschwerlichen Behandlungen (Darmspülungen) seine ganze Familie als Krokodile (siehe Fall 17, S. 56).

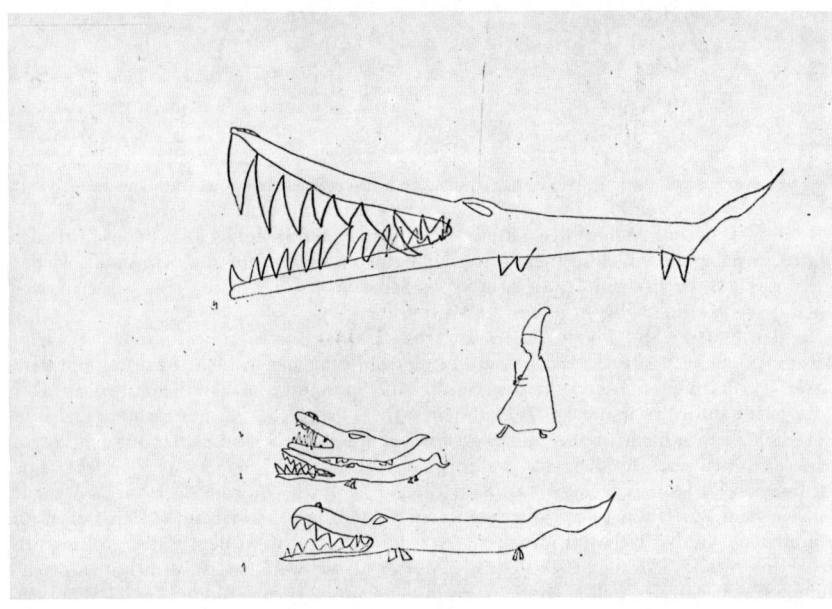

Abb. 96

Fall 96

Wegen Bettnässens und Schulversagens bei Legasthenie wurde der intellektuell gut begabte, aber emotional noch unreife siebenjährige Moritz von den Eltern zur EB-Stelle gebracht.

Moritz ist Ältester von vier Buben und steht in eifersüchtiger Rivalität zu den jüngeren Geschwistern. Es geht dadurch in der Familie oft turbulent zu. Die Mutter fühlt sich den Anforderungen von Haushalt und Familie mit vier kleinen Kindern nicht gewachsen.

Moritz ist noch prädipal an die Mutter gebunden und sucht diese Stellung mit allen Mitteln zu behaupten.

Moritz verzaubert die ganze Familie in Krokodile. Über allen steht die übergroß gezeichnete Mutter. Es folgen klein unter ihr zwei Kinder – ein Bub und ein Baby –. Danach folgt unten der Vater.

In mittlerer Höhe, zwischen und unter ihnen, steht der Zauberer.

Das Kind überträgt seine Aggressionen auf die ganze Familie. Sie wird für das Kind von der Mutter repräsentiert, während der weiche Vater in die Position des Letzten gedrängt wird. Die Plazierung eines Babys weist auf Regressionswünsche hin.

(Fall 18, 52, 54, 66.)

Aggression ist in unserer Gesellschaft eine dem Jungen zudiktierte Verhaltensweise. So zeichneten sich fünf Buben als Krokodile, aber kein Mädchen. Insgesamt zeichneten 17 Jungen und nur vier Mädchen Angehörige als Krokodile; 17 männliche und acht weibliche Familienmitglieder wurden zu Krokodien verzaubert.

Zwölf Väter wurden in Krokodile verzaubert. In diesen Familien fanden sich häufig brutale, jähzornige, psychopathische Väter.

Sieben Kinder zeichneten ihre Mütter als Krokodile, es waren dominierende, harte und aggressive Mütter. Einmal wurde eine schizophrene Mutter im Test der VF zum Krokodil verzaubert; der primitiv-strukturierte Vater, der das gestörte Familienmilieu nicht ausgleichen konnte, wurde ebenfalls zum Krokodil. In drei weiteren Fällen, in denen alle Familienmitglieder zu Krokodilen wurden, bestand ein Spannungs- oder Streitmilieu, bzw. eine geschiedene Ehe. Auch chronische Geschwistereifersucht kann so die ganze Familienatmosphäre vergiften.

Auch im Pigemtest überwiegt eindeutig die Ablehnung des Krokodils, als personifizierte Aggression und Bösartigkeit (32 Fälle). Einmal wurde der Vater, ein aggressiver Psychopath, in ein Krokodil verzaubert, welches im Pigemtest vom Kind abgelehnt wurde.

Wo sich das Kind – in fünf Fällen – positiv mit dem Krokodil identifizierte, lag eine Aggressionsproblematik vor. Zwei dieser Kinder waren Enkopretiker. Ein siebenjähriges legasthenisches Mädchen mit einer Angstneurose identifizierte sich mit dem Krokodil, um dann den Zauberer aufzufressen. Zwei weitere junge Kinder bewältigten ihre Angstneurose auf diesem Wege einer Identifizierung mit dem Angreifer.

(4) Die Schlange

Keines der tierischen Symbole ist so vieldeutig und allgemein verbreitet wie das der Schlange.

Die gefiederte Schlange der Azteken – Versinnbildlichung des Lebens, die Aeskulapschlange, die alttestamentarische Schlange – Verführerin von Adam und Eva, die Schlange des Moses – sind einige wenige Beispiele einer langen Reihe historischer und mythischer Symbole. Sie demonstrieren die Vielfältigkeit der Bedeutung, welche die Schlange personifiziert.

Schon von der sprachlichen Geschlechtsbestimmung her herrscht keine Einigkeit. Im Lateinischen heißt die Schlange serpens, was sowohl männlich wie weiblich ist. In den slawischen Sprachen gibt es sowohl männliche wie weibliche Namen für die Schlange, had (männl.) im Tschechischen und zwija (weibl.) im Serbischen. Im Französischen heißt die Schlange le serpent (männl.), im Englischen ist the snake sächlich. Im Griechischen ist die Schlange männlich.

Noch größere Vieldeutigkeit – nicht nur bzgl. des Geschlechtes der Schlange – herrscht in der Meinung einzelner tiefenpsychologischer Autoren.

C. G. Jung und seine Schule deuten die Schlange als ein Bild vormenschlicher, undifferenzierter Libido, aber auch als die negative Seite des archetypisch weiblichen, das sich übrigens ebenso als Katze, Salamander, Bärin, Löwin, Krokodil offenbaren kann (113, 114).

S. Freud spricht von der Schlange als einem männlichen Sexualsymbol (88). Ähnlich *Riklin*: »Wie in der Zauber- und Märchensymbolik der Teil fast immer an Stelle des Ganzen tritt, so ist auch die Schlange ein Pars des Mannes, nämlich das männliche Glied.«

Dieckmann spricht vom Symbol der Schlange als Ausdruck tiefer instinktiver Kräfte, »ein Stück unbewußter Naturkraft, das weder gut noch böse ist, wie die Natur selbst, und auf einer noch indifferenzierten, jeder persönlichen Beziehung fremden Stufe des Kaltblütlerdaseins steht« (65).

In der VF ist die Schlange eines der am häufigsten gewählten Tiersymbole und rechnet mit zu den Vulgärlösungen (siehe Tab. 14, S. 206), wobei vermutlich auch ihre leichte Darstellbarkeit unter anderem eine Rolle spielt. Im Pigemtest wurde die Schlange nur siebenmal positiv bewertet, dagegen 40mal abgelehnt, und zwar als eklig, grausig, falsch, sowie des Menschen Feind apostrophiert. Übergänge zur Riesenschlange und Welt der Drachen sind gegeben.

Abb. 97

Fall 97

Die achtjährige Sabine wird wegen Schulängsten in die EB-Stelle gebracht. Sie ist ein schüchtern-ängstliches Kind, das an Stottern leidet. Die Sprechhemmung trat mit drei

Jahren auf, nach der Geburt des kleinen, vitalen Bruders. Es entwickelten sich zunehmende Eifersuchtsspannungen zwischen beiden. Die Eltern, Künstler, sind differenzierte Persönlichkeiten, der Vater von verschlossenem Wesen, die Mutter nervös-unausgeglichen. Sie kontrollieren ständig die Schularbeiten des Kindes, welches darunter perfektionistische Zwänge des Schönschreibens entwickelt hat.

In der verzauberten Familie zeichnet Sabine zunächst den Vater als einen schwarzen Raben, dann sich selber zwischen den Eltern als eine kleine Maus, und zuletzt die Mutter als eine riesige Kreuzotter. Die Maus ist der Mutter zugewandt.

In der Erzählung zu der Zeichnung, in der sie vom Zauberer mittels einer vergifteten Speise verzaubert wird, nennt sie die Eltern in umgekehrter Reihenfolge, d. h. zuerst die Mutter.

Am bedrohlichsten wirkt die Mutter, unter deren Ausbrüchen nervöser Erregtheit sie auch am meisten zu leiden hat. Aber auch der Vater im Rücken der Maus wirkt in seiner aggressiven Schwärzung bedrohlich. Die kleine Maus weint zudem. Im Pigemtest möchte sie eine Fliege sein, weil sie überall reinkriechen kann, sogar durch Schlüssellöcher.

Wieder weist die Vergiftung durch eine Speise des Zauberers auf die frühe Störung hin. Der Bruder ist eifersüchtig verdrängt.

(Fall 20, 39, 55, 56, 65, 66, 71, 100, 102.)

So lassen sich praktisch alle in der Literatur angeführten Meinungen durch einzelne Fälle belegen:

Schlange als negatives Vater- bzw. Muttersymbol, Schlange als phallisches Symbol, Schlange als Ausdruck der Angst, des Unbehagens, des Geschwister- und Selbsthasses.

Wir finden außerdem Schlangen in den Darstellungen der Unbegabten, der Flüchtigen, der schlechten Zeichner.

Mehr noch als bei allen anderen Symbolen ist hier auf den individuellen Kontext der Persönlichkeit des Pb. zu achten.

Auch der Wurm wird entsprechend gedeutet. Er wurde in der VF dreimal dargestellt. Im Pigemtest wurde er nur negativ, und zwar 15mal angegeben.

Schlange und Wurm gehören zur Welt des Unterirdischen, Erdhaften, noch Undifferenzierten und damit der Triebwelt.

(5) Die Spinne

Die Spinne gehört zu den Insekten. Diese werden im Pigemtest von Kindern, und zwar besonders den älteren, negativ bewertet.

Tabelle 15. Insekten im Pigemtest (n = 500)

	Pigem +	Pigem −
Fliege, Mücke	4	28
Ameise	2	17
Insekt	—	11
Käfer	—	7
Spinne	—	17
	6	80

Selbst die positive Wahl eines Insektes kann eine negative Wertung enthalten. So sagte ein 13jähriges, depressiv-suizidales Mädchen, es würde gern eine Fliege sein, weil es dann nur einen Tag zu leben brauche.

Für das Kind ist das Insekt böse, gräßlich, es sticht und wird leicht zertreten. In unserer Klientel wurde die Spinne viermal gezeichnet, was keine statistische Aussage erlaubt. Alle vier Darstellungen hatten jedoch einen sehr hohen pathognomonischen Wert.

Gleich der Schlange vereint die Spinne negative und positive Symbolbedeutungen. Am Abend bringt sie Glück, am Morgen Sorgen, wie bereits ein altes Sprichwort aussagt. So gilt die Spinne als Glücksbringer, gleichzeitig ist sie aber das Objekt der Spinnenfurcht.

Karl Abraham schreibt in der »Spinne als Traumsymbol«: »Die ›böse‹ Mutter, welche nach *Freuds* Annahme durch die Spinne dargestellt wird, offenbart sich uns als eine vermännlichte Mutter, vor deren männlicher Angriffslust der Knabe sich ängstigt. – Am besten bezeichnet man wohl das Gefühl des Patienten gegenüber der Spinne als dasjenige des Unheimlichen« (4).

Stekel erwähnt die Spinne als ein phallisches Symbol.

Unter Berufung auf zahlreiche Märchen, besonders diejenigen der Primitiven, sagt *von Beit*: »Die Tiergestalt der Spinne charakterisiert die böse Mutter, denn die Spinne ist ein tückisches Raubtier und eine Erscheinungsform blutsaugender Nachtgespenster. Die Spinne ist auch das Bild einer Hexenseele, die in eine Frau fahren und sie zur Hexe machen kann und sie erscheint häufig als verderbenbringendes Hexentier« (17).

In den Zeichnungen unserer Kinder erscheint die Spinne unter zwei Konstellationen: Bei Fällen einer problematischen Mutter-Kind-Beziehung und bei Geschwisterkonflikten. Jedoch auch hier ist es angezeigt, diese Symbolik primär unter dem individuellen Aspekt des Pb. zu studieren.

Fall 98

Der 9;6 jährige Alex leidet an häufigen Kopfschmerzen, die seiner Meinung nach an seinen schulischen Mißerfolgen schuld sind. – Alex entstammt einer Gymnasiallehrerfamilie.

Von den Eltern geht ein starker Leistungsdruck aus. Alex hat einen drei Jahre jüngeren Bruder, der ihm intellektuell und durch sein freundlich strahlendes Wesen überlegen ist. Der Kleine ist der Liebling der ganzen Familie. Mit vier Jahren erkrankte Alex an einer Meningitis. Bald nach der Einschulung stellten sich Kopfschmerzen ein, wofür die Ärzte keinerlei somatische Ursachen finden konnten. Der Vater ist von Alex sehr enttäuscht, man hat ihm die Freizeit, Spielsachen, Fernsehen gestrichen. Der Vater lernt den ganzen Nachmittag mit ihm und hält ihm ständig den kleinen Bruder als Beispiel vor.

In der VF zeichnet Alex zuerst an unterster Stelle den »ältesten Sohn« als eine kleine geschwärzte Spinne. Der Vater wird an zweiter Stelle rechts als großer Elefant dargestellt, links neben ihm und der Spinne am nächsten steht die Mutter als Dromedar, oberhalb des Elefanten und diagonal zur Spinne befindet sich der »Allerkleinste« als ein geschmückter Schmetterling. Über der Familie breitet sich der Zauberer, »der alles haben will«, geisterhaft aus.

Im Pigem-Test möchte Alex gerne ein fliegender Adler sein, auf keinen Fall aber ein Elefant, da dieser »nicht fliegen kann«. An einem anderen Tag nach dem beliebtesten und dem am meisten gehaßten Tier befragt, sagt Alex spontan, er hasse bloß ein Tier, das sei die Spinne, die fürchte er auch; sonst mag er eigentlich alle Tiere gleich gerne.

Die VF versinnbildlicht das gestörte Selbstwertgefühl des noch präidentifikatorischen Probanden, seinen Selbsthaß, seine Angst, aber auch seine Aggression.

Abb. 98

Die Spinne ist ein allgemein nicht sehr beliebtes, ja gefürchtetes Tier. Mit seinem Konkurrenten, dem Bruder, verbindet Alex die konfliktandeutende Diagonale; zudem sind beide als Insekten dargestellt. Dadurch wird die Diskrepanz zwischen der Macht der Eltern und der Ohnmacht der Kinder betont. In seinem Selbsthaß schiebt Alex dem Bruder diejenige Rolle zu, die ihm der Vater gibt – er ist der schöne Schmetterling. Er wertet ihn allerdings gleichzeitig ab, indem er ihn »das Allerkleinste« nennt und ihn an letzter Stelle zeichnet, erst nach dem übermächtigen Zauberer.

Den Vater verwandelt Alex in einen Elefanten, ein mächtiges, aber gleichzeitig im Pigem von ihm abgelehntes Tier. Hiermit zeigt er die ganze ödipale Ambivalenz zum Vater.

Die Mutter plaziert er als das unaggressive Kamel in die nächste Nähe der Spinne. Damit deutet er seine infantile Abhängigkeit von der Mutter an, seinen Wunsch, die Mutter für sich allein und recht weit weg vom kleinen Bruder zu haben.

Der »alles haben wollende« Zauberer scheint den mächtigen Triebwünschen des Probanden entsprungen zu sein.

Demnach scheint die Symptomatik des Probanden mehr durch seine unbewußten Konflikte als durch die in früher Kindheit durchgemachte Krankheit bedingt zu sein.

(Fall 35, 63.)

(6) Der Affe (siehe Anhang Tabelle VI)

Von 16 Kindern wurde 18mal der Affe in der VZ gezeichnet (n = 600). Der Affe steht als Anthropoide dem Menschen besonders nahe. Die Verzauberung in einen Affen gehört zu den bedeutenden Mythen der Vorgeschichte zahlreicher Völker.

In seiner Freiheit, Überlegenheit, aber auch Originalität spiegelt der Affe das Wunschdenken des gebundenen, frustrierten Menschen. So kehrt das Bild des Affen auch in den paranoiden Vorstellungen Schizophrener wieder. In der

Imitation menschlicher Eigenschaften genießt der Affe »Narrenfreiheit«, wir erfreuen uns der Erkenntnis und Bestätigung unserer selbst in ihm.

Es kann aber auch ein versagendes elterliches Leitbild mit der Projektion in einen Affen in den Augen des Kindes herabgesetzt werden. So zeichnete in einer schizophrenen Familie das Kind seine kranke Mutter als Affen, außerhalb der übrigen Familie und demonstrierte damit deutlich, welche Herabsetzung die läppische, defektschizophrene Mutter in der Familie erfuhr (28).

Ebenso kann eine schwierige Geschwisterrolle in der Affenprojektion zum Ausdruck kommen. Das gilt auch für den Pigemtest, wenn z. B. das Kind die Erklärung hinzufügt: »Ich ärgere immer die anderen!« Ich-schwache Kinder können den Affen in seinen bewunderten Eigenschaften einem übermächtigen Geschwister als Vorbild antragen. Die Flucht in die Freiheit äffischen Verhaltens war bei 12 von 16 Kindern auffällig, die aus der Situation eines schulschwierigen, schulversagenden Kindes in der VF einen Affen zauberten. In den Clownerien schulstörender Kinder erblicken wir eine derartige Nachahmung.

Tabelle 16. Schulversagende Kinder und Darstellung eines Affen

	Jungen	Mädchen
Legasthenie	3	3
Schulphobie	3	1
anderes Schulversagen	1	1
Schulstörer	1	—
außerschulische Ursachen der Verhaltensstörung	2	2

Fall 99

Wegen akuter Schulängste, die mit dem Besuch der Oberschule aufgetreten waren, wurde der zehnjährige Jens von der Schulleitung an die Beratungsstelle überwiesen. Der als Einzelkind aufwachsende Junge hatte schon als Sechsjähriger Schulschwierigkeiten gezeigt: Die Mutter mußte ihn ein Jahr lang zunächst zur Schule bringen und ständig bei den Schularbeiten dabeisitzen. Er hatte – bei sehr guter Intelligenz und guten Schulleistungen – bisher den Schulbesuch nie verweigert, war aber schon immer in der Situation des Prügelknaben in der Klassengemeinschaft gewesen, er hatte auch keine rechten Freunde. Nun wollte er die neue Schule gar nicht mehr betreten. Es besteht eine Mutter-Kind-Symbiose. Der Mutter, die viele Jahre erfolgreich im Beruf tätig gewesen war, fiel die Umstellung mit Aufzucht und Pflege des Kindes schwer. Die Sauberkeitsgewöhnung wurde sehr früh begonnen, noch in den ersten Schuljahren näßte Jens ab und zu ein. Er entwickelte nach einem ärztlichen Eingriff eine Arztphobie. Er hat auch Dunkelängste und läßt die Mutter nicht von der Seite. Dabei ist er durchaus ambivalent zu ihr eingestellt, und zeigt ihr gegenüber auch Aggressionen.

Jens zeichnete in der VF zunächst oben links die Mutter als kleinen Vogel, dann den Vater als Elefanten sowie einen zehnjährigen Jungen rechts als Affen. Zuletzt zeichnete er links unter der Mutter ein gleichaltriges Mädchen als Kaninchen. Dann setzte er noch in die Mitte unten den Zauberer. Die schlechte Zeichenfähigkeit entsprach dem emotionalen Rückstand des intellektuell gut begabten Jungen.

Die an erster Stelle gezeichnete Mutter weist auf die symbiotische Bindung des Kindes hin, der nachfolgende Vater als Elefant auf dessen sichernde Position in der Familie. Er selbst stellt sich zweifach dar: Im Affen nimmt er unbewußt kritisch zu seinen hysterisch geprägten Familienauftritten Stellung. Die weibliche Seite seiner Hilflosigkeit und inneren Ängste – in denen er sich mit seiner Mutter identifiziert – verkörpert die »zehnjährige

Abb. 99

Tochter«, in Gestalt des kleinen Kaninchens. Es ist auch räumlich der Mutter zugeordnet. (Fall 13, 41.)

Im Pigemtest wurden die ambivalenten – positiven wie negativen – Eigenschaften des Affen deutlich. Mit positiven Eigenschaften wie lustig, schlau, insgesamt »menschlich« identifizierten sich 21 Kinder, während 13 ihn als lächerlich, dumm und häßlich ablehnten.

Zwei siebenjährige Mädchen mit Schulschwierigkeiten identifizierten sich positiv mit dem Affen im Pigemtest und stellten ihn gleichzeitig in der VF dar.

(7) Der Polyp

Dreimal wurde in der VF ein Polyp dargestellt. Der Polyp (Krake, Tintenfisch) ist als Tier der Tiefsee, ein Symbol des Unterirdischen, der mütterlichen Welt zugehörig. In den Mythen der Völker kommt darin das dem Schicksal Ausgeliefertsein zum Ausdruck. Das gilt besonders für das symbiotische Verhalten einer Mutter gegenüber ihrem Kind, die mit ihren Umklammerungstendenzen – mit Fangarmen und Saugnäpfen – das Kind an sich zu ketten sucht.

Bei einem Hämophilen verkörperte der Polyp – stellvertretend für den Vater, bei Geschlechtsgebundenheit dieser Krankheit – das unentrinnbare und ausweglose Leiden des Kindes (siehe Fall 55 S. 112).

Im folgenden Fall kommt in der Gegenüberstellung von Polyp und Igel einer Mutter und ihres asthmakranken Kindes die Ambivalenz zum Ausdruck, mit der sich bei wachsender Ich-Stärke Kinder gegenüber der symbiotischen Mutter zur Wehr setzen.

217

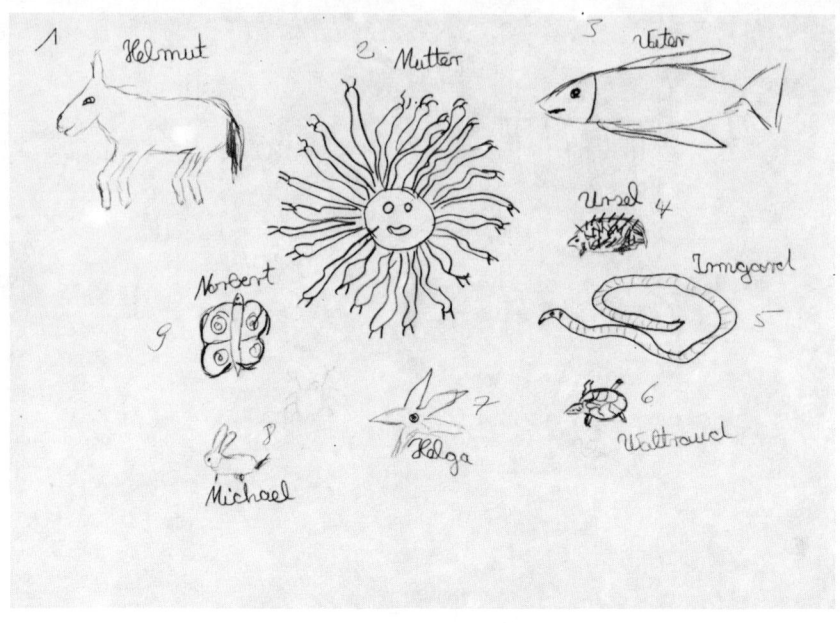

Abb. 100

Fall 100

Die zwölfjährige Almut leidet seit ihrem dritten Lebensjahr an einem Bronchial-asthma. Wiederholte Kurverschickungen und Klinikaufenthalte sowie eine Desensibilisie-rungsbehandlung waren ohne Erfolg. Es bestehen schon erhebliche Brustkorbveränderun-gen. Das entwicklungsrückständige, schwächliche Kind hat unter Zunahme der Schwere und Häufigkeit der Asthmaanfälle erhebliche Ängste entwickelt. Als fünftes von sieben Kindern einer Arbeiterfamilie aufgewachsen, hat sich eine Symbiose zwischen der Mutter und ihrem kranken Kind fixiert. Almut hat Mühe, in der Schule mitzukommen, zumal der ehrgeizige Vater sie auf die Oberschule gegeben hat. Sie muß krankheitsbedingt häu-fig den Unterricht versäumen.

In der VF – der eigenen Familie – zeichnet sie zunächst an erster Stelle den älteren Bru-der abwertend als Esel, sodann zentral im Bild die Mutter als großen Tintenfisch, danach den Vater als Fisch und unter ihm, der Mutter zugewandt, sich selber als kleinen Igel. Es folgen alle übrigen Geschwister, zuletzt der jüngste Bruder als kleiner Hase.

Das Bild wird vom vielarmigen Polyp beherrscht – Symbol der Unentrinnbarkeit aus der überprotektiven Symbiose dieser Mutter zum Kind. Dadurch, daß sie erst an zweiter Stelle gezeichnet wird, wird ihr übermächtiger Druck nur wenig gemildert. Als Fisch ist auch der Vater ihr ausgeliefert. Almut selber sucht die Mutter als stacheliger Igel abzuwehren, womit ihre symbiotische Ambivalenz angedeutet ist. An letzter Stelle erscheint der Hase. Symbol der Angstatmosphäre in der Familie eines Asthmakindes. (Fall 21, 55.)

Zweimal wurde der Polyp bzw. Tintenfisch im Pigemtest wegen der bedroh-lich erlebten Eigenschaften abgelehnt, einmal bejahte das Kind die Identifizie-rung mit ihm und wies auf seine Stärke hin.

2. Tier-Rivalitäten

Menschliche Eigenschaften wie Rivalitäten, die das Verhältnis von Geschwistern, aber auch Eltern und Kindern bestimmen, charakterisieren auch die Position der Tiere in der VF:

(1) Die Katze-Maus-Position (siehe S. 301, Tab. VII)
  Sie wurde in 16 Fällen (n = 600) beobachtet. Sie ist spezifisch für eine Ambivalenz, nicht selten auf symbiotischer Grundlage, z. B. beim Asthmakind.
Orale Verwöhnung bis zu kannibalistischen Tendenzen kommen darin zum Ausdruck (das zum Fressen gern haben, wie das gefressen werden).
  Achtmal war die Eltern-Kind-Situation durch diese Position charakterisiert; dabei befand sich nur einmal die Katze in der Position des Kindes. Zweimal spielten sich Rivalitäten unter den Eltern ab, während sechsmal auf diese Weise Geschwisterrivalitäten projiziert wurden.
  Nur fünfmal wurde die Maus der Katze in ihrer Position in der Familie vorgezogen. Es handelte sich vorwiegend um jüngere Kinder in der präidentifikatorischen Phase.
  Die Unterlegenheit und Schutzlosigkeit des Maus – Symbol der Ich-Schwäche des Kindes – kommt auch in weiteren Erklärungen, wie zum Pigemtest zum Ausdruck. Sie wird dort abgelehnt, weil sie »leicht gefressen wird«, oder »weggezaubert werden kann.«
  Die Macht der Katze wird dagegen in einem positiven Pigemtest sichtbar, indem die Katze den Zauberer auffressen kann.
  Im Falle eines neunjährigen einkotenden Jungen lag in der Katze-Projektion eine Identifizierung mit dem Vater (als Löwen) vor, während die kleinen Geschwister eifersüchtig zur Maus abgewertet wurden.

Beispiel
Ein neunjähriges bettnässendes Mädchen, das in der schwierigen Position des mittleren und vorletzten Kindes den Starruhm der älteren Schwester und die chronische Verwöhnungssituation des jüngeren Bruders, des Kronprinzen der Familie erlebte, befand sich zeitlebens in der Rolle eines »Schattenkindes«.
Es zeichnete zunächst die Eltern überdimensional als große Katzen und dann die Kinder als winzige Mäuse, den Bruder an erster Stelle und zuletzt sich selber. Sie demonstrierte damit die generelle Unterlegenheit der Kinder vor der Allmacht der Erwachsenen und speziell ihre eigene Rolle des Ausgeliefertseins und der Ich-Schwäche in der Omega-Stellung der Familie.

  Einmal soll der Bub an erster Stelle in eine Katze verzaubert werden, will es aber nicht und bleibt so unverzaubert. Er wehrt damit eine Identifizierung mit dem für ihn problematischen Vater ab, den er nachfolgend als Löwen darstellt.
Die symbiotische Abhängigkeit eines Asthmakindes in der Katze-Maus-Position schildert der folgende Fall:

Fall 101
Ilona ist das jüngste von drei Kindern einer Flüchtlingsfamilie aus Ungarn. Der Vater ist Handwerker. Während er in der neuen Heimat bald Fuß fassen konnte, hatte Ilonas Mutter nie den Verlust ihrer Heimat überwinden können. Sie entwickelte eine besonders

Abb. 101

enge Beziehung zum jüngsten Kind, als dieses, schon immer infektanfällig, im Anschluß an einen Keuchhusten mit drei Jahren ein Bronchialasthma entwickelte. Dieses verschlechterte sich mit Schulbeginn, obwohl das intelligente Mädchen schulreif war und auch immer gern zur Schule ging. Wegen schwerer Asthmaanfälle wurde sie in letzter Zeit wiederholt in körperlich elendem Zustand in die Klinik eingeliefert. Eine Allergietestung ergab eine Überempfindlichkeit gegen Hausstaub und Katzen (im Haushalt befinden sich zur Zeit keine Katzen, die Familie hatte allerdings vorher mehrere Jahre auf dem Lande gelebt).

Bei der psychologischen Untersuchung war Ilona kontaktbereit und willig, sie zeichnete alle Tiere in der Reihe von links nach rechts, etwas unterhalb der Mittellinie, den Zauberer links an erster Stelle. Dann kam als größtes Tier die Mutter als Katze, dahinter der älteste (einzige) Bruder, dann an dritter Stelle sie selber als Maus. Es folgte die ältere Schwester Eva als Schwan und zuletzt der Vater als Fuchs.

Es dominiert die Mutter in der Reihenfolge wie in der Größe. Ihr folgt der älteste Bruder, der seiner Schwester auch im Schulischen Vorbild ist. Sie selber nimmt die Mitte ein, womit sie sowohl ihr Mittelpunktstreben, aber auch ihr Geborgenheitsgefühl in der Familie andeutet. Die kleine Maus verkörpert die ganze Hilflosigkeit (Ich-Schwäche), das Ausgeliefertsein des Kindes an die Krankheit. Es hat auch unverschlüsselt die eigene Familie gezeichnet.

Die Rivalität zur etwas älteren Schwester ist in der Position des aufgerichteten Schwanes gegenüber der kleinen Maus zu erkennen.

Ganz abgewertet, auch in bedrohlich-aggressiver Schwärzung, ist der Vater als Fuchs an letzter Stelle. Ihm ist nach Angabe der Mutter der Strafvollzug in der Familie übertragen.

Mit der Tierwahl Katze - Maus deutet sich die Symbiose von Mutter und Kind an. Asthma-Mütter haben im Sinne *Melanie Kleins* verschlingende Tendenzen, ihnen ist das Kind als Maus wehrlos ausgeliefert. (Im übrigen war Ilona im Testversuch gegen Katzen allergisch!)

Auch die kurze Geschichte deutet die binnenfamiliäre Konfliktsituation an: Der Zauberer soll zuerst die Mutter zurückzaubern, dann den Oskar und zuletzt die Eva.

Sie bleibt von der Mutter abhängig, die sie noch nicht entbehren kann. Die Schwester Eva aber ist ihr gefürchteter Rivale.

Der Vater als unsichtbarer Vater im Berufsleben, wird bedrohlich als Strafinstanz der Familie erlebt. Er wird in der Geschichte ausgelassen.

(Fall 26, 85, 116, 127.)

Der Pigemtest bestätigt die Bevorzugung der Katze (+28/-7) bzw. die Unterlegenheit der Maus (+5/-52) in den Augen des Kindes. Bei letzteren wurde in der Hälfte der Fälle (26) die Katze-Maus-Position vom Kinde in der Erklärung zum Test direkt angesprochen.

Eine entsprechende Übereinstimmung zwischen Pigem und VF ergab sich bei einem kleinen Buben, Einzelkind, der angstneurotisch an die symbiotische, »fressende« Mutter fixiert war.

(2) Die Igel-Position

Sechsmal wurde in der VF ein Igel gezeichnet (n = 600). Ähnlich der Maus gehört auch der Igel zu den schwachen Tieren. Er kann sich allerdings mit Hilfe seiner Stacheln besser zur Wehr setzen und behaupten. In seinem stachelbesetzten Panzer kommt eine spezifische Form aggressiven Kontaktes zur Umwelt – die Einigelung zum Ausdruck. Auch mit seiner Intelligenz gleicht er körperliche Unterlegenheit in der Auseinandersetzung mit anderen Tieren aus. So wird der Kampf des Igels zum Symbol eines Sieges des Schwachen über den Starken, wie es auch in der Geschichte vom Hasen und Igel, dem Swinegel, dargestellt wird.

Abb. 102

Fall 102

Johannes entstammt einer flüchtigen Bekanntschaft seiner Mutter, einer Geschäftsfrau, die dann schnell den Erstbesten heiratete, um kein außereheliches Kind zur Welt zu bringen. Die Beziehung der Mutter zu ihrem Sohn blieb von Anfang an negativ. Die Eltern hatten sich niemals verstanden, weswegen die Ehe später geschieden wurde. Der Junge trauerte dem Stiefvater nach, der sich passiv, tolerant zu ihm verhalten hatte. Nach der Scheidung der Eltern wurde der neunjährige Johannes in einem Internat untergebracht, worauf er mit einer Enkopresis reagierte.

In der Zeichnung wird zuerst der Vater links unten als Wildsau dargestellt. Er blickt zu der danach gezeichneten Schlange, als ihm zugewandter Mutter. Das Kind wird zuletzt rechts außen als ein zum Vater schauender kleiner Igel gezeichnet.

In der Geschichte erzählt er, daß »die Schlange den Igel fressen wollte, dieser aber rollte über die Schlange, und so war die Schlange tot.«

Johannes stellt symbolhaft seine Bedrohung durch die Mutter und seinen phantasierten Sieg über sie dar. Auf den Vater, der als Wildsau lediglich zuschaut, projiziert er sein »aggressives, schmutziges« Symptom.

(Fall 20, 21, 73.)

Die Igelposition eines Asthmakindes gegenüber seiner symbiotischen Mutter (als Polyp) wurde oben geschildert (siehe Fall 100, S. 218).

Im Pigemtest wurde der Igel nur einmal und zwar ablehnend erwähnt.

Bei allen angeführten Tiersymbol-Deutungen ist einschränkend zu vermerken, daß sie evtl. nur für den deutschsprachigen mitteleuropäischen Raum gewertet sind.

b) Phantasietiere
(siehe S. 291, Tab. II b)

Für jedes Kind können Tiere nicht nur in ihren Eigenschaften, sondern auch ihrem Äußeren – dem Körperschema – phantastische Ausmaße annehmen. Sie sind ein Abbild der inneren Phantasiewelt des Kindes.

Unter den Phantasietieren stehen die von den Mythen überlieferten Drachen, Dinosaurier und ähnliche Ungetüme an erster Stelle. Sie verkörpern die Angstatmosphäre im Lebensmilieu des Kindes. In einer Identifizierung mit dem Angreifer (*Anna Freud*) versucht das Kind, diese zu bewältigen. Besonders Kinder mit angstneurotischen Schlafstörungen, wie Pavor nocturnus und Somnambulismus übertragen leicht entsprechende Phantasieproduktionen aus ihren angstbesetzten Träumen, in denen in Form von Kontaminationen ähnliche Phantasiebilder von Tieren und Menschen erlebt werden.

Einen derartigen Kampf »aller gegen alle« in einer Kleinfamilie stellt der an Schlafstörungen leidende, aggressiv gehemmte Harry in der VF dar.

Fall 103

Der zehnjährige Harry lebt als einziges Kind in einer nach außen geordneten, innerlich neurotisch-gespannten Mittelstandsfamilie. Beide Eltern sind höhere Beamte. Seit früher Kindheit litt Harry an Pavor noct.; er ließ keine Nacht die Eltern ruhig schlafen. Seit der Einschulung stottert er leicht. In der letzten Zeit versetzt Harry seine Eltern durch Schlafwandeln in Angst. Die Eltern haben spät geheiratet, seit Harrys Geburt dreht sich

Abb. 103

alles um das Kind. Die Mutter blieb in der Arbeit, um später dem Sohn mit ihrer Pension das Hochschulstudium zu ermöglichen, das dem Vater versagt war.

Harry ist nach der Schule einige Stunden in einem Tagesheim, ein Abholdienst ist bestens eingerichtet. Die Eltern lernen mit dem Kind, treiben mit ihm Sport, organisieren seine Freizeit, suchen ihm Freunde aus; es wird an alles gedacht, bloß nicht daran, daß der Bub auch eigene Initiative entwickeln sollte.

In der Zeichnung werden alle Familienmitglieder in »steinzeitliche Tiere« verwandelt. An erster Stelle zentral und übergroß zeichnet Harry den Vater, an zweiter Stelle, oberhalb des Vaters, wird die Mutter plaziert. Zuletzt wird das Kind, wesentlich kleiner, unterhalb des Vaters in der rechten unteren Ecke dargestellt.

Diese Tiere »können sich mit Feuerspeien und vergifteter Flüssigkeit verteidigen, aber wenn sie sich streiten, können sie diese Mittel auch gegenseitig anwenden.« Der Sohn bleibt dem Vater immer unterlegen.

Harry stellt auf diese Weise seine aggressive Gehemmtheit in der neurotischen Familientriade und seinen ödipalen Konflikt dar.

(Fall 1, 20, 38, 54, 104, 112.)

Neben einer Totalverwandlung in ein Phantasietier finden sich auch phantastische Teilentstellungen. In ihnen können sich Rollenprobleme widerspiegeln, welche das Kind im Prozeß seiner Identitätsbildung, insbesondere seiner sexuellen Identität durchmacht.

Fall 104

Die 13jährige Emma wurde in lebensbedrohlichem Zustand als Anorexia nervosa im Krankenhaus aufgenommen. Bis zu ihrem zehnten Lebensjahr lebte sie in einer Schneckenhaussituation symbiotisch mit beiden Eltern. Die Menarche überraschte das Mädchen schockartig, da es von den Eltern in keiner Weise darauf vorbereitet worden war. Emma fing an abzumagern, sie versuchte damit ihr Erwachsenwerden zu umgehen.

Abb. 104

Beide Eltern leiden an psychosomatischen Störungen des Verdauungssystems. Sie leben mit ihrem Kinde zurückgezogen, ohne Kontakte zur Außenwelt.

Emma zeichnet zu einem Dreieck angeordnet zunächst ihre Mutter als Vogel - Pferd, dann den Vater als Pferd - Vogel und schließlich sich selbst an der untersten Spitze des familiären Dreiecks, zwischen den Eltern als Vogel - Katze.

Die Dreiecksanordnung unterstreicht die Identifikationskonflikte des Mädchens. Die Wahl der Verzauberung – halb Vogel, halb Vierbeiner – weist deutlich auf die Rollendiffusion und die Störungen im Körperschema des magersüchtigen Mädchens in seiner Reifungskrise hin. Es steht zwischen den Eltern und leidet mit ihnen gemeinsam an den Auswirkungen der Familienneurose.

c) Pflanzen
(siehe S. 292, Tab. II c)

Familienmitglieder wurden in Pflanzen verzaubert, Bäume inbegriffen.

Die spezifische Symbolik des Baumes, seine Kulturgeschichte hat *Koch* in seiner Monographie über den Baumtest eingehend erörtert.

Die Korrelation von Intelligenzhöhe und Pflanzendarstellung wurde schon erwähnt (s. S. 203). Jüngere Kinder mit einem niedrigen Intelligenzniveau zeichnen häufiger Pflanzen, sie sind dem archaischen Denken näher. Die Pflanze ist das Ursymbol des Lebendigem, sie ist auch in der Mythologie der Welt der Tiere vorgelagert. So weist sie auch in den Zeichnungen von Kindern auf die Ursprünge hin. Individuell kann die Pflanzendarstellung als ein Regressionsphänomen gedeutet werden. Auf eine entsprechende Rolle der Pflanze in der

Kinderpsychotherapie hat *Dolto-Marette* in der Behandlung schwer gestörter autistischer Kinder, im Spiel mit der »Blumenpuppe« hingewiesen.

Die spezielle Wahl einer Pflanze ist von emotionaler Bedeutung. Das zeigt sich im folgendem Fall einer Verzauberung in Kaktus, häßliche Blume und Baum mit Zuckerln.

Abb. 105

Fall 105

Der achtjährige Thomas ist der älteste von drei Geschwistern. Die Familie wohnt im Hause des Großvaters, was Spannungen mit sich bringt. Thomas' Vater hat wegen seiner Heirat das Hochschulstudium aufgegeben und verdient seinen Lebensunterhalt als Techniker; er bildet sich auf der Abendschule weiter. Die mit der Aufzucht der drei Kinder überforderte Mutter leidet an Depressionen und Schlafstörungen.

Der intelligente, sensible Junge hat Kontaktstörungen und seit einiger Zeit eine Enkopresis entwickelt.

Thomas zeichnet auf dem unteren Rand in der linken Ecke des Blattes den Großvater als Kaktus, und den Vater als häßliche Blume, sodann die Mutter als »Baum mit Zuckerln«. Die Zeichnung ist mit wenigen dünnen Strichen schnell angefertigt.

Mit seiner Verzauberung rächt sich der Junge an Vater und Großvater für den häuslichen Streit, unter dem besonders die Mutter zu leiden hat. Das gilt besonders vom »Kaktus«, aber auch der häßlichen Blume. Dafür wird die Mutter zum Baum mit Zuckerln, von der er sich regressiv die orale Verwöhnung erhofft.

Fall 106

Der 14 jährige Günther stammt aus einem verwahrlosten Trinkermilieu. Sein Vater, Hilfsarbeiter, lebte zuletzt im Obdachlosenasyl, bis er vor einigen Jahren an einer Meningitis starb. Die sexuell haltlose Mutter war durch den Mann ans Trinken geraten. Die

Abb. 106

Familie mußte aufgelöst werden und die beiden Kinder, Günther und seine drei Jahre ältere Schwester kamen in ein Kinderheim. Hier entwickelte Günther Verhaltensstörungen, indem er jüngere Kinder zu sexuellen Spielereien veranlaßte. Unter heilpädagogischer Führung überwand er die Krise.

In der VF zeichnete er zunächst den Vater als Blume, dann die Mutter als Vogel, an dritter Stelle die Schwester als Fisch. Es folgte ein jüngerer Bruder als Löwe und zuletzt eine wesentlich ältere Schwester als Berg.

Er sprach dabei von seiner eigenen Familie, hatte aber zwei Geschwister – den jüngeren Bruder und die älteste Schwester – hinzuphantasiert.

Regressionstendenzen sind in der Wiederholungszeichnung der VF eines an Colitis ulcerosa erkrankten Jungen zu erkennen, der zuerst eine Tierreihe und zwei Jahre später – bei klinisch nicht gebessertem Befund, ohne weitere psychotherapeutische Maßnahmen – lediglich Pflanzen darstellte.

Fall 107

Der zwölfjährige Helge lag wegen einer Colitis ulcerosa wiederholt in der Kinderklinik. Die Krankheit war eineinhalb Jahre zuvor mit einer akuten Krise von blutig-schleimigen Durchfällen aufgetreten. Mit Sulfonamid-Therapie konnte der Prozeß jeweils zum Stillstand gebracht werden, doch blieb stets ein klinischer Restbefund, so daß eine ständige häusliche Therapie notwendig wurde.

Es lag eine familiäre Belastung vor: Der Vater hatte gleichfalls an einer Colitis ulcerosa gelitten, hatte aber durch eine medikamentöse Behandlung, die er gewissenhaft einhielt, seine Symptome seit einem Jahr verloren. Seine Krankheit war in einer beruflichen Streßsituation aufgetreten, er war ein gewissenhafter Angestellter in leitender Position. Vater wie Sohn sind im äußeren wie im Wesen sehr ähnlich. Beide groß und schlank, in ihrem Verhalten angepaßt, freundlich, zuvorkommend, aber gehemmt, was besonders

Abb. 107a/b

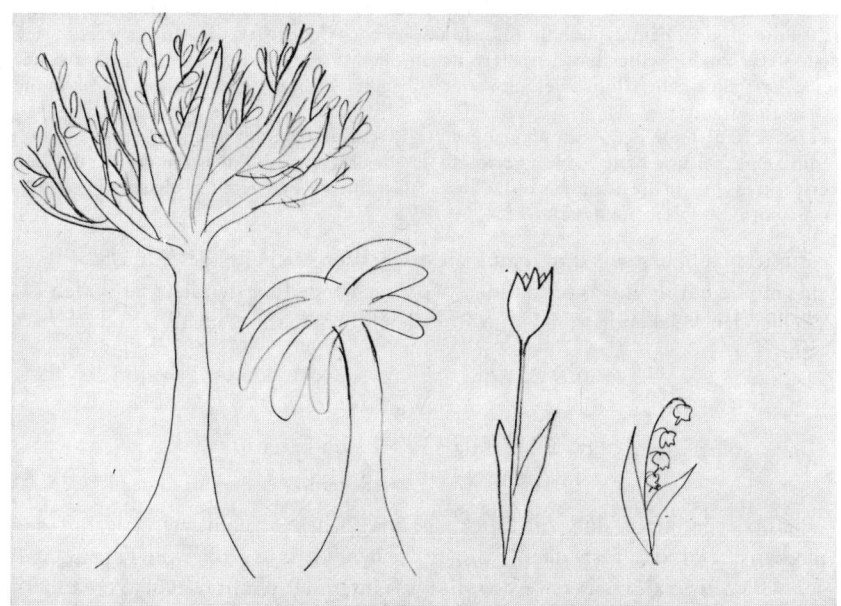

dem Buben den Kontakt zu seiner Umwelt erschwert. Eine etwas jüngere Schwester des Buben ist gesund und hat sich unauffällig entwickelt. Es dominiert in der Familie die nüchtern zurückhaltende Mutter, die fast noch gehemmter wirkte als ihr Mann. Im Hause herrschte sie mit einem Sauberkeitsfanatismus, der jegliche familiär-häusliche Wärme vermissen ließ. Sie hatte ihren Jungen auch in seinen Schulleistungen vollkommen unter Kontrolle, er war zur Befriedigung seiner Eltern ein sehr guter Schüler. Helge war nach einer längeren kinderlosen Ehe als ersehntes Wunschkind auf die Welt gekommen.

Die psychologische Untersuchung bestätigte auch in den Tests die aggressive Gehemmtheit des Buben, der unter Gewissens- und Strafängsten litt. Von Helge liegen zwei Tests vor, die in Abstand von zwei Jahren gezeichnet waren. Dazwischen lag der Versuch einer psychotherapeutischen Behandlung, die aber bei Widerstand der Mutter nicht systematisch durchgeführt und bald abgebrochen wurde.

Im ersten Test (a) zeichnet der Bub bei zeichnerischer Begabung und sicherer Strichführung, lauter Tiere, die nebeneinander auf einer Bodenlinie, auf der unteren Blatthälfte angeordnet sind. Es dominiert an erster Stelle der Vater als Bär, dem die Mutter aufgerichtet als schwarz-weiß gefleckte Katze folgt, dann die Schwester als Hase und zuletzt als einziger im Profil, d. h., den anderen zugewandt, er selber (»Ich«) als Eichhörnchen. Er zeichnete also die eigene Familie.

In einer weiteren Zeichnung (b) zwei Jahre später, werden lediglich Pflanzen dargestellt. Wieder steht der Vater als Baum an erster Stelle, ihm zugewandt folgt als kleinerer Baum die Mutter, sodann er selber als Tulpe und zuletzt die Schwester als Maiglöckchen. Sie ist nach außen von der Familie abgewandt.

Der erste Zeichentest zeigt noch eine gewisse Dramatik des Geschehens: Zwar ist die patriarchale Reihenfolge gewahrt, doch erhält die Mutter neben dem Vater durch die aggressiv geschwärzte Fleckung eine Mittelpunktsrolle. Der Bub selber erlebt sich als Außenseiter, aber doch in einer ganzen Haltung mit dem Bedürfnis, nach zärtlicher Zuwendung. In die Schwester als Hase neben der Mutter, hat er seine eigenen Ängste projiziert. In der Zwischenzeit war trotz Medikamenten keine wesentliche Besserung im Befinden des Kindes eingetreten. Eine psychotherapeutische Behandlung ließ sich nicht durchführen.

In der zweiten Zeichnung wirkt alles lebloser, nur noch Bäume und Pflanzen beherrschen die Szene. Die patriarchale Anordnung ist noch deutlicher, die Mutter wendet sich dem Vater zu. Er selber hat den Platz neben der Mutter erhalten, die Tulpe weist auf seine Verschlossenheit hin. Die Schwester ist an letzte Stelle gerückt, von der Familie etwas abgewandt.

Die Verlaufsfolge der Zeichnungen bestätigte, daß in dem dazwischen liegenden Zeitraum keine Reifung bzw. Heilung erfolgte, ja eher regressive Tendenzen des Kindes sich verstärkten. Auch die lediglich aufzählende Geschichte zur zweiten Zeichnung deutet eine emotionale Verarmung an.

Zusätzlich haben wir durch anamnestische Vergleiche festgestellt, daß Pflanzensymbole häufig dort vorkommen, wo eine Verstellungstendenz zu finden ist. (Wie bei den Maskendeutungen im Rorschachformdeuteversuch.)

d) Phantasiegestalten
(siehe S. 292, Tab. II d)

Phantasiegestalten sind Ausdruck der magischen Erlebniswelt, die mit der Märchenversion des Tests der VF angesprochen wird. Je größer die Klientel der Prob. ist, desto zahlreicher werden die Varianten der phantasievoll Verzauberten. In den Phantasiegestalten sind – nicht nur symbolisch – das Kind selber und seine Leitbilder, Eltern und andere zu erkennen.

Unsere Pb. haben 65 verschiedene Arten von Phantasiegestalten gezeichnet (n = 3712).

Die häufigsten von ihnen waren:

Tabelle 17. Häufigste Phantasiegestalten (n = 600)

Kasperl	13	Teufel	6
Hexe	11	Gammler	6
König	8	Engel	4
Zwerg	8	Clown	4
Steinfigur	7		

Die Phantasiegestalten lassen sich in 3 Gruppen einteilen:

(1) Zeitgemäße Phantasiegestalten
(2) Kasperlefiguren
(3) Märchengestalten

(1) *Zeitgemäße Phantasiegestalten* (n = 600)

179 Personen wurden in Phantasiegestalten verwandelt, welche dem heutigen Leben, der Kinderliteratur, wie Film und Fernsehen entnommen sind (114 Elternfiguren, 65 Kinder).

(2) *Kasperlefiguren* (n = 600)

18 Personen wurden in Phantasiegestalten verwandelt, welche von Puppenspielen inspiriert sind (12 Elternfiguren, 6 Kinder).

(3) *Märchengestalten* (n = 600)

85 Personen wurden als Märchengestalten dargestellt, die wir aus den Grimmschen Märchen kennen (66 Elternfiguren, 18 Kinder).

In den ersten zwei Gruppen ist das Verhältnis der dargestellten Figuren 2:1, d. h. zweimal soviel Eltern denn Kinder werden als zeitgemäße Phantasiegestalten bzw. Puppenfiguren dargestellt. Hingegen werden Eltern dreimal häufiger als Kinder in reine Märchengestalten verwandelt.

Wie bereits erwähnt, zeichnen vorwiegend jüngere Pb. die Familienmitglieder als Märchenfiguren, was mit ihrer intensiveren Verbundenheit mit der magischen Welt zusammenhängt. Das beeinflußt auch ihre Auseinandersetzung mit den Elterninstanzen.

Jung meint, daß »die Märchen die Archetypen konkretisieren« (109) und wir wissen, daß »die zwei Urbilder, welche fast in jedem Märchen erscheinen, . . . die des Vaters und der Mutter sind« (*v. Beit*, 17).

Wir vermuten daher, daß die zahlenmäßige Verschiebung des Verhältnisses der Darstellungen Eltern – Kinder zugunsten der Eltern bei der 3. Gruppe primär entsprechend dem Aufforderungscharakter der Märchensymbole geschieht. Dabei ist die altersspezifisch größere Empfindsamkeit für das Märchenhafte, aber auch für dieses Alter typische glorifizierende bzw. dämonisierende Einstellung der Kinder den Elterninstanzen gegenüber von Wichtigkeit. Vor allem aber leben die Pb. des Märchenalters mehr durch die Eltern. Ihr noch schwaches Ich ist von ihnen abhängiger. Die noch unsichere eigene Identität hängt innig mit derjenigen der Eltern zusammen, die Affekte der Eltern durchdringen die der Kinder. Das kindliche Gefühl richtet sich an den Eltern aus, es wird in die Eltern projiziert und an ihnen realisiert.

Die 85 Darstellungen der Familienmitglieder als Märchenfiguren verteilen sich folgendermaßen:

66 Eltern (36 Väter, 30 Mütter)

19 Kinder (10 männl. Pb., 9 weibl. Pb.)

Väter kommen als Zauberer, Könige, Zwerge, Geister, Teufel und Jäger vor.

Mütter werden als Hexen, Königinnen, Prinzessinnen, Feen, Nixen und Geister dargestellt.

Kinder werden als Zauberer, Gespenster, Zwerge, Prinzen, Prinzessinnen, Engel und Hexen gezeichnet.

Die Frage nach der Personifikation der »guten und bösen« Familienmitglieder drängt sich bei der Betrachtung dieser Verteilung auf.

Nach der *Jung*'schen Theorie haben alle Archetypen – und daher auch die des »großen Vaters«, der »großen Mutter« und des »göttlichen Kindes« – einen hellen, »guten« und einen dunklen, »bösen« Aspekt.

So kann etwa die Hexe den »ursprünglichen, matriarchalen Zustand des Unbewußten, eine mater natura«, bedeuten (109), aber auch den »negativen Aspekt der großen Mutter verkörpern« (17). »In der Hexe ist der Todesaspekt der Mutter Natur ausgedrückt, die mit ihrer furchtbaren Seite ihre eigenen Geburten wieder zerstört und in sich zurücknimmt« (*Dieckmann*, 65). Nach *E. Lorenz* entspricht die Hexe der Mutter im Lichte der verbotenen regressiven Sehnsucht. *Riklin* und *Grant Duff* führen aus, daß die Mutter in der Rolle der Hexe, Riesin, Stiefmutter usw. im Märchen als sexuelle Konkurrentin der heranwachsenden Tochter auftritt, zu der sie sich im Laufe der Entwicklung der Tochter in deren Empfinden entwickelt hat. Auch hier ist also ein Doppelaspekt der Mutterimago angesprochen. Die königlichen Hoheiten sind ein uraltes Symbol für die Eltern, wie aus Mythen, Sagen, Märchen, aber auch aus Träumen, und schließlich nicht zuletzt aus dem projektiven Kasperltheaterspiel unserer jungen Patienten bekannt ist. Die königlichen Hoheiten symbolisieren für das Kind die Einzigartigkeit der Eltern, aber auch ihre Omnipotenz und die Distanz zwischen Kind und Eltern.

Fall 108

Der 14jährige Christian leidet seit sieben Jahren an einem Asthma bronchiale. Er stammt aus einer emporstrebenden Arbeiterfamilie. Die Eltern kamen mit den Kriegswirren aus Südosteuropa ins Land und konnten die alte Heimat nie vergessen. Der Vater ist in patriarchaler Erziehung streng zu seinen Kindern. Die Mutter hatte vor und nach der Schwangerschaft mit Christian je ein Kind verloren und hängt verwöhnend am Jungen, der lange Einzelkind blieb. Als eine Schwester später zur Welt kam, begann sein Asthma. Christian ist auf seine beiden kleinen Schwestern sehr eifersüchtig. Einfach strukturiert, fühlt er sich bei durchschnittlicher intellektueller Begabung (IQ im HAWIK von 107) in der Mittelschule chronisch überfordert, zumal er wegen seiner Krankheit häufig fehlen muß.

In Großdarstellung, einreihig, über das ganze Blatt verteilt, zeichnet Christian zuerst den König auf einem hohen Stuhl, sodann in der Mitte die auf ihn mit einem Buch zugehende Mutter, und zuletzt den Sohn der Königsfamilie, der seinem Vater Wein bringt.

Abb. 108

Aus der Geschichte erfahren wir, daß dem König gemeldet wurde, Spanien werde ihm den Krieg erklären – im Buch der Königin ist die Lage Spaniens verzeichnet und der Wein soll ihn beruhigen.

In patriarchaler Abfolge wird zuerst der König dargestellt: Er sitzt erhöht in seinem Stuhl. An zweiter Stelle folgt die Mutter, als Königin dem Vater zugewandt, steht sie zwischen Vater und Sohn. Dieser steht an letzter Stelle, hinter der Mutter. Beide bedienen mit Buch und Getränk den Vater und stärken seine Macht.

(Siehe auch Fall 93, S. 201.)

Der Jäger, resp. der alte Zauberer und die Hexe entsprechen den negativen Elternimagines in der magischen Welt des Unbewußten (*Jung*, 109). Nach *Grant Duff* wurde aus dem gefährlichen Jäger im »Schneewittchen«, der wunscherfüllenden Tendenz des Märchens entsprechend, ein freundlich-schonender geworden. In diesem Sinne hat auch der Teufel einen »guten und bösen« Doppelaspekt. *Von Beit* betrachtet ihn im Einklang mit der Religionsgeschichte als den dämonisierten »guten« Gott einer früheren Religion.

Eine ähnliche Doppelpoligkeit ist auch allen anderen magischen Gestalten inne. Die Zwerge, Feen, Nixen, Geister können gut und böse sein, diese Haltungen aber auch im Verlaufe des Geschehens eines einzelnen Märchens wechseln.

Erscheint eine dieser Figuren in der VF, so können wir nie auf den ersten Blick ihre Wertigkeit für den Pb. bestimmen.

Nicht alle Hexen sind mit bösen Müttern, nicht alle Könige mit herrschsüchtigen Vätern identisch.

So kann der Teufel, der auf den Vater verschoben wird, durchaus eine Projektion des verdrängten Trieblebens des Pb sein. »Die Hexen und Ungeheuer sind dann die eigenen personifizierten Ängste und Ungeschicklichkeiten, die hilfreichen Tiere und die Feen, die noch nicht bekannten Fähigkeiten und Möglichkeiten« (*Dieckmann*, 65).

Gespenster können so eine Projektion der inneren Ängste des Kindes selber sein. So versucht das Asthmakind die als unheimlich empfundene Bedrohung der Luftnot im Asthmaanfall auf diese Weise darzustellen und zu bannen. Eine Mehrzahl von Phantasiegestalten weist zugleich auf deren Rolle als Angsthelfer des Kindes hin (siehe S. 192 u. 198).

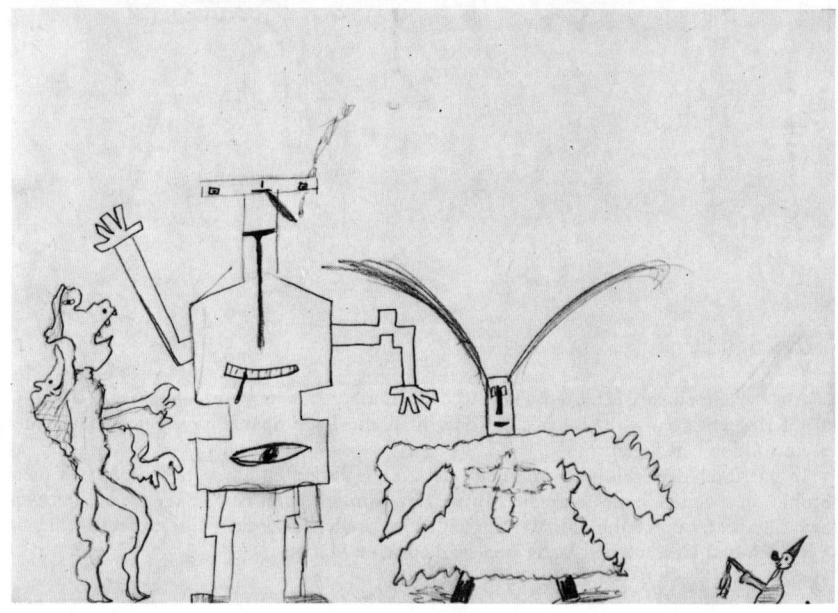

Abb. 109

Fall 109

Wegen eines schweren therapieresistenten Asthma bronchiale wurde der zwölfjährige Albert an die Beratungsstelle überwiesen.

Die Erkrankung war vor drei Jahren, im Anschluß an eine Bronchitis aufgetreten, im zeitlichen Zusammenhang mit einem Leiden – Hüftgelenksluxation – des Bruders, das wiederholte operative Eingriffe notwendig machte. Der jüngere Bruder stand dadurch im Mittelpunkt elterlicher Verwöhnung. Albert ist außerdem Bettnässer. Er leidet seit einer kosmetisch mißlungenen Phimoseoperation, besonders seit seiner Einschulung, unter Minderwertigkeitsgefühlen.

Die Asthmaerkrankung hat in den letzten Jahren zugenommen. Krankenhauseinweisungen wurden erforderlich und die Mutter trägt dem Jungen die Schulmappe zur Schule. Albert leidet unter Hemmungen und Ängsten. Mit einer ambulanten Gruppentherapie mit autogenem Training konnte relativ schnell eine wesentliche Besserung erzielt werden.

Zu Beginn der Behandlung zeichnete Albert in der VF an erster Stelle links auf dem Blatt eine Mutter als Ekelgeist, und als Gleiches ihr Baby auf dem Rücken. Es folgt an dritter Stelle, übergroß und zentral, der Vater als Roboter. Neben ihm steht an vierter Stelle der Sohn als Hirngespinst. Zuletzt zeichnet er auffallend klein in die rechte untere Ecke den Zauberer.

Mit diesen übergroßen Schreckgestalten demonstriert der Junge das Geschehen der Asthmakrankheit, dem er sich im Anfall ausgeliefert fühlt.

Es dominiert in zentraler Position und Größe der Vater als Roboter, sein zentrales Ein-Auge weist auf seine Über-Ich-Funktion hin. Neben ihm, aber an erster Stelle gezeichnet, ist die Mutter als Ekelgeist, das Baby auf dem Rücken ist ihr symbiotisch verbunden. Es ist der kranke Bruder, der lange Zeit nicht laufen konnte. In der Formulierung »Ekelgeist« kommt die symbiotische Ambivalenz des Buben in der Pubertät zum Ausdruck. In seinem Leiblichen, dem Krankheitsgeschehen identifiziert er sich noch ganz mit der Mutter, während der Kopf schon ganz der Vater, der Roboter ist.

Zwar ist der zuletzt gezeichnete Zauberer gegenüber diesen Schreckgestalten winzig klein, seine Allmacht aber groß, wie das aus nichtigen Anlässen entstehende und überhandnehmende Asthma des Jungen, dem er sich dann wehrlos ausgeliefert fühlt.

Das Bild erinnert in seinen Proportionen an den »Geist in der Flasche« (*Hauff*).

Je älter das Kind wird, desto mehr erscheinen – angeregt durch die Massenmedien – zeitgemäße Gestalten von Helden und Abenteurern in ihren Zeichnungen, sie erhalten in Zukunftsvisionen, in einer Welt allgemeiner existentieller Bedrohung, in Robotern und Astronauten den Aspekt des Irrationalen-Unheimlichen. In ihnen spiegelt sich die Welt der Comics wider, für die besonders infantil-retardierte, intellektuell rückständige Kinder und Jugendliche anfällig sind (69).

Dieser Vorgang entspricht einer Angstbewältigung vermittelst Schundphantasien, auf die *Zulliger* hingewiesen hat (244).

Abb. 110

Fall 110

Der achtjährige Arno, der mit einer etwas jüngeren Schwester aufwächst, stammt aus einer Familie, in der die körperliche Züchtigung Gewohnheitsrecht ist. Schon der Vater, von Beruf Polizeibeamter, ist so groß geworden und hat diese Tradition, von ihrem Wert überzeugt, an seinen Jungen weitergegeben. Trotz und Eigensinn des Kindes boten ihm genug Anlaß. Wie sehr das Berufsbild des Vaters das Familienleben und die Gedanken des Jungen prägte, kam im Satzergänzungstest zum Ausdruck: Vater ist ... Polizist. In der Schule war er inzwischen zu einem ängstlichen Kind geworden, das wohl in die Schule ging, dort aber nicht mitmachte.

In der VF steht links der Vater als Baum, mit dunklem Stamm, neben ihm übergroß der Sohn als Vampir, dahinter etwas kleiner und geschwärzt die Mutter als Blumenvase und zuletzt die Tochter als Huhn.

Der Sohn fällt sowohl in der Größe wie der Deutung – Vampir – aus dem Rahmen. Unter dem Über-Ich-Druck des strafenden Vaters hat Arno nicht gewagt, diesem offen die Aggressionsrolle zuzuteilen, sondern ist in einer Identifizierung mit dem Angreifer selber zum Aggressor, dem blutsaugenden Vampir geworden. Dabei ist das Aggressionssymbol – das Gesicht mit dem aufgerissenen, zähnebewehrten Mund – gleich verdoppelt.

So erlebt das Kind die Aggressionsausbrüche in der Familie.

Die Phantasiegestalten können in der Form der Darstellung und ihrer Interpretation durch den Pb. einen direkten Bezug zur Symptomatik des gestörten Kindes erhalten.

Abb. 111

Fall 111

Der 13 jährige Ingo ist der Jüngste von drei Brüdern und in einem streng geführten Elternhaus aufgewachsen. Er entwickelte schon im Säuglingsalter eine Jactatio capitis, die sich unter Zwangsmaßnahmen wie Anbinden fixierte und bis heute besteht. Sie ist während der hellen Vollmondnächte besonders heftig. Die Jactatio hörte aber jeweils auf, wenn die Mutter das Kind zu sich ins Bett nahm. Nach den unruhigen Vollmondnächten ist Ingo besonders gereizt. Medikamentöse Maßnahmen blieben ohne Erfolg.

Ingo zeichnet die eigene Familie als eine Reihe von fünf Mondmenschen. Sie haben alle

234

vier Beine und Metallringe über den Augen, an deren Breite man ihr Alter ablesen kann. Patriarchal steht der Vater an der Spitze, er selber an vorletzter Stelle.

Die Phantasiegestalten der Mondmenschen weisen auf sein Symptom, nämlich die Jactatio, die ihn zu Zeiten des Vollmondes besonders beunruhigt. Er erlebt sie im Schlaf, d. h. nicht sehend, was er durch die verdeckten Augen andeutet.

Die Familie wird als Einheit erlebt, er überträgt sein Symptom auf die ganze Familie, in Gestalt der Mondmenschen. Aggression als Form der Angstbewältigung kommt in der druckstarken Schwärzung von Armen, Beinen und den Metallringen über den Augen zum Ausdruck.

1. Verunstaltungen

16 verzauberte Personen wiesen Verunstaltungen, teilweise grotesken Ausmaßes auf. Wenn die geringe Zahl auch keine statistische Auswertung ermöglicht, so fanden sich Verunstaltungen doch auf jeder Altersstufe, allen Diagnosengruppen und Intelligenzgraden, beiderlei Geschlechts. Sie sind den Phantasiegestalten zuzurechnen.

Derartige Verunstaltungen und Mißbildungen betreffen im weitesten Sinne eine Kastrationsproblematik. In ihnen kommen Befürchtungen, Rachegefühle und Allmachtsphantasien des Kindes zum Ausdruck. Sie wurden schon bei den Mißhandlungen und Operationstraumen von Kindern erwähnt (s. Fall 51 u. 58).

Abb. 112

Fall 112

Der 13 jährige Heiko kam als Frühgeburt asphyktisch zur Welt, seine Aufzucht bereitete der Mutter Schwierigkeiten. Auf die Geburt der zwei Jahre jüngeren Schwester reagierte er mit Eifersucht (Einkoten u. a.). Es bestanden von Anfang an Schulängste. Er leidet außerdem – in Symptomtradition mit der Mutter – an Migräne und Schwindelanfällen. In der ersten Oberschulklasse erlebte er die Scheidung seiner Eltern. Sie löste eine Identitätskrise des accelerierten Jugendlichen mit neurotischem Schulversagen aus.

Heiko zeichnet an erster Stelle den »Vater mit großen Ohren«, an zweiter Stelle die Tochter als ein »Tier zwischen Vogel und Schwein«, sodann die Mutter als einen »Riesenvogel mit sieben Zehen« und zuletzt den Sohn »mit großen Ohren und dummem Gesicht«.

Heiko hat sich als letzter gezeichnet. Von der Familie isoliert und am weitesten vom Vater entfernt, den er entbehrt. In der Form der Mißbildungen, die den schulversagenden Jungen am Kopf treffen, hat er sich mit dem Vater identifiziert. Mutter und Tochter haben sich von ihm ab und dem Vater zugewandt.

In den Mißbildungen kommen die Kastrationsängste des im Leben zu kurz gekommenen Jungen zum Ausdruck.
(Fall 57, 65.)

Nur in genauer Kenntnis der biographischen Anamnese ist die tatsächliche Bedeutung der Phantasie-Symbole für den Pb. zu erfassen. Es gibt kein absolutes Gut und Böse im Märchen, auch nicht in unseren projektiven Märchenerzählungen zum Test, wo diese Qualitäten jeweils von jedem einzelnen Pb. und dessen individuellen Schicksal abhängen.

e) Gegenstände
(siehe S. 292, Tab. II e)

Die Erweiterung des Tests der VF über die »Familie in Tieren« hinaus ergibt eine Fülle neuer Möglichkeiten, sowohl der Darstellung wie der Interpretation.

Die Gegenstände umfassen in unserer Klientel (n = 600) 166 verschiedene Zeichenobjekte.*

Tabelle 18. Die häufigsten Gegenstände (n = 600)

Auto	24	Geschirr	6
Haus	20	Vase	5
Stuhl	19	Ball	5
Stein, Fels	15	Ei	5
Bild	13	Bett	5
Tisch	12	Besen	5
Schrank	8	Lampe	4
Teddybär	6	Rakete	4
Buch	6		

Wiederum aus der Märchenwelt ist uns geläufig, wie oft Menschen in Gegenstände verzaubert werden. Das wird bisweilen noch in anthropomorphisierten Darstellungen angedeutet (siehe S. 244).

---

* Es wurde bewußt die Formulierung »Gegenstände« gewählt, um sie von dem Oberbegriff des Zeichenobjektes abzuheben. Um allzu viele Untergruppierungen zu vermeiden und damit die statistische Auswertung zu erleichtern, wurden der Gruppe der Gegenstände auch Natur- und Landschaftsinhalte, wie Sonne, Mond und Sterne, aber auch Steine usw. zugeordnet. Dieses geschieht mit einer gewissen Berechtigung, weil sie – zumindest in der magischen Welt des Kindes – noch gegenständlich als Objekte erlebt werden: Das Kleinkind sucht den leuchtenden Vollmond mit seinen Händen zu greifen!

Der Symbolgehalt vieler Gegenstände ist bekannt und kann entsprechend in der VF ausgewertet werden. Das gilt z. B. für die Mutter des Bettnässers, die in ihrem Sauberkeitszwang als Besen mit zwei Eimern dargestellt ist (s. Fall 2, S. 26).

Wenn lediglich leblose Gegenstände abgebildet werden, kann dieses auf eine Kontaktstörung des Kindes hinweisen. Das gilt für die Möbel eines schulphobischen Kindes.

Abb. 113

Fall 113

Der zwölfjährige Bub wurde wegen einer Schulphobie vorgestellt. Er hatte schon seit Monaten nicht mehr die Schule besucht. Gleichzeitig bestanden Depressionen und Kontaktstörungen. Er wurde von der Mutter als schon immer sehr ernst geschildert. Diese Pubertätskrise hatte sich im Zusammenhang mit einem Leiden des Vaters entwickelt, der im Ausland einen mysteriösen Unfall erfuhr und plötzlich für Tage verschwunden war. Die Angst um den Vater hatten Mutter und Sohn miterlebt. Der Bub fühlte sich plötzlich im fremden Land allein gelassen. Mit dem schwerverletzten, hirnoperierten Vater zurückgekehrt, kam es in der Folgezeit zu einem neurotisierten Familienleben. Die Mutter wurde aus wirtschaftlicher Notwendigkeit im Rollentausch berufstätig und zum Ernährer der Familie. Der Bub war dadurch vermehrt dem invaliden Vater und dessen Aggressionen im Hause ausgesetzt. Dessen eigene Berufsentwicklung bei großer Begabung war durch den Unfall und seine Folgen jäh abgebrochen worden, er war im wahrsten Sinne des Wortes ein »gebrochener Mann«. Der Bub aber, Einzelkind, band sich noch mehr symbiotisch an die Mutter. Seine hohe intellektuelle Begabung – mit einem IQ von 122 im HAWIK – konnte die Schulphobie, Ausdruck der Angstneurose in der Mutter-Kind-Symbiose nicht aufhalten.

Bei der körperlichen Untersuchung zeigte der dickliche Bub eine schlaffe Haltung.

Fred zeichnete auf den unteren Rand des Blattes nur Möbel, in relativ großer Darstellung (ein Symptom, welches auch *Clyne* bei schulkranken Kindern beobachtete). In patriarchaler Anordnung steht an erster Stelle der Vater als Schrank. Es folgt die Mutter als Kommode und der Bub als Tisch.

Der Vater – auch im Körperlichen »ein Schrank« – dominiert immer noch, trotz seiner Invalidität, bei seinen unbeherrschten, cerebral ausgelösten Gewaltausbrüchen. Die Kommode steht mit dem Tisch auf gleicher Höhe, beides sind weibliche Symbole, nur durch Fächer – Lebensringe – voneinander differenziert.

Das Zimmer ist der Austragsort der häuslichen Konflikte, seine Leere weist auf die innere Leere des gestörten Familienlebens hin, das Fehlen jeglicher Lebewesen auf die Kontaktgestörtheit des Jungen.

(Fall 8, 45.)

1. Das Haus (n = 600)
(siehe S. 302, Tab. VIII)

Das Haus wurde im Prozeß der Verzauberung zwölfmal dem Vater und siebenmal der Mutter, nur einmal dem Kind zugeordnet.

Mit der Art der Ausführung, seiner Kargheit oder Ausschmückung kann es auf- und abgewertet werden. Jedesmal, wenn vom Kind ein Haus gezeichnet wurde, stand es symbolisch für seinen Geborgenheitswunsch, zumeist in einer gestörten Familie. Auch der mit einem Wohnortwechsel verbundene Verlust des alten Hauses wird von Kindern als echter Heimatverlust erlebt und oft nur schwer verwunden.

Die broken home-Situation einer gestörten Familie kam eindrucksvoll zur Darstellung, als ein Junge aus geschiedener Ehe zunächst die noch nicht verzauberte, intakte Familie neben einem Haus darstellte, um in einer zweiten Zeichnung nur noch ein wüstes, menschenentleertes Felsgewirr zu bringen, welches für ihn die gestörte Familie verkörperte (siehe Fall 125, S. 267).

Ein sechsjähriger Junge, der bei zerfallender Familie eine Angstneurose entwickelt hatte, wies auf seinen Geborgenheitswunsch hin, indem er die ganze verzauberte Familie von einem Haus umrahmte.

Beispiel

Ein zehnjähriger Bub erlebte, daß seine Mutter plötzlich die Familie verläßt, außer Landes geht, dort wieder heiratet und die ältere Schwester nach sich zieht. Er selber bleibt beim Vater zurück, der als Geschäftsmann viel außer Hause ist und sich somit kaum um den einzigen Jungen kümmern kann.

In der VF zeichnet er zunächst in der Mittellinie, von links nach rechts sich selber als Haus, in einfacher Umrißform, es folgt in der Mitte der Vater als Koffer und zuletzt die Mutter als eine offenstehende Tür. Mit dem Haus kündet er seinen Wunsch nach Geborgenheit, bei augenblicklich erfahrener häuslicher Leere an. Die zentrale Position des Vaters weist auf seine Bedeutung für den Jungen hin, die Vermittlerrolle zur Mutter, die er ihm zuweist, während der Koffer seine rastlose Berufstätigkeit demonstriert. Die Mutter ist aber fern von ihm, unerreichbar, die offen stehende Tür symbolisiert ihren Ausbruch aus Ehe und Familie.

»Auf dem Wege zur vaterlosen Gesellschaft« *(Mitscherlich)*, in der zahlreiche Kinder nur noch einen »unsichtbaren Vater« erleben, weist die bevorzugte Wahl des Hauses als Verzauberungsobjekt des Vaters auf die im Empfinden des Kindes immer noch bedeutende, sichernde Rolle des Vaters in der Familie hin. Das Haus, ursprünglich der mütterlichen Symbolwelt zugeordnet, wird als Vaterhaus im Wunschdenken des Kindes unserer Zeit zum erstrebten Symbol väterlichen Schutzes und Geborgenheit (Fall 10, 16, 30, 48, 49, 53, 78, 82, 83).

2. Das Bild (n = 600)

In zwölf Fällen wurden Familienmitglieder als ein an der Wand hängendes Bild gezeichnet. Die Pb., welche dieses Symbol für eines bis mehrere Familienmitglieder gewählt haben, gehören beiderlei Geschlechtern, verschiedenen Altersstufen und Diagnosengruppen an, und sind unterschiedlich intellektuell begabt. Beim Vergleich ihrer psychischen Struktur erkennt man einen gemeinsamen Persönlichkeitszug: Sie sind alle narzißtisch und egozentrisch. Ein gleiches kann man bei jenen Familienmitgliedern beobachten, die selber im Bild dargestellt wurden. In der Regel sind es die Konfliktfiguren des Pb.

Der Vergleich mit den Spiegeldeutungen im Rorschachformdeutverfahren drängt sich unwillkürlich auf. *Morgenthaler* beschreibt die Versuchspersonen, welche Spiegeldeutungen geben, als »Leute, die nicht gerade heraus reagieren, sondern immer unwillkürlich denken müßten, was ihre Antwort oder ihr Verhalten auf andere für einen Eindruck machen, d. h. wie sie sich in ihnen widerspiegeln« (zit. nach *Bohm, 39*).

Es scheint, daß in der Symbolwahl des Bildes die Widerspiegelung des eigenen Narzißmus des Pb. in dem des dargestellten Angehörigen ausgedrückt wird.

Abb. 114

Fall 114

Das 16 jährige Mädchen wird in der Klinik vorgestellt. Britta hat einen kürzeren Fuß und hinkt. Sie fand im Sport, Tanz und Studium geeignete Kompensationen. Britta wird ob ihrer Tapferkeit, mit der sie ihr Los trägt, aber auch ob ihrer Schönheit viel bewundert und verwöhnt. Sie hat sich zu einem narzißtischen, recht egozentrischen Mädchen entwickelt. Die Pubertät hat bei ihr die ödipalen Konflikte besonders schmerzlich wiederbelebt. Seit dieser Zeit befindet sie sich in einem erbitterten Kampf mit ihrem Vater, einem egozentrischen Manager.

In der VF zeichnet Britta an erster Stelle den Vater als ein Bild, weil er auf diese Weise »ruhig zuschauen muß und die Familienmitglieder nicht stören kann«. Sich selbst stellt sie als einen Jüngling dar, der in einen bunten Schmetterling verwandelt wurde, »um sich die Welt ansehen zu können«.

Eine narzißtische Doppelprojektion findet hier statt. Wunscherfüllend und rationalisierend erteilt die Pb. dem Vater die passiv-narzißtische Rolle eines lebendigen Bildes. Für sich selbst wählt sie die aktiv-narzißtische Rolle des fliegenden Schmetterlings, Symbol der Reifungskrise.

(Fall 2, 27, 106.)

3. *Die Steine* (n = 600)
(siehe Anhang Tabelle IX)

Felsen, Steine und Versteinerungen kamen 5mal vor. Sie sind gleichfalls Symbol einer Kontaktstörung des Kindes in einer entseelten, »versteinerten« Familienatmosphäre. Hierfür steht sinnbildlich der Begriff des broken home.

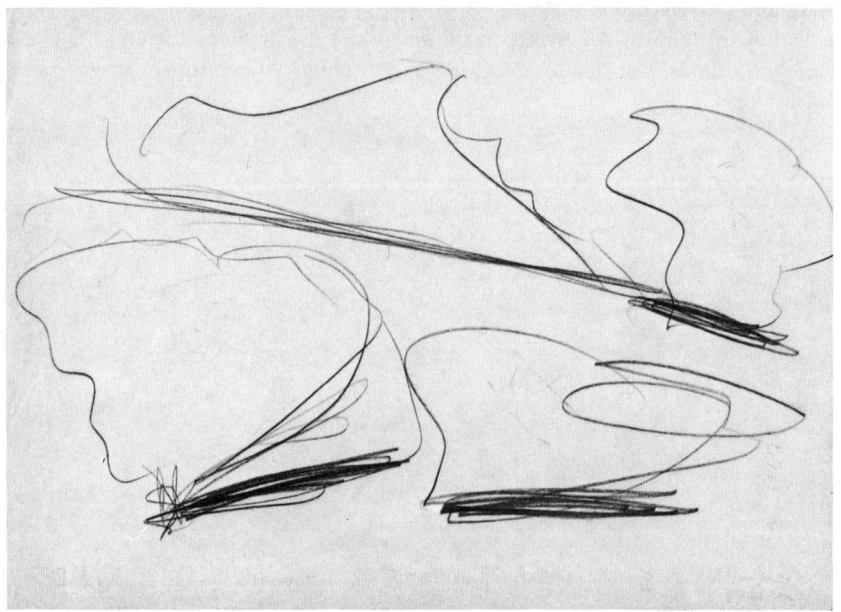

Abb. 115

Fall 115

Die 15 jährige Mirjam stammt aus einem wohlhabenden Elternhaus. Sie ist das einzige Kind eines älteren Industriemanagers und einer strengen, kontaktgestörten Mutter. Die Ehe der Eltern besteht nur noch formal, der Vater zog aus, die Mutter lebt allein. Mirjam schickte sie in ein Internat. Sie fürchtet sich noch immer vor ihrer Mutter, sie weiß auch, daß sie vom Vater nur Geld und keine echte Stütze erwarten kann. Das sensible Mädchen verträgt die Situation des broken home nicht. Während der Ferien gerät sie in »schlechte Gesellschaft« und läßt sich mit Burschen ein.

In der VF zeichnet das Mädchen mit flüchtigen, raschen, druckstarken Strichen vier

240

Steine in zwei horizontalen Ebenen angeordnet. Oben befindet sich der Vater und die »jüngere Tochter«, unten die Mutter und der »ältere Sohn«.

Der Vater wird an erster Stelle gezeichnet. Mutter und Tochter, wie Vater und Sohn liegen in diagonaler Spannung zueinander. Hier liegt der puberale Konflikt des Mädchens, in Wiederauflage der ödipalen Problematik. Das Mädchen versucht ihn durch die Flucht in die Promiskuität zu lösen. Das völlig entleerte Familienmilieu des broken home symbolisieren die Steinbrocken.

(Steine und Berge, Fall 15, 74, 106, 125.)

4. Das Essen (n = 600)

Die Symbolik des Essens und des Gegessenwerdens wurde vielfach in der tiefenpsychologischen Märchen- und Mythenliteratur diskutiert. Wir erwähnten sie oben beim verzehrenden Zauberer (Fall 87 S. 183).

Übereinstimmend mit der Rorschach-Diagnostik fanden wir orale Fixierungen der Pb. überall dort, wo Essens-Inhalte vorgekommen sind. Auch unsere statistischen Befunde, welche eine Häufung von Essensinhalten bei den Diagnosegruppen I, II und III festgestellt haben, stimmen zur Gänze mit der Rorschach-Diagnostik überein (siehe *Bohm*).

Es ist bekannt, daß »viel essen« auch mit Schwangerschaftphantasien der Kinder in Verbindung gebracht wird. Wir finden dieses oft unverhüllt bei Vorschulkindern. Diese Phantasien können sich, verdrängt und unverarbeitet, allerdings auch später, besonders bei Pubertierenden zeigen.

Abb. 116

Fall 116

Die 14jährige Marianne leidet an unklaren Anfällen von Bewußtlosigkeit. Sie ist beunruhigt, daß die Menarche noch nicht eingetreten und sie sehr mager ist. Vor zwei Jahren starb ihr Vater, dessen Liebling sie war, an Diabetes. Mit der Mutter vertrug sich das Mädchen nie sehr gut.

Marianne zeichnet an erster Stelle den auffällig dicken, essenden Vater, der weibliche Attribute aufweist: langes Haar, Brust und einen dicken Bauch, ähnlich einer schwangeren Frau. Er sitzt am Tisch, wo es Essen gibt. Neben dem Tisch befindet sich an einem Sessel die Mutter, die an zweiter Stelle als Katze dargestellt ist. Unter dem Tisch sitzt der an dritter Stelle als Maus gezeichnete neunjährige Peter.

In der VF bestraft der Zauberer den Vater für seine Freßgier, indem er nun ständig essen muß und einen dicken Bauch bekommt. Marianne steht ihrer weiblichen Rolle ambivalent gegenüber. Sie wollte früher ein Bub sein. In der VF erfüllt sie sich symbolisch diesen Wunsch. Gleichzeitig bestraft sie sich in zweifacher oraler Phantasie dafür. Vermutlich hat die Pubertät alte verdrängte Schwangerschaftsphantasien belebt, die unbewußt mit dem Tod des Vaters »durch Essen« (nämlich seinen Diabetes) gekoppelt wurden.

Marianne bestraft sich in der VF für ihre weiblichen Wünsche und Ängste, indem sie sich mit dem Vater identifiziert und auf ihn die Schuld für die Ablehnung der weiblichen Rolle projiziert.

Als Maus gerät sie zur Mutter in die ambivalente Katze-Maus-Position, die wird »von den Katzen des Zauberers« später verzehrt.

(Fall 45, 87, 91, 127.)

VIII. Die Dynamik der Verzauberung

Die verbale Interpretation, zu der das Kind mit der Märchenerzählung angeregt wird, erhöht die Dynamik des Prozesses, die allein schon mit dem Zauber-
thema, vorrangig allen bisher bekannten Familienzeichnungen gegeben ist. So
werden wir unmittelbar Teilhaber eines dramatischen Geschehens auf der
Familienbühne.

a) Der Prozeß der Verzauberung

Dieser kann, wie beim Drama auf der Bühne, in verschiedenen Akten ablau-
fen und vom Kinde in zwei Zeichnungen, dem Vorher und Nachher der Verzauberung gebracht werden. Noch dramatischer erleben wir den Vorgang der
Verzauberung, wenn wir unmittelbar Zeuge derselben sind. So finden gerade
Teilverzauberungen statt oder einige Personen sind schon verzaubert oder gar
weggezaubert, während andere noch ihre Menschengestalt behalten haben.

Abb. 117

Fall 117

Der zehnjährige Werner wirkt in seinem etwas autistischen Verhalten rücksichtslos
und egozentrisch, er ist der »Zappelphilipp« der Familie. Sein Vater ist einfacher Handwerker und sucht sich nebenberuflich fortzubilden. Bei seinem kargen Verdienst ist die
Mutter gezwungen, neben der Hausarbeit dazuzuverdienen. Werners jüngere Schwester
ist in ihrer natürlichen Vitalität als einzige nicht von der allgemeinen familiären Unruhe
erfaßt.

Werner hängt noch sehr an der Mutter, die ihm gegenüber sehr ambivalent ist, da sie in ihm, wie sie es ausdrückt, eine »Wiederauflage des Vaters« sieht. Sie fürchtet, daß Werner trotz guter Intelligenz es nicht weit bringen wird.

Der Junge zeichnet die Familie als unsichtbar. In der Mitte des Blattes steht rechts der Zauberer, er ist der Familie zugewandt. Die zuerst gezeichnete Mutter steht ihm am nächsten, sie hebt wie beschwörend die Arme. Neben ihr steht der Vater, der dem Jungen die Hand reicht. Dieser ist zum Vater gewandt. Alle drei sind nur gestrichelt und ohne Gesicht dargestellt, was ihre Unsichtbarkeit andeuten soll.

Werner erzählt, Vater und Sohn hätten sich diese Unsichtbarkeit gewünscht, um »Lausbubenstreiche machen zu können«, die Mutter willigte nur schweren Herzens ein. Es wäre ganz schön, unsichtbar zu sein und Streiche zu treiben, aber man ist dann auch vielen Gefahren ausgesetzt, und so rät Werner zum Schluß der Geschichte dem Leser von dieser Verzauberung ab.

In der VF ermöglicht die Verzauberung dem Vater und dem Sohn, ihre innere Unruhe auszuleben. Die Mutter – Repräsentant der Verantwortlichkeit – macht mit, sie ist ja auch innerlich unruhig. Sie ist aber dabei nicht ganz froh und verdirbt den beiden eigentlich ihren Spaß, so wie das Gewissen das Ausleben verbotener Wünsche verdirbt. So rät Werner schließlich vom gefährlichen Unsichtbarsein – dem Sich-Gehen-Lassen – ab.

Insgesamt 55mal (n = 600) wurde der Prozeß der Verzauberung in irgendeiner Form dynamisch festgehalten.

(Fall 37, 45, 80, 89.)

Wenn Personen vom Prozeß der Verzauberung besonders erfaßt sind, dann hat dieses für den Pb., insbesondere seine Stellung zu diesem Angehörigen, im Rahmen der Familienneurose, eine spezielle Bedeutung.

Nur in einigen Fällen brachten die Kinder getrennte Bilder vom Vorher und Nachher einer Verzauberung, z. T. auf einem Zeichenblatt (siehe Fall 125 S. 267 und Fall 58, S. 116).

b) Anthropomorphisierungen

So wie das Kind phantasievoll menschliche Eigenschaften jedem Tier zuordnet und dieses dadurch in seinem Verhalten für es einfühlender reagieren läßt, erspürt es auch an Pflanzen, Gegenständen und anderem im Prozeß der Anthropomorphisierung noch menschliche Züge der betr. Zeichenobjekte. Auch in Steinen lassen sich bisweilen noch Konturen des Menschlichen erkennen (siehe Fall 15 S. 54).

Insgesamt 50 Fälle von Anthropomorphisierungen liegen vor (n = 600), davon betreffen 30 Tiere.

Fall 118

Der achtjährige Dieter wurde wegen eines Sprachentwicklungsrückstandes vorgestellt. Er spricht vorwiegend in Gegenwart des Vaters schlecht, der ihn ständig kritisiert. Dieters Eltern leben seit zwei Jahren getrennt, der Vater mit einer Freundin zusammen und Dieter bei der Mutter. Er besucht den Vater an den Wochenenden. Bis zur Trennung der Eltern hat Dieter viel Auseinandersetzungen und Streit miterlebt, auf die Trennung selber hatte er bei starker Vaterbindung emotional reagiert.

In der VF zeichnet Dieter zuerst das Kind als einen Oldtimer mit Gesicht. Dann die Mutter, die das alte Auto schiebt, sie hat große Fußzehen, sie selber wird vom Vater geschoben, der an den Füßen Krallen hat.

Abb. 118

In der Geschichte haben die Eltern das Kind angeschoben, dann war der Zauberer da und das Kind ist ein Oldtimer geworden. Darum hat dieser ein Gesicht ... Die Eltern sind so geblieben und haben den Oldtimer immer schieben müssen.

Der Test zeigt die Wunschprojektion eines zwischen den feindlichen Eltern stehenden Kindes. Sie sollen gemeinsam daran arbeiten, das stehengebliebene schwerfällige Auto – die motorische Sprachstörung! – vorwärts zu bringen. Die Bestrafung für das Verhalten der Eltern, das vom Kind nicht verstanden werden kann, drückt sich in den Verunstaltungen und deren Gefährlichkeit aus. Die extreme Druckstärke und Schwärzung der Zeichnung weist auf den hochgradigen Aggressionsstau des gehemmten Kindes hin. (Fall 2, 11.)

c) S p r e c h b l a s e n

18 Kinder zeichneten Sprechblasen.

Die dem Kind aus der Welt der Comics bekannten Sprechblasen sind ihm als affekt-dramatische Akzente geläufig. Sie finden bisweilen auch in der VF eine entsprechende Verwendung. Sprechblasen geben von Fall zu Fall tiefere Gefühlsäußerungen des Kindes kund, welche den Vorgang der Verzauberung besser erklären (siehe Fall 42, 52, 68, 89).

d) G l e i c h h e i t d e r Z e i c h e n o b j e k t e

124 Pb. stellten Verzauberungen in gleiche Objekte – Tiere, Gegenstände, Bäume u. a. – dar. So wurden lauter Mäuse, Schweine, Betten gezeichnet. Diese Tendenz findet sich häufiger bei jüngeren Pb., und zwar statistisch signifikant

bei einem harmonischen Familienklima (29 Fälle: 23 %) so wie bei geliebt-verwöhnten Kindern (16 Fälle: 13 %). Hier ist das Bestreben überzeugend, mit der Gleichheit der Zeichenobjekte die Familieneinheit zu demonstrieren, wie sie tatsächlich erlebt wird.

Wenn relativ häufig im Streitmilieu derartige Zusammenhänge zu finden sind, mag hier das Wunschdenken des Kindes in gestörter Familie mitsprechen.

Auch bei Gleichheit der Objekte können noch Differenzierungen durch verschiedene Größe, Reihenfolge, Zutaten bzw. Ausschmückungen vorgenommen werden, welche die Stellung des Pb. zu seiner Umwelt besser verstehen lassen.

Abb. 119

Fall 119

Wegen Asthma bronchiale wurde der elfjährige Manfred vom Hausarzt überwiesen. Da er sehr ehrgeizig ist, geht er auch nach schweren nächtlichen Asthma-Anfällen am nächsten Morgen wieder zur Schule. In der spezifischen Geschwisterproblematik des mittleren von drei Brüdern hat er es früh gelernt, sich durchzusetzen, zumal er auch von der Mutter bewußt nicht verwöhnt wird. Das Asthma des Jungen ist kein Gesprächsstoff in der Familie. Es besteht ein harmonisches Familienverhältnis.

Manfred zeichnet eine Schweinefamilie: Zuerst in der oberen Reihe Vater und Mutter, sodann zwei jüngere Kinder. Jedes der Tiere steht auf einem Lager von Stroh. Gute Zeichenfähigkeit des Jungen.

Beide oberen Tiere sind Muttertiere, das ist auch in der Tierwahl angedeutet. Damit wird, auch bei patriarchaler Abfolge, die Bedeutung der Mutter für den Jungen betont. Indem nur zwei jüngere Tiere – drei Wochen und zwei Monate alt – gezeichnet werden, weist er auf sein Regressionsstreben hin. Der ältere Bruder ist eifersüchtig verdrängt. Das Strohlager besteht jeweils aus druckstark geschwärzten einzelnen Strohhalmen, wodurch das ganze einen aggressiven Charakter erhält. Hiermit kommt die für Asthmakinder charakteristische innere Aggression zum Ausdruck.

(Fall 6, 8, 9, 30, 44, 50, 52, 58, 59, 70, 75, 82, 90, 92, 96, 111, 115, 119, 121, 123.) 121, 123.)

Generell wird man auch an den Begriff der Perseveration bei infantil retardierten bzw. hirnorganisch geschädigten Kindern denken müssen, was besonders für primitiv strukturierte Zeichnungen gilt. Darauf wurde mit dem »organischen Spielsyndrom« bei Scenotestspielen Schizophrener von uns hingewiesen (*Biermann*, 28).

Es ist also nicht zulässig, nur aufgrund der Tatsache, daß der Pb. für alle Familienmitglieder den gleichen Inhalt wählte, zu schließen, daß er aus einem harmonischen Milieu stamme bzw. von seiner Familie geliebt-verwöhnt würde.

Die Gleichheit von Zeichenobjekten in der Position des geliebt-verwöhnten Kindes innerhalb der Familie ist ein Ergebnis, das sich auf die Gruppe bezieht, aber nicht jeweils für den einzelnen anwendbar ist.

e) Das Totalobjekt (n = 600)

13mal wurden Totalobjekte dargestellt.

Als Totalobjekt bezeichnen wir jene Testzeichnungen in denen alle Familienmitglieder in ein einziges Zeichenobjekt verwandelt wurden. Das war elfmal der Fall, und zwar häufiger in Objekte, etwas seltener in ein Tier.

Es kündet sich darin die Schicksalsmacht an, die in toto die ganze Familie ergriffen hat, so daß keine individuellen Reaktionen mehr möglich sind. Hier wird bisweilen der Symbolgehalt der VF vordergründig (siehe Fall 122 S. 260, Fall 125, S. 266).

Die Verwandlung der ganzen Familie in einen Hasen erklärt, wie das Kind seine Angstsymptomatik in einer psychosomatischen Krise auf alle Familienmitglieder projiziert, um damit seine eigenen Ängste zu verringern.

Die kleine Zahl von Verzauberungen in Totalobjekte erlaubt keine statistische Auswertung.

Fall 120

Wegen anhaltenden recidivierenden acetonämischen Erbrechens ihres achtjährigen Gottlieb wandten sich die Eltern an die Beratungsstelle. Das Leiden hatte sich kontinuierlich von einem Säuglingserbrechen entwickelt, das häufig von Durchfällen begleitet war. Bei Krankenhausaufenthalten entwickelte Gottlieb als Kleinkind Trennungsängste und Depressionen. Später führten ärztliche Spezialmaßnahmen – Neuraltherapie mit Tonsilleninjektionen!! – zu einer Arztphobie des Kindes.

Gottlieb ist von empfindsamem Wesen, er hat eine etwas ältere Schwester. Es besteht eine ödipale Bindung an die Mutter, die Gottlieb besonders auszunutzen versucht, wenn er sich nicht wohlfühlt. Endlose Schularbeiten beider verstärken die neurotische Zweisamkeit.

Gottlieb zeichnet nur einen Zauberer und einen Hasen. In diesen ist die ganze Familie verzaubert.

So überträgt er seine Ängste total auf die Familie, in deren Mittelpunkt er im Kranksein steht. Seine Aggressionen kommen in der druckstarken Schwärzung des Zauberers zum Ausdruck.

(Fall 31, 48, 93, 122, 125.)

Abb. 120

IX. Schlüsselsituationen

Den Begriff der Schlüsselsituation (Sch. S.) haben wir aus der Scenotestforschung übernommen (*Biermann, Melamed*). »Schlüsselsituationen des augenblicklichen Daseins decken in der Spielgestaltung unmittelbar den persönlichen Konflikt des Pat. auf. Gerade der Neurotiker ... ist unter dem Druck seiner Daseinskrise bereit, diesen im initialen Scenotestspiel preiszugeben« (*Biermann*).

Da die Beurteilung einer Schlüsselsituation von dem Grad der Erkennbarkeit des Konfliktes abhängt, haben wir eine fünfstufige Skala eingeführt, wie wir sie auch bei der Beurteilung der pathognomonischen Beurteilung der Geschichte verwendeten.

Tabelle 19. Schlüsselsituationen

Sch. S.	1	23 Fälle	— 3,8%
„	2	121 „	—20,2%
„	3	248 „	—41,3%
„	4	190 „	—31,7%
„	5	18 „	— 3,0%

Mit Sch. S. 1 haben wir jene VF bezeichnet, welche unmittelbar den Konflikt des Pb. sichtbar machen.

Abb. 121

Fall 121

Das 14 jährige Mädchen wurde wegen Erziehungsschwierigkeiten vorgestellt, insbesondere aber seiner Tendenzen, nur als Junge gekleidet zu sein und sich entsprechend in der Schülergemeinschaft zu verhalten.

Rose ist die jüngste von vier Schwestern und wächst in einer von Anbeginn gestörten Ehe ihrer Eltern auf. Der Vater, von Beruf Vertreter, war schon als Kind schwierig gewesen, das schwarze Schaf der Familie. 18jährig erlebte er im Kriege einen Kopfschuß, danach verstärkten sich seine Eigenschaften eines zornig-unberechenbaren Egoisten. Die Mutter, die einen vorgealterten, verhärmten, depressiven Eindruck macht, schloß die Ehe als Mußheirat erst ein Jahr nach Geburt der Ältesten. Sie wurde später oft vom Mann mißhandelt, weswegen die Mutter wiederholt zur Scheidung entschlossen war. Der Vater zwang ihr in diesen Situationen immer wieder ein Kind auf. Es kam zu erniedrigenden Scenen vor den Kindern, während die Mutter wegen der wachsenden Kinderzahl völlig abhängig vom Manne blieb. Die inzwischen 15jährige älteste Schwester beginnt, sexuell zu verwahrlosen. In ihrem Wunsch nach der männlichen Rolle distanziert sich die Jüngste von der ständigen Erniedrigung der Mutter als Frau, bei gleichzeitiger Identifizierung mit dem Angreifer in der Rolle des Vaters.

Die chronisch angstgeladene Familienatmosphäre kommt in der VF zum Ausdruck: Fünf weiße Mäuse werden von einer größeren grauen Maus, die hinter und über ihnen drohend steht, verfolgt; sie wird von Rose als »der Böseste« charakterisiert.

In der Erzählung identifiziert das Mädchen die Scene mit der eigenen Familie: »Es handelt sich um irgendeine Familie. Ich habe aber soviel Mäuse gemacht, wie in unserer Familie Leute sind. Es kam einmal ein Zauberer und verwandelte eine ganze Familie in weiße Mäuse. Alle waren sie gleich, so wie unsere weißen Mäuse, die wir einmal hatten. Eine davon, die fetteste, wurde zu einer grauen Maus gemacht. Das war der Böseste!«

Das ganze ist in einem perspektivisch gezeichneten Raum angeordnet, womit das Mädchen auf sein Schutzbedürfnis hinweist, den Wunsch, endlich geborgen zu sein. Mit der gleichen Tierwahl wird der Wunsch nach der Familieneinheit ausgesprochen, in der der Vater aber als Fremdling – die graue große Maus, »der Böseste« erscheint. Sie selber haben sich unter ihm wie die weißen Mäuse vermehrt. Die unsichere Strichführung deutet gleichfalls die inneren Ängste des Mädchens an.

(Fall 33, 46, 54, 102.)

Als Sch. S. 2 fassen wir VF auf, bei denen eine relativ oberflächliche Kenntnis der Familiensituation des Pb. erlaubt, auf dessen Konflikt zu schließen (siehe Fall 2, 3, 55, 80, 97).

Bei Sch. S. 3 ist es notwendig, sich mit Anamnese und Symptomatik näher zu befassen, damit der Konflikt zu erkennen ist (siehe Fall 20, 49, 87, 112, 115).

VF mit Sch. S. 4 scheinen beim ersten Hinsehen unverständlich und in keinem Zusammenhang mit der Konfliktsituation des Pb. zu stehen. Trotzdem gelingt es in diesen Fällen nach intensivem Studium der biographischen Anamnese sowie der Symptomatik, Zusammenhänge zu finden (siehe Fall 61, 105, 109, 114).

In Fällen mit Sch. S. 5 läßt sich auch bei guter Kenntnis der Problematik des Kindes kein pathognomonischer Zusammenhang feststellen (siehe Fall 83).

Wir haben die Schlüsselsituationen statistisch untersucht und mit Geschlecht, Alter, zeichnerischer Fähigkeit, Intelligenz, Diagnose, Position des Kindes in der Familie, Pathognomonie der Geschichte und Anzahl der verzauberten Personen korreliert.

Geschlecht: Hinsichtlich der Sch. S. besteht kein Geschlechtsunterschied.

Alter: Die Sch. S. ist vom Alter des Pb. abhängig. Nach dem neunten Lj. kommen die Sch. S. 1 und 2 signifikant häufiger vor. Sechs- bis Neunjährige haben Sch. S. 1 und 2 in 20,6 %, Zehn- bis Elfjährige haben Sch. S. 1 und 2 in 24,2 %, über Zwölfjährige in 29,6 %.

Je älter die Pb. sind, um so klarer ist ihre Problematik im Test zu erkennen. Ein ähnlicher Zusammenhang besteht zwischen Sch. S. und zeichnerischer Fähigkeit. (Z. F.).

Je besser die Z. F. ist, um so besser ist auch die Sch. S. zu erkennen. Allerdings ist dieser Zusammenhang nicht im mathematischen Sinn funktional, d. h. nicht bei allen Kindern mit Z. F. 1 und 2 ist auch die Sch. S. 1 oder 2. Doch sind bei diesen Fällen die Schlüsselsituationen signifikant besser als bei der Z.F. 4 oder 5.

Als Maß für die Stärke dieses Zusammenhanges haben wir den Kontingenzkoeffizienten (*Pearson*) berechnet. CC beträgt in diesem Fall 0,27. Dieser Wert ist zwar signifikant von Null verschieden, doch ist der Zusammenhang nicht sehr stark. Demnach spielt die Z. F. wohl für den Grad der Erkennung des kindlichen Konflikts eine Rolle, doch keine ausschlaggebende. Dies stimmt mit der Erfahrung bei anderen projektiven Tests überein (etwa dem Wartegg-Zeichentest), daß nämlich die gute Zeichnung meist eine umfassendere Aussage über die Persönlichkeit ermöglicht, daß aber auch schlechte Zeichnungen sehr oft ausgezeichnet interpretierbar sind. Auch *Koch* weist im Baumtest darauf hin, daß »der Einfluß der zeichnerischen Begabung auf die Zeichnung und damit auf die Reife nicht ganz zu unterschätzen ist«.

Zwischen Intelligenz und Sch. S. besteht – bis auf eine Ausnahme – kein statistisch signifikanter Zusammenhang. Diese Ausnahme betrifft die Tatsache, daß bei IQ unter 90 gute Sch. S. selten vorkommen. Doch gilt hier ähnliches für den Zusammenhang Z. F. und Sch. S.: es finden sich immer wieder VF von Debilen, die hoch pathognomonisch sind (15,2 % gegenüber 26,5 % bei IQ über 90).

Zwischen Sch. S. und Diagnose bestehen signifikante Zusammenhänge. In den Diagn.-Gr. IV, VI und VII sind Sch. S. 1 und 2 signifikant selten zu finden. Diagn.-Gr. I, II, III und V zeigen weit häufiger gute Sch. S.

Tabelle 20. Diagnosengruppen und Schlüsselsituationen

DG I	28% haben Sch. S. 1 u. 2/	DG IV	9% haben Sch. S. 1 u. 2
DG II	23% „ „ „	DG VI	18% „ „ „
DG III	27% „ „ „	DG VII	18% " „ „
DG V	36% „ „ „		

Dieses Phänomen ist so zu erklären, daß bei den Kindern mit der Diagn.-Gr. I, II, III und V neurotisch verdrängte Konflikte im Vordergrund stehen. Hingegen handelt es sich bei Diagn.-Gr. IV und VII um Konflikte auf der Realitätsebene. Bei den Fällen der Diagn.-Gr. VI ist die Sch. S. wegen des bereits oben angeführten Zusammenhangs mit der Intelligenz selten gut, da es sich bei ihnen um primär organisch Gestörte mit oft unterdurchschnittlicher Intelligenz handelt. Ähnliche Verhältnisse finden sich auch beim Zusammenhang zwischen der pathognomonischen Bedeutung der Geschichte zum Test und der Diagnose, worauf wir später hinweisen werden.

Wir haben auch relativ häufige Einzeldiagnosen hinsichtlich des Vorkommens der verschiedenen Sch. S. untersucht.

Sch. S. 1 und 2 finden sich häufig bei Enkopresis und bei Selbstmordversuchen.

Sch. S. 4 und 5 kommen statistisch signifikant häufig bei Mutter-Kind-Symbiosen, Asthma, Lernschwierigkeiten, sowie bei cerebral geschädigten Kindern vor.

Die Pb. mit Identitätskrise haben häufig Sch. S. 3.

Zwischen der Position des Kindes in der Familie und der Sch. S. ergaben sich folgende Auffälligkeiten:

Kinder, die in die negative Rolle gedrängt wurden, isolierte Kinder und zwischen den feindlichen Eltern stehende Kinder weisen häufig die Sch. S. 1 und 2 auf.

Diese Kinder erleben offenbar den Konflikt lebhafter und bedrohlicher, was seinen Niederschlag in einer guten Sch. S. findet.

Demgegenüber werden Kinder, die bisweilen zuviel Zuwendung bekommen, durch die Testanweisung nicht in diesem Ausmaß angeregt, ihren Konflikt zu offenbaren. Daher finden wir bei bevorzugten, geliebten, in die positive Rolle gedrängten und Mitläuferkindern häufig Sch. S. 4 und 5. Ihre Daseinskrise dürfte weniger bedrückend und bedrängend sein, als bei den oben genannten, denen der Liebesschutz der Familie weitgehend fehlt.

Beim Vergleich der Schlüsselsituation mit der später noch zu besprechenden Pathognomonie der Geschichte zum Test ergibt sich ein höchst signifikanter Zusammenhang:

Der Kontingenzkoeffizient CC beträgt 0,48. Ist die Pathognomonie der Geschichte gut, dann findet sich nur selten eine schlechte Schlüsselsituation (8,5 % der P 1 und P 2 haben Sch. S. 4 und 5). Ebenso weisen Geschichten mit P 4 und P 5 selten Sch. S. 1 und 2 auf. (14,8 % der P 4 und P 5 haben Sch.-S. 1 und 2). In der Mehrzahl der Fälle stimmen Sch. S. und Pathognomonie überein. Pb., deren Konflikt in der Zeichnung zu sehen ist, offenbaren diesen meist auch in der Geschichte.

Zwischen der Anzahl der gezeichneten Figuren und der Sch. S. hat sich ein signifikanter Zusammenhang ergeben. Durch das Hinzufügen von Personen, die nicht zur familiären Kerngruppe gehören, sinkt im Allgemeinen der Grad der Erkennbarkeit des Konfliktes ab. Dies bezieht sich auf das ganze Material. Im Einzelfall kann aber gerade dadurch, daß weitere Figuren eingeführt werden, die Problematik erst ersichtlich sein. Die Sch. S. wird nicht allein dadurch klarer, daß mehr Figuren gezeichnet werden, sondern es kommt ausschließlich auf die konfliktspezifische Qualität des Zugefügten an. Wie wir bereits in anderem Zusammenhang ausgeführt haben, haben die Zugefügten verschiedene Wertigkeit:

Perseverationen (Fälle mit schlechter Sch. S.); Hilfs-Ichs, Mehrfachidentifikationen, Angsthelfer usw. (Fälle mit guter Sch. S.).

Denselben Stellenwert haben in diesem Zusammenhang die Zutaten, Landschaften, Innenräume usw., die zum einen als schmückendes Beiwerk der guten Zeichner, zum anderen aber auch als Ausdruck etwa des Unbehaustseins gewertet werden können. Auch darüber wurde bereits berichtet.

Wir haben die Zusammenhänge zwischen den Verzauberungsinhalten, die für Vater, Mutter und Kind gewählt wurden, und der Sch. S. untersucht.

Diese Verzauberungsinhalte haben wir in folgende Bereiche unterteilt: Tiere, Phantasietiere, Pflanzen, Gegenstände, Menschen, Phantasiegestalten.

Die Sch. S. ist um so besser, d. h. die Problematik des Kindes ist im Test um so leichter erkennbar, je besser es sich zeichnerisch ausdrücken kann und damit zusammenhängend Verzauberungen in verschiedene Bereiche verlegen kann. Dies entspricht im Rorschachversuch dem »reichen« Erfassungstypus im Vergleich zum »armen« Erfassungstypus.

Eine Ausnahme bilden die Pflanzenverzauberungen. Bei Pb., welche die Pflanzenverzauberungen wählen, ist die Sch. S. statistisch signifikant schlechter.

Sch. S. 1 und 2 – 4,9 % Pflanzen/Sch. S. 4 und 5 – 10,6 % Pflanzen. Wir vermuten, daß es sich hierbei um die Abwehr des affektiven Durchbruchs eigener Dynamik handelt, um unbewußte Verheimlichungstendenzen. Es scheint, daß Pflanzenverzauberungen in ihrer Wertigkeit weitgehend den Maskendeutungen im Roschachversuch entsprechen, worauf wir bereits hingewiesen haben.

Banallösungen

Es handelt sich um Fälle mit folgenden Merkmalen: schlechte Schlüsselsituation, schlechte Pathognomonie, unauffällige Raumanordnung (je nach Alter Reihung oder ganzes Blatt), »normale« Reihenfolge, unauffällige Größenverhältnisse, gleiche Blickrichtung (am häufigsten nach links), häufige Tierverzauberungen: für den Vater Elefant, Pferd, Hund; für die Mutter Katze, Vogel, Hase, Giraffe; für das Kind Katze, Maus, Hund, Vogel. Dazu sind auch jene Fälle mit unauffälligen formalen Kriterien zu rechnen, welche die ganze Familie in Bäume oder Blumen verwandeln. (Fall 107, S. 227.)

Diese Banallösungen können sowohl Verstellungstendenzen des Pb. ausdrücken, wie auch sein Unwissen und seine mangelnde Einsicht in das Spannungsfeld der Familie. Nicht zuletzt gehören hierher auch die relativ seltenen Fälle aus harmonischen Familien ohne Spannungen. Aus diesem Grund kann man sie mit den Vulgärantworten des Rorschachformdeutversuches, die ja Indikatoren der Anpassungsfähigkeit sind, nicht gleichsetzen.

X. Die Pathognomonie des Märchens zum Test

Den Anlaß, Kinder zur VF eine Geschichte erzählen zu lassen, haben uns Kinder gegeben, welche spontan Geschichten zur Zeichnung erzählt und diese damit kommentiert haben.

Immer sagt die Geschichte etwas über die Persönlichkeit des Erzählers aus, mag sie auch bloß eine einfache Aufzählung des Dargestellten sein.

Oft stellt sich heraus, daß erst die Geschichte den projektiven Sinn des Tests erläutert. In der Regel erleichtert sie dem Pb. die Symbolbildung, dem Untersucher aber das Verständnis des Kindes.

Wir können mit *Revers* sagen, daß »die Handlungen, Wünsche, Bestrafungen, Motive und Erlebnisse der Hauptfiguren symbolisch die Motive, Ziele und Erlebnisse des Erzählers manifestieren«, wenn auch die TAT-Geschichten, für welche dieser Satz gilt, auf einer anderen projektiven Basis beruhen. Die Geschichte gibt dem beim Zeichnen gehemmten Kinde die Möglichkeit, sich verbal zu offenbaren. Dem Ungeübten, aber Fabulierlustigen, wie es oft bei kleinen Kindern der Fall ist, öffnet sich ein weites Feld der Projektion. Dem Phantasiefreudigen verhilft sie zu einem noch vollkommeneren Ausdruck seiner Gefühle.

Kurz, der quantitative Aspekt der Geschichte erweitert, ergänzt und kontrolliert die Projektion der Zeichnung. Dazu gesellt sich noch der qualitative Aspekt, wodurch Zeichnung und Geschichte eine neue potenzierte Einheit bilden, welche einen tieferen Sinn offenbart. Auf diese Weise können nicht nur projektive Metapher, sondern auch »eigentliche Symbole« (*Kreitler*) entstehen.

Die Beurteilung der Pathognomonie der Geschichte ist vom Grad der Erkennbarkeit der Problematik des Pb. abhängig.

Die Kenntnis der biographischen Anamnese und das Wissen um die Symptomatik des Pb. sind dabei unerläßlich.

Hier kommt unweigerlich ein subjektives Moment des Untersuchers ins Spiel. Je gründlicher seine tiefenpsychologischen Kenntnisse sind, und je besser er in den Gebrauch der VF eingearbeitet ist, um so sicherer kann er die pathognomonische Bedeutung der Geschichte beurteilen.

Darauf hat *Revers* bei der Auswertung der TAT-Geschichten hingewiesen.

Die pathognomonische Bedeutung der Geschichte haben wir in einer fünfstufigen Skala zu erfassen versucht.

Bei den 600 Fällen, welche eine Geschichte zur Zeichnung erzählt haben, fanden wir folgende Verteilung zur Pathognomonie der Geschichte:

Tabelle 21. Pathognomonie der Märchenerzählung zum Test (P 1–5)

P 1	32 Fälle	(5,5%)
P 2	109 „	(18,2%)
P 3	134 „	(22,3%)
P 4	123 „	(20,5%)
P 5	202 „	(33,5%)

Mit P 1 bezeichnen wir die Geschichten zur VF, welche uns die Problematik des Kindes auf den ersten Blick – auch ohne Kenntnis der Anamnese – ersichtlich machen.

Beispiel
Der achtjährige Paul erzählt zu seiner Zeichnung mit vier auf dem Blattrand aufgereihten Figuren: »Der Zauberer verzauberte die Mutter in einen dicken Clown, den Vater in eine Katze und den Franz in einen Vogel. Nachher hat die Katze den Vogel aufgefressen. Der Clown bekam nach zwei Monaten ein Putzi und wurde schlank wie eine Stange. Der Kater wurde brav und vertrug sich gut mit dem Clown und dem Putzi. Der Vogel blieb aufgefressen.«
Auch ohne Kenntnis der Anamnese macht uns die Geschichte auf Pauls Problem aufmerksam: Die Schwangerschaft der Mutter, die Bedrohung durch die väterliche Instanz und die Selbstbestrafungstendenzen des Pb. Die Anamnese des angstneurotischen Kindes bestätigt den Konfliktstoff.

Als P 2 fassen wir Geschichten zur VF auf, wo bereits eine oberflächliche Kenntnis der Anamnese uns erlaubt, auf den Konflikt des Pb. zu schließen.

Bei Fällen von P 3 der Geschichte muß man sich mit der Anamnese und der Symptomatik des Kindes näher befassen, um seinen Konflikt der Geschichte zu entnehmen.

Beispiel
Die 13 jährige Ella leidet seit der Menarche, welche sie unvorbereitet überraschte, an Zwangsgedanken, Zwangshandlungen und Schreianfällen, welche stundenlang andauern können.
Sie ist als Einzelkind in einem Streitmilieu aufgewachsen. Der magenleidende Vater ist ein verschrobener Beamter, die Mutter eine Hysterika. Ellas Zwänge sind ausschließlich auf das häusliche Milieu beschränkt, außerhalb der Familie benimmt sie sich unauffällig. In der VF zeichnet sie die Mutter als Tisch, den Vater als Schrank und den zehnjährigen Sohn als einen Hocker. Sie erzählt dazu:
»Da ist eine Familie, die reden grade darüber, daß sie sich eine neue Einrichtung kaufen wollen und warum, und daß sie einen alten Schrank, einen alten Tisch und einen alten Hocker haben. Da kommt der Zauberer und fragt sie warum und sie sagen ihm, was sie wollen. Er sagt, er wird ihnen das herzaubern und tut das auch. Aber das gefällt ihnen nicht und sie wollen es noch besser. Er zaubert ihnen etwas noch Schöneres, aber das gefällt ihnen noch nicht. Sie wollen noch was Schöneres, Teureres haben. Da kriegt der Zauberer eine Wut und verzaubert sie selbst. Dann verschwindet er wieder.«

Die Wahl lebloser Objekte, die zudem ausschießlich auf der linken Seite des Blattes angeordnet sind, symbolisiert treffend ihre zwanghafte Erstarrung, in der sie sich in der nicht bewältigten Reifekrise befindet. Sie verharrt im Regressiven und weicht dem für sie noch angstauslösenden Reifungsgeschehen aus, obwohl der Zauberer ständig neue verlockende Angebote macht.
Hier ermöglichte erst eine genauere Kenntnis der Anamnese die Aufdeckung des Konfliktes des Pb.
Geschichten von P 4 zeigen bei der ersten Beobachtung keinen Zusammenhang mit der Problematik des Pb. Trotzdem kann man beim Vertiefen in den Einzelfall schließlich pathognomonische Zusammenhänge finden.
Bei Fällen von P 5 läßt sich auch bei guter Kenntnis der Problematik des Kindes kein pathognomonischer Zusammenhang feststellen. Sie finden sich vorwiegend in einfachen Aufzählungsgeschichten.

Bei vielen Pb. mit P 4 und bei allen Pb. mit P 5, die nicht unterbegabt oder besonders primitiv sind, findet man unbew. Widerstände, welche mit denjenigen der Psychotherapie Pat. zu vergleichen sind. Daher kann auch die banalste Geschichte zum Test für das tiefere Verständnis der Problematik des Pb. von Bedeutung sein.

Wir haben die Pathognomonie der Geschichte statistisch erfaßt und die Korrelationen zwischen Pathognomonie und Geschlecht der Pb., zeichnerischer Fähigkeit, Intelligenz, Alter, Diagnose, Position des Kindes in der Familie und Elterntypen untersucht.

Buben und Mädchen zeigen hinsichtlich der pathognomonischen Beurteilung ihrer Geschichten keinen signifikanten Unterschied. Demnach ist die Pathognomonie der Geschichte vom Geschlecht des Pb. unabhängig.

Ein statistisch höchst signifikanter Zusammenhang besteht mit der zeichnerischen Fähigkeit.

Mit der Intelligenz ergibt sich eine signifikante Tendenz. Je besser die zeichnerische Fähigkeit und je höher der IQ, um so deutlicher wird die Pathognomonie der Geschichte. Von Kindern mit zeichnerischer Fähigkeit 1 und 2 haben 25 % P 1 oder P 2.

Von den 32 Pb. mit zeichnerischer Fähigkeit 5 hat kein Kind die P 1, nur ein Pb, die P 2 (3 %).

Dagegen haben 17 Pb. dieser Gruppe (53 %) die P 5.

Dieses Ergebnis wurde durch die praktischen Erfahrungen mit dem Test vorweggenommen. Immer wieder hat sich gezeigt, daß intelligente Kinder häufig besser zeichnen und auch pathognomonisch bedeutsamere Geschichten produzieren.

Die Verteilung der Pathognomonie ist in allen Altersstufen gleich.

Signifikante Zusammenhänge bestehen mit der Diagnose.

Tabelle 22. Pathognomonie der Erzählung und Diagnose (n = 600)

	Dg. I	Dg. II	Dg. III	Dg. IV	Dg. V	Dg. VI	Dg. VII	
P 1	7,0	3,2	6,0	3,6	9,5	8,9	3,6	5,8
P 2	21,1	16,1	18,8	7,2	28,6	17,9	3,6	17,7
P 3	22,8	21,9	23,1	23,2	30,1	17,9	14,3	22,5
P 4	16,7	23,2	20,5	25,0	17,4	20,9	17,8	20,5
P 5	32,4	35,4	31,6	41,0	14,3	34,3	60,7	33,5
n =	116	153	117	55	64	67	28	600

In den Diagn.-Gr. IV und VII waren P 1 und P 2 signifikant selten zu beobachten (11 % bzw. 7 % gegenüber 24,4 % bei den übrigen Diagnosen). Dieses Ergebnis könnte damit zusammenhängen, daß bei Kindern mit Schwierigkeiten in der Latenzphase und bei Kindern mit Milieuschädigungen Konflikte zwischen Ich und Außenwelt bestehen, welche der Pb. auf der Ich-Ebene zu verarbeiten sucht. Es handelt sich also um reale Konflikte, welche die Sachwelt betreffen. Bei allen anderen Diagnosen kommen P 1 und P 2 häufiger vor, am häufigsten bei der Diagn.-Gr. V mit 38 %. Es handelt sich hier um Jugendliche, die allein schon im Symptom der Identitätskrise, z. B. einem Selbstmordversuch, ihren Konflikt bekennen, den sie unter Leidensdruck dann auch bewußter in der Zeichnung, besonders aber der Erzählung aufzudecken bereit sind.

Bei der Überprüfung des Zusammenhangs der Pathognomonie der Geschichte und der Position des Kindes in der Familie fanden wir drei signifikante Ergebnisse:

Bei symbiotischen Kindern und Kindern mit Geschwisterrivalität ist P 5 häufiger zu beobachten (jeweils 49 %). Bei symbiotischen Kindern sind die guten Pathognomonien deutlich vermindert, bei geschwisterrivalisierenden entsprechen P 1 und 2 dagegen der erwarteten Häufigkeit. Wir möchten die häufigen P 5 bei den Kindern dieser Gruppen im wesentlichen auf unbewußte Widerstände zurückführen. Beim unbeschützten Kind finden sich signifikant häufig (37 %) P 1 und P 2, seltener dagegen P 3 und P 4. Diese Kinder ergreifen mit ihrem geschwächten Ich bereitwillig die Gelegenheit, die ihnen der Test bietet, ihre Wunschwelt in der Phantasie auszuleben.

Kinder, deren Position in der Familie durch einen offenen Konflikt mit der Mutter gekennzeichnet ist, sind gleichermaßen unbeschützt. Zwei Drittel von ihnen haben P 1 oder P 2. Alle diese Kinder nutzen in der Projektion einer hoch pathognomonischen Geschichte die Möglichkeit, den Untersucher auf ihr inneres Elend hinzuweisen. Das gelingt ihnen häufig so eindrucksvoll, daß ihre Problematik auf den ersten Blick zu erkennen ist.

Vier Einzeldiagnosen zeigen statistisch signifikante Zusammenhänge mit der Pathognomonie der Geschichte. Pb., welche einen Selbstmordversuch unternommen haben, haben häufig P 1 und P 2; ihre Problematik wurde schon erwähnt. Die Asthmakinder und Angstneurotiker haben dagegen schlechte Pathognomonien. Wir erklären letztere Ergebnisse als Reaktion auf den Aufforderungscharakter des Tests, der im Pb. Abwehrhaltungen vor dem affektiven Durchbruch eigener Dynamik mobilisiert.

Bei den Frühverwahrlosten findet sich statistisch signifikant häufig P 3 und selten P 5.

Wir erklären es damit, daß bei ihnen die Zensureinwirkung nicht ausreicht und dadurch ihre Konfliktlage in der Geschichte doch erkenntlich wird. Hier zeigen sich Parallelen zu der aus der Rorschach-Diagnostik bekannten »Umkehrung zur Norm« der Verwahrlosten. (*Bohm*)

XI. Der Test der Verzauberten Familie und die Position des Kindes in der Familie

Wenn der Test der VF Angaben über die Stellung des Kindes in seiner Familie bringen soll, muß zuerst geklärt werden, ob konfliktuelle Positionen im Test überhaupt zu erkennen sind (siehe Tabelle S. 87).

Wir haben die Übereinstimmung zwischen Positionen des Kindes in seiner Familie und der Projektion derselben im Test mit Geschlecht, Alter, Intelligenz, zeichnerischer Fähigkeit, Diagnose, Familienklima und Schlüsselsituationen korreliert. In 171 Fällen (28,5 %) fanden wir eine Übereinstimmung zwischen der tatsächlichen familiären Position des Kindes und dem Test. In 32 Fällen (5,3 %) widersprechen sich Stellung des Pb. im Test und seiner Familie. Bei allen übrigen 397 Fällen (66,2 %) konnten wir keine Entscheidung fällen, da weder eindeutige Übereinstimmung, noch deutliche Widersprüchlichkeit vorlag, d. h. die Position des Kindes in der Familie war daraus nicht zu ersehen.

Es besteht kein Geschlechtsunterschied. Buben und Mädchen vermögen in gleicher Weise ihre tatsächlichen Familienpositionen im Test übereinstimmend oder widersprüchlich darzustellen.

Mit dem Alter bestehen hochsignifikante Zusammenhänge. Vor dem neunten Lj. ist die tatsächlich familiäre Position des Pb. im Test deutlich häufiger nicht ersichtlich. Bei Kindern über neun Lj. kommen übereinstimmende, aber auch deutlich widersprechende Testbefunde häufiger vor.

Tabelle 23. Test und Position der Kinder in der Familie

	bis 9 J.	9—11 J.	über 11 J.
Übereinstimmung	23,7%	33,0%	29,1%
Widerspruch	2,3%	6,8%	7,3%
nicht ersichtlich	74,0%	60,2%	63,7%

Wir vermuten, daß hierbei folgende Faktoren eine Rolle spielen:
a) Die Erfassung der Realität vom Pb.
b) Der Abwehrmechanismus der Verleugnung in der Phantasie, wodurch der Test dann als Widerspruch zur tatsächlichen familiären Situation erscheint.

Jüngere Kinder erfassen die Realität weniger gut, daher brauchen sie nicht die Realität abzuwehren und zu verleugnen.

Die älteren Kinder erfassen die mitunter recht unliebsame Realität besser und wehren ihre Erkenntnisse unbewußt ab. Dadurch wird der Mechanismus der Verleugnung in der Phantasie in Gang gebracht und der Test kann als symbolische Wunschrealisation benützt werden.

Die Intelligenz spielt für das Erkennen der Position des Kindes in der Familie keine Rolle. Diese Erfassung ist ja kein intellektueller, sondern ein rein gefühlsmäßiger Vorgang.

Die statistische Überprüfung der Zusammenhänge der zeichnerischen Fähigkeit mit dem Erkennen der familiären Position des Kindes ergibt keine signifikanten Zusammenhänge.

Gute wie schlechte Zeichner können gleichermaßen familiäre Erlebnisse, welche sie bedrängen, im Test zum Ausdruck bringen.

Mit der Diagnose besteht ebenfalls kein statistisch signifikanter Zusammenhang. Eine Ausnahme bilden die Pb. der Diag.-Gr. VII, welche unter akut einwirkenden Milieukonflikten leiden. Diese Kinder zeigen häufig Widersprüche zwischen ihrer realen Familienposition und deren Wiedergabe im Test. Von der quälenden Realität bedrängt, ergreifen sie häufiger den Ausweg in die Verdrängung und verleugnen dann im Test wunscherfüllend ihre Konflikte.

Bei zwei Arten von Familienklima stimmen hochsignifikant häufig die Position des Kindes in der Familie und im Test überein: bei führungslosen und bei zerfallenden Familien. Bei allen anderen Familienarten ist die Stellung des Kindes in der Familie im Test seltener ersichtlich. Am seltensten bei den Schneckenhausfamilien und bei den Kindern aus patriarchal geleiteten Familien.

Bei der statistischen Überprüfung der Frage, welche Positionen des Kindes in der Familie im Test übereinstimmend, widersprüchlich dargestellt oder nicht erkennbar sind, ergeben sich signifikante Zusammenhänge: Kinder, die sich in ihren Familien in positiven Rollen befinden – verwöhnte, geliebte, bejahte, aber auch symbiotische Kinder – lassen häufig diese Tatsache im Test nicht erkennen. Hingegen sind die konfliktuellen Positionen der unbeschützten, zwischen den feindlichen Eltern stehenden, isolierten Kinder im Test klar ersichtlich. Dazu kommt noch, daß sich die isolierten Kinder im Test oft in Widerspruch zu ihrer tatsächlichen Situation als nicht isoliert sehen. Dieser Befund überrascht nicht. Im Zuge der statistischen Auswertung sind wir immer wieder auf die Tatsache gestoßen, daß Kinder, wenn sie Konflikte erkennen (was im Durchschnitt altersabhängig ist), diese – soweit es geht – leugnen und abwehren. Vermehrt sich aber der intrapsychische Druck oder besteht er zu lange, so setzen sich die Kinder sehr wohl damit auseinander. Das äußert sich in der VF dadurch, daß sie die Testanweisung qualitativ anders auffassen, als es Pb. tun, bei denen diese Voraussetzung nicht besteht.

Es ergibt sich somit ein höchst signifikanter Zusammenhang zwischen dem Erkennen der Position des Kindes in der Familie und der Schlüsselsituation.

XII. Zur Symbolik der Verzauberten Familie

Beim Studium der gezeichneten und erzählten Inhalte der VF fällt die Fähigkeit unserer Pb auf, Symbole zu schöpfen. Besonders jene Fälle mit guter Schlüsselsituation und guter Pathognomonie der Geschichte zeigen einen hohen Symbolcharakter mancher Produktionen. Diese Schöpfungen erinnern in ihrer Klarheit an die »eigentlichen Symbole« von *Shulamit Kreitler*, welche »Konflikte nicht nur anzeigen, sondern zu lösen scheinen«. Da es sich bei unseren Pb. um gestörte Persönlichkeiten handelt, sind die symbolischen »Lösungen« in der Regel durch die Neurose der Zeichner geprägt.

Abb. 122

Fall 122

Die zehnjährige Elfi hat in depressiver Verstimmung Selbstmordabsichten geäußert Sie ist zunächst als Einzelkind aufgewachsen. Die Ehe der Eltern war von Anfang an gestört, während der Schwangerschaft wurde die Mutter vom Mann mißhandelt. Zur Berufstätigkeit gezwungen, konnte sie sich nicht recht um das Kind kümmern, welches Deprivationsschäden – Jactatio und Rocking – entwickelte und nicht zur normalen Zeit trocken wurde. In der Folgezeit fixierten sich bei dem Mädchen Kontaktstörungen, Ängste und Hemmungen. Nach der Scheidung der Eltern kam Elfi vorübergehend in ein Heim. In der neuen Familie der Mutter fühlte sie sich wohl, sie kam gut mit dem etwas älteren Stiefbruder aus. Doch wurde sie erneut verunsichert, als der Stiefvater einen schweren Herzinfarkt durchmachte und lange Zeit berufsunfähig war. Ihre Ängste und Sorgen kreisten um ihn.

In der VF zeichnete sie übergroß ein grau schattiertes Glas und rechts davon, wesentlich kleiner den Zauberer, in Mädchengestalt. Sie bezeichnete es als ein Limonadenglas, in das die drei Töchter der Familie verzaubert sind. Das Glas wurde vom Zauberer ausgetrunken, hat ihm aber nicht geschmeckt.

In der VF agiert die Pb. als Opfer – im Limonadenglas befindet sie sich verdreifacht. Zugleich ist sie die vernichtende Macht selbst, denn der Zauberer tritt als Mädchen auf. Die amorphe familiäre Substanz, als »Limonade« verlockend, wird vom Zauberer vernichtet. Die Schuldgefühle machen diese Vernichtung der Familie dem Zauberer (der Pb. selbst) »nicht schmackhaft«.

Die Fähigkeit, Symbole zu schöpfen, ist so spezifisch menschlich, daß *Cassirer* vorschlägt, anstatt den Menschen als ein »animal rationale«, ihn als ein »animal symbolicum« zu definieren (56).

Langer meint, daß »die Bildung von Symbolen eine ebenso ursprüngliche Tätigkeit des Menschen ist wie Essen, Schauen oder Sichbewegen. Sie ist der fundamentale, niemals stillstehende Prozeß des Geistes« (138).

In diesem Sinne nimmt *Kreitler* an, daß die Fähigkeit Symbole zu bilden »allen Menschen, wenngleich in verschiedenem Ausmaß, gegeben ist«.

Im Gegensatz zum darin unfähigen Tier erscheinen Symbole in der Entwicklung des Kindes bereits etwa im 18. Monat (*Piaget*, 176).

In der Diskussion der Symbolforscher werden häufig qualitative Verschiedenheiten der einzelnen Symbolarten betont. Es gibt aber auch Autoren, welche diese Verschiedenheiten als Stationen eines Verlaufsprozesses erfassen.

So unterscheidet *Piaget* (176) Symbole und Zeichen. Symbolisches Denken ist für ihn synonym mit vorbegrifflichem Denken, er sieht darin ein Stadium der Intelligenzgenese. Von Zeichen spricht er dann, wenn er höhere, vollentwickelte Operationsstufen des Denkens meint.

Langer spricht hingegen von diskursiver, d. h. begrifflicher und von präsentativer Symbolik, welche alles umfaßt, was dem Bereich des »Unsagbaren« zugehört: Mythos, Musik, bildende Künste.

S. Freud entwickelte succzessiv drei verschiedene Symbolbegriffe: Erinnerungssymbole der Hysteriker; Symbolisierungen (etwa der Organsprache) und Symbole der Traumdeutung.

Jones spricht von einer einzigen Symbolart – dem »true Symbol«. Er meint, daß nur das, was verdrängt ist, symbolisch dargestellt wird, nämlich die ursprunglichen Vorstellungen unserer Existenz. Diese betreffen Beziehungen zum eigenen Körper, zur Familie, Geburt, Liebe und Tod.

Nach *Paul Schilder* konkretisieren Symbole eine Bedeutung, welche von ihrem Schöpfer noch gesucht wird. Daher kann man sie als Übergangsstadium unschwer verdrängen (zit. *Kreitler*).

Kreitler vergleicht den Akt der Symbolschöpfung mit der Begriffsschöpfung. Die Symbolschöpfung ist für sie eine »Art Spezialfall der Begriffsbildung«. Symbole sind für sie »das Endprodukt einer Leistung, das Produkt eines Denkaktes, der nicht immer bewußt erlebt wird, aber bewußte Anteile hat«.

So auch *Lorenzer*, für den die Symbolbildung »immer Produkt einer einheitlichen Ich-Leistung ist, die sich auf unterschiedlichen Ebenen abspielt und die ihre Resultate auf unterschiedlichem Niveau organisieren kann. Die Traumsymbole sind auf der niederen Stufe angesiedelt«.

Lorenzer stützt seine Theorie mit den Ich-psychologischen Arbeiten *A. Freud's* und *H. Hartmann's.* So wie diese Autoren sieht er das Es als energetisches Potential, während »dem Ich mit seiner grundlegenden Andersartigkeit eines strukturierten Gebildes zugleich der Rang eines Organisationszentrums zugemessen wird«. Er schließt sich *Hartmann's* »Konzept der konfliktfreien Zone« an, »durch das dem Ich ein Bereich ursprünglicher Autonomie zugebilligt wird«.

Demnach werden »unbewußte Inhalte vom Unbewußten mehr oder minder ›freigegeben‹, um dann vom erkennenden Ich aufgenommen und verarbeitet zu werden; das Symbol ist Produkt eines Erkenntnisvorganges, bei dem eine ›innere Wahrnehmung‹ die schlecht zugänglichen Wahrnehmungsmaterialien aufnimmt«.

Lorenzer betrachtet es als »ein Irrtum, von einem unbewußten Symbol zu sprechen«. Symbole sind für ihn »psychische Gebilde, die äußere Objekte und Vorgänge oder innere Vorgänge repräsentieren«. »Die bewußten Repräsentanzen haben den Charakter von Symbolen, die unbewußten Repräsentanzen dagegen sind nichtsymbolische Strukturen« – Klischees, welche wir in der Regression der Hysterie finden.

Andererseits ist das zwangsneurotische Abwehrarrangement ebenfalls eine Manipulation an der Symbolformation in dem Sinne, daß die Repräsentanzen ihren Charakter als »Symbole« zunehmend in den vom Symbolgehalt entleerten »Zeichen« (im Sinne *Piaget's*) umgewandelt haben.

Da aber der Mensch sich selbst nur über sein Ich verstehen kann, d. h. über symbolvermittelndes Geschehen, kann man sich einen fließenden Übergang vom Klischee zum Symbol, vom Symbol zum Zeichen vorstellen.

Ähnlich nimmt *Kubie* diese These vorweg, indem er sagt: »Der symbolische Vorgang stellt stets eine Verdichtung von bewußten, vorbewußten und unbewußten Symbolwerten dar.«

Für *Silberer* bedeuten Symbole anschauliche Bilder, welche die innere – abstrakte – Wahrheit des Symbolschöpfers – je nach dem Grad seiner geistigen Entwicklung und seines psychischen Zustandes (etwa geistige Klarheit, Einwirkung der Verdrängung, Denkunfähigkeit durch Affekte oder durch Ermüdung verursacht) qualitativ verschieden ausdrücken.

Kreitler arbeitet fließend zusammenhängende zehn Kategorien der Symbolisation heraus, wobei die einfachste die lexikalische Erklärung, die vollkommenste das eigentliche Symbol ist.

Während *S. Freud* die phylogenetische »Theorie der Ursprünge des Symbols« unterstreicht und die Symbole für die »Grundsprache« hält, welche dem unbewußten Geistesleben angehört, vertritt *Jones* die ontogenetische Ansicht. Für ihn muß »die Symbolik immer wieder neu aus dem individuellen Material geschaffen werden«.

Nach *Jung* hingegen sind Symbole jene Schöpfungen der Seele, »deren Grundlage der unbewußte Archetypus ist«. Symbole sind also für *Jung* Manifestationen der Archetypen, welche »grundlegende Elemente des ererbten kollektiven Unbewußten, Bereitschaftssystems, die zugleich Bild und Emotion sind«, »Urmuster der immer wiederkehrenden Situationen im Leben des einzelnen und der Menschheit, eine Art kondensierter Niederschläge menschlicher Erfahrungen von Millionen Jahren« (111).

Die Universalität von Symbolen wird durch die Forscher der *Jung*'schen Schule durch vergleichende Analyse des Symbolmaterials verschiedener Kulturen ermittelt, was jedoch, wie *Kreitler* ausführt, häufig zu Entstellungen führt, da »die Identität des Bildes hervorgehoben, die Verschiedenheit des kulturellen Zusammenhanges aber vernachlässigt wird«. Vielmehr ist die Universalität gewisser Symbole »durch die universelle Ähnlichkeit in manchen infantilen Situationen bedingt«, wie *Hartmann, Kris* und *Loewenstein* ausführen.

So mannigfaltig wie die Definitionen des Symbols und die Theorien der Genese des Symbols sind, sind auch die Meinungen über die Funktion des Symbols.

Cassirer sieht die Funktion des Symbols darin, es dem Menschen zu ermöglichen, »zu verstehen und zu interpretieren, zu artikulieren und zu organisieren, zu synthetisieren und seine menschlichen Erkenntnisse universell zu machen« (56).

Bash geht noch weiter in dieser Richtung. Er meint »das Symbol habe die Aufgabe, im Erscheinen wie im Wirken eine menschliche allgemeingültige Ordnung herbeizuführen und dadurch das psychische Geschehen sinnvoll zu gestalten«.

Bei *Jung* spielt das Symbol für Heilung und Gesundheit eine wichtige Rolle. Er präsentiert dem Bewußtsein archetypisches Material in ertragbarer Form, wodurch Spannungen verringert werden. Außerdem erschließt es neue Möglichkeiten der Selbsterkenntnis und Individuation (112).

Die psychische Anpassungsfunktion des Symbols und seine daraus resultierende Leistung für seelische Gesundheit wird gleichfalls von *S. Freud* und seiner Schule unterstrichen, *Kreitler* meint in diesem Zusammenhang, die Funktion des Symbols ermögliche dem Menschen, »die Realität des persönlichen Unbewußten zu enthüllen, das durch Verdrängung erzeugt, nun durch das Symbol als therapeutisches Medium erschlossen wird«. So wird z. B. in den Entstellungen der Traumsymbolik ein geeignetes Mittel zum Ausdruck verbotener Wünsche und zur Abfuhr von Spannungen gesehen.

Einzelne Traumgedanken können im Laufe eines Deutungsvorganges von der Ebene bildhafter Erfassung auf die der »diskursiven« – begrifflichen – Erfassung gehoben werden, so daß das unbewältigte unbewußte Material nach und nach aufgehellt wird. So wird schließlich etwas klar verstanden, was vorher bloß im regressiven Status des Vorbewußten in der präsentativen Symbolisation bewältigt werden konnte.

Die Qualität bzw. das Niveau der Symbolschöpfungen unserer Pb. scheint uns aus der Schlüsselsituation und der Pathognomonie der Geschichte ersichtlich.

Wir können somit den Symbolgehalt der VF folgendermaßen einteilen:
1. Symbolhafte Projektion der eigenen Konflikte: auf den Zauberer, auf die ganze Familie bzw. auf einzelne Familienmitglieder.

2. Symbolische Realisation der Wünsche.
Diese beiden Gruppen finden wir bei jenen Pb., die noch Reste familiären Zusammenhaltes bzw. neurotische familiäre Bindungen aufweisen. Dort wird ein neurotisches Pseudoäquilibrium (*Adler*) erreicht und in der VF symbolisiert.
3. Symbolhafte Darstellung der Familienkonflikte.
Diese produzieren jene Pb., in deren Familien jeder Halt fehlt. Dort wird auch im Test nicht das Verdrängte, sondern die tatsächliche Situation im Symbol dargestellt.
4. Eine »Desymbolisation« (*Lorenzer*).
Sie findet dort statt, wo eine Abwehr vor dem affektiven Durchbruch eigener Dynamik unter Einfluß des Aufforderungscharakters des Tests besteht.

Es folgen Beispiele für das Gesagte.

1. Symbolische Projektion der eigenen Konflikte auf die ganze Familie:

Abb. 123

Fall 123

Die 13 jährige Mathilde war immer ein kränkliches Kind, von der Mutter deshalb verwöhnt. Die Menarche überraschte sie unaufgeklärt. Bald darauf fand Mathilde, sie wird von den Mitschülerinnen wegen zu großer Körperfülle ausgelacht. Nach und nach hörte sie auf zu essen. Bei der Spitalsaufnahme war Mathilde zum Skelett abgemagert.

Mathilde lebt mit ihrer 18 jährigen Schwester und der seit langem verwitweten Mutter in engen Verhältnissen. Die beiden Mädchen vertragen sich nicht. Die strenge, asketisch puritanische Mathilde lehnt die Leichtlebigkeit der Schwester ab. Die Mutter ist eine abgehärmte, introvertierte, hilflose Frau, ständig depressiv verstimmt.

In der VF zeichnet Mathilde in der Mitte des Blattes einen Vogelkäfig, wo vier Vögel eingeschlossen sind. Der ältere Sohn Hansi sitzt am unteren Ast, ganz oben befindet sich die Mutter mit dem jüngeren Sohn Schurli, der Vater flattert im Käfig herum. Die Kinder sind sechs und vier Monate alt. Mathilde erzählt, daß einst im Märchenland eine Vogelfamilie lebte, die ein Zauberer als Strafe gefangen hat. »Sie sollen in einem Käfig bleiben und dem Zauberer als Singvögel dienen. Er will sie in seine Hausklaven verzaubern, daß sie ihm immer dienen müssen, in einen Besen und alles, wo sie nützlich sind.« Schließlich erbarmt sich die Tochter des Zauberers der Vögel und befreit sie.

Mathilde ist zu gehemmt und noch zu sehr im magischen Denken verfangen, als daß sie imstande wäre, eine menschliche Familie mit dem Zauberer zu konfrontieren. Chronisch kränklich, fühlt sie sich vom Schicksal am Körper gestraft, und besonders derzeit durch die Anorexie in diesem Zustand »gefangen«, was sie in der VF symbolisch durch den Käfig zum Ausdruck bringt.

Der Zauberer beabsichtigt die Vögel in »nützliche Gegenstände wie Besen« zu verwandeln – der Anklang der analen Fixierung ist deutlich. Beide Kinder sind sehr junge Buben – Mathilde lehnt die weibliche Rolle und das Erwachsenwerden ab. Als erste wird die ältere Schwester dargestellt. Sie repräsentiert das weibliche Schicksal, das die Pb. haßt und fürchtet zugleich. Mathilde selbst erscheint in einer Doppelprojektion: als der jüngste Vogel – Bub nahe der Mutter und als die »liebe« Tochter des Zauberers (offenbar Mathildens positive Seite), durch die schließlich die Befreiung bewerkstelligt werden kann.

2. Symbolische Realisation der Wünsche.

Abb. 124

Fall 124

Wegen einer Identitätskrise, mit chronischem Schulversagen und fortschreitender Verwahrlosung im Hippie-Haschisch-Verhalten kam der 16 jährige in die Beratungsstelle.

Stefan ist als Einzelkind aufgewachsen und blieb bei ängstlich-unsicherer Mutter in symbiotischer Abhängigkeit von ihr. Der Vater leidet an einer depressiven Neurose mit hypochondrischen Fixierungen. Beide Eltern arbeiten unter einem alleinstehenden tyrannischen Onkel in einem Familienbetrieb im Abhängigkeitsverhältnis. Die Mutter erlebte mit Schuldgefühlen, daß durch ihre Berufstätigkeit das Kind zu kurz kam. Die Sauberkeitsgewöhnung mißlang, zwei Operationstraumen im Kleinkindalter fixierten das Bettnässerleiden. Dieses wurde erst beim Zehnjährigen durch eine klinisch-stationäre Psychotherapie, bei gleichzeitiger Psychotherapie der Eltern geheilt.

In den nachfolgenden Jahren wurde der Junge selbständiger, entwickelte aber in der Pubertätskrise ein Protestverhalten gegenüber den Eltern, indem er sich von ihnen distanzierte, die Schule schwänzte und sich politisch radikalen Jugendgruppen anschloß. Gleichzeitig bekundete er im Gespräch einen neurotischen Leidensdruck und bat selber um eine psychotherapeutische Behandlung.

In der VF demonstrierte er offen seinen Konflikt. Während auf der rechten Seite seine Eltern plaziert sind, distanziert er sich links von ihnen, geschmückt mit den Attributen der protestierenden Jugend, dem Joint und der Mao-Plakette.

Die Geschichte: »Der Sohn, langhaarig, Kommunist, Mitglied einer Kommune, von der Gesellschaft in den Untergrund gedrängt, kehrt heim. Dort erwartet ihn das satte, fette Leben seiner feudalen Eltern, die inzwischen zur herrschenden und unterdrückenden Klasse der Bourgeoisie zu zählen sind. Die Mutter, entsetzt über ihren »unnormalen« Sohn, der aber in Wirklichkeit normal ist (im Gegensatz zu den Eltern), will ihn durch hysterisches Getue rausfeuern oder ihn (natürlich mit geschnittenen Haaren und Bekenntnis zur schwarzen Ausbeuterbande) zurückholen. Der Vater, ein ehemaliger Kapitalistenstiefellecker, ist nun selber einer geworden. Er bedroht den Sohn mit dem Gewehr (entweder du . . . oder ich . . .). Darauf springt die Mutter entsetzt mit einem Dolch auf den Sohn zu und versetzt ihm einen Stich in den Oberarm. Der Sohn zuckt zusammen, läßt ein unendlich traurigen Blick über die ›Runde‹ gleiten, nimmt seine Gitarre, sein Symbol des Friedens und der Gewaltlosigkeit, und geht. Nun hat er Grund, sich zu rächen. Nun darf er töten, er darf die töten, die seine Artgenossen laufend liquidieren und diskriminieren. Nun hat er den wahren Grund für die permanente Revolution gefunden. Nun darf er sich rächen.«

In der VF verlegt Stefan seinen Familienkonflikt auf die politisch-soziale Ebene. Wunscherfüllend findet er endlich den Grund, sich von seiner Familie zu distanzieren und sich für seine Neurose zu »rächen«. Identifikationslos zeichnet er sich zunächst auf die linke Seite des Blattes, was auf sein Verharren im Regressiven hinweist. Dafür sprechen auch seine oralen Zutaten. Wenn die Mutter auch auf der anderen Seite, beim Vater steht, ist sie ihm doch durch die Symbiose der früheren Kindheit »blutsverbunden« geblieben. Von ihr erhofft er sich noch das meiste Verständnis für sein Suchtverhalten, den »Joint«. Im Augenblick aber scheint es zwischen beiden Parteien keine Brücke zu geben. Die Eltern werden von ihm in seiner kindlichen Verspieltheit als böse und feindlich erlebt.

3. Symbolhafte Darstellung der Familienkonflikte

Fall 125

Der siebenjährige Ernst, erstes Kind aus der geschiedenen Ehe seiner Eltern, lebt beim Vater, Hauptlehrer einer ländlichen Grundschule, während seine jüngere Schwester bei der Mutter geblieben ist. Bei dem pedantischen, jähzornigen Charakter des Vaters, der erst mit der Heirat sich von seiner Mutter gelöst hatte, bestanden von Anfang an eheliche Spannungen. Der Vater versuchte die Erziehung seines Ältesten, im Sinne einer intellektuellen Frühdressur zu dirigieren. Es kam zu Beschimpfungen, Schlägen und Mißhandlungen der Mutter, vor Augen der Kinder. Die Ehe war vor zwei Jahren geschieden worden. Der autoritär herrschsüchtige Vater unterband jeden Kontakt des Jungen zu seiner Mutter. Um sein leibliches Wohl kümmert sich die Tante, Schwester des Vaters, die ihren Haushalt führte. Ernst wuchs als Einzelkind heran, er entwickelte früh Ängste und Kontaktstörungen. Die Leistungsdressur durch den ehrgeizigen Vater hinderte eine gesunde Entfaltung seines Gefühlslebens. Bei der psychologischen Untersuchung wirkte der akzelerierte Bub altklug und emotional verarmt; er war voller Ängste.

Im Test der VF zeichnete er zunächst ein Haus ohne Menschen und daneben den Zauberer. In einer zweiten Fassung sagte er: »Die Familie soll in einen Berg verzaubert wer-

Abb. 125

den, die Familie ist dann weg.« Er zeichnete überhöht zahlreiche Linien, ohne Menschen
und sagte erklärend: »Der Berg ist ein Gewirr Linien, das sind Aufstiege und Abstürze.«
    Der Bub deutet mit dem Haus neben dem Zauberer seinen Wunsch nach Geborgenheit,
mit dem Fehlen jeglicher Personen seine Kontaktstörung an. Diese wird in der nachfolgenden zweiten Zeichnung, mit dem Gewirr von Aufstiegen und Abstürzen noch offen-
sichtlicher. In einem diffus-chaotischen Liniengewirr kommt die hochgradige Ehrgeiz-
überforderung, aber auch das Ungeordnete seines Lebens, seine ganze Lebensangst und
Verlassenheit zum Ausdruck.

4. Desymbolisation

Fall 126

    Der zwölfjährige Leo wurde wegen einer plötzlich aufgetretenen Zwangssymptomatik
vorgestellt.
    Er muß sich ständig vergewissern, daß er mit seinem Tun niemanden umbringen wird.
Er entwickelte religiöse Skrupel und versuchte seine »Sündhaftigkeit« mit einem Wasch-
zwang zu lindern.
    Leo ist der ältere Sohn eines in harmonischer Ehe lebenden Akademikerehepaares, er
hat eine jüngere Schwester. Die Eltern sind um die Kinder bemüht. Leo hatte bis jetzt
keine Schulschwierigkeiten. Erst seit dem Auftreten der Zwänge ließ er im Lernen nach.
    Die Exploration der Eltern – beide sind sie hochgewachsene Astheniker – ergibt, daß
Leo einige Tage vor dem Auftreten der Symptomatik einen heftigen Streit mit der Schwester hatte und darauf die erste Ohrfeige seines Lebens vom Vater bekam. Am nächsten
Tag fand die Mutter das erste Mal Spuren eines Samenergusses in seiner Wäsche.
    In der Testsituation zeigt sich Leo schweigsam und ängstlich. Im Rorschachversuch
ergeben sich Hinweise auf Verstellungstendenzen.
    In der VF zeichnet Leo an erster Stelle die kleine Schwester als ein Buch in der oberen
rechten Ecke. Diagonal zu ihr in der linken unteren Ecke stellt ein Tisch die Mutter dar.

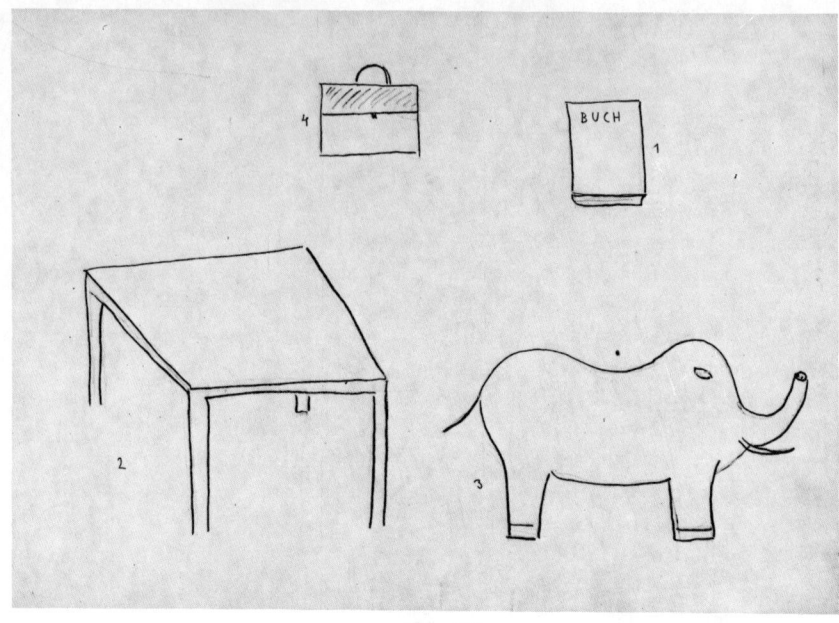

Abb. 126

Daneben ist der Vater an dritter Stelle als Elefant, er zeigt dem Tisch den Rücken. Oberhalb des Tisches befindet sich der große Bruder als Schultasche.

In der knappen Aufzählgeschichte fällt Leos Bemerkung auf, daß der Vater in einen Elefanten verzaubert wurde, »weil er so dick« ist.

Die Banalität der Zeichnung und der Aufzählgeschichte sticht von der Heftigkeit der Symptomatik auffällig ab. Es ist offensichtlich, daß Leo sich nicht offenbaren kann, die Verzauberungssymbole sind leer, inhaltsarm, de-symbolisiert. Bloß die Dicke des Vaters – Elefanten (im Vergleich zu der Schlankheit des realen Vaters) deutet den Konflikt des Pb. an: Der Einbruch der Pubertät im zeitlichen Zusammenhang mit dem Geschwisterstreit und der ungewohnten Züchtigung des Vaters belebte seine Inzest- und infantile Schwangerschaftsphantasien, die bis dato tief verdrängt waren.

Dies bestätigte sich später in der psychotherapeutischen Behandlung.

XIII. Auswertung der VF nach dem diagnostischen Profil von Anna Freud

Da der Zeichentest der VF ausgesprochen als tiefenpsychologischer Test angesehen wird, wofür in den vorausgegangenen Kapiteln, besonders mit den Falldarstellungen zur Genüge Hinweise vermittelt wurden, taucht die Frage auf, wieweit er speziell im Zusammenhang mit anderen tiefenpsychologischen Untersuchungsmethoden psychodiagnostisch angewandt werden kann.

Es empfiehlt sich zu diesem Zweck das von *Anna Freud* erstmals 1962 in der »Psychoanalytic study of the child« veröffentlichte und 1968 in ihrem Buch »Wege und Irrwege in der Kinderentwicklung« niedergelegte Entwicklungsprofil (s. a. in 32).

Dieses »metapsychologische Entwicklungsbild«, das im Zentrum der Untersuchungen *Anna Freuds* und ihrer Mitarbeiter an der Hampstead child therapy Clinic in London steht, bringt alle wichtigen Ergebnisse der biographischen Anamnese, d. h. lebensgeschichtlich relevanten Ereignisse des kindlichen Daseins mit den von der Psychoanalyse erkannten Daten der Trieb (Es) –, sowie Ich- und Über-Ich-Entwicklung des Kindes in Korrelation.

Aus der tiefenpsychologischen Beurteilung der dynamischen *und* strukturellen Befunde, nämlich der Konfliktsituation des Kindes lassen sich wichtige diagnostische und auch therapeutische Kriterien herausarbeiten.

Fall 127

Der zwölfjährige Rainer wurde wegen extremer Erziehungsschwierigkeiten bei Diabetes mellitus überwiesen. Er wächst in einem sehr gestörten Familienmilieu heran. Der Vater, der als einziger Sohn lange von seiner Mutter abhängig blieb und erst spät heiratete, leidet seit vielen Jahren an Depressionen und war dadurch in seinem beruflichen Fortkommen behindert. Seiner Passivität steht der Ehrgeiz der Mutter gegenüber, die an einer Colitis ulcerosa leidet. Die unter neurotischen Aspekten geschlossene Ehe stand von Anfang an unter heftigen Spannungen, die den vier Kindern nicht verborgen blieben.
Rainer ist der Älteste von ihnen. Auf die Geburt der nachfolgenden Geschwister reagierte er jeweils mit heftiger Eifersucht. Während der letzten, nicht mehr erwünschten Schwangerschaft, wurde die Colitis ulcerosa manifest. Bei schwerem Verlauf der Erkrankung war die Mutter zeitweilig in psychotherapeutischer Behandlung. Zur gleichen Zeit wurde der Diabetes bei Rainer offenbar, was die symbiotische Beziehung zwischen ihm und seiner Mutter noch verstärkte. Sie ließen sich auch beide zur gleichen Zeit die Mandeln herausnehmen!
Der Diabetes wurde in zunehmenden Erziehungsschwierigkeiten des Jungen von ihm gegenüber beiden Eltern ausgespielt. Der Versuch, ihn in einem Spezialheim für Diabeteskinder unterzubringen, scheiterte an wiederholtem Fortlaufen. Er provozierte immer wieder unbewußt hypoglykämische Schocks, um als krankes Kind Vorteile zu erreichen. Hinter seinen schweren Aggressionen standen Todesängste des chronisch kranken Kindes.
Er zeichnete klein unten in der Mitte verschiedene Tiere, die um einen Tisch versammelt sind, auf dem ein Käfig mit einem Vogel steht.
Zunächst wird links als alter Marabu der Vater gezeichnet, sodann vor dem Tisch die Mutter als eine Katze, der später (an vierter Stelle) ein Bub als Maus zugeteilt wird. (Die Maus wird vom Bub im Pigem abgelehnt.) An dritter Stelle liegt rechts vor dem Tisch ein Hund vor einem Freßnapf, wiederum ein Bub, sodann zuletzt ein Bub im Käfig auf dem Tisch.

Abb. 127

Rainers »Entwicklungsprofil«

Triebentwicklung
Libidoentwicklung
Vor-Pubertätsphase nicht erreicht
oral-aggressiv, anal-sadistisch
Regression auf frühere Stufen
Libidoverteilung
nicht angemessen verteilt, kein angemessenes Selbstgefühl
benutzt seine Krankheit, um sein Selbstwertgefühl zu heben
Objektlibido
Stufe nicht erreicht, Regressionen kommen vor
Form der Objektbeziehung entspricht nicht der Phase der Libidoentwicklung
Aggressionen
gehen nach außen (Eltern, Geschwister)
und nach innen (provozierter hypoglykämischer Schock)
Ich- und Über-Ich-Entwicklung
Sinnesorgane intakt
Ich-Funktionen geschädigt, keine Realitätsanpassung
Abwehrtätigkeit mißlingt, Ängste und Affektdurchbrüche, weitgehend abhängig
von familienneurotischen Mechanismen
Schulleistung noch abhängig von Symptomatik
Lehnt das Diabetesheim ab, das ihn von der Krankheit befreien will

Rainers Zeichnung
Triebentwicklung
Libidoentwicklung
Orale Fixierung: Futternapf beim Hund
(analog Scenotest: Männer beim Essen und Trinken)
Anal-sadistisch: Eingesperrter Vogel, Katze - Maus

Libidoverteilung
Käfig: Selbstwertgefühl herabgesetzt
Krankheit als Käfigsyndrom
Objektlibido
narzißtische Fixierung in der Krankheit verhindert normale Objektlibido. Käfig steht im Zentrum des Geschehens, übergroß, bei allgemeiner Kleinheit der Zeichenobjekte.

Aggressionen
Mutter - Sohn (Katze - Maus)
Vogel im Käfig - Katze
Aggressionen der Mutter (Colitis ulcerosa), häuslicher Streit
fehlende Aggressionen des passiv-depressiven Vaters: Marabu

Ich- und Über-Ich
Vom Diabetesheim in den inneren Käfig seiner Krankheit und Familienneurose zurück
Zentral die Krankheit: Käfig, außen herum die Familienneurose
Leistungseinschränkung durch die Krankheit: Schulprobleme

Ich- und Über-Ich in der Reihenfolge der Zeichnung
Der Vater, das völlig passive Über-Ich, schweigt
drei Identifikationen des Buben:
1. Vogel (Krankheit - Freiheit)
2. Maus (Mutter-Kind-Symbiose, sie verspeist ihn fast)
3. Hund: Der Napf, das Diabeteskind
Vater-Sohn-Identität, beides Vögel
Vater kann nicht mehr aus der Ehe ausbrechen, der weise Marabu resigniert.
Dazwischen die Weiblichkeit (die Vierbeiner)
Mehrfach identifiziert Bub - Mädchen. Das Mädchen in Buben verwandelt, fühlt sich von der Weiblichkeit sehr bedroht
Die orale Frustrierung (Diabetes): Der Zauberer (er selbst) verlangt wiederholt etwas, bekommt es aber nicht

XIV. Die Kontrolle durch den Pigemtest
(Tier-Wunsch-Probe)

Die Tierwunschprobe, nach ihrem Autor, dem spanischen Psychiater *Pigem-Serra* (1949) kurz der Pigem-Test benannt, ist in die deutschsprachige Literatur von dem Kinderpsychiater *van Krevelen* (1953) eingeführt worden.

Pigem wurde durch die Beobachtung seiner Patienten, welche sich mit Tieren und Objekten identifizierten, auf die Idee zu diesem Test gebracht. *Pigem* fragte die erwachsenen Patienten, was sie sein möchten, wenn sie ein zweites Mal auf die Welt kämen und alles sein dürften, nur kein Mensch. Anschließend fragte er nach der Begründung des geäußerten Wunsches.

Die erhaltenen Antworten teilte *Pigem* in zwei Gruppen ein:

1. Die Kompensationsantworten, welche einen Konflikt der VP anzeigen.
2. Die Bestätigungsantworten, welche das Wesen der VP umreißen.

Van Krevelen paßte die Wunschprobe den Bedürfnissen seiner kindlichen Patienten an.

Da wir die Wunschprobe nur als eine Art erweiterter Exploration benutzen wollten, haben wir sie in der Fassung *René Zazzos* verwendet, die dieser im Rahmen seines »Bestiariums« (1950) angegeben hat.

Sie war vermutlich weder *Pigem* noch *van Krevelen* zu dieser Zeit bekannt, denn keiner von beiden erwähnte sie.

Die Fragen *Zazzos* und damit die unsrigen lauten:

»Wenn Du Dich in ein Tier verwandeln könntest, welches Tier würdest Du am liebsten sein und warum?«

»Welches Tier möchtest Du aber nicht sein und warum nicht?«

Auf diese Weise bietet uns die Tierwunschprobe – der Pigem-Test – weitere Hinweise auf die individuelle Symbolbedeutung der in der VF gewählten Tiere.

Von 600 Pb. lieferten 500 verwertbare Pigem-Tests (d. h. solche mit Deutungen). Dabei fanden wir, daß mehr als zwei Drittel der Kinder zwölf Tiere in folgender Häufigkeit brachten:

Tabelle 24. Häufigkeitsskala der Tiere im Pigemtest

Pigem +		Pigem −	
	Katze		Maus
	Pferd		Löwe
	Löwe		Schlange
	Vogel		Krokodil
	Elefant		Fliege
	Hund		Tiger
	Affe		Elefant
	Tiger		Ameise
	Adler		Affe
	Reh		Schwein
	Hase		Spinne
	Schlange		Insekt

Insgesamt wurden im Pigem-Test (n = 500) 128 verschiedene Tiere genannt.

Die statistische Auswertung brachte folgende Ergebnisse: Geschlechtsunterschiedlich wurden von den Jungen Löwe und Elefant, von den Mädchen Katze und Pferd in der Wahl bevorzugt. Dagegen wurde nur von den Jungen eindeutig die Maus häufiger abgelehnt.

Bei Kindern über zehn Jahren wurde das Vogel-Symbol der Freiheit und Ungebundenheit gewählt, unter zehn Jahren der Hase, als Ausdruck der Schutzbedürftigkeit des jüngeren Kindes. Dagegen lehnten die jüngeren Kinder Löwe, Krokodil und Elefant, unter dem Aspekt des Übermächtigen, Bedrohlichen und Gefährlichen ab.

Zusammenhänge zwischen Intelligenzniveau und positiver bzw. negativer Tierwahl ließen sich nicht feststellen.

Im Hinblick auf die Diagnosengruppen war statistisch signifikant die positive Zuordnung des Hundes von Kindern der Diagn.-Gruppe I. Die zur infantilen Regression neigenden, symbiotischen Kinder identifizieren sich mit dem Haushund als treuem Gefährten und Kameraden des Menschen. Kinder der Diagnosengruppe III bevorzugten statistisch hoch signifikant den Elefanten, und zwar Jungen wie Mädchen. Diese Identifizierung mit dem Aggressiv-Phallischen bestätigt nachträglich die Bedeutung des entsprechenden Symbols im *Düss*-Fabeltest. Wir treffen hier auf das Phänomen, daß manche Tiere wegen ihrer Eigenschaften der Stärke, aber auch der Gefährlichkeit bevorzugt wie auch abgelehnt werden. Das gilt auch für Tiere wie Löwe und Tiger, während wir schon oben hingewiesen haben (S. 213), daß Insekten (Fliege, Ameise, Spinne u. a.) fast ausschließlich als eklig, widerlich, unsympathisch abgelehnt werden. Hier kann im Einzelfall ein Ambivalenzverhalten eine Rolle spielen, und z. B. die positive Wahl des Elefanten durch das jüngere Kind einer Identifizierung mit dem Angreifer entsprechen; finden sich doch in der Diagn.-Gruppe III viele Kinder mit Angstneurosen.

Grundsätzlich ist auch hier zu betonen, daß diese Einstellung zunächst nur für den mitteleuropäischen Raum Gültigkeit hat.

Es sind nun jene Fälle interessant, bei denen die positive oder negative Wahl im Pigem-Test mit einem für ein Familienmitglied gewählten Verzauberungsinhalt übereinstimmt.

In 80 Fällen (n = 500) kam es zu derartigen Übereinstimmungen zwischen dem Pigem-Test und der VF, mit der Wahl eines bevorzugten (Pigem +) oder abgelehnten (Pigem -)Tieres. Diese Konstellationen sind für die tiefenpsychologische Interpretation von Bedeutung (siehe auch Krokodil S. 210, Affe S. 215 und Katze-Maus-Position S. 219). Es kommt relativ selten vor, daß für die Verzauberung eines Familienmitgliedes ein Inhalt gewählt wird, den der Pb im Pigem-Test ablehnt. In diesen Fällen handelt es sich um eine hoch pathognomonische Äußerung, im Sinne der fast klar bewußten Stellungnahme: »So wie der möchte ich aber nicht sein!«

Übereinstimmungen der Pigem + Wahl mit einem verzauberten Familienmitglied drücken in ähnlicher Weise Identifizierungen aus, wie sie in der Reihenfolge des Gezeichneten zu beobachten sind. Dies ist um so deutlicher, je seltener im Gesamtmaterial dieses Objekt auftritt.

Die zusätzliche Information, welche uns der Pigem-Test bietet, ergänzt häufig die Aussage der VF, beleuchtet sie von einem anderen Blickwinkel und bestätigt sie bisweilen schlagartig. Die im Pigem-Test gewählten Tiere sind nicht selten komplementär zu denjenigen der VF.

Ein sechsjähriger »Angsthase« (VF) wünscht sich, ein Löwe zu sein, »damit er alle Leute anspringen kann«. Er möchte aber kein Tiger sein, denn »dieser wird totgeschossen«. Die angst-aggressive Ambivalenz des nach außen besonders braven, von Angst geplagten Knaben wird auf diese Weise symbolisch ausgedrückt und verständlich gemacht.

Nicht minder aufschlußreich sind jene Fälle, wo der Pb den Pigem-Test ablehnt. Bei jüngeren Kindern handelt es sich dabei fast immer um Kinder, die noch im magischen Denken verhaftet, sich fürchten, das Aussprechen des Wunsches könne sogleich seine Erfüllung bedeuten.

XV. Statistik

Nach *Lienert* soll ein brauchbarer Test als Hauptgütekriterien drei Forderungen erfüllen. Er soll sein:
1. objektiv,
2. zuverlässig,
3. gültig.

Daran schließen sich vier Nebengütekriterien als bedingte Forderungen. Er soll sein:
4. zulänglich,
5. vergleichbar,
6. ökonomisch,
7. nützlich.

Diese Kriterien sind zahlenmäßig eigentlich nur bei Leistungstests genau zu fassen.

Der Test der VF ist ein projektiver Gestaltungstest, ähnlich dem Szeno-Test oder dem Goodenough-Test, mit denen nicht Einzelmerkmale, sondern mehrere Dimensionen der Persönlichkeit erfaßt werden sollen, deren Struktur weitgehend unbekannt ist.

Es fehlt eine formale Gliederung, die objektivierbare Testsituation besteht lediglich aus dem im Querformat vorgelegten DIN-A-4-Blatt und der Testanweisung. Es wird später noch auf den großen Einfluß der Testanweisung auf die Testdurchführung zurückzukommen sein.

Durch das fast völlige Fehlen quantitativ auswertbarer Merkmale ist eine statistische Bearbeitung sehr erschwert. Die quantitativen Merkmale, die völlig exakt erfaßt werden können, sind:
1. die Anzahl der gezeichneten Figuren,
2. die Reihenfolge.

Der Test VF läßt sich als projektiver Gestaltungstest nicht wie ein Leistungstest standardisieren. Im folgenden werden die einzelnen Testgütekriterien besprochen.

1. Objektivität

Nach *Lienert* ist ein Test objektiv, wenn er dasjenige Persönlichkeitsmerkmal, das er mißt, eindeutig mißt, d. h. wenn die Ergebnisse von der Person des Auswerters unabhängig sind, wenn also verschiedene Auswerter zu denselben Testergebnissen gelangen. Sie ist mehr oder weniger unvollkommen, wenn der Auswerter verantwortliche Entscheidungen treffen muß. Zahlenmäßig kann die Objektivität bei diesem Test nur schwer erfaßt werden, man muß sich mit Ansätzen einer Analyse begnügen. Doch konnte festgestellt werden, daß bei einer großen Anzahl von Testprotokollen, die durch drei Beurteiler unabhängig voneinander ausgewertet wurden, übereinstimmende Ergebnisse gefunden wurden. Diese Übereinstimmungen waren um so deutlicher, je mehr den Entscheidungen eindeutige Testkriterien zugrunde gelegt wurden, d. h., wenn sich die Interpretation vorwiegend auf die formalen Kriterien der Zeichnung stützte, war sie objektiver als wenn z. B. der Symbolgehalt zur Interpretation herangezogen wurde.

2. Zuverlässigkeit

Ein Test ist dann zuverlässig, wenn er dasjenige Pesönlichkeitsmerkmal, das er mißt, exakt mißt, d. h. wenn er bei einer Wiederholung unter gleichen Bedingungen zum gleichen Ergebnis führt.

In dem Test VF ist eine Quantifizierung der Zuverlässigkeit nicht möglich, da eine Parallelform nicht existiert und die untersuchten Persönlichkeitsmerkmale, die vermutlich zusätzlich noch mehrdimensional sind, selbst nicht stabil sind.

3. Gültigkeit

Ein Test ist dann gültig, wenn er dasjenige Merkmal, das er messen soll, zuverlässig mißt, d. h. wenn er sich zur exakten Untersuchung des fraglichen Persönlichkeitsmerkmals eignet und nicht etwa ein mit ihm verwandtes mißt.

Der Test VF kann, gestützt auf die Aussagekraft der formalen Kriterien und aufgrund von Einfühlung und Erfahrung bei der Interpretation der Symbolgehalte sinnvoll ausgewertet werden. Wir haben keine formalstatistischen Manipulationen vorgenommen.

4. Zulänglichkeit

Ein Test ist dann zulänglich, wenn er das Persönlichkeitsmerkmal, das er messen soll, tatsächlich mißt, d. h. wenn sein Inhalt repräsentativ für das zu erfassende Persönlichkeitsmerkmal ist.

Unter diesem Gesichtspunkt ist der Test VF zulänglich, da er wirklich die Familienstruktur bzw. die psychodynamische Stellung des Probanden in seiner Familie aufzeigt. Der Familienbegriff eines Kindes ist entscheidend von seinen eigenen Familienerfahrungen geprägt. Zeichnet ein Proband eine verzauberte Familie, so werden diese eigenen Erfahrungen auch dann sichtbar, wenn ausdrücklich eine fremde Familie dargestellt wird.

5. Vergleichbarkeit

Der Test VF ist sicher mit anderen Familientests vergleichbar, obwohl er darüber hinaus noch weitere Aussagen erlaubt. Dadurch, daß *irgendeine* Familie verzaubert werden soll, können im Einzelfall Schuldgefühle bzw. Angsthemmungen, die Symbolwahl betreffend, vermieden werden.

6. Ökonomie

Die vier Bedingungen, die bei einem ökonomischen Test erfüllt sein müssen, finden sich auch bei dem Test VF:

a) Die Durchführungszeit ist kurz,

b) außer Papier und Bleistift wird kein Material benötigt,

c) er ist einfach zu handhaben,

d) wenn die Schlüsselsituation und pathognomonische Bedeutung der Geschichte gut ist, ist auch die Auswertung schnell und relativ einfach. Problematisch sind solche Zeichnungen, die auf den ersten Blick unauffällig erscheinen. Hier ist eine Interpretation erst nach gründlichem Studium der Anamnese und der Kenntnis der Symptomatik möglich.

7. Nützlichkeit

Ein Test ist dann nützlich, wenn er ein Persönlichkeitsmerkmal prüft, nach dessen Untersuchung ein praktisches Bedürfnis besteht.

Das erscheint für den Test VF plausibel.

b) Praktische Durchführung der statistischen Prüfung bei einer Gruppe verhaltensgestörter Kinder

Es standen für die statistische Auswertung 1225 Zeichnungen neurotischer Kinder zur Verfügung. Bei 625 von ihnen fehlte allerdings die Geschichte zum Test, und außerdem waren nur wenige Daten aus der Anamnese vorhanden, wie Diagnose, Geschlecht, Alter, Geschwisterzahl. Bei diesen Fällen wurden nur die vorhandenen Daten statistisch untersucht.

Wo es möglich war, wurden die statistischen Maßzahlen der Gesamtgruppe von 1225 Probanden berechnet. Bei den restlichen 600 Neurotikern war neben der Geschichte auch die vollständige Anamnese, teilweise auch persönliche Kenntnis des Familienmilieus vorhanden.

Bei jeder VP konnten 45 Variable erhoben werden. Die wichtigsten, auf die im Text immer wieder bezug genommen wird, sind: Geschlecht, Alter, Diagnose, Gesamt-IQ (HAWIK), Beruf des Vaters, Beruf der Mutter, Stellung in der Geschwisterreihe, Familienklima, Position des Kindes in der Familie, Elterntypen, die formalen Kriterien der Zeichnung, Symbolwahl, Beurteilung der Geschichte.

Auf dem Computer im Rechenzentrum des Allgemeinen Krankenhauses der Stadt Wien (IBM /360) wurden die zweidimensionalen Häufigkeiten eines jeden Merkmals mit jedem anderen berechnet. Das ergab 990 zweidimensionale Häufigkeitsverteilungen. Die Prüfung auf Zufälligkeit wurde mit dem Chi-Quadrat-Test vorgenommen. Als Maß für die Korrelation diente, wo es möglich war, der Kontingenz-Koeffizient nach *Pearson*.

Die Ergebnisse sind an den entsprechenden Stellen im Text zu finden.

c) Ergebnisse der statistischen Auswertung bei Schulkindern

Als Ausgangsmaterial standen uns die Zeichnungen von 2438 Schulkindern zur Verfügung. Sie stammen aus Köln, der Schweiz, Wien und München. Das Alter liegt zwischen 7 und 16 Jahren.

Tabelle 25, siehe Seite 278

Die Auswertung erfolgte nach den formalen Testkriterien: Raumanordnung, Reihenfolge und Symbolwahl.

Tabelle 26, siehe Seite 278
Tabelle 27, siehe Seite 279

Innerhalb der Altersverteilung sind signifikante Geschlechtunterschiede zu finden. In den Altersgruppen unter zehn Jahren überwiegen die männlichen Vpn, in den älteren Altersklassen die Mädchen. Dies mag eine Erklärung dafür sein, daß in der Raumanordnung bei Mädchen signifikant häufiger Reihung in der Mitte zu finden ist, ein Merkmal, das mit dem Alter zunimmt.

Tabelle 25. Altersverteilung

Alter	männlich	weiblich	Gesamt
7	58	85	143
8	148	142	290
9	290	245	535**
10	204	192	396
11	207	213	420
12	102	203	305**
13	56	109	165**
14	36	66	102*
15	38	29	67
16	10	3	13*
17	1	—	1
18	—	1	1
Gesamt	1150	1288	2438

* Unterschied signifikant auf dem 5%-Niveau
** Unterschied signifikant auf dem 1%-Niveau

Tabelle 26. Raumanordnung

Raumanordnung		männlich	weiblich	Gesamt
linke	Blatt-	60	39	99
rechte	hälfte	15	13	28
obere	Blatt-	110	114	224
untere	hälfte	79	83	162
links oben		25	18	43
rechts oben		1	3	4
links unten		8	5	13
rechts unten		8	8	16
Mitte		30	40	70
oberer Blattrand		63	71	134
in der Mitte	Reihung	14	44	58
unterer Blattrand		47	66	113
links oben		8	10	18
rechts oben	Reihung	—	—	—
links unten		1	2	3
rechts unten		—	1	1
diagonal		1	—	1
ganzes Blatt		676	766	1442
sonstiges		4	5	9
Gesamt		1150	1288	2438

Tabelle 27. Reihenfolge

Reihenfolge	männlich	weiblich	Gesamt
Vater, Mutter, andere	450	447	897
Mutter, Vater, andere	164	208	372
Vater, andere	133	112	245*
Mutter, andere	69	126	195**
Kind, andere	258	320	578
Zauberer, andere	39	28	67
Opa, andere	9	11	20
Oma, andere	13	18	31
Onkel, andere	4	8	12
Tante, andere	1	1	2
Lehrer, andere	7	1	8
keine Angaben	3	8	11
Gesamt	1150	1288	2438

* Unterschied signifikant auf dem 5%-Niveau
** Unterschied signifikant auf dem 1%-Niveau

Ein weiterer singifikanter Geschlechtsunterschied besteht in der Reihenfolge: Buben zeichnen häufiger den Vater an erster Stelle, Mädchen die Mutter. Da die Reihenfolge einen Hinweis auf die Identifikationsstruktur des Kindes in seiner Familie gibt, ist dieses Ergebnis plausibel.

Die Ergebnisse der Auswertung hinsichtlich der Symbolwahl sind in Tabelle 14 zusammengestellt. Sie wurden mit der Gruppe der Verhaltensgestörten und den Ergebnissen von *Brem-Gräser* verglichen (siehe S. 206).

Die Tests wurden im Unterschied zu den Tests der Verhaltensgestörten in Gruppen (Schulklassen) gezeichnet. Dies hat sicher Einfluß auf das Testergebnis. Besonders deutlich zeigte sich das in der Häufigkeit, wie oft der Zauberer gezeichnet wurde. Wir haben deshalb dieses Merkmal nicht mit in die statistische Auswertung aufgenommen, da insgesamt der Zauberer 316× gezeichnet wurde, sich aber darunter eine Klasse befindet, in der der Zauberer mit einer Ausnahme immer gezeichnet wurde.

Es ist in diesem Zusammenhang nochmals darauf hinzuweisen, wie wichtig es ist, die Testanweisung genau einzuhalten. Der große Einfluß der Testanweisung zeigt sich auch beim Merkmal eigene bzw. fremde Familie. So finden sich Klassen, die ausschließlich die eigene Familie gezeichnet hatten, ein Merkmal, das sonst nur in ca. einem Drittel aller Fälle aufgetreten ist.

Wir wollen noch einmal betonen, daß der Test VF nur in der Zusammenschau mit der biographischen Anamnese und nur als individueller Test anwendbar ist. Gerade unsere Kontrolluntersuchungen in den Schulklassen haben uns gezeigt, wie leicht durch die Gruppensituation Artefakte entstehen können.

XVI. Anwendung des Zeichentests der Verzauberten Familie in Erziehungsberatung und Psychotherapie

Der Zeichentest »die Verzauberte Familie« ist in zehnjähriger Arbeit diagnostisch in EB-Stelle und kinderpsychiatrischer Klinik erprobt worden. In einer Weiterentwicklung bislang bewährter Familienzeichentests ist er nach unseren Erfahrungen geeignet, speziell in der EB-Stelle als »Stamm-Test« angewandt zu werden.

Seine Vorteile liegen in der Faszination des Angebotes für das Kind, daß sich grundsätzlich noch der Märchen-Phantasiewelt aufgeschlossen zeigt und dem Zeichnen und Malen spontan und mit Freude zuwendet.

Im Vergleich mit den bislang geläufigen Familienzeichentests – »Zeichne deine Familie«, »Familie in Tieren« – erscheint uns nach den mitgeteilten Ergebnissen das Spektrum der VF ein wesentlich breiteres und auch differenzierter auf die Problematik einer Familie angelegt.

Die gleichzeitig mit den Eltern erhobene biographische Anamnese bietet die notwendigen Kontrollmöglichkeiten, wenn diese nicht schon mit den übrigen Tests der »Test-Batterie« des Pb gegeben sind. In einer Zeit, in der man immer mehr die Probleme verhaltensgestörter Kinder auf den Hintergrund familiärer Konfliktkonstellationen projiziert sieht und familientherapeutische Maßnahmen das Kind mitsamt seiner Umgebung zu erfassen suchen, stehen auch in der Diagnostik Erörterungen der familiären Situation im Mittelpunkt.

Die Durchführung des Tests kann allen fachlich geschulten Mitarbeitern einer EB-Stelle übertragen werden. Seine tiefenpsychologische Auswertung verlangt eine entsprechende Orientierung derselben, womit allerdings mehr und mehr als Grundvoraussetzung einer erfolgreichen Beratungstätigkeit in der EB-Stelle gerechnet werden kann.

Symbolik, Schlüsselsituation und Pathognomonie der Geschichte können die Lebenssituation eines Kindes schlaglichtartig erhellen, wenn diese einmal – wie nicht selten bei Scheidungskonflikten und anderen sozialen Neurosen – von den Angaben der Eltern zur biographischen Anamnese bewußt verdeckt wird. Die Übereinstimmung der VF mit anderen Ergebnissen der Psychodiagnostik – Scenotest, Warteg-Zeichentest u. a. – erhärtet den erhobenen Befund.

Wie eine Schlüsselsituation im Scenotestspiel oder eine Erzählung zum TAT kann auch die VF einmal zur fruchtbaren Diskussion mit den Eltern über die Probleme des verhaltensgestörten Kindes bzw. der eigenen familiären Konfliktsituation herangezogen werden; sie ersetzt als Aha-Erlebnis bisweilen lange Erklärungen. Doch ist auch hier stets Vorbedacht und Diskretion am Platze.

Es läßt sich nicht verhindern, daß Kinder im spontanen Mitteilungsbedürfnis nachträglich zu Hause berichten, was sie in der EB-Stelle gezeichnet haben.

Beispiel

So erntete ein neunjähriger Bub heftige Schläge vom Vater, als er freimütig erzählte, er habe in der VF die Mutter als Schwein gezeichnet. Ein Hinweis mehr, wie wenig Einflüsse heute noch der Erziehungsberater auf das tatsächliche Familiengeschehen, das Atmosphärische zwischen Eltern und Kindern, trotz aller Aufklärungskampagnen der Massenmedien u. a. nimmt.

Aber auch für die Kinderpsychotherapie ist der Test der VF von Wert. Er vermittelt Aufschlüsse über die Position des Kindes in seiner Familie und dessen intimere Struktur, so daß wir genauer die Indikation der jeweilig zu empfehlenden Therapiemaßnahmen stellen können, insbesondere in welcher Weise, passiv oder aktiv, die Eltern an derselben zu beteiligen sind.

Zu der so wichtigen und bislang noch ungeklärten Frage der Wirksamkeit psychotherapeutischer Maßnahmen, d. h. dem immer noch offenen Problem schlüssiger Katamnesen von Kinderpsychotherapie (32) kann der Test der VF gleichfalls beitragen, wenn jeweils Kontrolltests nach Abschluß der Psychotherapie durchgeführt werden. Gerade die Umstrukturierung einer Familienneurose im Verlaufe einer erfolgreichen Kinderpsychotherapie läßt sich an vergleichbaren Tests vor und nach derselben ablesen. Das gilt auch für Kontrolltests unter den Geschwistern, wenn diese als Konkurrenten des Therapiekindes anzusehen sind (siehe Fall 25, S. 66 f.).

Gerade hier scheint uns — im Vergleich mit den bisher bekannten und angewandten Familienzeichentests — die VF in der dargelegten Anwendung differenziertere Aussagen zu ermöglichen.

Das ist eine Aufgabe, der wir uns bei der Entwicklung des Testes bewußt noch nicht gestellt haben und über die wir, mangels eines größeren Erfahrungsgutes, noch keine bindenden Aussagen machen können.

XVII. Vademecum zur Verzauberten Familie
(an Stelle einer Zusammenfassung)

RAUMANORDNUNG

a) *Reihung am unteren Blattrand*
Signifikant häufiger bei Vpn mit Durchschnitts-IQ (100–110).
Bis zehn Jahre ist das Zeichnen am unteren Blattrand normal.
Je schlechter die Zeichenfähigkeit, um so stärker die Tendenz, am unteren Blattrand zu reihen.
Frühe Genese der Verhaltensstörung (Diagn.-Gr. I) und Reihung am unteren Blattrand korrelieren signifikant.

b) *Reihung in der Mitte*
Signifikant häufig bei Kindern mit Störungen der Latenz- bzw. der Pubertätsphase.
Vpn mit guter Intelligenz (IQ 110–120) und/oder durchschnittlicher bis guter Zeichenfähigkeit reihen häufig in der Mitte.

c) *Reihung am oberen Blattrand*
Bei weniger intelligenten, schlecht zeichnenden Kindern, häufig mit organischer Beteiligung.

d) *Verteilung auf dem ganzen Blatt*
Höchstintelligente (im durchstrukturierten Raum)
gute Zeichner
primär organisch Gestörte (chaotisch) } zeichnen auf dem ganzen Blatt
Verteilung der Zeichnung auf dem ganzen Blatt unabhängig von Störungen der Libidoentwicklung und Fixierungen der Libido.

e) *Diagonale Anordnung*
Konfliktfigur im Kreuzungspunkt; in Fällen, wo der Zauberer im Kreuzungspunkt gezeichnet ist, befinden sich die Konfliktpersonen am gegenüberliegenden Ende der Diagonalen.

f) *Dreieckslösung auf der Waagrechten*
Konfliktfigur an der Spitze des Dreiecks

g) *In 2 Ebenen horizontal angeordnet*
Obere Ebene: aufgewertete Figuren
Untere Ebene: abgewertete Figuren
Distanzausdruck der beiden Gruppen
Häufig in den Diagn.-Gruppen II und III

h) *Vertikale Anordnung*
Oben gezeichnete Figuren: aufgewertet
Ganz unten gezeichnete Figuren: abgewertet

i) *Vertikale Tendenz*
Häufig bei Bettnässern und Stotterern

j) *Seitenbevorzugung*
Linkstendenz überwiegt vor der Rechtstendenz.
Intelligente (IQ 120 und darüber) bevorzugen die rechte Seite.
Linkstendenz bei Diagn.-Gr. I häufig, am häufigsten bei neurot. Frühver-
wahrlosung.

k) *Häufung*
Bei Vpn mit einem IQ über 110 signifikant häufig
Häufig bei Diagn.-Gr. II, hier besonders bei Tic, Colitis, Enkopresis, Enure-
sis und Asthma.

l) *Gruppierung aller Figuren in der oberen* oder *unteren Blatthälfte*
Die Tendenz zur Höhenbevorzugung nimmt mit dem Alter ab.
Nach dem zehnten Lebensjahr wird das ganze Blatt bevorzugt.
Bei schlechten Zeichnern ist häufiger eine Höhenbevorzugung zu beobach-
ten.
Wenn Höhenbevorzugung, dann wird signifikant häufiger in der unteren
Hälfte gezeichnet.
Höhenbevorzugung häufiger bei Diagn.-Gr. I und II, nimmt zur Diagn.-
Gr. V deutlich ab.

ZEICHENART

a) *Reihenfolge des Gezeichneten*
Mädchen zeichnen sich signifikant häufiger an erster Stelle als Buben.
Mädchen lassen sich selbst häufiger aus.
Mädchen zeichnen den Vater signifikant häufiger an vierter Stelle nach den
Kindern.
Mädchen haben die Tendenz, die Mutter an späterer Stelle zu zeichnen als
die Buben.
Buben zeigen häufiger die »normale« Reihenfolge: Vater – Mutter – Kinder
als Mädchen, die häufiger das Kind an erster Stelle zeichnen.
Die Mutterfigur wird von Buben und Mädchen in gleicher Häufigkeit ausge-
lassen.
Altersabhängigkeit der Reihenfolge
Vor dem achten Lebensjahr Kind an erster Stelle
Nach dem zwölften Lebensjahr Vater an erster Stelle
Mit zunehmendem Alter rückt die Mutter an die zweite Stelle.
Fünf- bis achtjährige Kinder lassen sich selbst selten aus, über Zwölfjährige
lassen sich selbst signifikant häufig aus.
Die »normale« Reihenfolge: Eltern – Kinder ist in allen Altersgruppen am
häufigsten.
Diagnosenabhängigkeit der Reihenfolge
Diagn.-Gr. III – Vater signifikant selten an erster Stelle
Diagn.-Gr. V – Vater signifikant häufig an erster Stelle und die Mutter an
zweiter Stelle.

Reihenfolge und Identifikation
Mutter als Identifikationsfigur bei allen Diagnosen gleich häufig.
Ab Diagn.-Gr. II ist der Vater für beide Geschlechter das bevorzugte Identifikationsobjekt.
Vpn mit Diagnosen der Dg.-Gr. V zeigen oft Identifizierung mit dem Angreifer, Identitätsdiffusion, Identifikationslosigkeit.

b) *Komposition*
   Größenverhältnisse
   Zwei Drittel aller Fälle zeigen keine Auffälligkeiten der Größenverhältnisse.
   Vater sehr groß gezeichnet:
   häufig wird der Vater als Angreifer erlebt (Spannungsmilieu)
   Mutter sehr groß gezeichnet:
   häufig Mutteridentifikation (im Spannungsmilieu)
   Zauberer sehr groß:
   bei präidentifikatorischen Pbn, häufig der Diagn.-Gr. II
   Personen auffällig klein:
   hoch pathognomonisch im Sinne der Abwertung.
   Auffällige räumliche Zuordnung
   Trennung, Nähe, periphere Stellung der einzelnen Figuren.
   Korreliert positiv mit der Zeichenfähigkeit; Kinder mit schlechter Zeichenfähigkeit bedienen sich anderer Ausdrucksmittel, die der Test bietet.
   Pb im Mittelpunkt – Vater auffällig groß
   Pb peripher – Mutter auffällig groß
   Pbn, die sich peripher zeichnen, kommen signifikant häufig aus zerfallenen, verwahrlosten, erziehungsunsicheren oder aus Schneckenhausfamilien.
   Vater in zentraler Position: harmonisches Familienmilieu
   Mutter trennt Vater von den Kindern:
   Kind in negative Rolle gedrängt, unbewußt abgelehnt, verwahrlostes Milieu
   Eltern von den Kindern getrennt: Spannungsmilieu
   Mutter und Kind nahe beieinander:
   führungslose Familie, Schneckenhausfamilie, Störungen der oralen Phase
   Mutter oder Vater zentral: anale Symptomatik
   Geschwister in zentraler Position:
   Geschwisterrivalität des Pb, Mitläufersituation des Pb
   Vater und Pb nahe beieinander:
   dominierende Mutter, ödipale Fixierung
   Pb von der Familie unterdrückt
   Pb hat Konflikte mit dem Vater
   Pb abgelehnt von der Familie: zeichnet sich peripher

Pb bejaht		von der Familie:
Pb bevorzugt		zeichnet sich sehr selten peripher
Pb verwöhnt		

Pb als Mitläufer	zeichnet sich eher peripher
Pb in Pubertätskrise:	

Blickrichtung

Kinder aus Spannungsmilieu blicken zum Zauberer
Zauberer blickt die Familie an – häufig bei Kindern mit Störungen in der Latenzphase.

Besonderheiten

Innenräume, Landschaften – bei guten Zeichnern
Ausschmückungen, durch Blattrand abgeschnittene Figuren: immer wird die Konfliktfigur betroffen

c) *Graphische Durchführung*
Zeichnerische Fähigkeit

Mädchen zeichnen besser als Buben
Intelligente sind bessere Zeichner
Schlechte Zeichner häufig in den Dg.-Gr. II und VI
Durchschnittliche Zeichner häufig in Dg.-Gr. IV

Strichqualität

Nach *Koch* ausgewertet und nur individuell interpretiert.

MÄRCHENFASSUNG

Schauplatz

Einbeziehung des Zeitgeschehens ab 13 Jahren
Wald – bei Mädchen häufiger als bei Buben
Haus/Wald geben die Gestimmtheit, durch die der projektive Prozeß angeregt wird.
Fremde Länder, Traum, Urzeit . . . bedeuten das Distanzieren vom Geschehen der Verzauberung.
   Die Szene der Verzauberung wird vor dem achten Lebensjahr signifikant selten beschrieben.
Erwähnung des Schauplatzes:
signifikant häufig ab dem elften Lebensjahr, besonders bei der Dg.-Gr. IV (Latenz), hier wird bevorzugt der Wald zum Schauplatz gewählt.
Innenräume zeichnen Kinder, die »unbehaust« sind, gut zeichnen können, älter als elf Jahre und/oder sehr intelligent sind.

DER ZAUBERER

Über-Ich-Zauberer signifikant häufiger als Es-Zauberer
Zauberer repräsentiert teils die strenge Vater-Imago, teils die drängenden Es-Wünsche des Pb.
Jüngere Kinder zeichnen den Zauberer häufiger, ältere Kinder bestimmen ihn häufiger verbal.

Der Zauberer wird häufiger von intelligenten, gut zeichnenden Vpn dargestellt, häufig aus den Diagn.-Gr. II und III (wegen Autoritätsproblematik). Kein
Zusammenhang mit dem Geschlecht.

Lächerliche Namen des Zauberers: Entschärfung der Angst vor dem Zauberer.

ERSCHEINUNGSFORMEN DES ZAUBERERS

Zauberer = negativer Aspekt des Archetypus des Alten Weisen: Vater wird
konfliktuell erlebt, Vaterproblematik wird auf den Zauberer direkt projiziert.

Zauberer als alter (buckliger) Mann: Pb fühlt sich von der ganzen Familie oder
vom Vater nicht angenommen, verraten.

Zauberer als Bettler: Pb weist depressive Züge auf, Ablehnung des Vaters; häufig neurot. Diebstähle.

Zauberer als Riese: Pb überwertet den negativ erlebten Vater.

Zauberer als Geist (Ungeheuer): Magische Ängste des Pb

Zauberer als Zwerg: dominierende Mutter wird vom Pb überbewertet, der
Vater wird abgewertet, indem er nur wenig patriarchalische Macht hat.

Zauberer als Wanderer: Trennungsängste des Pb.

Zauberer als Verbrecher: eigene Aggression auf den Zauberer verschoben.

Zauberer = positiver Aspekt des Alten Weisen:
entspricht der Realisation der Es-Wünsche des Pb. Diese Pbn sind ich-schwä-
cher und besitzen stärkere Triebhaftigkeit.

Sie haben magische Ängste, beschwichtigen den Zauberer als »gut«; sie sind
häufig in negativer Position in der Familie; sie haben als Pubertierende drängende sexuelle Wünsche.

Zauberer = Vater:
Vater = Konfliktfigur, ödipale Phase nicht positiv abgeschlossen.

Zauberer = Mutter:
Mutter dominiert

Zauberer = Geschwister:
Geschwisterrivalität magisch-infantil erlebt.

Zauberer = Proband:
Egozentrische, kontaktschwierige, oft ich-schwache Pbn mit infantilen All-
machtswünschen.

Zauberer = verschmähter Bräutigam:
weibl. sado-masochistische Phantasien

Zauberer = Person des Alltagslebens:
Angstkinder

Zauberer = in weibl. Form:
Symbol der mütterlichen Prädominanz

AKTIVITÄTEN DES ZAUBERERS

Nur Aufzählung: infantiles Merkmal, signifikant häufig vor dem neunten
»Lebensjahr.

Strafender (Über-Ich-Z.) und *böser* (Es-Zauberer) *Zauberer* kommen nach dem
neunten Lj. doppelt so häufig vor wie vorher, besonders bei Diagn.-Gr. IV
(Latenz).

Vernichtender Zauberer: tiefgreifender unbewußter Konflikt um die Mutter zentriert. Kastrationsängste werden aggressiv abgewehrt.

Zauberer muß beweisen, daß er zaubern kann: Pbn kompensieren wunscherfüllend das Gefühl eigener Unzulänglichkeit.

ERFOLG DER AKTIVITÄT DES ZAUBERERS

Guter Ausgang signifikant häufig vor dem achten Lebensjahr

Schlechter Ausgang besonders bei Vpn mit einem IQ unter 100. Häufig bei Enkopretikern.

Ausgang offen gelassen: häufig bei Identitätskrisen.

Bezwinger des Zauberers: infantil-egozentrische Pbn, die die Familie mit ihrer Symptomatik in Atem halten.

DIE FAMILIENMITGLIEDER

Zeichnen der eigenen/fremden Familie: Je intelligenter die Pbn, desto seltener wird die eigene Familie gezeichnet. Die eigene Familie wird häufig wunscherfüllend von Kindern der Diagn.-Gr. VII (Familiengefüge erschüttert) gezeichnet.

Veränderungen von Geschlecht und Alter bei entsprechender Anzahl der Geschwister: Geschlechts- und Altersveränderungen haben mit Auf- und Abwertungen der gezeichneten Personen zu tun.

Weggelassene/zugefügte Geschwister: Mädchen fügen häufiger phantasierte Geschwister hinzu, wegen größerer Ambivalenzhaltung.

Ältere Kinder (über zehn Jahre) zeichnen signifikant häufig phantasierte Geschwister.

Phantasierte Geschwister bei Diagn.-Gr. IV – Ausdruck der Ambivalenz.

Je geringer die Intelligenz, desto häufiger werden Geschwister ausgelassen.

Bei Intelligenten häufiger phantasierte Geschwister.

Je besser die Zeichenfähigkeit, desto häufiger werden phantasierte Geschwister gezeichnet.

Die Unvollständigkeit der eigenen Familie regt die Pbn zum Zeichnen phantasierter Geschwister an.

Im Streitmilieu werden phantasierte Geschwister selten hinzugefügt.

In zerfallenen Familien und bei Schneckenhausmilieu werden Geschwister häufig hinzugefügt.

Hinzufügung anderer zur Kerngruppe: Mädchen fügen signifikant häufig andere Figuren zur Kerngruppe hinzu, ebenso jüngere Pbn, Pbn aus der Diagn. Gr. VII und Verwahrloste.

Reduktion der Kerngruppe auf die Eltern: Pb von der Mutter schwer frustriert durch Vernachlässigung.

Reduktion der Kerngruppe auf die Kinder:

Kinder verlassen von den Eltern;

Ödipale Problematik unbewältigt;

Reine Geschwisterproblematik

Auslassung eines Elternteils aus der Kerngruppe:

Ausgelassene Figur = Konfliktfigur

Schlimmheit der Familienmitglieder: Diagn.-Gr. III und VI, Gewissensproblematik im Vordergrund
Arme, gute Familie: Identitätskrise des Pb
Fam. Atmosphäre: Diagn.-Gr. I, III, V. (Auseinandersetzung mit den Elterninstanzen)
Erscheinungsformen und Eigenschaften der Familienmitglieder:

HELFER

Ich-Doubletten
Ambivalenzen

GESCHEHNISSE

Wahl des Märchenmotivs hat immer eine projektive Funktion
Zeitgeschehen: Pubertierende
Eigenständige Schöpfungen: bei Diagn.-Gr. I, II, III, V, gutem IQ, guter Zeichenfähigkeit.
Motivation entspricht der Libidoreifung

INHALTE DER VERZAUBERUNG

Die Häufigkeit von Tiersymbolen nimmt mit zunehmendem Alter ab.
Märchenfiguren bis zum achten Lebensjahr häufiger, Phantasiemenschen ab dem elften Lebensjahr häufiger.
Pflanzen werden signifikant häufig von Pbn mit einem IQ unter 100 gezeichnet.
Gute Zeichner: weniger Tiere, mehr Phantasiemenschen
Schlechte Zeichner: mehr Tiere und Objekte
Vater fehlt in der Familie:
phantasierte Väter als Objekte, Menschen und Phantasiemenschen dargestellt.
Pflanzen: unstrukturierte Elternfiguren (Trinker, Psychopaten)
Harte Väter: Phantasietiere aggressiven Inhalts
Perfektionistische Mütter: Tiere
Harte Mütter, hysterische Mütter: Objekte
Symbiotisches Kind: sich selbst als Tier
Verwöhnt-verwahrlostes Kind ⎱ Objekt
Kind zwischen den feindlichen Eltern ⎰
Kind böser Geist der Familie ⎱ Pflanzen
Isoliertes Kind ⎰
Pflanzen: Verstellungstendenzen
Alle in gleiche Inhalte: Pb verwöhnt-geliebt, harmonisches Familienmilieu, aber auch viele Pbn aus Streitmilieu

SCHLÜSSELSITUATION

Gute Schlüsselsituation:
bei Pbn nach dem neunten Lebensjahr
IQ über 90
gute Zeichenfähigkeit
Diagn.-Gr. I, II, III, V

Sch. S. 4 und 5:
Mutter-Kind-Symbiose, Asthma, Lernschwierigkeiten, Cerebralschäden
Sch. S. 1 und 2:
Enkopresis
Suizidversuch
Sch. S. 3:
9Identitätskrise
Sch. S. 1 und 2:
Pb in negat. Rolle gedrängt
Pb isoliert
Pb zwischen den feindlichen Eltern
Sch. S. 4 und 5:
Pb bevorzugt, geliebt, in positive Rolle gedrängt, Mitläufer
Bei guter Sch. S. häufig auch gute Pathognomonie der Erzählung.
Von hinzugefügten Personen wird die Sch. S. negativ beeinflußt.
Sch. S. besser bei guten Zeichnern mit Verzauberungen in mehrere Bereiche
Pflanzen: Schlechte Schlüsselsituationen (analog Maskendeutungen im Rorschach)
Banallösungen:
Verstellungstendenzen, mangelhafte Einsicht, harmonisches Milieu

PATHOGNOMONIE DER GESCHICHTE

Gute Pathognomonie:
bei guter Schlüsselsituation, guter Intelligenz, guter Zeichenfähigkeit
Dg.-Gr. V
Schlechte Pathognomonie: Dg.-Gr. IV und VII
P 5:
symbiotische Kinder, Geschwisterrivalität
P 3: Frühverwahrloste
P 1 und 2:
unbeschütztes Kind, offener Konflikt mit der Mutter
Schlechte Pathognomonie:
Asthma, Angstneurose
Gute Pathognomonie: Suizidversuch

POSITION DES KINDES IN DER FAMILIE IM TEST ERKENNBAR

Vor dem neunten Lebensjahr ist die Position nicht ersichtlich.
Bei Diagn.-Gr. VII Verleugnung bezüglich der Position.
Führungslose und zerfallene Familien: Übereinstimmung.
Negative Rollen: ersichtlich
Positive Rollen: weniger gut ersichtlich
Die Ersichtlichkeit der Position stimmt mit der Sch. S. überein.

ANHANG

Tabelle I. DIE REIHENFOLGE DES ZEICHNENS

Reihenfolge und Geschlecht

Vater	Summe		männl.		weibl.	
nicht gezeichnet	40	6,7%	26	6,4%	14	7,2%
an 1. Stelle	273	45,5%	197	48,6%	76	39,0%
an 2. Stelle	133	22,2%	86	21,2%	47	24,1%
an 3. Stelle	85	14,2%	58	14,3%	27	13,8%
an 4. Stelle	48	8%	24	5,9%	24	12,3%
an 5. Stelle	15	2,5%	10	2,5%	5	2,6%
an 6. Stelle	4	0,7%	2	0,5%	2	1,0%
an 7. Stelle	2	0,3%	2	0,5%	—	
	600		405		195	

Mutter						
nicht gezeichnet	34	5,7%	23	5,7%	11	5,6%
an 1. Stelle	138	23,0%	97	24,0%	41	21,0%
an 2. Stelle	234	39,0%	167	41,2%	67	34,4%
an 3. Stelle	112	18,7%	68	16,8%	44	22,6%
an 4. Stelle	58	9,7%	36	8,9%	22	11,3%
an 5. Stelle	16	2,7%	10	2,5%	6	3,1%
an 6. Stelle	3	0,5%	2	0,5%	1	0,5%
an 7. Stelle	1	0,2%	—	—	1	0,5%
an 8. Stelle	4	0,7%	2	0,5%	2	1,0%
	600		405		195	

Proband			Buben		Mädchen	
nicht gezeichnet	89	14,8%	54	13,3%	35	17,9%
an 1. Stelle	101	16,8%	58	14,3%	43	22,1%
an 2. Stelle	105	17,5%	75	18,5%	30	15,4%
an 3. Stelle	195	32,5%	148	36,5%	47	24,1%
an 4. Stelle	80	13,3%	53	13,1%	27	13,8%
an 5. Stelle	20	3,3%	11	2,7%	9	4,6%
an 6. Stelle	6	1,0%	4	1,0%	2	1,0%
an 7. Stelle	2	0,3%	1	0,2%	1	0,5%
an 8. Stelle	0		—		—	
an 9. Stelle	2	0,3%	1	0,2%	1	0,5%

Tabelle II: Zeichenobjekte
a) TIERE

Aal	Bambusbär	Boxerhund
Ackergaul	Bär	Büffel
Adler	Bernhardiner	Chamäleon
Affe	Biber	Collie-Hund
Ameise	Biene	Dackel
Amsel	Blauwal	Delphin
Auster	Blindschleiche	Eber

Eichhörnchen	Kater	Reptil
Eidechse	Katze	Riesenschlange
Eintagsfliege	Kaulquappe	Riesenvogel
Eisbär	Kleines Tier	Robbe
Elefant	Koalabär	Schaf
Engerling	Krake	Schäferhund
Ente	Krebs	Schildkröte
Esel	Kriegspferd	Schimpanse
Eule	Krokodil	Schlange
Fisch	Kröte	Schmetterling
Fischvogel	Kuckuck	Schnecke
Fledermaus	Kuh	Schoßhund
Fliege	Küken	Schwalbe
Floh	Lama	Schwan
Fohlen	Lamm	Schwarzer Hengst
Frosch	Leopard	Schwein
Fuchs	Löwe	Seehund
Gans	Maikäfer	Seeschlange
Gazelle	Marabu	Siebenschläfer
Geier	Marienkäfer	Singvogel
Gemse	Maulwurf	Skorpion
Gepard	Maus	Spatz
Giftschlange	Meerschweinchen	Specht
Giraffe	Möwe	Spinne
Goldhamster	Mücke	Steinbock
Gorilla	Muschel	Stier
Grille	Nashorn	Stinktier
Großes Tier	Nilpferd	Storch
Hahn	Ochse	Strauß
Hai	Okapi	Taube
Hamster	Panther	Tausendfüßler
Hase	Papagei	Tiger
Hengst	Pelikan	Tintenfisch
Henne	Pfau	Vogel
Heuschrecke	Pferd	Walfisch
Hirsch	Pinguin	Walroß
Hummel	Polyp	Waschbär
Hund	Pony	Wasservogel
Igel	Pudel	Weiße Maus
Insekt	Rabe	Wellensittich
Jaguar	Ratte	Wildkatze
Junikäfer	Raubtier	Wildschwein
Käfer	Raubvogel	Wolf
Kamel	Raupe	Wurm
Känguruh	Regenwurm	Zebra
Kaninchen	Reh	Ziege(nbock)
Karpfen		

b) PHANTASIETIERE

Dinosaurier	Osterhase	Phantasie-Vogel
Drache	Phantasie-Echse	Sphinx
Fabeltier	-Hund	Tier mit Vulkan
Feuerspeiendes Tier	-Krokodil	Ungeheuer
Hubschrauber-Tier	-Pferd	Ungetüm
Merkwürdiges Tier	-Schlange	Zentaur

c) PFLANZEN

Apfel	Christbaum	Pilz
Ast	Fliegenpilz	Rohrkolben
Banane	Gänseblümchen	Rose
Baum	Gemüse	Salatkopf
Baumstumpf	Grashalm	Sonnenblume
Birne	Kleeblatt	Strauch
Blume	Krokus	Tanne
Blumenbeet	Maiglöckchen	Tulpe
Blumenstock	Obstbaum	Wunderblume
Blumen in Vase	Palme	

d) PHANTASIEGESTALTEN

Alte Frau	Hirngespinst	Puppe
Baby	Indianer	Räuber
Böse Schwester	Jäger	Riese
Bube	Kasperl	Ritter
Chinese	Köchin	Roboter
Clown	König	Rotkäppchen
Cowboy	Königin	Sänger
Eislaufmädchen	Krüppel	Schafhirte
Ekelgeist	Mädchen	Schneemann
Engel	Mann	Schornsteinfeger
Erfinder	Marsmensch	Steinfigur
Fee	Mensch	Strichmännchen
Frau	Mißgeburt	Struwwelliese
Froschkönig	Modepuppenprinzessin	Struwwelpeter
Fußballtorwart	Nackter Mensch	Teufel
Gammler	Narr	Teufelsfrau
Geist	Neger	Tod
Gespenst	Nixe	Vater
Gute Schwester	Phantasiefigur	Wassermann
Hampelmann	Polizist	Wassernixe
Häuptling	Prinz	Zauberer
Hexe	Prinzessin	Zwerg
Hippie		

e) GEGENSTÄNDE

Abfallkübel	Blumenvase	Farbstift
Aschenbecher	Bonbon	Felsblock
Auge	Boot	Fenster
Auto	Briefkasten	Flugzeug
Bach	Brille	Fluß, blauer
Ball	Brot	Fressen
Becher	Buch	Füllfeder
Beleuchtungskörper	Buntstift	Gabel
Berg	Ei	Garten
Berg mit Abstürzen	Eisenbahnwagen	Gebratenes Huhn
Besen	Essen	Gedenkstein
Bett	Essen auf dem Tisch	Geldsack
Bild	Eßlöffel	Geschenkpaket
Bleistift	Fahrrad	Geschirr

Gießkanne
Gitarre
Glas
Glas Bier
Glocke
Handtasche
Haus
Haus mit Garten
Heft
Heilwasserflasche
Hexenhaus
Himmel
Hochhaus
Holzbrett
Hut
Hütte
Kaffeegeschirr
Kaffeemühle
Kaffeetasse
Kegel
Kerze
Kette
Kirche
Kleid
Kleiderhaken
Kleiderständer
Knackwurst
Knochen
Kochen
Kochlöffel
Koffer
Kommode
Korb mit Eiern
Kreis
Krone
Kuchen
Kugel
Kutsche
Lampe
Langspielplatte
Lastauto
Leiter
Löffel
Lokomotive
Luftballon

Mehlsack
Messer
Mond
Nachttisch
Ofen
Ofenschlüssel
Oldtimer
Papier
Pinsel
Porsche
Quelle
Rad
Radiergummi
Radio
Rakete
Raketengestell
Rauchwolke
Raumschiff
Rokokoschrank
Roller
Ruderboot
Sarg
Sattelschlepper
Säule
Schachtel
Schale
Schatztruhe
Schaukelpferd
Schiff
Schirm
Schmutz
Schrank
Schreibtisch
Schreibfeder
Schürze
Schüssel
Schultasche
Schwimmreifen
Segelschiff
Sessel
Sonne
Spiegel
Spieldose
Spielsache
Sportauto

Stall
Stehlampe
Stein
Steinschleuder
Stempel
Stern
Straße
Streichholz
Stromlinienwagen
Stuhl
Suppentopf
Taschentuch
Teddybär
Teich
Telefon
Teller
Teppich
Tintenfaß
Tisch
Topf
Tor
Totenschädel
Tür
Turm
Uhr
Vase
Vorhang
Vulkan
Waage
Wappen
Wasser
Wasser mit Boot
Wassertropfen
Wecker
Weinglas
Wildbach
Wild-West-Karosse
Wohnwagen
Wolke
Zeitunglesen
Zelt
Ziehbrunnen
Zündholz
Zylinderhut

Tabelle III. MUTTER-KIND-SYMBIOSEN
(20 Fälle)

25	6 J	$^3/_4$	Angstneurose der Mutter, unsichtbarer Vater, Familie bricht auseinander, Mutter will die Familie verlassen. Mutter in Stein verwandelt (weil Zauberer nicht wollte, daß sie weglaufe). Bub als Vase (für Blume-Mutter), alle in einem Haus untergebracht.
47	9 J	$^2/_2$	Angstneurose, Vater Psychopath, stimmungslabil, Mutter sucht auszugleichen, Kind nachgeboren. Die ganze Familie in vier Küken verwandelt: totale Regression. *Alles* Küken.

123 12 J ²/₂ Ekzem, Obstipation als Kleinkind, Schlafstörungen. Seit Geburt des zweiten Kindes Depression, Suizidideen. Harmonisches Familienmilieu. Heute noch mit dem Kind ins Bett. In letzter Zeit Adipositas. Empfindsam, leicht beleidigt. *Alle* als Schweine gezeichnet, Sohn und Tochter.

134 9 J ¹/₁ Frühgeburt, Vater Psychopath, schwieriges Lebensschicksal. Mutter wohnte mit Kind auf Zimmer, schlechte Pflegestellen und Heime, vor einem Jahr erst Heirat. Angstneurose, mit vegetativer Symptomatik, Depressionen. Mitten im Test (neun Symbole) Vater als Ungeheuer, in der Zeichnung verharmlost, selber als Rotkäppchen (und der Wolf?).

151 10 J ²/₂ Angstneurose, dicklicher Bub, Mutter stimmungslabil, schweres Schicksal der Eltern (Ungarn, KZ), Schulerbrechen. *Alle* werden zu Steinen.

193 11 J ¹/₁ Unehelicher Herkunft, Adoptivkind, Frühvernachlässigung (zweites Jahr). Strenger Adoptivvater, unsichere Ad.-Mutter, beide ältlich. Infantile Retardierung, mit Schulversagen, symbiotische Regression. *Alle* als Mäuse: Mutter und Kind (Vater ausgelassen). Pigcm: pos. als Löwe, neg. als Maus.

218 16 J ¹/₁ Bis 7 Jahre im elterlichen Schlafzimmer, kein Kontakt zu anderen Kindern, enge Mutter-Kind-Bindung, noch mit 16 Jahren mit der Mutter rooming-in im Krankenhaus! Depression, Identitätsdiffusion. *Alle* sind Kröten.

367 10 J ¹/₁ Wegen Schizophrenie des Vaters geschiedene Ehe. Mutter-Kind leben bei Großeltern ms. Angstneurose, Schlafstörungen, Schulphobie. Dominierender Vaterwunsch als Elefant, unter ihm die Mutter, ein Bub außen als Wildschwein.

379 7 J ³/₃ Nachkömmling, Angstneurose, Schlafstörungen, Schulphobie (Erbrechen, Kopfweh), berufliche Schwierigkeiten des Vaters. Ständig häuslicher Streit. Mutter noch berufstätig, überfordert. *Alles* Huftiere (Eltern und Bub), Mutter quergezeichnet.

415 13 J ²/₂ Mutter dominiert, Vater unsicher. Angstneurose, extreme Mutter-Bindung. In häusliche Gegenstände verzaubert: Eltern und Mädchen (statt der Buben).

474 6 J ³/₃ Italienische, kindzentrierte Familie. *Alle* werden Pferde. Mutter und Kind eng zusammengezeichnet.

485 8 J ¹/₁ Tic, Ängste, Zwänge. Zwangsneurose des Vaters, leitender Angestellter, durch Psychotherapie gebessert. Regrediert aus Angst vor schlimmen Kindern zur Mutter, im Schatten der Neurose des Vaters. Mutter als Katze, er selber weiße Maus, Vater als Kamel. Pigem: pos. als Löwe, kann beißen, Pigem neg. als Maus, ist so klein.

520 7 J ¹/₁ Angstneurose, Schlafstörungen. Dicklicher Bub. Durch Wohnortwechsel im Kleinkindalter verunsichert. Berufstätige, nervös-unsichere Mutter. Mutter mit kleinen Krebsen am ganzen Kleid, Vater auch Krebs. Kind dazwischen als Blume. Pigem: Hase pos., Krokodil neg.

526 6 J ¹/₂ Überforderte Mutter, Geschwisterprobleme von Anbeginn, da Vater den jüngeren Bruder vorzieht. Emotionale Schulunreife. Dickliches Kind. Häusliche Spannungen mit Großmutter und Urgroßmutter (90). Vater Elefant (stampft alles), Mutter Bär. Kind (Mädchen): Weihnachtskugel mit Stern. Mutter erwartet drittes Kind, es ist gerade Weihnachten.

544 6 M ¹/₁ Angstneurose, Schulphobie, hysterisch-ängstliche Mutter, ebenso ängstlicher Vater. Arbeiterfamilie. Böse Eltern sind in Kiste (Vater) und Bierfaß (Mutter) eingesperrt worden. Kind (Mädchen) hat sich aus Angst vor Wolf in Turm eingesperrt.

546 6 J ¹/₁ Vater Ingenieur, Mutter Leistungsehrgeiz, keine erzieherische Konsequenz. Infantil retardiert. Kein Kontakt zu anderen Kindern, Überforderung durch Wohnortwechsel und Einschulung, Schulversagen

(IQ 108), Mutter will ihn nicht ausschulen. *Alles Hunde*, Eltern und Baby (Mädchen) an dritter Stelle.

562 8 M ¹/₁ Ängstlich-gehemmt. Schulisch überfordert, regrediert zur Mutter. Strenger, ehrgeiziger Vater schreit mit dem Kind. Perfektionistische, leistungsstrebende Mutter überfordert es. Regression in Phantasien und Puppenspiele. Eltern zu Hasen, selbst Eichhörnchen, ein Bub Reh.

568 13 J ¹/₁ Autoaggressive Kontaktstörung, Minderwert.-Komplex. Depression, Suizidversuch, Eßstörung, Zwänge, will Gammler werden. Vater kontaktgestörter Neurotiker, Mutter ängstlich-unsicher. Beide Eltern ältlich, Beamte. Tochter wird zum Bub, Junge zum nackten Mädchen. Mutter: Elektro-Gitarre, Schwiegermutter: Riesenspinne (völlig weibl. Identifizierung).

569 8 J ¹/₁ Vater unsichtbar, Rechtsanwalt; Mutter: kühl, will keine Kinder. Familiäre Spannungen. Mangelnde Schulreife, infantil retardiert. Test: Kind: Kasperl; Baby: Zwerg (bleibt klein); Mutter zuletzt als Rauchfangkehrer.

576 7 M ¹/₁ Alter Vater, Geschäftsmann, Trinker. Hysterische Mutter. Trennungsängste, Schlafstörungen. Schwere eigene Kindheit der unsicheren Mutter. Mädchen als Schmuck (Kette) an erster Stelle, dann Vater als Kleid. Mutter als Ei. (Geschwisterwunsch?)

Tabelle IV. HASE

Vater (13)

4 7 J ¹/₁ Vater weich, verwöhnend, dominierende Mutter. Nägelbeißen, Stottern, Ängste, Onanie, Legasthenie.
Va Hase (1), Prob Esel (2), Mu kl. Hase (3).

132 8 J ¹/₄ Vater Akademiker, Mutter als Kind Bettnässerin, überfordert. Aufstiegsstreben der Familie. Enuresis, Aggressionen gegen jüngere Zwillinge (Frühgeburten).
Alle Hasen, die Eltern die Kinder beschützend, hinter ihnen.

208 8 M ¹/₂ Weiche Eltern, dominierende Großeltern vs. Vater herzoperiert, früher Asthma, gehemmt-unsichere Mutter. Erst Oma-Kind, dann Asthmaleiden. Trotz und Eifersucht.
Va Hase (1), Mu Taube (2), Junge Wolf (3), Mädchen Reh (4); Pigem + Taube.

209 12 M ¹/₄ Unsichtbarer Vater, leit. Angestellter, ängstlich-unsichere Mutter. Angsthysterie, mit Anfällen.
Va Hase (1), Mu Spinne (2), drei Geschwister als Lamm, Schmetterling, Vogel. Selber nicht gezeichnet.

315 7 J ¹/₂ Zwanghafter Vater, depressive Mutter, chronisches Spannungsmilieu, vor Scheidung. Aggressionen des mehrfach nierenoperierten Kindes.
Va Hase (1), Prob Junikäfer (2), Bruder Schildkröte, Mu Hexe (4).

384 12 M ¹/₃ Erster Vater Psychopath, Mutter stille Hysterika, geschiedene Ehe, Stiefvater Trinker. Ängste, mit vegetativen Störungen, Depressionen.
Va (1), Mu (2), Bub (3), Mädchen (4), alles Hasen.

392 9 J ²/₂ Vater Verleger, nervös-gereizt, autoritäre Mutter, hilft dem Vater im Verlag. Frühverwahrlosung, Infantilismen, Klassenclown.
Va (1), Mu (2), Bub (3), Mädchen (4), alles Hasen.

401 8 M ¹/₁ Vater Hilfsarbeiter, Aufstiegsstreben. Beide Eltern streng, Erziehungsdruck auf das schwachbegabte Kind (IQ 83). Dickes, ängstliches Kind, Tic, Schulversagen.
Mu Löwe (1), Va Hase (2), Mädchen Giraffe (3).

436 8 J ³/₃ Diplomatenfamilie, häufige Umzüge, Kinder vernachlässigt. Enuresis, Angstneurose, Schulversagen (IQ 114).
Va (1) und Mu (2) Hasen, dann drei Kinder als Füllfedern.

445　7　J　½　Vater früher Trinker, Mutter unsicher, weich dominierend. Angstneurose, Eßstörung.
Mu (1), Va (2), Kind (3), *alles* Hasen.

449　10　M　⅟₁　Vater Werkmeister, harmonische Familie. Epilepsie.
Prob (1), Mu (2), Va (3), Oma (4), *alles* Hasen.

508　7　J　²⁄₂　Vater streng patriarchalisch, Mutter berufstätig, Kind vernachlässigt. Entwicklungsrückstand, Infantilismen.
Va (1), Mu (2), kl. Kind (3), Kind (4), *alles* Hasen.

562　8　M　⅟₁　Vater Beamter, streng, ehrgeizig, überfordert Kind ständig, bes. in der Schule. Mutter-Kind-Symbiose. Ängste, kleinkindhafte Regression.
Mu (1), Va (2) Hasen, Tochter (3) Eichhörnchen, Sohn (4) Reh.

Mutter (20), s. o. 4, 132, 384, 392, 436, 445, 449, 508, 562

10　13　M　⅟₁　Parzivalkind, Mutter an Unfall verstorben. Ad.-Vater zwanghaft streng. Hysterie, Suizidversuch.
Kind (1) und Mu (2) Hasen, blicken sich an, Va (3) Pferd.

21　13　M　³⁄₃　Akadem. Familie, Spannungen, Ehe geschieden. Vater aggressiver Neurotiker, Mutter Hysterika, beide Schwestern neurotisch. Hysterie, neurotische Verwahrlosung, Suizidversuch.
Va Pfau (1), Mu Hase (2), Kind Fisch (3).

107　10　J　²⁄₂　Aggressiv neurotischer Vater, empfindsame, überforderte Mutter, intrigierende Großmutter, Geschwistereifersucht. Enuresis, Stottern, Schulversagen.
Va Elefant (1), Mu Hase (2), Prob Hund (3), Schwester Katze (4).

246　9　M　⅟₁　Vater Verkaufsleiter, vernachlässigt Familie, Spannungen, Kind spielt Eltern aus. Hysterie, Schulversagen (IQ 117).
Mu Hase (1), Va Katze (2), Kind Küken (3).

335　12　J　⅟₁　Arbeiterfamilie, Mutter-Kind-Symbiose, Krankenhaustrauma. Asthma bronchiale.
Mu Hase (1), drei Söhne, einer als Rabe in Wiege.

344　9　M　⅓　Vater mittl. Beamter, harmonische Familie. Asthma bronchiale.
Va Schwein (1), Mu Hase (2), Mädchen Pfau (zuletzt).

349　11　J　²⁄₃　Vater schizoid, stammt aus schizophren belasteter Familie. Mutter dominierend, überfordert. Asthma bronchiale.
Va Schwein (1), Mu Hase (2), Schwester Spatz (3), Pb Reh (4).

476　10　J　²⁄₃　Vater Arzt, schizoid, Mutter zwanghaft, unsicher, Spannungen, Scheidung. Eßstörungen, Lernstörungen, Eifersucht.
Va Katze (1), Schwester Vogel (2), Pb Schmetterling (3), Mu Hase (4).

550　8　J　²⁄₂　Arbeiterfamilie, Vater Trinker, Scheidung. Kinder bei der Mutter und deren Freund. Kind steht hinter begabtem Bruder zurück, hat praktisch zwei Väter. Ängste, Tic.
Va Hund (1), Mu Hase (2), Oma Vogel (3). Pb nicht gezeichnet.

570　5　M　½　Vater Geschäftsmann, Mutter ängstlich-besorgt, harmonische Familie, Geschwisterrivalität: Kind seit Geburt des Bruders ängstlich, regressiv.
Mu Hase (1), Va Löwe (2), Kind Puppe (3).

595　12　M　½　Arbeiterfamilie, Mutter überprotektiv, Pb hysterisch. Asthma bronchiale, auch der jüngere Bruder.
Va Schlange (1), Mu Hase (2), Pb Blume (3), Bruder Baum (4), Oma Fisch (5).

Proband (18), s. o. 132, 392, 445, 449, 508

16　11　J　³⁄₆　Schwacher Vater, primitive Mutter. Streitmilieu. Neurotische Verwahrlosung, Schulversagen (IQ 103).
Va Kasper (1), Mu übergroß zentral Indianer (2), Prob Hase (5), kl. Bruder Maus (sechstletzter).

63 14 M ¹/₁ Hilfsarbeitermilieu, debile Mutter. Unehelich, Vater nicht bekannt. Pubertätskrise, Depressionen, Schulversagen.
Hinter der Mutter, als Hase (4), vorletzter.

70 10 J ¹/₁ Vater Psychopath, Sektierer, verwöhnende hysterische Mutter. Scheidungskind. Angstneurose, Verwöhnungs-Verwahrlosung.
Mu Blume (1), Va Haus (2), Kind Hase (3).

94 9 M ²/₂ Vater weich, Mutter weich dominierend, häusliche Spannungen. Geschwisterrivalität. Angstneurose.
Mu Baum (1), Mädchen Hase (4), Va Teppich (5), acht Objekte.

100 8 M ²/₅ Vater aggressiver Psychopath, hysterische Mutter, Flüchtlinge. Aschenbrödel bei vier Brüdern, Überforderung. Angstneurose.
Va Krokodil, halb (1), Tochter Hase (2), Mu Fisch (5).

101 10 M ¹/₁ Arbeiterfamilie, aufgeregte Mutter, Mutter-Kind-Symbiose, Schulphobie.
Mädchen Hase (1), Eltern zuletzt (4, 5) als Stuhl und Kugel.

201 8 M ¹/₁ Vater Handwerker, unsicher, Mutter überprotektiv. Colitis mucosa, Kontaktstörungen, Schulschwierigkeiten.
Mädchen Hase (3), acht Objekte.

221 9 M ²/₂ Mutter schizophren, Scheidung, Heimkind, Hospitalismus.
Prob Hase (1), Eltern weggelassen, vier Kinder verzaubert.

233 10 M ¹/₁ Eltern zehn Jahre in Gefangenschaft gewesen. Erzieherische Verwahrlosung, Schulversagen (IQ 133).
Sohn und Tochter als Hasen (1 u. 3).

369 8 J ²/₃ Vater höherer Beamter, Eigenbrötler, Ehestreit. Bronchitis, Croupanfälle.
Mu Hirsch (1), Prob Hase (2), Tochter Vogel auf Baum (3), Va Pferd (4).

411 13 M ¹/₁ Arbeiterfamilie, primitives Milieu, häufig Streit. Epilepsie (IQ 81), Ängste und Aggressionen.
Va Hund (1), Mu Katze (2), Kind Hase (3).

477 8 J ¹/₁ Älterer, strenger Vater, unsichere Mutter. Angstneurose, infantile Retardierung.
Bub Hase (1), Va Bär (2), Mu Huhn (3), Schwester Vogel (4).

560 13 M ¹/₁ Vater Beamter, introvertiert, nervöse Mutter, Eltern erziehungsuntüchtig. Neurotische Verwahrlosung.
Va Löwe (1), Mu Hund (2), kl. Bruder Vogel (3), Prob Hase (4).

582 10 M ¹/₂ Vater ruhig, Angestellter, Mutter kindfixiert. Zwillingsmilieu, Prob lebt mit hirngeschädigter Schwester in Symbiose, reagiert auf deren organische Krämpfe mit hysterischen Anfällen.
Steht als Hase zwischen den Eltern, Schwester weggelassen.

Andere (27), s. o. 10, 233, 392, 449, 508

112 7 M ¹/₂ Wohlstandsmilieu, unsichtbarer Vater, nervös-gereizte Mutter. Aggressionen gegen Schwester und erwartetes Baby.
Va großer Kasper (1), Schwester Hase (2), Pb Hund (3), Mu Ball (4); im Pigem abgelehnt.

127 9 M ²/₂ Vater Handwerksmeister, unsichtbar, liebevolle Mutter, Oma-Kind, Mutter-Kind-Symbiose, Umzugstrauma, Schulängste.
Mädchen Vogel (1), Va Affe (2), Bruder Hase (3), Mu Pelikan (4).

139 8 J ²/₂ Vater ruhig, Bastler, Mutter erregt, unsicher. Asthma, Schulehrgeiz.
Va Pferd (1), Mu Wildschwein, Kind Hase (3).

150 7 M ²/₂ Harmonische Handwerkerfamilie, Angstneurose mit Schlafstörungen nach Unfalltrauma.
Ältere Schwester Hase, Prob ausgelassen; fünf Objekte.

164 6 J ¹/₁ Mutter Sängerin, sensibel-nervös. Kind unehelich. Mutter-Kind-Symbiose, Oma, an der es hing, vor kurzem gestorben.
Prob Prinzessin (1), Oma Hase (2), Mu Schildkröte (3), Va Affe (4).

175 14 M ¹/₂ Vater Arzt, Mutter Psychologin, Spannungsmilieu, Pubertätskrise, Schulversagen, Geschwistereifersucht.
Nach vier anderen Tieren zuletzt Bub als Hase (5).

213 9 M ³/₃ Arbeiterfamilie, Eltern unbeherrscht, viel Schläge. Enkopresis.
Ält. Bruder Hase (1), zweiter Bruder Krokodil (4), Prob Schnecke (5).

263 8 M ²/₂ Vater dominierend, höh. Beamter, nervöse Mutter, häufig Schläge. Hysterie, Schulversagen, Geschwistereifersucht.
Mu Maus (1), Va Krokodil (2), Junge Hase (3), Mädchen Elefant (4).

281 9 J ⁴/₅ Arbeiterfamilie, patriarchale Erziehung. Räuspertic.
Ält. Schwester Hase (1), Prob Katze (4), Eltern ausgelassen.

290 8 M ¹/₁ Nervöse, gehetzte Mutter, lebte lange mit unehelichem Kind allein. Primitiver, von der Mutter abgelehnter Stiefvater, Mutter-Kind-Symbiose, Schlafstörungen.
Bub Hase (3), Prob Fisch (fünftletzter).

304 9 J ⁴/₅ Patriarchale Familie, chronisch kranke, überforderte Mutter, Vater Fabrikbesitzer. Schwierigkeiten mit allen Kindern, Ängste, Nägelkauen, Schulschwierigkeiten.
Mädchen Hase (4), neun Objekte.

391 13 J ¹/₃ Arbeiterfamilie, strenger Vater. Cerebralschaden, Aggressionen, Diebstähle (IQ 83).
Kind Hase (drittletzter).

399 12 J ¹/₆ Hilfsarbeiterfamilie, viel Schläge. Enuresis, Schulversagen.
Mädchen Hase (3), zwischen den Eltern, zweites Mädchen Blume (4).

407 13 M ¹/₅ Arbeiterfamilie, Vater Trinker, debile hysterische Mutter. Suizidversuch, Sonderschulkind (IQ 67), neurotische Verwahrlosung.
Tante als Hase (4), fünf Objekte.

434 8 J ²/₃ Diplomatenfamilie, mehrsprachiges Milieu. Umzugstraumen, Legasthenie. Infantile Retardierung.
Die ganze Familie in einen Hasen.

458 16 M ¹/₂ Vater streng patriarchal, Mutter ratlos. Pubertätskrise, latente Verwahrlosung.
Va Fuchs (1), Mu Affe (2), Sohn Hase (3).

487 8 J ¹/₂ Mutter Hysterika, Kind unehelich, Stiefvater weich, hilflos. Ängste, Schlafstörungen, infantile Regression.
Kl. Mädchen Hase (1), Bub (2) und Va (5) Gespenster, Mu Zauberer (4).

492 10 J ³/₃ Hilfsarbeiterfamilie, Mutter schlägt. Enuresis, Schulversagen (IQ 84).
Pb Fisch (4), ält. Bruder Hase (fünftletzter).

498 8 J ²/₂ Arbeiterfamilie, Eltern nicht verheiratet, Schlagemilieu. Cerebralschaden, Schulschwierigkeiten.
Baby-Mädchen Hase (3), fünf Objekte.

530 6 M ³/₃ Akademikerfamilie, harmonisch. Schulische Überforderung.
Oma Hase (5, letzte).

551 7 J ²/₄ Vater unsichtbar, Mutter-Kind-Symbiose, Eifersucht. Angstneurose.
Bruder Hase (2), Pb Esel (3), erst dann die Eltern.

590 8 J ¹/₃ Vater Akademiker, Mutter unsicher, Spannungen. Spastiker, Ängste, Aggressionen gegen die Schwester.
Pb Ball (1), jüng. Schwester Hase (3), Eltern (4, 5).

Tabelle V. KROKODIL

Vater (12)

2   8   J $^1/_1$ Patriarchale Familie, alte Eltern. Eßstörung, Legasthenie. Wohlstands-
verwahrlosung.
Va (1), Mu Katze (3), Kind Dinosaurier (3).

19   6   J $^2/_2$ Vater brutal und rücksichtslos. Legasthenie.
Va Krokodil, ohne Mund und Zähne (1), Mu Fisch (2), Junge Grashüpfer.

Zwilling

36   12   J   Schizophrenes Familienmilieu: primitiv-strukturierter Vater überläßt kranker Mutter die Erziehung. Schulversagen, bei frühkindlichem Hirnschaden.
Va und Mu als Krokodile (1 u. 2), insgesamt elf Familienmitglieder.

99   6   J $^1/_1$ Streitmilieu, geschiedene Ehe, die gehaßte Großmutter betreut das Kind. Frühverwahrlosung, Angstneurose, Schulversagen.
Alle Krokodile (3).

100   8   M $^2/_5$ Vater Psychopath, aggressiv, Spannungsmilieu. Angstneurose, Schulversagen.
Va (1), drei Kinder, Mu Fisch (5).

195   7   J $^1/_4$ Spannungsmilieu, chronische Geschwistereifersucht, überforderte Mutter. Enuresis, Schulversagen.
Alle Krokodile, Mu großes Krokodil (1), zwei Kinder, Va (4).

263   8   M $^2/_2$ Vater dominierend, aggressive Mutter (Schläge u. a.). Legasthenie, Schulversagen.
Mu als Maus (1), Wunschbild, Va (2), junger Hase (3), Mädchen Elefant (4).

286   13   J $^1/_3$ Weicher Vater, dominierende Mutter, zwei jüngere Brüder. Colitis ulcerosa, Auto-Aggressionen.
Alle Krokodile, Va groß (1), zwei Brüder, Mu (4), Pb (5).

491   7   J $^1/_1$ Streitmilieu, Vater abgelehnt (Polizist). Brechneurose, Mutter-Kind-Symbiose.
Kind Schmetterling (4), Mu Schlange (1), Großmu Drache (2), Va Krokodil (3).

499   5   J $^2/_3$ Streitmilieu, hysterische Mutter (Künstlermilieu). Angstneurose, Geschwistereifersucht.
Va (1), Mu Tod (2), Mädchen Haus (3).

504   7   J $^2/_2$ Vater unsichtbar, Mutter berufstätig, Spannungsmilieu. Angstneurose, Enuresis.
Va (1), Mu (Storch (2), Pb Fisch (3), Pigem: Krokodil neg. (so großer Mund).

509   10   J $^1/_1$ Vater Neurotiker, Berufsversagen, Spannungsmilieu. Asthma, Legasthenie, Schulversagen.
Va (1), Sohn Hund (2), Mu doppelköpfiges Tier (3).

Mutter (7), s. o. 99, 195, 286

36   12   J   Zwilling   (siehe oben).

96   7   M $^2/_2$ Weicher Vater, dominierende Mutter, Mutterrolle der Großmutter. Legasthenie, Sekundärneurose.
Va (1), Mu (2), Tante und Großmu (3, 4), Kinder ausgelassen.

249   8   J $^1/_1$ Weicher Vater, unsichere, überforderte Mutter. Aggressiv gehemmter Enkopretiker.
Va Hund (1), Mu (2), Kind Fisch (3), Pigem: Krokodil neg. (wird gefressen).

396　8　J　½　Gleichgültiger Vater, dominierende, aggressive Mutter. Geschwistereifersucht.
Bruder (Asthma) Elefant (1), Mu (2), Va Schlange (3). Sich selber ausgelassen.

Proband (5), s. o. 99, 195, 286

394　9　J　⅔　Patriarchale Familie, Geschwistereifersucht. Legasthenie, Sekundärneurose.
Va Tanne (1), Mu Wunderblume (2), Schwester Hund (3), Pb (4).

446　7　J　⅟₁　Vater Psychopath, zerstörte Familie, geschiedene Ehe. Geschwistereifersucht. Legasthenie, Schulversagen.
Va Schlange (1), Prob (2), Mu Dinosaurier (4).

Andere (6), s. o. 195, 286

13　9　J　½　Schwacher Vater, dominierende Mutter, Streitmilieu. Wohlstandsver-
wahrlosung, Schulversagen.
Großva Krokodil (1), Va Elefant (2), Kind Karpfen (3), Mu Schiff (5).

213　9　J　⅗　Älterer jähzorniger Vater, primitives Schlagemilieu, Geschwistereifersucht. Enkopresis.
Bruder wird zum Krokodil (4), zweiter Bruder Hase (1), selber nicht
gezeichnet (fünf Objekte); Pigem: Krokodil pos. (anderen Angst einja-
gen).

276　8　M　½　Vater Psychopath, Streitmilieu, geschiedene Ehe. Schulversagen.
Bruder als letzter (4) als Krokodil. Pigem: Krokodil neg. (beißt und
stinkt).

429　13　J　½　Primitive Familie, Streitmilieu. Pubertätskrise.
Junge Schlange (1), Va Kammechse (2), Mädchen Krokodil (3), Junge
Vulkan (4).

Tabelle VI. AFFE

Vater (5)

41　7　J　⅟₁　Vater Psychopath, kriminelle Verwahrlosung, kümmert sich überhaupt
nicht um die Familie. Mutter infantil-neurotisch, Frühverwahrlosung,
Legasthenie, Schulschwierigkeiten.
Va als Affe (5.), hinter dem Zauberer.

56　7　M　⅟₁　Unsichtbarer Vater, Manager, unsichere Mutter. Infantile Unreife,
Legasthenie, Schulschwierigkeiten.
Va als Affe (1.), selber Elefant (2), keine weiteren Objekte, d. h. Mu
ausgelassen. Im Pigem Affe neg., Elefant pos.

127　3　M　⅔　Unsichtbarer Vater, besorgte Mutter, eine ältere Schwester. Angstneu-
rose mit Schlafstörungen, Schulphobie, körperl. Entwickl.-Rückstand.
Mädchen als Vogel (1), Va als Affe (2), Bruder als Hase (3), Mu als
Pelikan (4).

156　10　J　⅔　Verwöhnungsverwahrlosung, weiche Eltern. Emotionale Frühverwahrlosung, Legasthenie, Schulversagen.
Lediglich beide Eltern, zunächst die Mu, als Affen.

164　6　J　⅟₁　Unehelich, emotionale Frühverwahrlosung, Bindungslosigkeit. Sensible, neurotische Mutter, fehlende Geborgenheit. Legasthenie, drohen-
des Schulversagen. Angstneurose.
Pb als Modepuppenprinzessin (2), Mu als Schildkröte (4), Va an letzter
(5) Stelle als Affe.

Mutter (3), s. o. 156

405 7 M ¹⁄₁ Aufstiegsstreben der Eltern, die das schwachbegabte Kind überfordern.
Angstneurose, Sprachstörung, Legasthenie, Schulversagen.
Mu als Affe (1), Va als Giraffe (2), Mädchen als Bär (3).

458 16 M ¹⁄₂ Vater verwahrlost, patriarchales Familienmilieu. Pubertätskrise, will
Familie verlassen, selber latent verwahrlost.
Va als Fuchs (1), Mu als Affe (2), Sohn als Hase (3).

Proband (6)

141 10 J ¹⁄₁ Unehelich, Mutter-Kind-Symbiose, Angstneurose, Schulphobie.
Mu als Kamel (1), Sohn als Affe (2), Va als Adler (3), Tochter als Fisch
in Aquarium (4).

291 9 J ²⁄₂ Angstneurose nach Unfall und Operationstrauma, bei Mutter-Kind-
Symbiose hysterische Mutter, weicher Vater.
Pb als Affe (1), Mu als Esel (2), Va an letzter (5) Stelle als Elefant.

304 9 J ⁴⁄₅ Angstneurose, Geschwisterrivalität (fünf Buben), Schulversagen. Neu-
rotische, kränkliche, überforderte Mutter. War selber lange das Baby,
Entthronung des vorletzten Kindes.
Baby an fünfter (von sieben) Stelle als Affe.

306 13 M ¹⁄₂ Vater Psychopath, gestörte Familie, Streitmilieu, Mutter depressiv.
Angstneurose, Schulversagen (früher Enuresis).
Pb zuletzt als Affe (»ich ärgere immer die anderen«).

309 12 M ²⁄₂ Beide Schwestern und Großmutter asthmaleidend. Perfektionistische
Mutter, weicher Vater.
Mädchen als Affe (3) auf dem Va als Pferd (1), Mu als Schlange (2).

591 8 M ¹⁄₁ Asthma, Verwöhnung des kranken, schwierigen Kindes. Schulstören,
Aggressionen.
Va noch nicht verzaubert, Kind als Affe (1), Mu als Löwe (weggezau-
bert).

Andere (3)

38 7 M ²⁄₂ Vater neurotisch-depressiv, Mutter selbstunsicher. Angstneurose,
Schlafstörungen, Legasthenie.
Bruder als Affe (1), Va als Hexe (2), Mu als Kasperl (3), Pb als Engel
(4).

140 11 J ²⁄₂ Angstneurose, Mutter-Kind-Symbiose, Schulphobie.
Bruder als Affe (1), Va als Hund (2), Mu als Fisch (3), Pb als Schultasche (4).

343 15 J ¹⁄₁ Vater Psychopath, Mutter Zwangsneurose, Asthma, Ekzem. Neurotische Fehlentwicklung des Jungen. Jactatio, Clownerien, Ängste.
Zwei Jungen als turnende Affen (6 u. 7).

Tabelle VII. KATZE-MAUS-POSITION
(16 Fälle)

64 10 J ²⁄₂ Mutter paranoid-schizophrene Trinkerin, weicher Vater hält Familie
zusammen. Angstneurose, Legasthenie.
Va (1) u. Mu (2) als Katzen, Tochter (3) und Sohn (4) als Mäuse.
Pigem: Katze pos. (lieb), Krokodil neg. (frißt Menschen).

65 7 J ³⁄₄ Nervöser, unsichtbarer Vater, weiche, überforderte Mutter. Legasthe-
nie, Sekundärneurose, Infantilismen.
Bub soll in Katze verzaubert werden, will aber nicht (1). Va Löwe (2),
Mädchen-Baby Maus (3), Mu Esel (4).

93 15 M ¹⁄₂ Sensibler Vater, selbstunsichere Mutter. Schulversagen, Pubertätskrise.
Va Pferd (1), Mu Katze (2), Bruder Hund (3), Schwester Maus (4).

129 11 J ¼ Vater depressiv, Mutter Colitis ulc. gestörte Familie, drei jüngere Schwestern. Diabetes, Aggressionen, Weglaufen.
Va Marabu (1), Mu Katze (2), drei Buben: Hund, Maus Vogel im Käfig (3–5). Zutaten: Essen im Teller.

174 11 M ½ Intellektuelle Eltern, Streitmilieu, Aggressionen und Eifersucht auf die jüngere Schwester.
Jüngere Tochter als gebratenes und ältere Tochter als lebendiges Huhn (1–2), Mu Maus (3), Va Katze (4). Pigem: Katze pos. (lieb).

179 11 J ¾ Vater gutmütiger Geschäftsmann, Mutter harte, psychopathische Geschäftsfrau. Neurotische Frühverwahrlosung, Diebstähle.
Prob. Maus (1), Mu Katze (2), Schwester Vogel (3), Va Hund (4). Pigem: Ratte neg. (dauernd im Schmutz).

198 7 J ½ Harmonisches Familienmilieu. Allgem. Entw.-Rückstand, Schwachbegabung, Schulversagen.
Prob. Maus (1), Mädchen Katze (2), Va Hund (3), Mu Löwe (4). Pigem: pos. Katze (den Zauberer auffressend); Pigem: Maus neg. (wird aufgefressen).

210 9 J ⅓ Unsichtbarer Vater, Mutter einfach strukturiert. Enkopresis, Enuresis.
Va Löwe (1), Mu Elefant (2), kl. Bruder Katze (3), Bruder Wurm (4), Schwester Maus (5).

281 9 J ⅘ Einfach strukturierte Arbeiterfamilie, patriarchale Erziehung. Räuspertic (Globusgefühl).
Kl. Schwester Pferd (1), älteste Schwester Hase (2), älterer Bruder Maus (3), Prob. Katze (4), Eltern ausgelassen.

289 6 J 4/4 Unsichtbarer Vater, ängstliche Mutter. Angstneurose mit Schlafstörungen. Mutter-Kind-Symbiose.
Mu Katze (1), Mädchen Maus (2), Va Pferd (3), Junge Vogel (4). Pigem: Maus neg. (kann leicht weggezaubert werden).

311 10 M 2/2 Dominierender Vater, Manager. Unsicher-ängstliche Mutter. Spannungsmilieu. Ehrgeizhaltung, Ekzem.
Prob. Maus (1), Mu Schlange (2), Bruder Katze (3), Va Kamel (4).

419 8 M ⅟₁ Gutmütiger Managertyp, berufstätige Mutter, Spannungsmilieu. Legasthenie, Entwicklungsrückstand, Schulschwierigkeiten.
Kind Maus (1), Mu Katze (2), Va Hund (3).

423 6 M ⅟₁ Vater Trinker, überforderte Mutter. Entwicklungsrückstand, erethische Unruhe, Verwöhnungsverwahrlosung.
Kind Maus (1), Mu Katze (2), Va Pferd (3), Besuch Hund (4). Pigem: Maus neg. (wird gefressen).

473 10 J ¼ Hilfsarbeiterfamilie, Mutter Psychopathin, Scheidungsmilieu. Enuresis, Debilität.
Mu Hund (1), Va Maus (2), Onkel Katze (3), Prob. Katze (4).

558 12 J ⅘ Vater zwanghaft, Mutter depressiv. Schw. Legasthenie, Sekundärneurose.
Va Katze (1), Mu Maus (2), Kinder als Bett, Sessel, Schachtel (3–5).

580 11 J ¾ Beruflich unsteter Vater, leistungsbetontes Familienmilieu. Kontaktstörungen. Schulschwierigkeiten.
Tochter Katze (1), Junge Maus (2), Va Hahn (3), Mu Pferd (4).

Tabelle VIII. HAUS

Vater(12)

61 12 J ⅟₁ Vater wenig zu Hause, Mutter-Kind-Symbiose, Pubertätskrise. Mutter als Essen (Festmahl), Zauberer ißt sie auf. Vater als Haus.

70 9 J ⅟₁ Ehe früh geschieden. Vater Psychopath, Symbiose mit Mutter. Kind Hase. Vater als Haus zwischen beiden.

83	8 M $\frac{1}{3}$	Vater Psychopath, streitsüchtig, Mutter warmherzig, an erster Stelle als Blume, Geschwister fehlen.
126	9 M $\frac{2}{2}$	Asthma, Vater an letzter Stelle, Mutter-Kind-Symbiose, Geschäftshaushalt. Mutter als Tanne, Kind als Maus in Höhle bei der Tanne.
135	9 M $\frac{1}{2}$	Aggressionen, Streunen. Nur zu Hause schwierig, Vater bisweilen jähzornig, ständig häuslicher Streit, besonders um Kind und Schule. Fühlt sich vom Vater vernachlässigt. Selbst an erster Stelle als Stein.
388	7 M $\frac{1}{1}$	Älterer Vater, unehelich, verwöhnt. Eltern nicht verheiratet. Vater hat zwei Haushalte.
403	10 J $\frac{1}{2}$	Onanie, Eifersucht, Lehrersfamilie, ausgeglichen. Hütte (Va) auf Berg (Mu).
412	9 J $\frac{1}{1}$	Frühe Frustration (Heim), enges Wohnen. Vater primitiv. Schläge. Mutter hilflos. Bub Cerebralschaden: Steinschleuder (von Eltern weg), Complexe d'abandon.
528	9 $\frac{1}{2}$	Mutter dominiert, eigenes Steuerberatungsbüro, ist auch größer als der Vater, der ihr weich-unterlegen ist. Häusliche Diebstähle.
532	7 M $\frac{2}{4}$	Vater krimineller Psychopath, Gefängnisstrafen. Mutter auch psychopatisch, lehnt Kind ab. Enkopresis-Enuresis. Verwahrlosung. Heime.
555	7 M $\frac{2}{2}$	Vater Künstler, viel auf Tournee, Kind Dunkelängste. Haus nochmals auf »Postkarte« (Schwester) wiederholt Eifersucht.
586	8 J $\frac{1}{1}$	Unsichtbarer Vater (Rundfunk). Sohn in Form (Rakete) dem Vater nachstrebend. Patriarchat. Mutter Tontechnikerin, als Koffer, auch immer unterwegs. Bub zwischen den Eltern.

Mutter (7)

28	11 J $\frac{1}{1}$	1. Ehe geschieden. 2. Ehe voller Spannungen (seit 3 Jahren), damals zwei Jahre alt, als Eltern sich trennten. Depressiv-unsichere Mutter. Vater als Bierglas, trinkt gerne. Bub Enuresis.
104	13 M $\frac{1}{2}$	Enuresis. Vater Trinker (Bierkrug), verprügelt auch Frau, ist *Hausmeister*! Enge Bindung der Kinder an die Mutter. Vater an 1. Stelle als Baum, Mutter an letzter.
266	7 J $\frac{2}{2}$	Vater streng, Beamter, unerreichbar. Mutter verwöhnend. Häusliche Spannungen. Kind Cerebralschaden, Schulversager.
325	6 J $\frac{1}{1}$	Vater Schizophrenie: aggressiver Sägebaum. Kind Angstneurose und Operationstrauma. Kind Katze, Mutter Haus, Vater zwischen beiden.
330	9 J $\frac{1}{2}$	Hysterie: Prinzessin (dto Mutter), Vater Auto, Mutter Haus, an 3., 4. Stelle. Wunschbild, in Wirklichkeit genau umgekehrt. Mutter hat Sportwagen. Häusliche Spannungen. Vater in Psychotherapie. Mutter schwere Kindheit.
361	25 J $\frac{1}{1}$	Schwer gestörte Familie, Herzneurose, später Homosexualität. Hysterische Mutter, vom Haus zum Wohnwagen degradiert (Ungeborgenheit), 2 Haushalte in 2 Städten.
566	7 J $\frac{1}{2}$	Vater Dr. jur. und Dr. polit. nervös, häuslicher Streit. Mutter unauffällig. Kind Symbiotisch, Trennungsängste seit Geburt der kleinen Schwester. Mutter als Haus, Vater als Flugzeug.

Proband (1)

| 426 | 12 J $\frac{1}{2}$ | Fettsucht, reaktiv auf Schulversagen, IQ 113. Vater Tierarzt, endogene Depression. Mutter im Rollentausch: verunsichert, überfordert. Schwester zum Zwerg degradiert, Eifersucht. |

Andere (4)

| 98 | 9 J $\frac{2}{4}$ | Stehlen, reaktiv auf Schulversagen, IQ 96. Primitiver Vater, Streitmilieu, viel Schläge. Kind auch von primitiver Mutter abgelehnt. Sündenbockrolle. Ältere Schwester Mutterersatz, wird zum Haus (Mutter als Elefant). |

224　7　J　⁵/₇　Kinderreiche Familie, wiederholte Umzüge, echtes Hausproblem, beengtes Wohnen. Jähzorniger Vater (Jugoslawe), stille Mutter (Schwedin). Angstneurose, mangelnde Schulreife. Die älteste Schwester Mutterersatz: Haus. Eltern an letzter Stelle.

454　5　J　²/₃　Vater unsichtbar, Eltern getrennt, Mutter Lehrerin, überfordert, keine Geborgenheit. Im Haus große Schwester (Mutterersatz) und Mutter versteckt.

567　7　J　³/₃　Vater Trinker. Streitmilieu. Mutter vor kurzem am Herzinfarkt gestorben. Geschwister bei der Oma auf dem Land. Er selber allein beim trinkenden Vater. Wenn der Vater betrunken ist, kümmert sich ein alter Kellner um ihn (Opa als Haus!). Selbstmorddrohungen, Schulschwierigkeiten, Diebstähle. Reaktive Depression auf Tod der Mutter.

Tabelle IX. STEINE
(Felsen, Steinfiguren)

Väter (6)

34　8　J　¹/₂　Eltern früh geschieden. 2. Ehe nicht ohne Spannungen. Vater weich, inkonsequent. Stiefmutter hart, kalte Atmosphäre. Erziehungsschwierigkeiten, früher Bettnässen.
Alle versteinert, das Kind in der Mitte. Geschichte: Sie können nicht mehr weiter.

142　7　J　¹/₂　Vater Psychopath. Bei der Scheidung der Junge dem Vater zugesprochen, wird von Tante betreut. Leistungsorientierte Fehlerziehung des ehrgeizigen Vaters. Angstneurose, altkluges Wesen.
Zeichnet als Familie ein Felsengewirr, ohne Menschen.

151　10　J　²/₂　Schweres Flüchtlingsschicksal der Eltern. Mutter-Kind-Symbiose. Inkonsequente, weiche Erziehung. Angstneurose.
Eltern und Kinder als Steine. Jüngstes Kind unverzaubert.

236　9　J　¹/₁　Scheidung der Eltern. Vater vernachlässigt Mutter und Kind. Berufstätige Mutter jähzornig. Kind neurotisch verwahrlost.
Alle in Steine verzaubert.

507　12　J　²/₃　Vater Akademiker, asthmaleidend. Kind Legastheniker (IQ 117), Schulängste.
Vater als Felsen. Mutter als geborstene Säule. Die beiden jüngeren Kinder Steine.

516　15　M　¹/₁　Vater Akademiker, unsichtbar. Mutter kontaktgestört, trinkt. Brokenhome-Situation. Pubertätskrise, beginnende Verwahrlosung.
Alle werden in Steine verzaubert.

Mütter (8), s. o. 34, 142, 151, 236, 516

25　6　J　³/₄　Vater Akademiker, unsichtbar, vernachlässigt Familie. Mutter möchte fortlaufen. Angstneurose von Mutter und Kind.
Verzaubert die Mutter als Stein (1), umrahmt dann das ganze mit einem Haus.

356　10　J　¹/₁　Vater Zwangsneurotiker, patriarchale Erziehung, depressive Mutter, überfordert. Streitmilieu. Kind zwischen den Eltern. Asthmabronchitis. Mutter-Kind-Symbiose.
Mutter als Fehlsblock (1), Kind als Baum (2), Vater als Ziehbrunnen (3).

548　13　J　¹/₂　Vater unsichtbar, Handwerker, Aufstiegsstreben. Mutter-Kind-Symbiose. Geschwisterprobleme. Neurotische Legasthenie.
Va Baum (1), Mu Stein (2), Kind Fliegenpilz (3).

Probanden (9), s. o. 34, 142, 151, 507, 516

88 10 J ¹/₁ Unehelicher Herkunft, Heimkind, später Pflegestelle. Pflegevater früher Trinker, häusliche Spannungen. Neurotische Totstellreflexe des ängstlichen Kindes.
Kind als Stein (1), Mu Papagei (2), Va Schlange (3)

135 9 M ¹/₂ Vater jähzornig. Mutter weich. Häuslicher Streit. Aggressionen und Streunen des Kindes.
Kind als Stein (1), Va als Haus (2), Mu (3) und Schwester (4) als Blumen.

480 9 J ¹/₁ Vater Hilfsarbeiter, Trinker. Kümmert sich nicht um das Kind. Mutter einfach strukturiert, berufstätig. Streitmilieu. Kind im Hort, hypophysärer Zwerg.
Mu Maus (1), Va Pferd (2), Prob. Stein (3).

547 7 J ¹/₁ Mutter Prostituierte. Vater zahlt nur unter Druck Alimente. Heimunterbringung des Kindes. Neurotische Verwahrlosung.
Mu Elefant (1), Kind Stein (1), Va nicht gezeichnet.

Andere (15), s. o. 142, 151, 507, 516

45 8 M ³/₃ Vater unsichtbar. Mutter lehnt Kind als Mädchen ab. Geschwistereifersucht und Streitsucht.
Va Blume (1), Mu Glocke (2), dann Kind als Stein (3) und noch 3 weitere Kinder.

120 10 J ¹/₄ Außereheliches Verhältnis des Vaters. Spannungsmilieu. Depressive Mutter. Schizophrene Großmutter im Haushalt. Mutter-Kind-Symbiose, Entwicklungsrückstand, Schulphobie.
Mu Blume (1), Va Schmetterling (2), Kind Stein (3), 5 Objekte.

171 14 M ²/₄ Vater Trinker, weich. Chronische Krankheit der berufstätigen Mutter. Geschwisterprobleme. Suizidversuch bei Depression.
Eltern ausgelassen, Cousine als Stein (5).

206 7 M ¹/₂ Unsichere, gehemmte Mutter. Geschwisterrivalität. Asthma.
Bub als Stein (4) unter 9 Zeichenobjekten.

224 7 J ⁵/₇ Patriarchaler Vater, überforderte Mutter in kinderreicher Familie. Wirtschaftliche Sorgen. Geschwisterrivalität. Ängste.
Erst drei Geschwister, dann den tyrannischen ältesten Bruder als Stein (4), danach die Eltern. Zuletzt sich selbst als Sonne.

275 13 J ¹/₂ Arbeiterfamilie. Aufstiegsstreben der ehrgeizigen Mutter. Schulphobie in Pubertätskrise.
Mu Säule (1), »ältere« Schwester Stein (3).

288 7 J ³/₄ Vater unsichtbar, ängstliche Mutter, überfordert. Mutter-Kind-Symbiose. Ängste.
Va Kamel (1), Mu Vogel (2), Junge als Stein (6).

302 15 J ²/₅ Familienneurose, Patriarchat. Alle 5 Jungen schwierig. Schulschwierigkeiten des Prob.
Jüngster als Stein. 10 Objekte.

354 10 J ²/₂ Vater weich. Mutter ängstlich. Diebstähle, Schulversagen (früher Enuresis und Stottern)
Mädchen Stein (1), später die Eltern als Stuhl und Bett, 6 Objekte.

389 17 J ⁴/₅ Vater depressiv. Berufstätige Mutter überfordert. Neurotische Depression und Schulversagen.
Die ganze Familie, eng umschlungen, in einen Stein verzaubert.

538 11 M ²/₄ Primitiv strukturierte Bauernfamilie, Patriarchat. Hysterie mit Lähmung der Hand. Mutismus, Ängste, Schwachbegabung.
Die ganze Familie, außer dem jüngeren Bruder, in Steine mit Gesichtern verwandelt.

LITERATUR

1. *Aarne, Autti* (1914): Übersicht der Märchenliteratur. Hamina FFC 14.
2. *Abraham, Ada* (1963): Le dessin d'une personne. Neuchâtel (Delachaux et Niestlé). Deutsch: Der Menschtest, München-Basel (E. Reinhardt) 1978.
3. *Abraham, Karl* (1909): Traum und Mythos. Leipzig-Wien (Deuticke).
4. – (1922): Spinne als Traumsymbol. Internat. Z. f. Psychoanalyse, *8*, 470.
5. *Abramson, Harold* (1963): Some Aspects of the Psychodynamics of Intractable Asthma in Children, in *Schneer, H.* (Hgb): The Asthmatic Child, New York-London (Harper a. Row).
6. *Adler, Alfred* (1909): Studie über die Minderwertigkeit von Organen. Wien (Deuticke).
7. – (1927): Menschenkenntnis. Frankfurt (Fischer-Bücherei, Nr. 726, 1966).
8. *Äsop:* Fabeln von Äsop. Äsopische Fabeln des Phädrus. München (Goldmann) 1959.
9. *Afanasiev, Alexander N.* (1958): Narodnye russkie skazki, I–III. Moskau.
10. *Anastasi, A. a. Foley, J.* (1936): An Analysis of Spontaneous Drawings by Children in Different Cultures. J. Appl. Psychol., *20*, 689.
11. *Ansbacher, Heinz u. Rowena* (1972): Alfred Adlers Individualpsychologie. München-Basel (E. Reinhardt).
12. *Arthus, Henri* (1949): Le village, Test d'activité créatrice. Paris (P. Hartmann). *Aureille, A.:* siehe *Cotte, J., Roux, G., Aureille, A.*
13. *Bash, Kenower W.* (1946): Gestalt, Symbol, Archetypus. Schweiz. Z. f. Psychol.
14. *Baumgarten, Franziska u. Tramer Moritz* (1952): Kinderzeichnungen in vergleichender psychologischer Beleuchtung. 2. Aufl. Bern (Francke).
15. *Bédier, J.* (1893): Les Fabliaux, Paris.
16. *Beit, Hedwig von* (1965): Das Märchen. Bern-München (Francke).
17. – (1971): Symbolik des Märchens, 4. Aufl. Bern-München (Francke).
18. *Bellak, Leopold und Sonja* (1951): Childrens Apperception Test. New York (Psychological Corporation).
19. *Benedetti, Gaetano* (1955): Die Behandlung anorektischer Kinder durch Psychotherapie der Mutter. Helvet. Paediatr. Acta, *11*, 161.
20. *Bental, Vicky* (1966): Die psychischen Mechanismen der Adoptivmutter in Verbindung mit der Adoption. Psyche, *20*, 282.
21. *Bielicki, Isabella* (1971): Psychotherapie des Waisenhaussyndroms. Psyche, *25*, 1.
22. *Biermann, Gerd* (1955): Erbrechen und Nabelkoliken als konversionshysterisches Syndrom im Reifungsalter junger Mädchen und seine Projektion im Rorschach-Formdeutverfahren. Psyche, *9*, 453 u. 537.
23. – (1960): Die Bedeutung des Malens für die Diagnostik und Therapie der Enkopresis. Praxis Kinderpsychol., *9*, 33.
24. – (1962): Die Familienneurose in ihrer Projektion im Familienzeichentest. Psyche, *16*, 127.
25. – (1963): Die Rolle des Vaters in der Erziehungsberatung. Praxis Kinderpsychol., *12*, 298.
26. – (1964): Die Familienneurose, ihre Diagnose und Therapie. Heilkunst, *77*, 147.
27. – (1965): Kind und Krankenhaus. Praxis Kinderpsychol., *14*, 282.
28. – (1966): Die seelische Entwicklung des Kindes im Familienmilieu Schizophrener. Schweiz. Arch. f. Neurol. u. Psychiatr., *97*, 87.
29. – (1967): Die Rolle der Mutter in der Erziehungsberatung und Psychotherapie. Prax. Kinderpsychol., *16*, 249 u. 295.
30. – (1968): Symbiotische Mutter-Kind-Beziehungen. Psyche, *22*, 875.
31. – (1968): Psychosomatik des Asthma bronchiale im Kindes- und Jugendalter. Praxis Kinderpsychol., *18*, 33.
32. – (Hgb.) (1969): Handbuch der Kinderpsychotherapie, 2 Bde. 3. Aufl. 1973 München-Basel (E. Reinhardt).
33. – (Hgb.) (1969): Kindeszüchtigung und Kindesmißhandlung. München-Basel (E. Reinhardt).
34. – (1970): Kind – Kranksein – Krankenhaus. Z. f. Pädagogik, *16*, 123.
35. – (1970): Diagnostische und therapeutische Möglichkeiten des Scenotestspieles. Arch. f. Kinderheilk., *181*, 63.

36. – (1972): Die psychosoziale Entwicklung des Kindes in unserer Zeit. München-Basel (E. Reinhardt).
37. – und *Renate* (1962): Das Szenotestspiel des Schizophrenen. Schweiz. Arch. f. Neurol. u. Psychiatr., *89*, 95.
– siehe in Hilber, Hermann u. Biermann, Gerd.
Bilz, Josefine, siehe *Bühler, Charlotte, u. Bilz, Josefine.*
38. *Blum, Gerald S.* (1950): The Blacky Pictures. New York (Psychological Corporation).
39. *Bohm, Ewald* (1951): Lehrbuch der Rorschach-Diagnostik. 3. Aufl. 1967. Bern-Stuttgart (Huber).
40. *Bolte, Johannes, u. Polivka, Georg* (1932): Anmerkungen zu den Kinder- und Hausmärchen der Gebrüder Grimm, 5 Bde. Leipzig.
41. *Bolterauer, Lambert, u. Haider, Manfred* (1960): Parcivalkinder, in: Aus der Werkstatt des Erziehungsberaters. Wien.
42. *Borelli-Vincent, M.* (1965): L'expression des conflits dans le dessin de la famille. Revue de Neuro-psychiatrie infantile, *13.*
43. *Bornstein, Steff* (1933): Das Märchen von Dornröschen in psychoanalytischer Darstellung. Imago, XIX.
44. *Boutonier, Juliette* (1953): Les dessins des enfants. Paris (Les Editions du Scarabée).
45. *Brem-Gräser, Luitgard* (1957): Familie in Tieren. 2. Aufl. (1970), München-Basel (E. Reinhardt).
46. *Brown, Fred* (1953): An Exploratory Study of Dynamic Factors in the Content of the Rorschach Protocol. J. of Projective Technique, Vol. 17.
47. *Bruch, Hilde* (1969): Psychotherapie der kindlichen Fettsucht, in *Biermann, G.* (Hgb.), Handbuch der Kinderpsychotherapie, II. Bd.
48. *Brügger, Heinrich* (1972): Voraussetzungen und Wege zur Rehabilitation chronisch kranker Kinder und Jugendlicher. Therapiewoche, *22,* 1745 u. 1815.
49. *Buck, J. N.* (1948): The H. P. Technique (Tree House Person Test). J. clin, Psychol., *37,* 397 u. *38.*
50. *Bühler, Charlotte, u. Bilz, Josefine* (1971): Das Märchen und die Phantasie des Kindes. München (J. A. Barth).
51. *Bühler, Charlotte, u. Kelly, G.* (1941): The World Test. A. Measurement of Emotional Disturbance. New York (Psychological Corpor.).
52. *Bühler, Karl* (1918): Abriß der geistigen Entwicklung des Kindes. 9. Aufl. 1967. Heidelberg (Quelle u. Meyer).
53. *Buxbaum, Edith* (1969): Die Rolle der Eltern in der Ätiologie von Lernstörungen. In *Biermann, G.* (Hgb.), Handbuch der Kinderpsychotherapie, II. Bd.
54. *Cain, J., et Gomila, J.* (1953): Le dessin de la famille chez l'enfant. Ann. médico-psychol., 502.
55. *Cassirer, Ernst* (1953): Philosophie der symbolischen Formen. Darmstadt (Wissensch. Buchges.).
56. – (1960): Was ist der Mensch? Stuttgart. Englisch: An essay on man, New York (Anchor).
57. *Christoffel, Hans* (1944): Trieb und Kultur. Vom Wesen der Harntriebhaftigkeit. Basel (B. Schwabe).
58. *Clyne, Max* (1969): Schulkrank? Schulverweigern als Folge psychischer Störungen. Klett (Stuttgart).
59. *Corman, Louis* (1977): Der Schwarzfuß-Test. München-Basel (E. Reinhardt).
60. – (1961): Le Test du dessin de Famille. Paris (Presses Univers. de France).
61. *Cotte, J., Roux, G., Aureille, A.* (1951): Utilisation du dessin comme test psychologique chez les enfants. Marseille (Edition du Comité de l'enfance déficiente).
62. *Dechêne, Hans-Christian* (1967): Geschwisterkonstellation und psychische Fehlentwicklung. München (J. A. Barth).
63. *Despert, J. Louise* (1946): Play Analysis in Research und Therapy. New York (Internat. Universities Press).
64. *Destunis, Georg (1961):* Die Schwererziehbarkeit und die Neurosen des Kindesalters. Stuttgart (Enke).
65. *Dieckmann, Hans* (1966): Märchen und Träume als Helfer des Menschen. Stuttgart (Banz).

66. – (1966): Der Wert des Märchens für die seelische Entwicklung des Kindes. Praxis Kinderpsychol., *15*, 50.
67. – (1967): Das Lieblingsmärchen der Kindheit und seine Beziehung zu Neurose und Persönlichkeitsentwicklung. Praxis Kinderpsychol., *16*, 202.
68. – (1967): Zum Aspekt des Grausamen in Märchen. Praxis Kinderpsychol., *16*, 298.
69. *Doetsch, Marietheres* (1958): Comics und ihre jugendlichen Leser. Meisenheim (Hain).
70. *Dolto-Marette, Françoise* (1948): L'Interprétation des dessins en psychanalyse infantile. Psyche, *17*.
71. – (1949): Psychoanalytische Behandlung mit Hilfe der »Blumenpuppe«. In *Biermann, G.* (Hgb.), Handbuch der Kinderpsychotherapie, II. Bd., 3. Aufl. 1973.
72. *Duess, Louisa* (1940): La méthode des fables en psychanalyse. Archives de Psychologie, *27*.
73. – (1964): Die Fabelmethode. Untersuchungen über den Widerstand in der Kinderanalyse. Biel (Institut für Psychohygiene).
74. *Duff, Grant J. F.* (1934): Schneewittchen. Versuch einer psychoanalytischen Deutung. Imago, XX, 95.
75. *Engler, Gerhard* (1972): Das Szenotestspiel des bettnässenden Kindes. München (Mediz. Diss.).
76. *Erikson, Erik Homburger* (1950): Kindheit und Gesellschaft. 4. Aufl. 1971. Stuttgart (Klett).
77. *Ferenczi, Sandor* (1913): Entwicklungsstufen des Wirklichkeitssinnes, in: Bausteine zur Psychoanalyse, Bd. I, 2. Aufl. 1965, Bern-Stuttgart (Huber).
78. *Flury, M.* (1954): Zeichne Deine Familie. Praxis Kinderpsychol., *3*, 117.
    Foley, J., siehe *Anastasi, A.*
79. *Fordham, Michael* (1973): Das Kind als Individuum. Kinderpsychotherapie aus der Sicht der Analytischen Psychologie C. G. Jungs. München-Basel (E. Reinhardt).
80. *Franz, Marie-Louise von* (1969): Bei der schwarzen Frau. In *Laiblin, W.* (Hgb.), Märchenforschung und Tiefenpsychologie, Darmstadt (Wiss. Buchges.).
81. *Freud, Anna* (1946): Das Ich und die Abwehrmechanismen. München (Kindler-Taschenbuch Nr. 2001, 1964).
82. – (1968): Wege und Irrwege in der Kinderentwicklung. Stuttgart (Klett).
83. – u. *Bergmann, Thesi* (1972): Kranke Kinder, Frankfurt (S. Fischer).
84. – u. *Burlingham, Dorothy* (1945): Heimatlose Kinder. Frankfurt (S. Fischer) 1971.
85. *Freud, Sigmund* (1892–1938): Gesammelte Werke, 18 Bde. Frankfurt (S. Fischer) 1965.
86. – (1905): Drei Abhandlungen zur Sexualtheorie, Bd. 5.
87. – (1913): Märchenstoffe aus Träumen, Bd. 10.
88. – (1917): Vorlesungen zur Einführung in die Psychoanalyse, Bd. 11.
89. – (1919): Das Unheimliche, Bd. 12.
90. – (1926): Hemmung, Symptom und Angst, Bd. 14.
91. *Grunwald* (1964) siehe *Koch, K.*: Der Baumtest.
92. *Goodenough, Florence L.* (1926): Measurement of Intelligence by Drawings. New York (Harcourt, Brace a. World).
93. *Haffter, Carl* (1948): Kinder aus geschiedenen Ehen. 2. Aufl. 1960. Bern-Stuttgart (Huber).
    Haider, Manfred, siehe *Bolterauer, Lambert u. Haider, Manfred*.
94. *Hardesty, Francis P., Priester, Hans J.* (1963): Hamburg Wechsler Intelligenztest für Kinder. Bern-Stuttgart (Huber).
95. *Hartmann, Heinz, Kris, Ernst, u. Loewenstein, Rudolph* (1951): Some Psychoanalytic Comments on Culture and Personality. New York (Intern. Universities Press).
    Herder, Johann Gottfried von, siehe *Nitschke, Alfred*.
    Hetzer, Hildegard, siehe *Bühler, Charlotte, u. Bilz, Josefine*.
96. *Hift, Erika* (1972): Der Satzergänzungstest. Wien (unveröffentl. Manuskript).
97. *Hilber, Hermann, u. Biermann, Gerd* (1969): Die seelische Führung schwerstgelähmter Kinder und Jugendlicher, in *Biermann, G.* (Hgb.), Handbuch der Kinderpsychotherapie, Bd. II, 3. Aufl. 1973.
98. *Höhn, Elfriede* (1951): Entwicklungsspezifische Verhaltensweisen im Szenotest. Z. f. Psychotherapie u. mediz. Psychologie, *1*, 77.

99. *Hoff, Hans, u. Ringel, Erwin* (1964): Aktuelle Probleme der Psychosomatischen Medizin. München (Jolis Lenz).
100. *Hulse, Wilfrid C.* (1951): The Emotional Disturbed Child Draws his Family. Quart. J. Child Behav., *3*, 152.
101. – (1952): Childhood Conflicts Expressed through Family Drawings. J. of Projektive Technics, *16*, 66.
102. *Jackson, Lydia* (1950): A Study of Sado-Masochistic Attidudes in a Group of Delinquent Girls by Means of a Spezial Designed Projection Test (Family Attitude Test). The British J. of Medical Psychology, *22*, 53.
103. *Jacobi, Jolande* (1949): Die Psychologie C. G. Jungs. Zürich (Rascher).
104. – (1957): Komplex, Archetypus, Symbol in der Psychologie C. G. Jungs. Zürich (Rascher).
105. *Jaffé, Amiela* (1950): Bilder und Symbole aus E. T. A. Hoffmanns Märchen »Der goldene Topf«. Zürich (Rascher).
106. *Jaspers, Karl* (1913): Allgemeine Psychopathologie. 8. Aufl. 1965. Berlin (Springer).
107. *Jöckel, Bruno* (1948): Das Reifungserlebnis im Märchen. Psyche, *1*, 382.
108. *Jones, Ernst* (1919): Die Theorie der Symbolik. Internat. Z. f. ärztl. Psychoanalyse, *5*, 244.
109. *Jung, Carl Gustav* (1945): Zur Phänomenologie des Geistes im Märchen, in: Bewußtes und Unbewußtes, Frankfurt (Fischer-Bücherei Nr. 6058, 1957).
110. – (1950): Seelenprobleme der Gegenwart. 6. Aufl. Zürich (Rascher).
111. – (1952): Symbole der Wandlung, Bd. 5 der Gesammelten Werke. Olten-Freiburg (Walter).
112. – (1954): Von den Wurzeln des Bewußtseins.
113. – *u. Kerényi, Karl* (1946): Einführung in das Wesen der Mythologie. Amsterdam (Akadem. Verl. Pantheon).
114. *Jung, Emma* (1955): Die Anima als Naturwesen, in: Studien zur analytischen Psychologie C. G. Jungs, II: Beiträge zur Kulturgeschichte. Zürich (Rascher).
115. *Kanner, Leo* (1950): Child Psychiatry. Springfield/Ill. (Ch. C. Thomas).
116. *Katz, David* (1906): Ein Beitrag zur Kenntnis der Kinderzeichnungen. Z. Psychol., *41*, 241.
    Keller, Wilhelm, siehe *Meierhofer, Marie, und Keller, Wilhelm.*
117. *Kemper, Werner* (1978): Eigentümlichkeiten der frühkindlichen Erlebniswelt und deren Auswirkungen, in *Kemper, W.:* Bettnässerleiden (Enuresis). München-Basel (E. Reinhardt).
118. *Kerschensteiner, Georg* (1905): Die Entwicklung der zeichnerischen Begabung. München.
119. *Kienle, Gerhard* (1959): Das Märchen in der Psychotherapie. Z. f. Psychoth. *9.*
120. *Klein, Melanie* (1962): Das Seelenleben des Kleinkindes. Stuttgart (Klett).
121. *Koch, Karl* (1950): Der Baumtest. 6. Aufl. 1972. Bern-Stuttgart (Huber).
122. *König, René* (1949): Überorganisation der Familie als Gefährdung der seelischen Gesundheit, in *Pfister-Ammende, H.* (Hgb.), Die Psychohygiene. Bern (Huber).
123. *Koppitz, Elizabeth M.* (1972): Die Menschendarstellung in Kinderzeichnungen und ihre psychologische Auswertung. Stuttgart (Hippokrates).
124 *Kos, Marta* (1958): Psychotherapeutische Möglichkeiten bei encopretischen Kindern. Crianca Portuguesa (Lisboa), *17*, 647.
125. – (1960): La problematica del rapporto affectivo nella famiglia illustrata da due tests projective. Rassegna di Psyicologia Generale e Clinica.
126. – (1964): Der »unerreichbare Vater«. Acta Paedopsychiatrica, *31*, 254.
127. – (1965): Tradition familiale et finalité individuelle en psychotherapie infantile. Revue de Neuropsychiatrie infantile, *13*, 175.
128. – (1968): Zur Lebenseinstellung ungarischer Flüchtlingskinder. Praxis Kinderpsychol., *17*, 258.
129. – *u. Lankers-Dunhofer, Margarete* (1967): Therapeutische Möglichkeiten und ihre Grenzen beim kindlichen Einnässen. Praxis Kinderpsychol., *16*, 19 u. 51.
130. – *u. Zapotoczky, Johann Georg* (1971): Zur Psyche hämophiler Kinder und Jugendlicher, in: Hemophilia Research Clinical and Psychsocial Aspect, Stuttgart-New York (Schattauer).
131. – , *Kryspin-Exner, Kornelius, u. Zapotoczky, Johann Georg* (1968): Untersuchungen zur psychischen Situation der Kinder Alkoholkranker. Wien. Z. f. Nervenheilk., *26*, 197.

132. *Krauland-Steinbereithner, F., u. Neugebauer, E.* (1953): Über den Wert der Kinderzeichnung in der Psychiatrie. Wien. Z. f. Nervenheilk., *11*.
133. *Kreitler, Shulamit* (1965): Symbolschöpfung und Symbolerfassung. München-Basel (E. Reinhardt).
134. *Krevelen, Arnold van* (1953): Die Anwendung des Pigem-Tests in der kinderpsychiatrischen Diagnostik. Z. f. Kinderpsychiatrie, *20*, 2.
     Kris, Ernst, siehe Hartmann, Heinz, Kris Ernst, u. Loewenstein Rudolph.
135. *Krötzsch, W.* (1917): Rhythmus und Form in der freien Kinderzeichnung. Leipzig (Haase).
     Kryspin-Exner, Kornelius, siehe Kos, Marta, Kryspin-Exner, Kornelius, u. Zapotoczky, Johann Georg.
136. *Kubie, Lawrence* (1966): Psychoanalyse und Genie. Hamburg (Rowohlt) RDE Nr. 244.
137. *La Fontaine, Jean de* (1668): Die Fabeln, Wiesbaden (Vollmer) 1970.
138. *Langer, Susanne K.* (1965): Philosophie auf neuem Wege. Frankfurt (S. Fischer).
     Lankers-Dunhofer, Margarete, siehe Kos, Marta, u. Lankers-Dunhofer, Margarete.
139. *Leber, Gabriele* (1955): Über tiefenpsychologische Aspekte von Märchenmotiven. Praxis Kinderpsychol., *4*, 274.
140. *Leuner, Hanscarl* (1962): Die Bedeutung des epochalen Entwicklungswandels für die Disposition zu Neurosen und psychosomatischen Erkrankungen im Jugendalter. Z. f. Psychother. u. Medizin, Psychol.,.*12*, 11.
141. *Leyen, Friedrich von der* (1911): Das Märchen. Leipzig (Wissenschaft und Bildung).
142. *Liegle, Ludwig* (1971): Familie und Kollektiv im Kibbutz. Weinheim (Beltz).
143. *–* (Hgb.) (1971): Kollektiverziehung im Kibbutz. München (Piper).
144. *Lienert, Gustav A.* (1961): Testaufbau und Testanalyse. Weinheim (Beltz).
     Loewenstein, Rudolph, siehe Hartmann, Heinz, Kris, Ernst, u. Loewenstein, Rudolph.
145. *Löwis of Menar, A. von* (1912): Der Held im deutschen und russischen Märchen. Jena.
146. *Löwnau, Heinz Walter* (1961): Reifungskrisen im Kindes- und Jugendalter. Göttingen (Hogrefe).
147. *–* (1969): Die »zeichnerische Assoziation« in der psychotherapeutischen Behandlung von Kindern und Jugendlichen. Praxis Kinderpsychol., *18*, 69.
148. *Lorenz, Emil* (1931): Hänsel und Gretel. Imago, *XVII*, 119.
149. *Lorenzer, Alfred* (1970): Kritik des psychoanalytischen Symbolbegriffes. Frankfurt (Suhrkamp).
150. *Lowenfeld, Margaret* (1935): Play in Childhood. London (V. Gollancz).
151. *Luquet, G. M.* (1927): Le dessin enfantin. Paris (Alcan).
152. *Machover, Karen* (1950): Personality Projection in the Drawing of the Human Figure. Springfield, Ill. (Thomas).
153. *Malinowski, Bronislaw* (1929): Geschlecht und Verdrängung in primitiven Gesellschaften. Hamburg (Rowohlt) Rororo Nr. 139/140 1966.
154. *Mantell, David Mark* (1972): Familie und Aggression. Frankfurt (S. Fischer).
155. *Meierhofer, Marie, u. Keller, Wilhelm* (1966): Frustration im frühen Kindesalter. 2. Aufl. 1970. Bern-Stuttgart (Huber).
156. *Meili, Richard* (1957): Anfänge der Charakterentwicklung. Bern-Stuttgart (Huber).
157. *Melamed-Hoppe, Monica* (1969): Die Schlüsselsituation im Szenotest (Puppenspieltest) als Konflikt-Darstellung bei verhaltensgestörten, neurotischen, psychosomatisch erkrankten und organisch geschädigten Kindern und Jugendlichen. München (Mediz. Diss.).
158. *Mendelssohn, J.* (1959): Die Tierstufe, eine seelische Entwicklungsphase des Kindes. Praxis Kinderpsychol., *8*, 246.
159. *–* (1960): Das Tiermärchen und seine Bedeutung als Ausdruck seelischer Entwicklungsstruktur. Praxis Kinderpsychol., *10*, 8 u. 56.
160. *Meyer, Henriette* (1957): Das Weltspiel. Bern (Huber).
161. *Minkowska, Françoise* (1952): La typologie consitutionelle vue à travers le Rorschach et les dessins d'enfant. Revue de Morphologie humaine.
162. *Mitscherlich, Alexander* (1950): Ödipus und Kaspar Hauser. Berlin (Der Monat, 25).

163. – (1968): Auf dem Wege zur vaterlosen Gesellschaft. München (Piper).
164. *Mitscherlich-Nielsen, Margarete* (1971): Entwicklungsbedingte und gesellschaftsspezifische Verhaltensweisen der Frau. Psyche, *25.*
   Polivka, Georg, siehe *Bolte, Johannes, und Polivka, Georg.*
165. *Mittenecker, Erich* (1952): Planung und statistische Auswertung von Experimenten. Wien (Deuticke).
166. *Moor, Paul* (1963): Umwelt, Mitwelt, Heimat. Zürich (Morgarten).
167. *Morgenstern, Sophie* (1937): La psychoanalyse infantile. Paris (Denoel).
168. *Müller, Erwin* (1928): Psychologie des deutschen Volksmärchens. München (Kösel und Pustet).
169. *Murray, Henry E.* (1943): Thematic Apperception Test, Manual. Cambridge (Harvard University Press).
170. *Naumburg, Margaret* (1947): Studies of the »Free« Art Expression of Behavior Problem. Nerv. a. Mental Dis. Monogr.
   Neugebauer, E., s. *Krauland-Steinbereithner, F., u. Neugebauer, E.*
171. *Nitschke, Alfred* (1962): Das verwaiste Kind der Natur. Tübingen (Niemeyer).
172. *Pechstein, Johannes, Siebenmorgen, Elisabeth, u. Weitsch, Dorothea* (1972): Verlorene Kinder? Massenpflege in Säuglingsheimen. Appell an die Gesellschaft. München (Kösel).
173. *Peshkin, M. Murray* (1963): Diagnosis of Asthma in Children, in *Schneer, H.* (Hgb.), The Asthmatic Child, New York-London (Harper a. Row).
174. *Pfaundler, Meinhard von* (1917): Physiologie des Neugeborenen, in *Döderlein, A.* (Hgb.), Handbuch der Geburtshilfe, Bd. I, 2. Aufl. Wiesbaden (Bergmann).
175. *Piaget, Jean* (1926): La représentation du monde chez l'enfant. Paris (Alcan).
176. – (1948): Psychologie der Intelligenz. Zürich (Rascher).
177. *Pigem, Serra José M.* (1949): La prueba de la expression desiderativa. Barcelona (Mediz. Diss.).
178. *Plätzer, Oskar* (1954): Das Biodrama, eine Form der Spieltherapie. Z. f. Psychother. u. mediz. Psychologie, *4.*
179. – (1955): Das Biodrama als Hilfsmittel zur Umstrukturierung entwicklungsgestörter Kinder. Praxis Kinderpsychol., *4,* 127.
180. *Plank, Emma* (1973): Hilfen für Kinder im Krankenhaus. Eine Anleitung für das Klinikteam. München-Basel (E. Reinhardt)
181. *Porot, Maurice* (1947): L'enfant et le dessin. Pédiatrie, Vol., *19.*
182. – (1965): Le dessin de la famille. Revue de Psychologie, *15,* 179.
183. *Portmann, Adolf* (1951): Biologische Fragmente von einer Lehre vom Menschen. Basel (B. Schwabe), 4. Aufl. 1969.
   Priester, Hans J., siehe *Hardesty, Francis, u. Priester, Hans J.*
184. *Propp, Vladimir* (1928): Morphologie du conte. Paris (Seuil) 1970 (Übersetzung aus dem Russischen).
185. *Pulver, Max* (1949): Symbolik des Schriftfeldes. Zürich (Orell Füssli).
186. *Rambert, Madeleine* (1969): Das Puppenspiel in der Kinderpsychotherapie. München-Basel (E. Reinhardt).
187. *Rank, Otto* (1919): Psychoanalytische Beiträge zur Mythenforschung. Leipzig u. Wien (Deuticke).
188. – (1924): Das Trauma der Geburt und seine Bedeutung für die Psychoanalyse. Wien (Intern. Psychoanalyt. Verlag).
189. *Renner, Maria* (1953): Der Wartegg-Zeichentest im Dienste der Erziehungsberatung. München-Basel (E. Reinhardt).
190. *Revers, Wilhelm Josef, u. Taeuber, K.* (1958): Der Thematische Apperceptionstest (TAT). 2. Aufl. 1968. Bern-Stuttgart (Huber).
191. *Rey, André* (1962): Interpretation de dessins et dévelopement psychologique. Neuchâtel (Delachaux et Niestlé).
192. *Reznikoff, M.* (1956): The family drawing test: a comparative study of childrens drawings. J. Clin. Psychol., *12,* 165.
193. *Richter, Horst-Eberhard* (1963): Eltern, Kind und Neurose. Hamburg (Rowohlt) Rororo Nr. 6082/83, 1969.
194. – (1970): Patient Familie. Hamburg (Rowohlt).
195. *Riklin, Franz* (1908): Wunscherfüllung und Symbolik im Märchen. Leipzig u. Wien (Deuticke).

196. *Ringel, Erwin* (1953): Der Selbstmord. Wien u. Düsseldorf (Maudrich).
     Ringel, Erwin, siehe *Hoff, Hans, u. Ringel, Erwin.*
197. *Rorschach, Hermann* (1921): Psychodiagnostik. 8. Aufl. 1962. Bern-Stuttgart
     (Huber).
198. *Rouma, Georges* (1912): Le langage graphique de l'enfant.
     Roux, G., siehe *Cotte, J., Roux, G., et Aureille, A.*
199. *Sachs, Hanns* (1929): Kunst und Persönlichkeit. Imago, *XV*, 1.
200. *Schachter, Moritz, et Cotte, S.:* Les divers tests de dessin. Leur place dans la psy-
     chologie normale et pathologique de l'enfant. Sauvegarde, *8*, 620.
201. *Schafer, Roy* (1953): Content Analysis in the Rorschach Test. J. of Projective Tech-
     nique, *17*, 335.
202. – (1954): Psychoanalytic Interpretation in Rorschach Testing. New York (Grune
     a. Stratton).
203. *Schmalohr, Emil* (1968): Frühe Mutterentbehrung bei Mensch und Tier. München-
     Basel (E. Reinhardt).
204. *Schneer, Henry* (Hgb.) (1963): The Asthmatic Child. New York-London (Harper
     a. Row).
205. *Schwarzmann, Julia* (1948): Die seelische Heimatlosigkeit im Kindesalter und ihre
     Auswirkungen. 2. Aufl. 1966. Schwarzenburg (Schweiz) (GBS Verlag).
     Siebenmorgen, Elisabeth, siehe *Pechstein, Johannes, Siebenmorgen, Elisabeth, u.
     Weitsch, Dorothea.*
206. *Silberer, Herbert* (1915): Märchensymbolik. Imago, *I*, 176.
207. *Sperling, Melitta* (1969): Psychotherapeutische Aspekte der Colitis ulcerosa bei
     Kindern. In *Biermann, G.* (Hgb.), Handbuch der Kinderpsychotherapie, Bd. II.
208. – (1969): Psychotherapeutische Aspekte des kindlichen Bronchialasthmas, in *Bier-
     mann, G.* (Hgb.), Handbuch der Kinderpsychotherapie, Bd. II.
209. *Spiel, Walter* (1969): Die Therapie in der Kinder- und Jugendpsychiatrie. Stuttgart
     (Thieme).
210. *Spitz, René A.* (1967): Vom Säugling zum Kleinkind. Stuttgart (Klett).
211. – (1969): Ein eineiiges Zwillingspaar. Ein Kommentar zu Dr. Giffords Studien.
     München (unveröffentl. Vorl.).
212. *Staabs, Gerdhild von* (1944): Der Szenotest. 3. Aufl. 1964. Bern-Stuttgart (Huber).
213. *Stahel, Nelly* (1969): Das Erkennen seelischer Störungen aus der Zeichnung. Erlen-
     bach-Zürich (Rentsch).
214. *Stekel, Wilhelm* (1953): Disorders of the Instincts and the Emotions. London
     (Vision Press).
215. *Stern, Erich* (1951): Das Zeichnen als diagnostische und therapeutische Methode in
     der Kinderpsychiatrie, in *Heymann, K.* (Hgb.), Kind und Kunst, Basel (Karger).
216. – (1952): Experimentelle Persönlichkeitsanalyse mit dem Murraytest (TAT).
     Zürich (Rascher).
217. – (Hgb.) (1955): Die Tests in der klinischen Psychologie, 2 Bde. Zürich (Rascher).
218. – (1957): Kind, Krankheit und Tod. München-Basel (E. Reinhardt).
219. *Stern, William* (1914): Psychologie der frühen Kindheit. 10. Aufl. 1971. Heidel-
     berg (Quelle u. Meyer).
220. *Stiedl, Gertraud* (1961): Eine Untersuchung zur Überprüfung der Validität des
     Pigmentests mit Hilfe der Testdoppelgängermethode. Wien (Psychol. Diss.).
221. *Strotzka, Hans* (1969): Die Psychotherapie des anfallskranken Kindes, in *Bier-
     mann, G.* (Hgb.), Handbuch der Kinderpsychotherapie, Bd. II.
     Taeubner, K., siehe *Revers, Wilhelm Josef, und Taeubner, K.*
222. *Tausch, Annemarie et al.* (1968): Variablen und Zusammenhänge der sozialen
     Interaktion in Kindergärten. Psychol. Rundschau, *19*, 167.
223. *Tausch, Reinhard, u. Annemarie* (1950): Erziehungspsychologie. 2. Aufl. 1965.
     Göttingen (Hogrefe).
224. *Thimme, Adolf* (1900): Das Märchen. Leipzig (Heims).
225. *Thomas, Madeleine* (1938): Méthode des histoires à compléter pour le depistage des
     complexes et des conflits affectifs enfantins. Archives des Psychologie (Genève),
     XXVL, 209.
226. *Thun, Theodor* (1954): Versuch mit einem explorativen Phantasiegespräch nach
     dem Schema Zaubertraum. Z. f. diagn. Psychol. u. Persönlichk. Forsch., *2*, 309.
227. *Toman, Walter* (1965): Familienkonstellationen. München (Beck).
     Tramer, Moritz, siehe *Baumgarten, Franziska, u. Tramer, Moritz.*

228. *Ungricht, Jean* (1955): Der Sohn/Tochter-Erzähltest. Schweiz. Z. f. Psychol., *14,27.*
229. *Versteeg-Solleveld, G. M.* (1937): Das Märchen vom Marienkind. Imago, XXIII, 115.
230. *Volkov, R. M.* (1924): Skazka. Odessa (Gosizdat/Ukrainy).
231. *Wartegg, Ehrig* (1955): Der Zeichentest (WZT), in *Stern, E.* (Hgb.), Die Tests in der Klinischen Psychologie, Zürich (Rascher).
    Weitsch, Dorothea, siehe *Pechstein, Johannes, Siebenmorgen, Elisabeth, u. Weitsch, Dorothea.*
232. *Werner, Heinz* (1933): Einführung in die Entwicklungspsychologie. 4. Aufl. 1959. München (J. A. Barth).
233. *Wiesenhütter, Eckart* (1958): Entwicklung, Reifung, Neurosen, Stuttgart (Enke).
234. *Winkler, Monika* (1969): Simultananalyse einer kindlichen Pfropfneurose, in *Biermann, G.* (Hgb.), Handbuch der Kinderpsychotherapie, Bd. II.
235. *Winnicott, Donald W.* (1969): Übergangsobjekte und Übergangsphänomene. Psyche, *23,* 666.
236. – (1969): Kind, Familie und Umwelt. München-Basel (E. Reinhardt).
237. *Winsch, J.* (1935): Le dessin comme témoin du développement mental. Z. F. Kinderpsych., *33.*
238. *Wittgenstein, Graf O.* (1957): Die Raumsymbolik im Scenotest (1958). 3. Tagung der Arbeitsgemeinschaft stationärer Psychotherapie; Berlin 1957, Praxis. Kinderpsychol. *7,* 29.
239. *Wundt, Wilhelm* (1919): Völkerpsychologie, Bd. III. Leipzig.
    Zapotoczky, J. G., siehe *Kos, M., u. Zapotoczky, J. G.*
    – siehe Kos, M., Kryspin-Exner, K., u. Zapotoczky, J. G.
240. *Zazzo, René* (1950): Le geste graphique et la structuration de l'espace. Enfance, *3–4,* 204.
241. – (1960): Manuel pour l'examen psychologique de l'enfant. Neuchâtel (Delachaux et Niestlé).
242. *Zierl, Wolfgang* (1954): Zur seelischen Entwicklung des diabetischen Kindes. Ärztl. Wochenschr., *41,* 974.
243. *Züst, Ruth* (1963): Das Dorfspiel. Bern-Stuttgart (Huber).
244. *Zulliger, Hans* (1950): Angstbewältigung vermittelst Schundphantasie. Psyche, *4,* 46.
245. – (1958): Praxis mit einer kleinen Testbatterie. Praxis Kinderpsychol., *7,* 273.
246. – (1969): Das Kind in der Entwicklung. Stuttgart-Bern (Huber).

NAMENREGISTER

314

SACHREGISTER